NCS
직업기초능력평가

2021

서울교통공사

사무 승무 차량
전기 궤도 기계
건축 승강장안전문

오픈 봉투모의고사

[실전모의고사
10개영역_80문항/100분_5회 400문항 수록]

gosinet
(주)고시넷

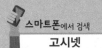

www.gosinet.co.kr

최고 강사진의
동영상 강의

03:47 / 10:00

수강생 만족도 1위	고시넷 취업강의 수강 인원 1위	고시넷 한국사 대표 강사	공부의 神

류준상 선생님

- 서울대학교 졸업
- 정답이 보이는 문제풀이 스킬 최다 보유
- 수포자도 만족하는 친절하고 상세한 설명

김지영 선생님

- 성균관대학교 졸업
- 빠른 지문 분석 능력을 길러 주는 강의
- 초단기 언어 영역 완성을 위한 강의
- 언어 영역의 자신감을 심어 주는 강의

유남훈 선생님

- 동국대학교 졸업
- 1강으로 정리하는 한국사 만족도 만점
- 시험에 나올 문제만 콕콕 짚어 주는 강의
- 시험 결과로 증명하는 강의력
- EBS 직업 취업 강의

양광현 선생님

- 서울대학교 졸업
- 초심자부터 심화 과정까지 완벽한 이해를 돕는 쉬운 설명
- EBS 직업 취업 강의(공기업 NCS)
- 칭화대 의사소통 대회 우승
- 공신닷컴 멘토

정오표 및 학습 질의 안내

정오표 확인 방법

고시넷은 오류 없는 책을 만들기 위해 최선을 다합니다. 그러나 편집에서 미처 잡지 못한 실수가 뒤늦게 나오는 경우가 있습니다. 고시넷은 이런 잘못을 바로잡기 위해 정오표를 실시간으로 제공합니다. 감사하는 마음으로 끝까지 책임을 다하겠습니다.

고시넷 홈페이지 접속	고시넷 출판-커뮤니티	정오표

🌐 www.gosinet.co.kr

모바일폰에서 QR코드로 실시간 정오표를 확인할 수 있습니다.

학습 질의 안내

학습과 교재선택 관련 문의를 받습니다. 적절한 교재선택에 관한 조언이나 고시넷 교재 학습 중 의문 사항은 아래 주소로 메일을 주시면 성실히 답변드리겠습니다.

이메일주소 ✉ passgosi2004@hanmail.net

차례

📖 **서울교통공사 필기시험 정복**

- 서울교통공사 소개
- 모집공고 및 채용 절차
- 서울교통공사 기출 유형 분석

서울교통공사 **실전모의고사**

Contents

책속의 책

서울교통공사 실전모의고사 정답과 해설

서울교통공사 소개

CI

서울교통공사
Seoul Metro

Safety(시민안전) + Service(공공서비스) + Seoul(교통공사)

서울교통공사 CI는 시민안전(Safety)과 공공서비스(Service) 확보를 최우선으로 내세우는 서울교통공사(Seoul Metro)의 출범의지를 '에스(S)'로 상징한다. 지상과 지하를 달리는 역동적 이미지의 교통수단으로 'S'를 표현하여 향후 대중교통 통합 운영을 지향하는 미래상을 제시한다. CI의 심벌에 '순환, 지구, 세계' 등을 상징하는 원형을, '신뢰'를 상징하는 파란색을 사용하여 원활한 교통체계를 구축하고 세계 속에 우뚝 서는 글로벌 No.1 기업의 의지를 표현한다.

슬로건

Move the City

'Move the City'는 '도시를 움직이다, 도시를 감동시키다'라는 뜻으로, 서울교통공사가 제공하는 교통서비스가 도시의 활력을 만들어 낸다는 의미를 담았다. 활기찬 도시의 움직임을 이끌어가는 서울교통공사의 미래 비전을 표현한 그래픽으로, 하늘색 원 안에 담긴 행복한 미소는 공사와 시민의 만남과 소통을 상징한다. 'the City'는 서울교통공사의 기술과 노하우로 변화하는 대한민국과 세계의 도시들을 가리킨다.

캐릭터

서울교통공사의 공식 캐릭터 '또타'는 시민과 늘 함께하는 서울지하철의 모습을 밝고 유쾌한 이미지로 표현한다. 캐릭터의 얼굴을 전동차의 측면 모양으로 디자인하여 일상적으로 이용하는 대중교통수단의 모습을 참신한 느낌으로 담아냈고, 메인 컬러인 파란색은 시민과 공사 간의 두터운 신뢰를 상징한다.

미션·비전

미션	안전한 도시철도, 편리한 교통 서비스
비전	행복한 시민, 신뢰받는 기업, 글로벌 No.1 서울교통공사

경영목표

안전운행을
최우선으로

경영개선을
획기적으로

시민편익을
감동적으로

조직문화를
긍정적으로

미래대비를
선도적으로

인재상

열정과 도전정신을 가진 인재

핵심가치	업무자세 가치 Input	업무수행 가치 Throughput	최종산출 가치 Output

슬로건	최고 추구	미래 도전	약속 이행	행복 나눔	무한 안전

모집공고 및 채용 절차

채용 절차

원서접수 및
서류검증

필기시험

인성검사

면접시험

신체검사
결격조회

신규교육

임용

• 단계별 합격자에 한하여 다음 단계 응시 자격 부여(단, 인성검사 결과는 면접 시 참고)

입사지원서 접수

■ 접수방법

• 인터넷 접수
• 접수시작일부터 공사 홈페이지를 통해 채용시스템 접속이 가능합니다.
• 접수마감일은 동시접속에 의한 시스템 장애가 발생할 수 있으니 가급적 마감일을 피해 지원
하시기 바랍니다.
• 입사지원서를 제출한 이후에는 수정, 취소가 불가하니 최종 제출 전 반드시 재확인 후 제출
하시기 바랍니다.

필기시험

■ 시험과목

• NCS 직업기초능력평가(40문항)

대상	NCS 직업기초능력평가
전 직종(공통)	의사소통능력, 수리능력, 문제해결능력, 조직이해능력, 정보능력, 자원관리능력, 기술능력, 자기개발능력, 대인관계능력, 직업윤리

※ 사무직종은 NCS 직업기초능력평가 100%(80문항) 실시

- 직무수행능력평가(40문항)

직종	직무수행능력평가
사무	–
승무	기계일반, 전기일반, 전자일반 택1
차량	기계일반, 전기일반, 전자일반 택1
전기	전기일반
궤도	궤도일반
기계	기계일반, 전기일반 택1
건축	건축일반
승강장안전문	전기일반, 전자일반, 통신일반 택1

- 평가문항 및 배점
  NCS 직업기초능력평가 40문항(50%)＋직무수행능력평가 40문항(50%) / 100분간
  ※ 직무수행능력평가 선택과목 간 난이도 차이로 인한 점수 편차 해소를 위해 조정점수 적용
- 합격결정 : 각 과목 만점의 40% 이상 득점자 중 가산점수를 합산한 총득점자 순
- 합격인원 : 채용예정인원의 1.5배수 범위 내
  (채용예정인원이 5명 이하인 경우, 채용예정인원에 3명을 합한 인원)

인성검사

- 직무수행 및 직장생활 적응에 요구되는 기초적인 인성 측정(온라인검사)
※ 인성검사 결과는 면접 시 참고자료로 활용(기간 중 검사 미시행 시 불합격 처리)

면접시험

- 직원으로서의 정신자세, 전문지식과 응용능력, 의사발표의 정확성과 논리성, 예의 · 품행 및 성실성, 창의력 · 의지력 및 기타 발전가능성
- 시험방법 : 개별(PT) 면접 + 집단 면접(3~4명) / 각 15점 만점
- 합격결정 : 필기점수, 면접점수를 50 : 50의 비율로 환산하여 고득점자 순
  ※ 개별(PT) 면접, 집단 면접 각각 10점 이상 득점한 자에 한함.
- 합격인원 : 채용예정인원의 1배수

서울교통공사 기출 유형 분석

📋 2020.10.11. 서울교통공사 기출문제 분석

📨 직업기초능력평가

문번	구분		배점	문항구조	평가요소	소재
1	의사소통능력	문서이해	0.8점	장문, 2문항	자료이해	철도국 예산안
2		문서작성	1.2점		빈칸 추론	
3		문서이해	1.2점	장문, 3문항	자료이해	철도안전법
4		문서이해	1.2점		자료이해	
5		문서작성	1.5점		빈칸 추론	
6		문서작성	1.5점	장문, 3문항	글의 주제	4차 산업혁명 관련 보도자료
7		문서이해	1.5점		자료이해	
8		문서작성	1.5점		문단의 주제	
9	수리능력	도표분석	1.1점	표, 2문항	자료이해	철도운임 원가정보 총괄표
10		도표작성	1.2점		자료변환	
11		도표분석	1.2점	단문, 표, 3문항	자료이해	국가철도 개량투자계획
12		도표작성	1.2점		자료변환	
13		도표작성	1.5점		자료변환	
14		도표분석	1.2점	표 2, 3문항	자료이해	열차 운행장애 현황
15		도표분석	1.5점		자료이해	
16		도표작성	1.5점		자료변환	
17	문제해결능력	문제처리	0.8점	표, 2문항	자료이해	반부패 행동지침 기관별 협조사항
18			1.2점			
19		문제처리	1.2점	단문, 표 2, 3문항	자료이해	스마트 스테이션
20			1.2점		특징 비교	
21			1.5점		자료이해	
22		문제처리	1.2점	단문, 표, 그림, 3문항	자료이해	BIM기반 통합운영시스템
23			1.5점		내용 추론	
24			1.5점		도식화	
25	조직이해능력	경영이해	0.5점	단문, 표, 2문항	시기 계산	사업별 수익체계
26			1.2점		순수익 계산	

문번	구분		배점	문항구조	평가요소	소재
27	조직이해능력	경영이해	1.2점	표 4, 3문항	자료이해	영업 매출 보고서 및 성과 기준표
28			1.2점			
29			1.5점			
30		체제이해	1.2점	중문, 표, 3문항	자료이해	근태 규정
31			1.5점		금액 계산	
32			1.5점		근무시간 계산	
33	정보능력	컴퓨터활용	0.8점	표 2, 예시, 4문항	시스템 상태	시스템 오류 모니터링 화면
34			1.2점			
35			1.2점			
36			1.2점			
37		컴퓨터활용	1.2점	표 2, 예시, 4문항	시스템 상태	시스템 오류 모니터링 화면
38			1.5점			
39			1.5점			
40			1.5점			
41	자원관리능력	인적자원관리	0.8점	단문, 표 2, 3문항	자료이해	근무지 배정
42			1.2점			
43			1.5점			
44		시간관리	1.2점	단문, 표, 그림, 5문항	자료이해	매장별 물건 운송
45			1.2점		시간 계산	
46			1.5점		시간 및 비용 계산	
47			1.5점		시간 계산	
48			1.5점		시간 계산	
49	기술능력	기술선택	0.5점	표, 3문항	자료이해	설비관리 점검일지
50			1.2점			
51			1.5점			
52		기술선택	1.2점	단문, 표 2, 그림, 5문항	자료이해	세탁기 사용설명서
53			1.2점		시간 계산	
54			1.5점		자료이해	
55			1.5점		자료이해	
56			1.5점		자료 추가	

서울교통공사 기출 유형 분석

문번	구분		배점	문항구조	평가요소	소재
57	자기개발능력	자아인식	0.8점	단문, 1문항	개념이해	자아를 인식하는 방법
58		자아인식	1.2점	단문, 1문항	개념이해	조해리의 창
59		자기관리	0.8점	그림, 1문항	개념이해	자기관리 절차
60		자기관리	1.2점	단문, 1문항	개념이해	업무수행 성과를 높이기 위한 행동전략
61		자기관리	1.5점	단문, 1문항	개념이해	거절의 의사결정
62		경력개발	1.2점	단문, 1문항	개념이해	경력개발이 필요한 이유
63		경력개발	1.5점	단문, 1문항	개념이해	경력개발 단계
64		경력개발	1.5점	단문, 1문항	개념이해	경력개발 관련 최신 이슈
65	대인관계능력	대인관계	0.8점	중문, 1문항	개념이해	감정은행계좌
66		팀워크	1.2점	단문, 1문항	개념이해	팀워크를 저해하는 요소
67		리더십	1.5점	그림, 1문항	개념이해	코칭의 진행과정
68		갈등관리	0.8점	단문, 1문항	개념이해	갈등을 파악하는 데 도움이 되는 단서
69		협상	1.2점	단문, 1문항	개념이해	협상에서 자주 하는 실수 및 대처방안
70		협상	1.5점	단문, 1문항	개념이해	의사결정 차원에서의 협상
71		고객서비스	1.5점	단문, 1문항	개념이해	고객 만족의 측정
72		고객서비스	1.2점	단문, 1문항	개념이해	설문조사와 심층면접법
73	직업윤리	직업윤리	1.2점	단문, 1문항	개념이해	개인윤리와 직업윤리
74		직업윤리	1.5점	단문, 1문항	개념이해	직업윤리 덕목
75		근로윤리	1.2점	단문, 1문항	개념이해	정직과 신용
76		근로윤리	1.5점	단문, 1문항	개념이해	정직
77		근로윤리	1.5점	단문, 1문항	개념이해	근면
78		공동체윤리	0.8점	단문, 1문항	개념이해	고객접점서비스
79		공동체윤리	0.8점	단문, 1문항	개념이해	명함 교환 예절
80		공동체윤리	0.8점	단문, 1문항	개념이해	소개의 예절

2019.12.14. 서울교통공사 기출문제 분석

직업기초능력평가

문번	구분		문항구조	평가요소	소재
1	수리능력	기초연산	단문, 1문항	단순계산	멱급수
2		기초연산	단문, 1문항	수추리	숫자 규칙 찾기
3		기초연산	단문, 1문항	수추리	숫자 규칙 찾기
4		기초연산	단문, 1문항	거리 · 속력 · 시간	열차의 길이
5		도표분석	단문, 그래프 2, 1문항	자료이해	연령대별 시민희망지수
6		도표분석	단문, 그래프 2, 1문항	자료이해	음료류 섭취량
7		도표분석	단문, 그래프 2, 1문항	자료이해	의료폐기물의 배출량과 유역별 발생 현황
8		도표작성	단문, 표, 1문항	자료변환	지하철 이용 만족도
9	문제해결능력	사고력	단문, 그림, 2문항	조건추리	도로망에 물류센터 건설
10					
11		문제처리	중문, 1문항	자료이해	알코올과 뇌
12		사고력	단문, 1문항	개념이해	트리즈의 원리
13		문제처리	단문, 2문항	환경분석	제약회사 SWOT 분석
14		사고력	중문, 1문항	개념이해	문제의 유형(발생형, 탐색형, 설정형)
15					
16		사고력	단문, 1문항	진위판단	용의자의 진술
17	자원관리능력	자원관리	단문, 1문항	개념이해	자원의 특징과 낭비요인
18		자원관리	단문, 1문항	개념이해	자원관리 과정
19		시간관리	단문, 1문항	개념이해	시간 계획의 절차
20		예산관리	단문, 표, 1문항	자료이해	단체복 업체 선정
21		예산관리	단문, 1문항	개념이해	직접비와 간접비
22		예산관리	단문, 1문항	개념이해	예산관리의 방법
23		물적자원관리	단문, 표, 1문항	자료이해	작업에 사용될 부품 선정
24		인적자원관리	단문, 1문항	개념이해	4차 산업혁명시대의 인적관리의 변화

서울교통공사 기출 유형 분석

문번	구분		문항구조	평가요소	소재
25	기술능력	기술	단문, 1문항	개념이해	기술과 기술능력
26		기술	단문, 1문항	개념이해	기술과 관련된 용어
27		기술	단문, 1문항	개념이해	기술과 고기술능력
28		기술	단문, 1문항	개념이해	산업재해
29		기술이해	단문, 1문항	개념이해	기술이해능력과 기술시스템
30		기술이해	장문, 1문항	자료이해	경영혁신기업
31		기술	단문, 1문항	자료이해	4차 산업혁명
32		기술이해	단문, 1문항	개념이해	4차 산업혁명의 주요 분야 및 기술
33	정보능력	컴퓨터활용	단문, 그림, 1문항	컴퓨터 설정	[Windows 설정] 화면의 메뉴
34		정보	단문, 1문항	개념이해	파밍
35		컴퓨터활용	단문, 1문항	진수변환	2진수, 8진수, 10진수, 16진수
36		정보	단문, 1문항	컴퓨터 설정	개인용 PC 보안 강화
37		정보	단문, 그림, 1문항	개념이해	캡차
38		컴퓨터활용	단문, 그림, 2문항	엑셀	도시철도 유실물 반환율
39					
40		컴퓨터활용	단문, 그림, 1문항	한글프로그램	협의회 참석 공문 작성
41	의사소통능력	문서이해	장문, 2문항	자료이해	열차 출·도착 데이터와 교통카드 데이터를 활용한 도시철도 역사 시설물 서비스 수준 추정 방안 연구
42					
43		문서이해	장문, 2문항	자료이해	철도안전법 제2장 철도안전관리체계
44					
45		문서이해	중문, 1문항	자료이해	철도안전법 제5장 철도차량 운행안전 및 철도 보호
46		문서이해	장문, 1문항	주제파악	안전한국훈련 보도자료
47		문서작성	장문, 2문항	공문서 작성법	행정업무운영실무 매뉴얼
48					

문번	구분		문항구조	평가요소	소재
49	대인관계능력	대인관계	중문, 그림, 1문항	자료이해	대인관계의 형성 과정
50		팀워크	중문, 그림, 1문항	개념이해	팀의 발전과정
51		리더십	단문, 그림 2, 2문항	개념이해	임파워먼트
52					
53		리더십	단문, 1문항	자료이해	거래적 리더십과 변혁적 리더십
54		팀워크	중문, 그림, 1문항	개념이해	팔로워십 유형
55		리더십	단문, 표, 1문항	개념이해	코칭
56		협상	장문, 1문항	자료이해	왕홍식품의 협상전략
57	자기개발능력	자아인식	중문, 1문항	자료이해	Savickas의 세 가지 자아
58		경력개발	장문, 그림, 3문항	자료이해	진로탄력성
59					
60					
61		자기관리	단문, 그림, 1문항	자료이해	자기관리를 위한 절차
62		자기관리	단문, 1문항	개념이해	개인 차원의 스트레스 관리 방법
63		경력개발	중문, 그림, 1문항	개념이해	경력개발 모델
64				자료이해	
65	직업윤리	공동체윤리	장문, 1문항	자료이해	철도안전법 제4장 철도시설 및 철도차량 안전관리
66		근로윤리	단문, 1문항	자료이해	서울교통공사 윤리강령
67		직업윤리	장문, 2문항	자료이해	
68				개념이해	윤리적 의사결정
69		공동체윤리	장문, 1문항	자료이해	온수역 전동열차 탈선사고
70		공동체윤리	중문, 2문항	자료이해	직장 내 성희롱
71					
72		공동체윤리	장문, 1문항	자료이해	MOT(Management Of Technology)
73	조직이해능력	체제이해	단문, 그림, 1문항	자료이해	조직목표
74		체제이해	단문, 1문항	개념이해	조직목표의 종류
75		경영이해	단문, 그림, 1문항	자료이해	서울교통공사의 경영전략체계도
76		체제이해	장문, 2문항	빈칸추론	4차 산업혁명시대의 조직구조
77				자료이해	
78		경영이해	중문, 1문항	자료이해	경영의 구성 요소
79		경영이해	단문, 그림, 1문항	자료이해	기업환경
80		체제이해	단문, 1문항	개념이해	조직문화의 순기능

서울교통공사 기출 유형 분석

📄 2019.08.24. 서울교통공사 기출문제 분석

직업기초능력평가

문번	구분		문항구조	평가요소	소재
1	의사소통능력	문서작성	단문, 1문항	문서 작성법	상황에 따른 문서 작성
2		의사표현	단문, 1문항	자료이해	말하지 않아도 아는 문화
3		문서이해	중문, 1문항	자료이해	문서이해의 절차
4		의사표현	중문, 1문항	자료이해	의사표현의 방법
5		문서이해	장문, 2문항	자료이해	철도안전법 시행규칙 일부개정안
6					
7		문서작성	장문, 2문항	소제목 설정	스마트 철도안전관리체계 기본계획수립
8				제목 설정	
9	수리능력	기초연산	단문, 1문항	농도	설탕물의 혼합
10		기초연산	단문, 표, 1문항	금액계산	과세표준 및 소득세율
11		기초연산	단문, 1문항	거리 · 속력 · 시간	기차의 길이
12		기초통계	단문, 표, 1문항	평균	신제품에 대한 선호도 조사
13		기초연산	단문, 1문항	단순계산	$f(x)=\dfrac{1}{x+1}$
14		기초연산	단문, 그림, 1문항	수추리	디지털 숫자 규칙 찾기
15		도표분석	단문, 그래프, 1문항	자료이해	연도별 철도사고
16		도표분석	단문, 그래프 5, 1문항	자료이해	A도의 인구
17	문제해결능력	문제처리	단문, 1문항	자료이해	스톡홀름 공항철도 중앙역에 최신 카메라 설치
18		문제처리	단문, 1문항	개념이해	문제해결과정
19		사고력	단문, 1문항	개념이해	창의적 사고기법
20		사고력	단문, 1문항	명제추론	스터디그룹 멤버
21		문제처리	단문, 2문항	환경분석	○○공사 SWOT 분석
22					
23		문제처리	단문, 표, 1문항	자료이해	지하철의 문제점 개선 방향
24		문제처리	중문, 1문항	자료이해	열차추돌사건

문번	구분		문항구조	평가요소	소재
25	자기개발능력	경력개발	단문, 1문항	개념이해	직업세계 변화
26		경력개발	단문, 1문항	개념이해	고용가능성
27		자기개발	중문, 그림, 1문항	자료이해	자기개발능력과 자기효능감
28		자아인식	단문, 1문항	개념이해	진로정체성과 직업적응
29		경력개발	단문, 1문항	개념이해	지속적 학습활동
30		자기개발	단문, 1문항	개념이해	진로적응력
31		자아인식	단문, 1문항	개념이해	직무효능감
32		경력개발	중문, 그림, 1문항	자료이해	경력개발 계획수립
33	자원관리능력	예산관리	단문, 1문항	개념이해	재정자원 관리
34		시간관리	단문, 1문항	개념이해	시간 낭비 요인
35		자원관리	단문, 1문항	내용이해	패스트 패션
36		자원관리	단문, 1문항	개념이해	자원관리 과정
37		시간관리	단문, 1문항	개념이해	모바일 앱을 통한 기차 예매
38		시간관리	단문, 1문항	개념이해	효율적인 시간 관리
39		물적자원관리	단문, 1문항	개념이해	물품관리 시스템
40		인적자원관리	단문, 1문항	개념이해	인적자원의 특성
41	대인관계능력	팀워크	단문, 1문항	개념이해	멤버십의 유형
42		갈등관리	단문, 1문항	개념이해	갈등 해소 및 감소
43		리더십	단문, 1문항	개념이해	아이젠하워
44		팀워크	단문, 1문항	개념이해	팀워크
45		고객서비스	단문, 1문항	개념이해	고객만족관리
46		고객서비스	단문, 1문항	개념이해	고객만족도 조사
47		고객서비스	단문, 그림, 1문항	개념이해	고객 불만 처리 8단계 프로세스
48		협상	단문, 1문항	개념이해	협상의 5가지 의미
49	정보능력	정보	단문, 1문항	업무이해	IT 예산
50		컴퓨터활용	단문, 1문항	진수변환	2진수, 8진수, 10진수, 16진수
51		정보처리	중문, 1문항	자료이해	정보통신기술
52		컴퓨터활용	단문, 그림 2, 1문항	이미지 수정	홍보자료 이미지
53		정보	중문, 1문항	내용이해	유튜버
54		정보	단문, 1문항	개념이해	스미싱, 파밍, 랜섬웨어
55		컴퓨터활용	단문, 표 2, 그래프 2, 1문항	한글프로그램	2019년 상반기 민원처리 현황 자료
56		컴퓨터활용	단문, 그림, 1문항	엑셀	2020년 신입사원 발령 사항

서울교통공사 기출 유형 분석

문번	구분		문항구조	평가요소	소재
57	기술능력	기술선택	단문, 그래프, 1문항	자료이해	산업재산권 현황
58		기술이해	단문, 그림, 1문항	개념이해	PDCA 업무 사이클
59		기술	단문, 그림, 1문항	개념이해	안전관리시스템 5단계
60		기술적용	단문, 그림, 1문항	개념이해	철도안전관리체계에 따른 과학적 유지관리체계 시스템의 개발 및 구축
61		기술이해	단문, 1문항	개념이해	기술 시스템
62		기술	단문, 표, 1문항	개념이해	기술에 대한 인식조사 체크리스트
63		기술	단문, 1문항	자료이해	지속가능한 기술 발전
64		기술선택	단문, 1문항	개념이해	매뉴얼
65	조직이해능력	경영이해	장문, 1문항	자료이해	4차 산업혁명의 주요 정보기술이 미칠 영향
66		경영이해	중문, 1문항	내용이해	기업조직의 지배구조
67		체제이해	단문, 1문항	개념이해	맥킨지의 7–S 모형
68		체제이해	단문, 1문항	내용이해	스마트 기기의 보급
69		경영이해	단문, 그림, 1문항	자료이해	서울교통공사의 미션, 비전
70		경영이해	단문, 2문항	개념이해	중장기 발전전략 수립
71					
72		체제이해	단문, 그림, 1문항	자료이해	○○공사 조직도
73	직업윤리	공동체윤리	단문, 그림, 1문항	개념이해	윤리적 의사결정의 기준
74		직업윤리	단문, 그림, 2문항	내용이해	기업의 사회적 책임
75		공동체윤리		개념이해	
76		공동체윤리	단문, 표, 1문항	자료이해	기업윤리경영의 유형
77		공동체윤리	중문, 표, 1문항	자료이해	직장 내 괴롭힘
78		공동체윤리	단문, 1문항	개념이해	직장에서의 전화예절
79		공동체윤리	단문, 1문항	자료이해	윤리경영 선언문
80		공동체윤리	단문, 1문항	자료이해	제조물 책임법

📋 2018.10.06. 서울교통공사 기출문제 분석

🚊 직업기초능력평가

문번	구분		문항구조	평가요소	소재
1	대인관계능력	대인관계	단문, 1문항	개념이해	마르틴 부버의 '나와 너'
2		대인관계	단문, 표, 1문항	개념이해	인간관계 분류
3	자기개발능력	자아인식	단문, 1문항	자료이해	집단에 속하려는 이유
4	대인관계능력	대인관계	단문, 1문항	개념이해	인지적 오류
5	자기개발능력	자기관리	단문, 1문항	자료이해	자기지시적 훈련 단계
6	대인관계능력	리더십	단문, 1문항	자료이해	유비의 리더십
7		갈등관리	중문, 1문항	자료이해	〈12명의 성난 사람들〉
8		협상	표, 1문항	자료이해	협상과정의 순서
9	정보능력	정보	단문, 그림, 1문항	개념이해	저작권 용어
10		정보처리	표, 1문항	개념이해	DIKW 계층모델
11		정보처리	표, 1문항	자료이해	5W2H를 활용한 PANO-X 마케팅
12		정보처리	중문 2, 1문항	자료이해	인터넷 카페 활동 시 네티켓
13		컴퓨터활용	그림, 1문항	형식이해	한글 2018에서 사용 가능한 동영상 파일 형식
14		정보처리	단문, 1문항	분석법 추론	마르코프 분석
15		컴퓨터활용	단문, 1문항	엑셀	엑셀 단축키
16		정보처리	단문, 1문항	철도안전법	철도안전법상 민감정보 및 고유식별정보
17	기술능력	기술선택	장문, 그림, 1문항	자료이해	제품설명서에 따라 상담하기
18		기술석봉	장문, 표, 2문항	자료이해	안전수칙과 사건사고 보고서
19		기술선택		개념이해	
20		기술	그림, 1문항	개념이해	지속가능한 발전
21		기술선택	장문, 1문항	자료이해	핸드폰 벤치마킹
22		기술선택	장문, 그림, 2문항	자료이해	부정청탁 관련 법률 조항
23					
24		기술이해	단문, 1문항	자료이해	철도시설의 기술기준

문번	구분		문항구조	평가요소	소재
25	체제이해		단문, 표, 2문항	개념이해	철도안전법 제4조
26					
27	조직이해능력	조직이해	단문, 1문항	개념이해	함무라비 법전
28		업무이해	단문, 1문항	사례이해	분업화의 병폐 사례
29		경영이해	단문, 1문항	원인분석	통제의 범위
30		체제이해	표, 1문항	개념이해	기계적 조직과 유기적 조직 비교
31		체제이해	그림, 1문항	자료이해	매트릭스 구조의 특성
32		조직이해	장문, 1문항	자료이해	철도기술심의위원회 구성 및 운영에 관한 규정
33	자원관리능력	예산관리	단문, 표, 1문항	전략분석	마케팅의 유효성
34	직업윤리	공동체윤리	장문, 1문항	조문이해	철도안전법에 따라 금지되는 사례와 처분
35					
36		직업윤리	단문, 1문항	개념이해	철도안전법에 위반되는 비윤리적 행위
37		직업윤리	단문, 1문항	개념이해	윤리의 의미와 특징
38		직업윤리	중문, 1문항	자료이해	직업관에 대한 답변
39		직업윤리	단문, 1문항	개념이해	직업윤리의 덕목
40		공동체윤리	단문, 1문항	자료이해	집단윤리와 개인윤리
41	의사소통능력	문서작성	단문, 1문항	주제파악	오프라 윈프리의 공감능력
42		문서작성	단문, 1문항	개념이해	'-지'의 쓰임에 따른 예시
43		의사표현	단문, 표, 1문항	개념적용	의사소통 신호의 탐지
44		문서작성	장문, 1문항	표기법	철도안전법령과 처분 통지서
45		문서이해		자료이해	
46		문서이해	중문, 1문항	자료이해	철도안전법상의 운전면허
47		문서이해	중문, 1문항	자료해석	철도안전법에서 쓰이는 단어의 정의
48		문서작성	단문, 1문항	한자표기	철도안전법 시행령상 정의

문번	구분		문항구조	평가요소	소재
49	수리능력	기초연산	단문, 1문항	단순계산	현재 나이 계산
50		도표분석	표, 2문항	표 해석	차종별 유지비용
51					
52		기초연산	표, 1문항	표 해석	구내식당 메뉴 선호도
53		기초연산	단문, 1문항	단순계산	시차를 반영한 프로젝트 소요시간
54		기초연산	표, 1문항	경우의 수	고객 평가 내용
55		도표분석	장문, 표, 1문항	표 해석	자동차 냉매제에 관한 저감량 평가방법
56	문제해결능력	문제처리	장문, 1문항	자료이해	최대 형량 추론
57		사고력	단문, 그림, 1문항	조건추리	이동 가능한 거리 추론
58		사고력	중문, 1문항	조건추리	회의실 배정
59	수리능력	기초연산	단문, 1문항	단순계산	복사기 제어판의 축소 비율
60	문제해결능력	사고력	단문, 1문항	진위추론	진실을 말한 확실한 사람
61		문제처리	장문, 2문항	자료적용	사건사고에 따라 대처하기
62					
63		문제처리	장문, 표, 2문항	자료분석	철도교통·안전사고 통계 및 관련 법률
64				자료적용	
65	자기개발능력	자아인식	그림, 1문항	자료이해	홀랜드 검사
66		자아인식	단문, 1문항	개념이해	프란시스 킨스만의 심리적 유형 3가지
67		자기관리	표, 1문항	개념이해	마틴 셀리그만의 행복의 5요소
68		자기관리	단문, 1문항	개념이해	업무 몰입을 방해하는 요인
69		자기개발	단문, 1문항	자료이해	자기개발의 방해요인
70		경력개발	표, 1문항	자료이해	경력개발 5단계
71		경력개발	단문, 1문항	개념이해	안드라고지(성인교육)
72		자기개발	장문, 1문항	자료이해	매슬로우의 욕구계층이론
73	자원관리능력	인적자원관리	단문, 표, 1문항	자료이해	프로젝트별 인원 배정
74		예산관리	표, 그래프, 1문항	자료분석	정보시스템의 정확성과 원가와의 관계
75		예산관리	장문, 1문항	자료이해	원가배분의 기준
76		시간관리	단문, 표, 1문항	자료계산	열차의 정차시간
77		예산관리	표, 1문항	자료적용	배분기준에 따른 부담비용
78		시간관리	그림, 1문항	자료이해	프로젝트 기간 단축
79		인적자원관리	장문, 1문항	자료이해	교육 안내문
80		예산관리	표, 1문항	자료적용	직접비용 산출

서울교통공사

실전모의고사

제**1**회

[01 ~ 02] 다음 보도자료를 읽고 이어지는 질문에 답하시오.

서울교통공사에 따르면 지난 5월 31일 통합 공사 출범 후 안전관리 강화에 중점을 두고 정책을 펼치고 있다. 본사 안전관리본부 산하로 1 ~ 8호선 관리를 일원화했으며 기술센터 26곳을 설치해 기술 직종의 현장 협업을 강화했다. 안전 관련 인원도 대폭 확충, 1 ~ 8호선 노선마다 안전관리관을 배치해 발 빠르게 대응하도록 했다. 특히 크고 작은 사고 발생으로 문제가 됐던 스크린도어 보수 인력 175명을 지난달 신규 투입했다. 공사는 이들 보수 인력의 상주 사무실을 5호선 발산 · 왕십리 · 강동역, 6호선 월드컵경기장 · 보문역, 7호선 태릉입구 · 온수역, 8호선 가락시장역에 만들고 있는데 출동시간을 줄이기 위해 사고가 자주 발생하거나 접근성이 좋은 환승역 중심으로 선정했다. 현재 1 ~ 4호선 구간에는 동대문역, 2호선 신대방 · 선릉역, 3호선 약수역에 사무실이 있다. 이외에도 외부 위탁으로 돼 있던 역사 소방설비, 전기, 환기 · 냉방업무 등 안전분야 64명을 위탁계약이 끝나는 대로 직영으로 전환한다.

서울교통공사 스마트안전통합상황실에서는 1 ~ 8호선 모든 구간 역사와 열차운행정보를 실시간으로 모니터링하고 있으며 헬멧캠으로 사고현장을 영상중계하고 모든 시설물 안전지수를 계량화하고 있다. 7호선 반포역에서는 시민 누구나 지하철 화재 상황을 체험하도록 안전체험 콘텐츠와 장비를 마련했다. 이 장비를 착용한 채 역사와 전동차에 불이 난 상황을 가정해 생생한 탈출훈련을 해 볼 수 있으며 언제든 지하철 안전활동을 체험할 수 있는 안전체험관과 박물관이 구축돼 있다.

김○○ 사장은 "본부에서 일괄 통제하는 대신 현업 부서 직원들이 위험 요소를 발굴해 제거하도록 했다."면서 "업무 대부분이 전산화 시스템으로 이뤄지는 근무환경에 맞춰 IT 시스템 통합에도 역점을 둘 것"이라고 말했다.

01. 다음 중 위의 기사문에 나타난 IT 통합 시스템 활용 사례끼리 올바르게 짝지은 것은?

① 인공지능, 증강현실　　　　　② 사물인터넷, 증강현실
③ 인공지능, 가상현실　　　　　④ 사물인터넷, 인공지능
⑤ 사물인터넷, 가상현실

02. 위 기사문의 제목으로 적절한 것은?

① '사고율 최소화에 앞장서는 서울교통공사'
② '서울교통공사, 협업 시스템 구축을 통해 안전관리 강화에 나서'
③ '서울교통공사, 첨단 기술로 안전관리 강화에 박차를 가하다.'
④ '지하철 보수 인력 충원으로 안전한 철도 구현'
⑤ '서울교통공사, IT 시스템 통합을 통해 경영 선진화를 앞당기다.'

[03 ~ 05] 다음 글을 읽고 이어지는 질문에 답하시오.

> ㉠청년 중에서는 남성보다 여성의 고용률이 더 높다. 20XX년 8월 현재 청년 남성의 고용률은 41.2%로, 여성이 3.5%p 정도 높다. 그러나 전체 청년 인구 중 실업자의 비중은 남성이 5.1%로 여성보다 1.4%p 높다. 취업자 중 현재 학교에 재학 또는 휴학 상태인 재학 중 취업자의 비중 또한 남성이 23.7%, 여성이 17.9%로 남성이 높다. 비경제활동인구 중 취업 또는 진학을 준비 중인 구직 니트족의 비중도 남성은 10.0%, 여성이 8.6%로 남성이 더 높다. ㉡청년 남성이 청년 여성보다 고용률이 낮은 이유는 남성이 여성보다 취업하기 어렵기 때문이라기보다는 청년 노동시장의 성격을 반영한다고 할 수 있다. 재학 중 취업자의 비중이 보여주듯이 청년의 취업은 (가) 또는 (나) 경향이 있다.
>
> ㉢청년 니트는 청년 노동시장의 상황에 의해 만들어진 집단이다. 노동시장에서 계속적인 탐색 과정에 있는 이들이 실업자라는 조작적 정의에 의해 포괄되지 않을 뿐이다. 여성과 남성 청년이 맞닥뜨리는 차별적 상황은 청년 노동시장의 현재가 아닌 안정적인 일자리로 취업하게 될 가능성의 차이이다. 청년 니트는 이와 같은 청년 노동시장의 특징에 대한 인식 속에서 이해할 필요가 있다. 청년 임금근로자 중 비정규직의 비중은 34.9%로 65세 미만 전체 임금근로자 중 비정규직의 비중인 30.1%와 비교하여 높다. 이를 다시 남성과 여성으로 구분하면 ㉣청년은 남성과 여성의 비정규직 비중 차이가 크지 않지만 30대 이상에서 격차가 크게 벌어진다. 즉, 남성은 30대 이상으로 가면서 비정규직 비중이 크게 감소하지만 여성은 나이가 들어도 크게 달라지지 않는다. 남성 청년의 실업자와 구직 니트 비중이 여성 청년과 비교하여 더 높은 이유를 여기에서 찾을 수 있을 것이다. ㉤안정적인 일자리로 진입하여 오랜 기간 근속할 확률이 높을 경우, 가능한 한 더 안정적인 일자리로 취업하기 위한 탐색을 더 적극적으로, 더 오래 할 것이다. 그러나 높은 비정규직 비중이 '여성' 노동시장의 고정된 현실이라면 여성에게 더 좋은 일자리로 취업하기 위한 탐색의 유인은 감소한다.

03. 윗글의 (가)와 (나)에 들어갈 말로 적절한 것은?

① 임시적, 탐색적 ② 학구적, 교육적 ③ 단기적, 지속적

④ 편향적, 집중적 ⑤ 보편적, 심미적

04. 윗글의 밑줄 친 문장 ㉠~㉤ 중 글의 핵심 논점을 가장 잘 요약한 것은?

① ㉠ ② ㉡ ③ ㉢

④ ㉣ ⑤ ㉤

05. 윗글이 전체 글의 본론에 해당된다고 할 때, 다음 중 본론에 대한 화두를 언급하는 서론으로 적절한 것은?

① 니트(NEET)는 의미 그대로 교육받지 않으며, 어떠한 훈련도 받지 않는 비취업자로 정의하고 있으나 광의의 개념으로 보면 실업자는 물론 실업자 외에도 취업이나 진학을 준비하는 '구직 니트'거나 '쉬었거나 기타 활동을 했다'는 비구직 · 기타 비경활 니트로 구분해 볼 수 있다.

② 청년 니트의 불안정한 노동의 지위는 생활의 불안으로 이어질 수밖에 없다. 청년 니트가 노동시장 밖이나 주변에 머물면서 사회와 단절되는 문제도 간과할 수 없다. 청년 니트는 부모나 가족이 지원해 주지 않는다면 단기 아르바이트를 해야 하는 상황이다.

③ 청년 니트가 안정된 일을 위해 장기간 탐색기간을 거친다는 의미는 다시 말해 한국 사회에 그만큼 '좋은 일자리'가 없다는 의미이기도 하다. 취준생이 공무원이 되거나 공공기관 등에 취업하기 위해 다양한 자격증을 취득하며 시간과 비용을 투자하는 이유도 다른 데 있지 않다.

④ 노동시장 밖에 머물고 있는 청년 니트는 한국적 맥락에서 어떤 특징이 있고, 왜 증가하며, 그에 따른 취약성은 무엇인지 먼저 이해할 필요가 있다. 청년 니트가 일을 선택하는 과정과 그 이유를 구체적으로 짚어보면 청년 니트 현상에 따른 여성 청년 니트만의 어려움을 이해할 수 있을 것이다.

⑤ 고용환경 악화로 취업 의욕마저 상실한 청년 무직자를 뜻하는 '니트족'(NEET)이 지난해 급증했다는 조사결과가 나왔다. 경제협력개발기구(OECD)는 청년층 가운데 취업자와 학생을 제외한 인구를 청년 니트로 분류하는데, 일반적으로 비혼이면서 취업 · 진학 준비 · 육아 가사 · 군입대 대기 등의 상황에 해당하지 않아 '그냥 쉬었음'으로 분류된 청년이 이에 해당한다.

1회 2회 3회 4회 5회

[06 ~ 08] 다음은 「철도안전법」의 일부이다. 이어지는 질문에 답하시오.

제9조(승인의 취소 등) ① 국토교통부장관은 안전관리체계의 승인을 받은 철도운영자등이 다음 각호의 어느 하나에 해당하는 경우에는 그 승인을 취소하거나 6개월 이내의 기간을 정하여 업무의 제한이나 정지를 명할 수 있다. 다만, 제1호에 해당하는 경우에는 그 승인을 취소하여야 한다.

1. 거짓이나 그 밖의 부정한 방법으로 승인을 받은 경우
2. 변경승인을 받지 아니하거나 변경신고를 하지 아니하고 안전관리체계를 변경한 경우
3. 안전관리체계를 지속적으로 유지하지 아니하여 철도운영이나 철도시설의 관리에 중대한 지장을 초래한 경우
4. 시정조치명령을 정당한 사유 없이 이행하지 아니한 경우

② 제1항에 따른 승인 취소, 업무의 제한 또는 정지의 기준 및 절차 등에 관하여 필요한 사항은 국토교통부령으로 정한다.

제9조의2(과징금) ① 국토교통부장관은 제9조 제1항에 따라 철도운영자등에 대하여 업무의 제한이나 정지를 명하여야 하는 경우로서 그 업무의 제한이나 정지가 철도 이용자 등에게 심한 불편을 주거나 그 밖에 공익을 해할 우려가 있는 경우에는 업무의 제한이나 정지를 갈음하여 30억 원 이하의 과징금을 부과할 수 있다.

② 제1항에 따라 과징금을 부과하는 위반행위의 종류, 과징금의 부과기준 및 징수방법, 그 밖에 필요한 사항은 대통령령으로 정한다.

③ 국토교통부장관은 제1항에 따른 과징금을 내야 할 자가 납부기한까지 과징금을 내지 아니하는 경우에는 국세 체납처분의 예에 따라 징수한다.

제9조의3(철도운영자등에 대한 안전관리 수준평가) ① 국토교통부장관은 철도운영자등의 자발적인 안전관리를 통한 철도안전 수준의 향상을 위하여 철도운영자등의 안전관리 수준에 대한 평가를 실시할 수 있다.

② 국토교통부장관은 제1항에 따른 안전관리 수준평가를 실시한 결과 그 평가결과가 미흡한 철도운영자등에 대하여 검사를 시행하거나 시정조치 등 개선을 위하여 필요한 조치를 명할 수 있다.

③ 제1항에 따른 안전관리 수준평가의 대상, 기준, 방법, 절차 등에 필요한 사항은 국토교통부령으로 정한다.

제9조의4(철도안전 우수운영자 지정) ① 국토교통부장관은 제9조의3에 따른 안전관리 수준평가 결과에 따라 철도운영자등을 대상으로 철도안전 우수운영자를 지정할 수 있다.

② 제1항에 따른 철도안전 우수운영자로 지정을 받은 자는 철도차량, 철도시설이나 관련 문서 등에 철도안전 우수운영자로 지정되었음을 나타내는 표시를 할 수 있다.

③ 제1항에 따른 지정을 받은 자가 아니면 철도차량, 철도시설이나 관련 문서 등에 우수운영자로 지정되었음을 나타내는 표시를 하거나 이와 유사한 표시를 하여서는 아니 된다.

④ 국토교통부장관은 제3항을 위반하여 우수운영자로 지정되었음을 나타내는 표시를 하거나 이와 유사한 표시를 한 자에 대하여 해당 표시를 제거하게 하는 등 필요한 시정조치를 명할 수 있다.

⑤ 제1항에 따른 철도안전 우수운영자 지정의 대상, 기준, 방법, 절차 등에 필요한 사항은 국토교통부령으로 정한다.

제9조의5(우수운영자 지정의 취소) 국토교통부장관은 제9조의4에 따라 철도안전 우수운영자 지정을 받은 자가 다음 각호의 어느 하나에 해당하는 경우에는 그 지정을 취소할 수 있다. 다만, 제1호 또는 제2호에 해당하는 경우에는 지정을 취소하여야 한다.

1. 거짓이나 그 밖의 부정한 방법으로 철도안전 우수운영자 지정을 받은 경우
2. 제9조에 따라 안전관리체계의 승인이 취소된 경우
3. 제9조의4 제5항에 따른 지정기준에 부적합하게 되는 등 그 밖에 국토교통부령으로 정하는 사유가 발생한 경우

06. 다음 중 위의 「철도안전법」에 대한 설명으로 적절한 것은?

① 안전관리체계를 지속적으로 유지하지 아니하여 철도시설 관리에 경미한 지장을 초래한 자는 상황에 따라 승인 취소나 업무의 제한, 정지 등의 처분을 면할 수도 있다.

② 안전관리 수준평가 결과가 미흡한 철도운영자는 과징금 처분을 받게 된다.

③ 철도안전 우수운영자로 지정되었음을 나타내는 표시를 허위로 한 자에게는 안전관리체계의 승인 취소를 명할 수 있다.

④ 부정한 방법으로 안전관리체계의 승인을 받은 자에게는 상황에 따라 30억 원 이하의 과징금을 부과할 수 있다.

⑤ 상황에 따라 안전관리체계의 승인이 취소된 자도 철도안전 우수운영자 표시를 유지할 수 있다.

07. 다음 중 국토교통부장관의 권한으로 처리할 수 있는 사항이 아닌 것은?

① 시정조치명령을 정당한 사유 없이 이행하지 아니한 철도운영자의 업무 제한 기간에 관한 사항
② 철도운영자의 위반행위 종류별 과징금 부과기준 및 징수에 관한 사항
③ 안전관리 수준평가의 대상 및 방법에 관한 사항
④ 철도안전 우수운영자 표시를 허위로 한 자에 대한 조치 사항
⑤ 부정한 방법으로 철도안전 우수운영자 지정을 받은 자에 대한 조치 사항

08. 다음 ㉠～㉣의 경우에 취할 수 있는 행정조치 사항을 순서대로 올바르게 짝지은 것은?

> ㉠ 철도운영자등의 안전관리 수준에 대한 평가를 실시하여 평가결과가 미흡하다고 판단된 경우
> ㉡ 철도안전 우수운영자가 운영 중 사업기준 부적격 사유가 발생한 경우
> ㉢ 업무 제한의 위반사항이 발생한 철도운영자에게 업무 제한을 명할 경우 공공의 이익에 문제가 발생할 경우
> ㉣ 철도운영자가 안전관리체계를 변경하였지만, 그에 따른 변경신고를 하지 않은 경우

① 시정조치, 업무 제한, 지정 취소, 과징금 부과
② 업무 정지, 과징금 부과, 업무 제한, 시정조치
③ 과징금 부과, 시정조치, 업무 제한, 업무 정지
④ 시정조치, 지정 취소, 과징금 부과, 업무 정지
⑤ 지정 취소, 시정조치, 과징금 부과, 업무 제한

[09 ~ 11] 다음 자료를 보고 이어지는 질문에 답하시오.

〈철도 운행장애 현황〉

(단위 : 건)

구분	2020년 1~6월				2019년 1~6월			
	전체	고속	일반	도시	전체	고속	일반	도시
합계	125	45	40	40	133	47	38	48
지연운행	123	45	39	39	133	47	38	48
차량결함	76	28	29	19	68	31	21	16
시설결함	21	6	6	9	33	8	7	18
인적과실	8	5	2	1	14	5	3	6
기타(날씨 등)	18	6	2	10	18	3	7	8
준사고	2	0	1	1	0	0	0	0

〈철도 운행장애 원인별 세부현황〉

(단위 : 건)

구분	당월(6월)		전월(5월)		누계(1~6월)	
	2020년	2019년	2020년	2019년	2020년	2019년
합계	26	24	23	42	125	133
위험사건(준사고)	2	0	0	0	2	0
지연운행	24	24	23	42	123	133
차량결함	17	12	15	23	76	68
부품결함	16	7	13	15	68	45
설계/제작결함	0	2	0	3	1	10
정비소홀	1	3	2	5	7	13
시설결함	4	5	4	11	21	33
부품결함	2	3	2	4	12	14
설계/시공결함	1	1	0	4	3	10
유지보수미흡	1	1	2	3	6	9
인적과실	1	5	0	5	8	14
취급부주의	1	5	0	4	3	13
규정위반	0	0	0	1	5	1
기타(날씨 등)	2	2	4	3	18	18

09. 다음 중 2020년 1 ～ 6월 누계의 차량결함에 의한 지연운행 건수 중 고속철도의 부품결함이 원인인 건수의 최솟값은?

① 18건　　　　　　② 19건　　　　　　③ 20건

④ 21건　　　　　　⑤ 22건

10. 위 자료를 이해한 내용으로 적절하지 않은 것은?

① 고속철도의 지연운행 원인 중 차량결함이 차지하는 비중은 2019년 상반기와 2020년 상반기 모두 60% 이상이다.

② 1 ～ 4월 지연운행의 원인 중 기타를 제외한 세 가지 원인의 발생 건수는 모두 2020년이 2019년보다 더 많다.

③ 2019년 상반기와 2020년 상반기에 도시철도는 고속철도에 비해 차량결함에 의한 지연운행이 적은 반면, 시설결함에 의한 지연운행은 많다.

④ 2019년 상반기 차량결함의 원인은 설계/제작결함과 정비소홀을 합한 건수보다 부품결함이 가장 많은 반면, 시설결함의 원인은 설계/시공결함과 유지보수 미흡을 합한 건수가 부품결함보다 더 많다.

⑤ 2020년 6월의 부품결함에 의한 시설결함 건수는 같은 기간 전체 운행장애 건수의 7% 이상이다.

11. 다음 중 2020년 1 ~ 6월 누계의 지연운행 세부 원인별 각 철도의 구성비를 그래프로 올바르게 작성한 것은? (단, 모든 그래프의 단위는 %이다)

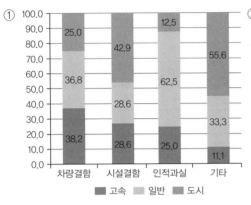

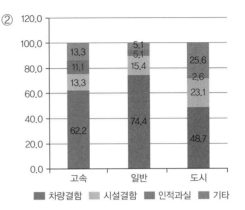

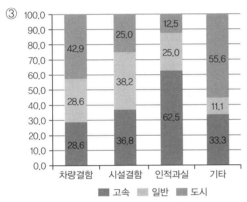

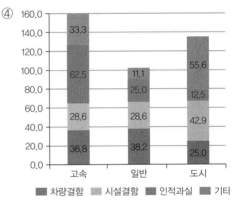

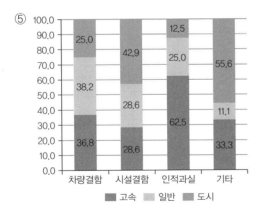

[12 ~ 13] 다음은 A시의 연도별 철도차량 유지보수 관련 인력 변동 현황이다. 이를 보고 이어지는 질문에 답하시오.

〈연도별 철도차량 정비, 조달 인력 현황〉

(단위 : 명)

구분	20X0년	20X1년	20X2년	20X3년	20X4년	20X5년	20X6년	20X7년
정비	417	451	477	(㉠)	544	590	631	692
조달	140	144	145	145	155	158	165	172

* 모든 수치는 해당 연도의 추가, 교체, 감축 인력을 반영한 이후의 수치임.

〈연도별 철도차량 정비 인력 추가, 교체, 감축 현황〉

(단위 : 명)

구분	20X0년	20X1년	20X2년	20X3년	20X4년	20X5년	20X6년	20X7년
추가	38	46	(㉡)	37	38	56	57	67
교체	55	128	102	103	131	223	315	210
감축	12	12	13	3	5	10	16	6

〈연도별 철도차량 조달 인력 추가, 교체, 감축 현황〉

(단위 : 명)

구분	20X0년	20X1년	20X2년	20X3년	20X4년	20X5년	20X6년	20X7년
추가	14	5	5	3	11	5	11	10
교체	26	30	38	40	45	33	63	36
감축	6	1	4	3	1	2	4	3

12. 다음 중 ㉠, ㉡에 들어갈 수치를 순서대로 올바르게 짝지은 것은?

① 511, 38

② 512, 38

③ 510, 39

④ 511, 39

⑤ 510, 38

13. 위 자료에 대한 설명으로 적절하지 않은 것은?

① 추가된 정비 인력에서 감축된 정비 인력을 뺀 값이 가장 큰 해는 20X7년이다.

② 총 정비 인력에서 그 해에 교체된 정비 인력 비중이 가장 큰 해는 20X6년이다.

③ 조달의 교체 인력은 매년 증가하였다.

④ 정비와 조달 모두 추가보다 감축 인력이 더 많은 해는 없다.

⑤ 20X0년 대비 20X7년의 총 정비 인력 증가율은 60% 이상이다.

[14 ~ 16] 다음 자료를 보고 이어지는 질문에 답하시오.

〈서울시의 인구수 상위 10개 행정구 현황〉

구분	면적 (km²)	행정동 (개)	세대수 (세대)	인구(명)		
				합계	남	여
서울시 계	605.24	424	4,327,605	9,729,107	4,744,059	4,985,048
P구	33.87	27	278,711	675,961	327,164	348,797
S구	41.44	20	262,708	591,796	286,563	305,233
N구	39.50	22	232,981	545,169	260,806	284,363
W구	35.44	19	216,966	532,905	257,923	274,982
G구	29.57	21	268,559	500,094	251,009	249,085
E구	29.71	16	207,681	480,032	231,528	248,504
Y구	17.41	18	177,256	458,165	225,186	232,979
B구	24.57	20	192,592	442,650	214,437	228,213
K구	24.59	18	183,390	436,067	215,335	220,732
C구	46.98	18	173,199	430,826	206,039	224,787

※ 인구밀도(명/km²)=인구수÷면적

14. 다음 중 서울시의 인구수 상위 10개 행정구의 1개 구당 평균 행정동의 개수는 몇 개인가?

① 19.2개   ② 19.5개   ③ 19.9개
④ 20.4개   ⑤ 20.8개

15. 위 자료에 대한 설명으로 적절하지 않은 것은?

① 세대수 상위 3개 지역은 행정동 수 상위 3개 지역과 동일하다.

② P구는 S구보다 인구밀도가 더 높다.

③ 상위 10개 행정구 중 1개 지역을 제외한 모든 지역에서 여자 인구가 남자 인구보다 더 많다.

④ 서울시에는 km²당 평균 16,000명 이상이 거주한다.

⑤ 상위 10개 행정구 중 1개 행정동당 평균 세대수는 C구가 가장 적다.

16. 다음 중 서울시의 인구수 상위 10개 행정구의 인구밀도를 비교한 그래프로 적절한 것은? (단, 모든 그래프의 단위는 명/km²이다)

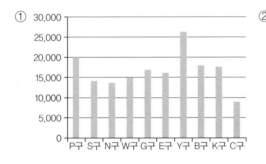

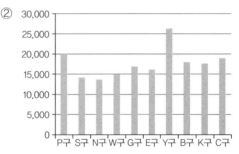

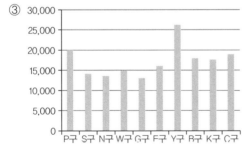

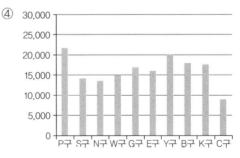

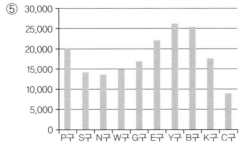

17. 유정, 수연, 도연, 세이, 루아 다섯 명은 가위바위보 게임을 한 판 했고, 그 결과에 대해 각각 두 개의 진술을 했으며 진술은 하나의 진실과 하나의 거짓으로 이루어져 있다. 다음 설명 중 반드시 진실인 것은? (단, 다섯 사람은 반드시 가위, 바위, 보 중 하나를 낸다)

> 유정 : 나는 보를 냈고, 수연이는 가위를 냈다.
> 수연 : 나는 가위를 냈고, 세이는 보를 냈다.
> 도연 : 나는 가위를 냈고, 유정이는 바위를 냈다.
> 세이 : 나는 가위를 냈고, 수연이도 가위를 냈다.
> 루아 : 나는 보를 냈고, 도연이는 바위를 냈다.

① 유정은 가위를 냈다.
② 유정이와 세이만 비교하면 유정이가 항상 진다.
③ 루아와 도연만 비교하면 항상 승패가 정해진다.
④ 세이와 루아만 비교하면 항상 승패가 정해진다.
⑤ 수연이와 세이만 비교하면 항상 승패가 정해진다.

[18 ~ 20] 다음 자료를 보고 이어지는 질문에 답하시오.

> 〈철도인프라 생애주기 관리를 위한 BIM 기반 통합운영시스템 개발 및 구축사업〉
> 1. 개요
>   – 철도인프라 BIM 기반의 전 생애주기(발주(계획)-설계-시공-운영-유지관리) 관리를 위한 통합운영시스템 구축 및 실증
>   – 철도시설물 정보를 BIM(Building Information Modeling) 기술 기반으로 관리하기 위하여 선행과제에서 개발된 철도인프라 BIM 발주-설계-시공 기술을 고도화하고, 운영 및 유지보수 단계까지 연계되도록 표준화된 통합운영체계·시스템 구축 및 현장 실증
> 2. 연구과정
>   – 연구기간 : 2020년 4월 ~ 2024년 12월
>   – 연구비 : 정부 18,700백만 원 / 민간 미정
>   – 1차 연구개발 기간 : 2020. 04. ~ 2020. 12.(9개월) → 1,000백만 원
>   2차 연구개발 기간 : 2021. 01. ~ 2021. 12.(12개월) → 4,500백만 원

3차 연구개발 기간 : 2022. 01. ~ 2022. 12.(12개월) → 5,000백만 원

4차 연구개발 기간 : 2023. 01. ~ 2023. 12.(12개월) → 5,000백만 원

5차 연구개발 기간 : 2024. 01. ~ 2024. 12.(12개월) → 3,200백만 원

※ 정부출연금은 선정평가 결과 또는 정부예산 사정 등에 따라 조정될 수 있음.

※ 기업 참여 시 민간부담금은 연차별로 "국토교통부소관 연구개발 사업 출연금 등의 지급, 사용 및 관리에 관한 규정"의 기준을 따르되, 추가 부담 가능.

| BIM 기반 통합관리 시스템 |

| 1세부과제 : 철도인프라 BIM 기반 생애주기 통합관리 시스템 구축 및 운영기술 개발 | 2세부과제 : 철도인프라 BIM 설계 생산성 향상 및 품질관리 기술 개발 | 3세부과제 : 철도인프라 BIM 기반 지능형 안전 시공 및 준공 기술, 유지관리 연계 기술 개발 |

‖ ‖ ‖

| 1-1. 철도인프라 BIM 발주관리체계 구축 및 실증 | 2-1. 철도인프라 BIM 설계 정보관리 시스템 개발 | 3-1. 시공관리를 위한 지능형 철도인프라 BIM 모델 자동생성 기술 |

‖ ‖ ‖

| 1-2. 철도인프라 BIM 기반 생애주기 통합운영 시스템 개발 | 2-2. 디지털모델 전자납품체계 기술 개발 | 3-2. IT 기술 기반의 철도인프라 BIM 시공단계 작업 안전성 확보 기술 |

‖ ‖ ‖

| 1-3. 철도인프라 BIM 적용 현장 구축 및 실증 | 2-3. 철도인프라 BIM 디지털모델의 품질관리 자동화 기술 개발 | 3-3. 유지관리를 위한 철도인프라 BIM 현장적용 기술 개발 및 검증 |

3. 기대효과

　　– 철도인프라 건설생산성 20% 향상 및 국내외 철도 BIM 기술 급속 확대 추세에 따라 성과물의 해외 수출 효과 및 공기/공사비 5% 이상 설감 기대

　　– 세계적 수준의 철도분야 BIM 설계 기술력 확보로 해외 철도 수주 경쟁력 증대 기대

18. 다음 중 위의 사업에 대한 설명으로 올바른 것은?

① 사업 차수가 진행됨에 따라 배정된 연구비가 증가한다.

② 전체 사업비용은 정부가 민간보다 더 많이 부담한다.

③ 해외 유망 기업의 핵심 부품 발굴 및 국내 도입 효과를 기대할 수 있다.

④ 2세부과제는 철도인프라 BIM 기술의 고도화를 목표로 한다.

⑤ 3세부과제는 발주 및 계획 절차의 개선을 목표로 한다.

19. 다음 중 각 세부과제에 대한 구체적인 연구내용으로 적절하지 않은 것은?

① 1세부과제 : 사업단계별 계획, 설계, 시공 등 철도인프라 BIM 표준 과업지시서 제작

② 2세부과제 : 철도인프라 BIM 디지털모델의 전자납품을 위한 호환성 확보 기술 및 전자납품체계 표준·편람 개발

③ 2세부과제 : 궤도, 전기, 신호 등의 표준 유형 제작 및 품질관리 자동화 시스템 개발

④ 3세부과제 : BIM 기반 시공 안전 교육 방안 및 컨텐츠 개발

⑤ 3세부과제 : 유관기관 간 유사 시스템 중복성 검토 및 연계 방안 모색

20. 다음 중 위의 개발 사업을 요약한 그림으로 가장 적절한 것은?

①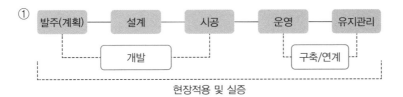

②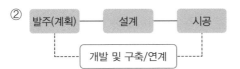

③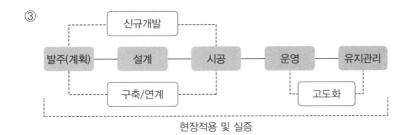

④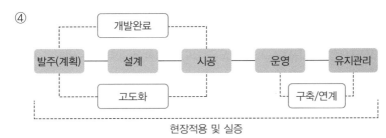

⑤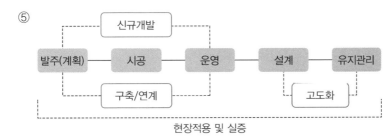

[21 ~ 22] A 연구원에서는 다음과 같은 경력 산정 기준에 의해 신규 직원을 채용하고자 한다. 이를 읽고 이어지는 질문에 답하시오.

제4장 경력 산정

제23조(경력평점) ① 신규 채용자에 대한 경력평점은 해당 업무 경력을 1년당 1점으로 하여 경력환산율표에 의한 경력환산율을 적용하여 계산한다. 다만, 특수자격소지, 특별채용 등에 의하여 경력환산표의 적용이 부적합하다고 인정되는 자는 인사위원회의 심의를 거쳐 이를 조정할 수 있다.

② 경력평점의 산정은 사실을 확인할 수 있는 다음의 증빙서류에 의한다.

1. 경력 또는 재직증명서   2. 소득증명서

③ 동일한 기간의 중복된 경력의 경우에는 그중 유리한 경력을 적용한다.

④ 인사담당부서장은 제2항의 증빙서류에 대하여 사실여부를 확인하여야 한다.

⑤ 관련 또는 유사 업무분야의 학위 소지에 따른 경력평점은 다음과 같다.

1. 박사학위소지자(3월 이내 학위취득예정자 포함) : 5점

2. 석사학위소지자(3월 이내 학위취득예정자 포함) : 3점

3. 전문학사학위소지자(3월 이내 학위취득예정자 포함) : 2점(단, 사무직 신규 채용자에 한함)

⑥ 동일기관에서 6개월 미만의 근무기간에 대하여는 경력을 산정하지 아니한다.

⑦ 경력 산정은 월수(30일 미만의 기간은 절사)에 의하여 합산하여 계산한다.

제23조의2(경력 산정의 기산점) 3급 이상 신규채용 직원의 경력 산정은 병역의무복무기간을 제외하고는 학사학위 취득 3개월 이전 시점부터 인정한다.

제24조(신규채용자의 직급산정) ① 신규채용자의 직급은 별도로 정한 직급별 기준 연한과 제23조에서 정한 경력평점에 따라 산정한다.

② 2급 이상 신규채용자의 직급은 경력 · 연구업적 등을 고려하여 인사위원회의 심의를 거쳐 원장이 정한다.

③ 특별채용된 자로서 제23조의 규정에 의한 직급의 산정이 곤란한 자의 직급은 인사위원회의 심의를 거쳐 원장이 정한다.

〈경력환산표〉

구분	경력내용	경력환산율
동일업무경력	1. 국가기관, 지방자치단체 기타 공공기관의 동일직종에 근무한 기간 2. 관련 연구기관 및 학계의 근무기간(시간강사의 경우 주당 10시간 이상은 80%, 6시간 이상 10시간 미만은 50%로 환산) 3. 병역필자로서 군 의무 복무기간 4. 관련 기업 기타 법인체의 동종분야 근무기간	100%
유사업무경력	1. 임용예정업무와 유사한 업무분야의 근무기간	80%
기타업무경력	1. 임용예정업무와 무관한 업무분야의 근무기간	50%

21. 위의 경력 산정 기준에 대한 설명으로 올바르지 않은 것은?

① 특별채용자는 경력환산표의 적용을 받지 않을 수 있다.

② 2년 군 복무자와 군 면제자로서 공공기관 동일직종 2년 경력자는 동일한 경력평점을 부여받는다.

③ 하나의 기관에서 3년을 근무한 경우 임용예정업무와 동일한 분야라면 3점의 경력평점이 부여된다.

④ 동일직종에서 2년간 근무한 시간강사가 받을 수 있는 최대 경력평점은 1.6점이다.

⑤ 유사한 업무분야의 박사학위를 소지한 자는 4점의 경력평점을 부여받게 된다.

22. 인사담당부장은 다음과 같은 경력을 가진 A, B 두 신규 채용자에 대한 서류를 심사하고 있다. A, B에게 부여하여야 할 경력 평점으로 올바른 것은?

> • A : 석사학위 소지, 동일업무 주 8시간 시간강사 3년, 2년 군 복무, 유사업무 근무 1년
>
> • B : 박사학위 소지, 동일업무 국가기관 2년 근무, 업무 무관 분야 2년 근무, 군 면제

	A	B		A	B
①	7.3점	8점	②	7.5점	8점
③	7점	7.8점	④	7.3점	7점
⑤	7점	8점			

[23 ~ 24] 다음 자료를 바탕으로 이어지는 질문에 답하시오.

○○기업 경영지원부에서 근무하는 P는 일자리 안정자금 관련 업무를 담당하고 있다.

〈자료 1〉 20X8년 일자리 안정자금

- 일자리 안정자금이란?

  최저임금 인상에 따른 소상공인 및 영세중소기업의 경영부담을 완화하고 노동자의 고용불안을 해소하기 위한 지원 사업입니다.

- 지원대상 기업

  – 30인 미만 고용사업주(단, 공동주택 경비·청소원은 30인 이상 고용사업주도 지원)

  ※ 제외 ⅰ) 고소득 사업주(과세소득 5억 원 초과)

  ⅱ) 임금체불 명단 공개 중인 사업주

  ⅲ) 공공기관, 국가로부터 인건비 재정지원을 받고 있는 사업주

  ⅳ) 당해 연도 최저임금을 준수하지 않는 사업주

- 지원 요건(지원대상 근로자)

  대상 기업의 근로자 중 아래의 요건을 충족한 근로자에 대해 인건비 중 일부를 사업주에게 지원

  ⅰ) 월평균 보수액 190만 원 미만 근로자(단, 배우자, 사업주의 직계존비속은 제외)

  ⅱ) 1개월 이상 고용을 유지하고 있는 근로자

〈자료 2〉 20X9년 달라지는 일자리 안정자금

- 지원대상이 확대되었습니다.

  55세 이상 고령자를 고용하고 있는 경우 고용규모가 30인 이상 300인 미만이면 지원 가능합니다(단, 공동주택 경비·청소원을 포함 사회적기업, 장애인활동지원기관, 자활기업, 노인돌봄서비스제공기관, 노인장기요양기관의 경우 기업 규모와 상관없이 지원 가능).

- 월평균 보수액 기준이 확대되었습니다.

  월평균 보수액 210만 원 이하 근로자에게 일자리 안정자금이 지원됩니다.

- 5인 미만 사업장의 경우 근로자 1인당 2만 원이 추가로 지원됩니다.

  5인 미만 사업장의 경우 노동자 1인당 15만 원, 5인 이상 사업장의 경우 노동자 1인당 13만 원이 지원됩니다.

- 20X9년 최저임금 기준이 반영됩니다.

  월평균 보수액을 월평균 근로시간으로 나눈 금액이 20X9년 최저임금(8,350원)보다 적은 근로자가 있는 사업장은 지원이 불가능합니다.

---

23. 다음 중 20X8년 대비 20X9년에 새롭게 지원대상 기업이 될 수 있는 사업주의 개수는? (단, 최저임금 기준은 모두 충족하며, 20X8년과 20X9년에 모두 신청했다고 가정한다)

<20X9년 일자리 안정자금 지원신청 내역>

사업주	고용 규모(명)	과세소득(원)	업종	비고
A	35	4억	공동주택 경비	–
B	30	5억	소매업	–
C	310	3억	노인돌봄서비스 제공	–
D	30	4억	운수업	55세 이상 고령자 고용 기업
E	4	2억	소매업	–
F	15	5억	유치원	국가 인건비 재정지원
G	300	4억	사회적기업	55세 이상 고령자 고용 기업
H	29	5억 5천	운수업	–
I	29	5억	요식업	–
J	15	4억 5천	요식업	임금체불 명단 공개 중
K	40	4억	공동주택 청소	–

① 2개 ② 3개 ③ 4개
④ 5개 ⑤ 6개

24. 다음의 일자리 안정자금 지원신청 세부내용을 바탕으로 사업주가 지원받을 수 있는 금액은 얼마인가?

<20X9년 일자리 안정자금 지원신청 세부내용>

1. 기업 정보

업종	과세소득	비고
장애인활동지원기관	4억 9천만 원	55세 이상 고용

2. 고용인 정보

성명	20X8년 월평균 보수액	20X9년 월평균 보수액	20X9년 월평균 근로시간	비고
김○○	1,800,000원	1,800,000원	200시간	
윤○○	2,000,000원	2,100,000원	209시간	
송○○	2,000,000원	2,000,000원	200시간	사업주의 직계 비속
이○○	2,400,000원	2,500,000원	209시간	
최○○	1,600,000원	1,650,000원	209시간	

① 지원 불가능
② 26만 원
③ 39만 원
④ 45만 원
⑤ 51만 원

25. 다음 중 진로탄력적인 사람의 특징으로 가장 적절하지 않은 것은?

① 진로탄력적인 사람은 직장에서 보다 현명하고 적극적이며, 높은 수행능력을 보인다.
② 어떤 상황에서도 자아의식과 평정심을 유지하며, 자기가치와 자존감을 유지한다.
③ 어려움을 직면하면서 더욱 강해지고 다른 상황들도 효과적으로 조절할 수 있게 된다.
④ 진로 장애물을 경험하거나 자신의 진로에서 부정적인 사건을 겪을 때 좌절한다.
⑤ 실업자일 경우, 적극적으로 새로운 목표를 찾거나 일을 구하려 할 것이다.

26. 다음 〈보기〉를 바탕으로 자아 인식 모델인 조해리의 창(Johari's Window)을 적용할 때, 밑줄 친 부분의 내용에 따라 칭찬을 들은 상대방이 인식하게 될 영역은?

보기

　상대방을 칭찬하는 방법은 크게 두 가지로 나누어 볼 수 있다. 먼저, 자신과 상대방이 모두 알고 있는 상대방의 장점을 높이 평가하는 방법이 있다. 누가 보아도 외모가 뛰어난 사람에게 "참 아름다우십니다."라고 말해 주거나 어려운 시험에 합격한 사람에게 "정말 똑똑하세요."라고 칭찬하는 것이다. 그러나 이런 방식은 효과가 그리 크지 않을 수 있다. 주변에서 이미 여러 차례 말해 주었을 경우, 효과가 크지 않거나 자신의 진정성이 전달되기 어렵기 때문이다. 이때 상대방을 칭찬하는 다른 방법으로, 상대방이 스스로 깨닫지 못한 장점을 말해 주는 방법을 고려해 볼 수 있다. 상대방의 사소한 행동에서 나타나는 꼼꼼한 습관 등 좋은 면을 일깨워 주는 것이다. 상대방이 인식하지 못한 점을 높이 평가해 준다면, 자신에게 관심을 가져 주는 당신에게 고마움을 느낄 것이다.

구분	내가 아는 나	내가 모르는 나
타인이 아는 나	㉠	㉡
타인이 모르는 나	㉢	㉣

① ㉠　　　　　　　　　② ㉡　　　　　　　　　③ ㉢

④ ㉣　　　　　　　　　⑤ 정답 없음.

27. 다음 중 경력개발 성취도가 가장 낮은 사람은?

① A 과장은 그의 경력개발 계획서에 따른 실행을 통하여 고속 승진을 할 수 있었다.

② 올해 입사한 B 사원은 자신의 업무에서 요구되는 적절한 능력을 갖추기 위하여 상사에게 묻는 것을 두려워하지 않으며 외국어 학원도 꾸준히 다니고 있다.

③ C 부장은 유능한 후배 직원들에게 밀리지 않기 위하여 공부를 게을리하지 않으며 자신의 능력 중 부족한 부분을 찾아 항상 노력한다.

④ 3년 전 입사한 D 사원은 계속되는 승진 누락이 자신의 능력 부족 탓임을 깨닫고 자신의 업무를 정확히 파악하는 일에 돌입하였다.

⑤ E 대리는 회사에 다니면서 야간대학을 등록하고 새로운 기술을 습득하여 뒤처지지 않기 위해 노력한다.

28. 다음 대화에 근거할 때 정 대리가 자기개발을 하지 못하는 가장 큰 문제점은?

> 오 대리 : 들었어? 황 대리가 이번에 미국으로 발령 났대.
>
> 정 대리 : 좋겠다. 그런데 황 대리가 영어가 되나? 토익 점수가 높다고 해서 영어로 업무를 잘하는 건 아닐 텐데.
>
> 오 대리 : 황 대리 아침마다 영어 학원 다녔던 거 몰라? 개인 교습도 받았다고.
>
> 정 대리 : 다들 열심히 하는구나. 나는 자기개발을 하고 싶어도 나에게 투자할 돈이 없어. 아파트 융자금 갚아야 해서 생활비도 빠듯해.

① 자신의 흥미와 장점을 모르고 있다.

② 다른 직업이나 자기개발 기회에 대해 모르고 있다.

③ 자기개발과 관련된 의사 결정을 내릴 자신감이 부족하다.

④ 개인의 목표와 가정 간에 갈등이 있다.

⑤ 재정적인 문제를 안고 있다.

29. 소위 '워라밸'이라 불리는 '일·생활균형(Work&Life Balance, WLB)'은 취업준비생들의 직장·직무에 대한 주요 선택요인이자 직장인들의 직무만족도에도 큰 영향을 끼치는 요인이다. 워라밸을 중시하는 최근 트렌드에 따라 나타난 변화로 적절하지 않은 것은?

① 원격근무제, 재택근무제, 선택근무제, 시차 출퇴근제 등은 업무의 시간과 장소를 자유롭게 선택하도록 하여 업무의 효율성을 높이기 위한 취지에서 도입되었다.

② 서류심사, 면접 등과 같은 채용절차에서 AI 기술을 도입한 기업들이 늘어나고 있다.

③ 주 52시간 근무제를 도입하는 기업이 늘어남에 따라 직장인들이 퇴근 후 취미를 즐기거나 자기개발을 위한 시간을 확보할 수 있다.

④ 클라우드 PC가 도입된 스마트오피스 환경에서는 사무실뿐 아니라 퇴근 후 집에서 추가 근무한 시간까지 클라우드 PC에 기록되기에 워라밸을 보장받을 수 있다.

⑤ 사전에 연장근무를 승인받은 경우를 제외하고 근무시간 이후 PC사용이 원천적으로 차단되는 PC-OFF 제도는 근로자들의 업무효율과 직무만족도를 높일 수 있다.

30. 직업인으로서 자기개발은 자아인식, 자기관리, 경력개발로 나뉜다. 다음 중 〈자기개발을 이루는 구성요소〉와 이와 관련해서 자신이 생각해야 될 일을 작성한 〈예시〉가 올바르게 짝지어지지 않은 것은?

〈자기개발을 이루는 구성요소〉

ㄱ. 자아인식   ㄴ. 자기관리   ㄷ. 경력개발

예시

(가) 업무수행에서 나의 장·단점은 무엇일까?

(나) 다른 사람과의 대인관계를 향상시키기 위한 방법은?

(다) 나의 업무에서 생산성을 높이기 위해서는 어떻게 해야 할까?

(라) 나는 언제쯤 승진을 하고, 퇴직을 하게 될까?

(마) 내가 관심을 가지고 있는 직업군은 무엇이 있는가?

---

① ㄱ-(가)   ② ㄱ-(마)   ③ ㄴ-(나)

④ ㄷ-(다)   ⑤ ㄷ-(라)

31. 직무 스트레스에 대응하기 위한 개인 차원의 관리 전략으로 가장 적절하지 않은 것은?

① 직장환경 개선을 통해 스트레스를 줄인다.

② 자신에게 맞는 이완방법을 익힌다.

③ 가능한 한 편안한 환경을 만든다.

④ 친한 사람들과 교류하는 시간을 가진다.

⑤ 규칙적인 생활을 하고 수면을 충분히 취한다.

32. 다음 [지문 B]의 (가) ~ (마)는 각각 [지문 A]의 ㉠ ~ ㉤ 중 하나에 대한 설명이다. 다음 중 [지문 B]의 (가) ~ (마)를 [지문 A]의 ㉠ ~ ㉤ 순서대로 바르게 나열한 것은?

[지문 A]

에이브러햄 매슬로우(Abraham Maslow)는 1943년 인간 욕구에 관한 학설을 제안했다. 이른바 '매슬로우의 인간 욕구 5단계 이론(Maslow's hierarchy of needs)'이다. 이 이론에 의하면 사람은 누구나 다섯 가지 욕구를 가지고 태어나는데 이들 다섯 가지 욕구에는 우선순위가 있어서 단계가 구분된다는 것이다. 사람은 가장 기초적인 욕구인 (㉠)를 맨 먼저 채우려 하며, 이 욕구가 어느 정도 만족되면 (㉡)를, (㉡)가 어느 정도 만족되면 (㉢)를, 그리고 더 나아가 (㉣)와 마지막 욕구인 (㉤)를 차례대로 만족하고자 한다는 것이다. 즉, 사람은 5가지 욕구에 대해 만족하려 하되 우선순위에 있어서 가장 기초적인 욕구부터 차례로 만족하려 한다는 것이다.

[지문 B]

(가) 매슬로우에 의하면 인간은 누구나 규모가 크든 작든 사회 집단에 소속되어 수용되고자 하는 욕구가 있다. 사회적으로 조직을 이루고 그곳에 소속되어 함께하려는 성향으로 생존을 위해 무리를 지어 다니는 모습은 근본적으로 동물적 수준의 사회적 성향을 반영한다. 다시 말하면 이는 사회적인 상호작용을 통해 전반적으로 원활한 인간관계를 유지하고자 하는 욕구를 말한다. 이 욕구는 특히 다른 발달 단계보다도 애착이 중요한 어린 아이에게서 강하게 나타난다. 폭력, 방만, 회피, 외면과 같이 이러한 욕구를 결핍시키는 요인이 나타나면 교우 관계, 가족 관계를 포함한 전반적인 사회적 관계를 맺고 유지하는 데 큰 장애를 형성할 수 있다.

(나) 두려움이나 혼란스러움이 아닌 평상심과 질서를 유지하고자 하는 욕구로, 안전의 위협을 느낀 사람들은 불확실한 것보다는 확실한 것, 낯선 것보다는 익숙한 것, 안정적인 것을 선호하는 경향을 보인다. 전쟁이나 자연 재해, 가정 폭력, 유아 학대와 같이 개인의 물리적 안전이 보장되지 못할 경우 사람들은 외상 후 스트레스 증후군을 경험할 수 있다. 경제 위기, 실업 등으로 개인의 경제적 안전이 보장되지 못하면 사람들은 고용 보장 제도에 대한 선호, 고충처리제도 등을 통해 이러한 욕구를 나타낸다. 보험 가입, 종교 귀의 행위도 이를 실현하고자 하는 모습으로 볼 수 있다.

(다) 타인으로부터 수용되고자 하고 가치 있는 존재가 되고자 하는 인간의 전형적인 욕구를 나타낸다. 사람들은 종종 어떤 훌륭한 일을 하거나 무엇을 잘함으로써 타인의 인정을 얻고자 한다. 이러한 활동은 사람들에게 자신이 가치 있다고 느끼거나 자신이 무언가에 기여하고 있다는 느낌을 갖게 해 준다. 스스로가 자신을 중요하다고 느낄 뿐만 아니라 다른 사람으로부터도 인정을 받아야 비로소 궁극적인 의미에서 이 욕구가 충족되었다고 볼 수 있다. 이것이 결여되었을 때 사람들은 자아 존중감이 낮아지거나 열등감을 갖게 된다.

(라) 인간에게 나타나는 가장 기본적이면서도 강력한 욕구이다. 인간 생존을 위해 물리적으로 요구되는 필수 요소이기 때문에 이것이 충족되지 않으면 인간의 신체는 제대로 기능하지 못하고 따라서 적응적 생존이 불가능하게 된다. 음식, 물, 성, 수면, 항상성, 배설, 호흡 등과 같이 인간의 생존에 필요한 본능적인 신체적 기능에 대한 욕구이다.

(마) 각 개인의 타고난 능력 혹은 성장 잠재력을 실행하려는 욕구이다. 자신의 역량이 최고로 발휘되기를 바라며 창조적인 경지까지 자신을 성장시켜 자신을 완성함으로써 잠재력의 전부를 실현하고자 한다. 매슬로우는 이 욕구가 결핍 상태에서 출발하는 것이 아니라 성장을 향한 긍정적 동기의 발현이라는 점에서 바람직하고 성숙한 인간 동기라고 주장했다. 자신이 원하는 바를 이루고자 하는 욕구는 때로 한계에 부딪히지만 이를 극복하면서 더욱 분발하는 것을 뜻하며, 매슬로우는 이를 가장 인간다운 욕구로 생각했다. 이 욕구는 사람마다 다르게 구현되며 구체적으로 나타난다.

① (나)-(다)-(가)-(마)-(라)　　② (나)-(라)-(가)-(다)-(마)
③ (라)-(나)-(가)-(다)-(마)　　④ (라)-(가)-(나)-(다)-(마)
⑤ (마)-(다)-(가)-(나)-(라)

33. 다음 중 코칭의 진행과정을 적절하게 나열한 것은?

① 시간과 목표 정확히 밝히기 → 핵심적인 질문으로 효과 높이기 → 질문에 대한 답변 경청하기 → 직원 스스로 해결책을 찾도록 유도하기 → 코칭의 과정 반복하기

② 시간과 목표 정확히 밝히기 → 직원 스스로 해결책을 찾도록 유도하기 → 핵심적인 질문으로 효과 높이기 → 질문에 대한 답변 경청하기 → 코칭의 과정 반복하기

③ 핵심적인 질문으로 효과 높이기 → 시간과 목표 정확히 밝히기 → 직원 스스로 해결책을 찾도록 유도하기 → 질문에 대한 답변 경청하기 → 코칭의 과정 반복하기

④ 핵심적인 질문으로 효과 높이기 → 질문에 대한 답변 경청하기 → 시간과 목표 정확히 밝히기 → 직원 스스로 해결책을 찾도록 유도하기 → 코칭의 과정 반복하기

⑤ 직원 스스로 해결책을 찾도록 유도하기 → 시간과 목표 정확히 밝히기 → 핵심적인 질문으로 효과 높이기 → 질문에 대한 답변 경청하기 → 코칭의 과정 반복하기

34. 다음 중 효과적인 팀의 특징으로 적절한 것을 모두 고르면?

> ㉠ 어떤 일의 결과에 초점을 둔다.
> ㉡ 팀의 사명과 목표를 명확히 기술한다.
> ㉢ 팀원 각자의 역할과 책임을 명확히 구분하지 않는다.
> ㉣ 리더십의 역량을 한 사람에게 집중시킨다.

① ㉠, ㉡　　　　　　② ㉠, ㉢　　　　　　③ ㉡, ㉣
④ ㉠, ㉡, ㉢　　　　⑤ ㉠, ㉡, ㉣

35. 미국의 한 대학이 졸업생을 추적 조사하여 성공의 요소를 물어본 결과, 지식과 기술의 비중은 15%인데 비해 대인관계 능력은 85%를 차지할 정도로 대인관계 능력의 비중이 현저히 높았다고 한다. 이는 성적(지식과 기술)이 우선시되는 학교생활에서는 단독플레이가 가능하지만, 직장에서는 대인관계 능력이 어떤 역량 요소보다 중요한 것임을 보여 주는 하나의 사례라 할 수 있다. 대인관계 능력을 향상시키기 위한 다양한 실천 방법으로 옳지 않은 것은?

① 상대방에 대한 이해　　　　　　② 사소한 일에 관한 관심
③ 약속의 이행　　　　　　　　　④ 기대의 명확화
⑤ 상대방의 말에 대한 경청

36. 다음 사례에서 나타난 협상전략의 유형으로 적절한 것은?

> 　P 기업 영업 1팀의 권 대리는 연말이 되자 이런저런 정리로 매우 바쁜 시간을 보내고 있다. 이 와중에 영업 2팀의 김 과장이 지난 분기 영업실적 보고서를 대신 작성해 달라고 부탁을 한다. 영업 2팀 전체가 프로젝트를 진행 중이기 때문에 도저히 시간을 내는 것이 불가능한 상황이다. 사실 권 대리도 시간을 내기가 쉽지는 않지만, 조금 더 야근을 하더라도 보고서를 작성해 주는 것이 나중에 영업 2팀과의 관계를 고려할 때 이익이라고 판단하고 그렇게 하겠다는 의사를 전달하였다.

① 강압전략　　　　　　② 유화전략　　　　　　③ 회피전략
④ 협력전략　　　　　　⑤ 헌신과 일관성 전략

37. 다음 중 리더(leader)와 구분되는 관리자(manager)에 대한 설명으로 적절한 것은?

① 새로운 상황을 창조한다.
② 상황에 수동적이다.
③ 계산된 리스크를 취한다.
④ '어떻게 할까'보다는 '무엇을 할까'에 초점을 맞춘다.
⑤ 내일에 초점을 맞춘다.

38. 다음 〈보기〉의 설명을 읽고 감정은행 계좌에 금액을 저축할 수 있는 방법으로 적절한 것을 모두 고르면?

보기

　　감정은행계좌는 인간관계에서 구축하는 신뢰의 정도를 의미한다. 만약 타인과 관계에서 형성된 신뢰의 정도가 높으면 감정은행계좌의 잔고가 많고, 신뢰의 정도가 낮으면 감정은행계좌의 잔고가 낮다. 잔고를 축적할 수 있는 수단은 타인과의 신뢰와 대인관계에 긍정적인 영향을 줄 수 있는 경험 또는 성격이다. 감정은행계좌에 적립할 수 있는 방법은 다음과 같다.

- 상대방에 대한 이해와 관심
- 약속의 이행
- 기대의 명확화
- 언행일치
- 진지한 사과

ㄱ. 관계에서 맺어지는 사소한 약속들에 대해서도 잊지 않고 기억했다 이행하는 모습을 보여 주었다.
ㄴ. 관계에 있어서 먼저 작은 실수를 저질렀지만, 지나치게 분위기가 무거워지는 것을 막기 위해 가볍게 사과하고 넘어갔다.
ㄷ. 사소한 일에 대해서는 관심을 가지지 않으려고 하며, 상대방의 정보에 대해 관여하지 않고자 거리를 지켜 주었다.
ㄹ. 뱉은 말에 대해서는 잊지 않고 반드시 행동으로 실행하는 모습을 보였다.
ㅁ. 상대방에 대해 기대하는 바를 상술하면 부담을 가질 수 있으니 최대한 입 밖으로 내지 않고 혼자 지니고 있었다.

① ㄱ, ㄴ, ㄷ　　　　② ㄱ, ㄹ　　　　③ ㄴ, ㄷ, ㅁ
④ ㄴ, ㅁ　　　　　　⑤ ㄷ, ㄹ, ㅁ

[39 ~ 40] [지문 A]는 리더십의 의미에 대한 설명이고, [지문 B]는 리더십의 다양한 유형에 대한 설명이다. 이어지는 질문에 답하시오.

[지문 A]

리더십이란 조직의 공통된 목적을 달성하기 위하여 개인이 조직원들에게 영향을 미치는 과정이다. 이러한 리더십에 대한 설명은 다양한데, 다음과 같이 리더십을 설명할 수도 있다.

－ 조직구성원들로 하여금 조직목표를 위해 자발적으로 노력하도록 영향을 주는 행위
－ 목표달성을 위하여 어떤 사람이 다른 사람에게 영향을 주는 행위
－ 어떤 주어진 상황 내에서 목표달성을 위해 개인 또는 집단에 영향력을 행사하는 과정
－ 자신의 주장을 소신 있게 나타내고 다른 사람들을 격려하는 힘

이러한 리더십의 발휘 구도는 산업사회에서 정보사회로 바뀌면서 수직적 구조에서 전방위적 구조의 형태로 바뀌었다. 과거에는 상사가 하급자에게 리더십을 발휘하는 형태만을 리더십으로 보았으나, 오늘날은 리더십이 전방위적으로 발휘된다. 즉, 상사가 하급자에게 발휘하는 형태뿐만 아니라 동료나 상사에게까지도 발휘해야 되는 형태를 띤다는 것이다.

[지문 B]

일반적으로 리더십 유형은 크게 독재자 유형, 민주주의에 근접한 유형, 파트너십 유형, 변혁적 리더십 유형으로 구분할 수 있다.

① 독재자 유형

독재자 유형은 정책의사결정과 대부분의 핵심정보를 그들 스스로에게만 국한하여 소유하고 고수하려는 경향이 있다. 독재자 유형의 특징은 다음과 같다.

■ 질문은 금지 : 독재자는 집단의 규칙하에 지배자로 군림하고, 동료에게는 그의 권위에 대한 도전이나 반항 없이 순응하도록 요구하며, 개개인들에게는 주어진 업무만을 묵묵히 수행할 것을 기대한다.

■ 모든 정보는 내 것이다 : 독재자는 '지식(정보)이 권력의 힘'이라고 믿는다. 이러한 까닭으로 대부분의 구성원들과 조직에 대한 핵심정보를 혼자 독점하고 유지하려고 애쓰며, 다른 구성원들에게는 기본적 수준의 정보만을 제공한다.

■ 실수를 용납하지 않음 : 독재자 유형은 언제 어디서나 가장 최고의 질적 수준을 요구한다. 실수는 결코 용납되지 않으며, 한 번의 실수는 바로 해고로 이어지거나 다른 형태의 징계로 이어진다.

② 민주주의에 근접한 유형

민주주의에 근접한 유형의 리더십은 독재자 유형의 리더십보다 관대한 편이다. 리더는 그룹에 정보를 잘 전달하려고 노력하고, 전체 그룹의 구성원 모두를 목표방향 설정에 참여하게 함으로써 구성원들에게 확신을 심어 주려고 노력한다. 민주주의에 근접한 유형의 특징은 다음과 같다.

- 참여 : 리더는 팀원들이 한 사람도 소외됨이 없이 동등하다는 것을 확신시킴으로써 비즈니스의 모든 방면에 종사하도록 한다.
- 토론의 장려 : 리더는 경쟁과 토론의 가치를 인식하여야 하며, 팀이 나아갈 새로운 방향의 설정에 팀원들을 참여시켜야 한다.
- 거부권 : '민주주의에 근접한'이라는 말에서 알 수 있듯이, 비록 이 유형의 리더들이 민주주의적이긴 하지만 최종 결정권은 리더에게만 있다.

③ 파트너십 유형

파트너십은 이전까지 논의한 리더십 형태와는 전혀 다른 형태의 리더십이다. 독재자 유형과 민주주의에 근접한 유형은 리더와 집단 구성원 사이에 명확한 구분이 있다. 하지만 파트너십에서는 그러한 구분이 희미하고, 리더가 조직의 한 구성원이 되기도 한다. 파트너십 유형의 특징은 다음과 같다.

- 평등 : 리더는 조직 구성원들 중 한 명일 뿐이다. 그는 물론 다른 조직 구성원들보다 경험이 더 풍부하겠지만 다른 구성원들보다 더 비중 있게 대우받아서는 안 된다.
- 집단의 비전 : 집단의 모든 구성원들은 의사결정 및 팀의 방향을 설정하는 데 참여한다.
- 책임 공유 : 집단의 모든 구성원들은 집단의 행동의 성과 및 결과에 대해 책임을 공유한다.

④ 변혁적 유형

변혁적 리더는 개개인과 팀이 유지해 온 이제까지의 업무수행 상태를 뛰어넘으려 한다. 변혁적 리더는 전체 조직이나 팀원들에게 변화를 가져오는 원동력이다. 변혁적 유형의 특징은 다음과 같다.

- 카리스마 : 변혁적 리더는 조직에 명확한 비전을 제시하고, 집단 구성원들에게 그 비전을 쉽게 전달할 수 있다.
- 자기 확신 : 변혁적 리더는 뛰어난 사업수완 그리고 어떠한 의사결정이 조직에 긍정적으로 영향을 미치는지 예견할 수 있는 능력을 지니고 있다.
- 존경심과 충성심 : 변혁적 리더는 개개인에게 시간을 할애하여 그들 스스로가 중요한 존재임을 깨닫게 하고, 존경심과 충성심을 불어넣는다.
- 풍부한 칭찬 : 변혁적 리더는 구성원이나 팀이 직무를 완벽히 수행했을 때 칭찬을 아끼지 않는다. 사람들로 하여금 한 가지 일에 대한 성공이 미래의 여러 도전을 극복할 수 있는 자극제가 될 수 있다는 것을 깨닫게 한다.
- 감화 : 변혁적 리더는 사범이 되어 구성원들이 도저히 해낼 수 없다고 생각하는 일들을 구성원들로 하여금 할 수 있도록 자극을 주고 도움을 주는 일을 수행한다.

39. 다음은 위의 [지문 A]와 [지문 B]를 읽고 나눈 대화이다. 적절하지 않은 것은?

① 리더십이란 조직구성원들로 하여금 조직목표를 위해 자발적으로 노력하도록 영향을 주는 행위이구나.

② 맞아. 이러한 리더십은 모든 조직구성원들에게 요구되는 역량이지, 상사가 하급자에게 발휘하는 형태만을 의미하는 것은 아니야.

③ 옆 팀은 아침마다 정규 직원회의를 한대. 직원회의에서 팀장은 그 날의 협의내용에 대한 개요자료를 부하직원들에게 나누어 주고, 직원들은 자신의 의견을 자유롭게 제시하고 그 과정에서 완전히 새로운 안을 제시할 수도 있다더라. 결국 팀장에게 이러한 부하직원들의 생각에 동의하거나 거부할 권한이 있다는 점에서 독재자 유형의 리더십으로 보여.

④ 나는 팀장의 직위에 있지만 팀원 중 한 명일 뿐이라고 생각해. 내가 다른 팀원들보다 더 비중 있다고 생각하지도 않고, 우리 팀원들은 팀의 성과 및 결과에 대한 책임을 다같이 공유해. 내가 보여 주는 리더십은 파트너십 유형인 것 같아.

⑤ 팀에 명확한 비전을 제시하고 팀원들로 하여금 업무에 몰두할 수 있도록 격려하는 리더십은 변혁적 리더십이라고 볼 수 있지.

40 위의 [지문 A]와 [지문 B]를 참고하여 다음 ㉠~㉢에 들어갈 리더십 형태를 순서대로 바르게 나열한 것은?

> (㉠   )은 특히 집단이 통제가 없이 방만한 상태에 있을 때 혹은 가시적인 성과물이 보이지 않을 때 사용한다면 효과적일 수 있다. 이 유형의 리더는 팀원에게 업무를 공정히 나누어 주고, 그들 스스로가 결과에 대한 책임을 져야 한다는 것을 일깨워 줄 수 있다.
> (㉡   )은 소규모 조직에서 풍부한 경험과 재능을 소유한 개개인들에게 적합하다. 신뢰, 정직 그리고 구성원들의 능력에 대한 믿음이 핵심요소이다.
> (㉢   )은 리더가 혁신적이고 탁월한 부하직원들을 거느리고 있고, 또 그러한 방향을 계속적으로 지향할 때 가장 효과적이다. 기발하고 엄청난 아이디어를 가졌다고 할지라도 양적인 것이 항상 질적인 것까지 수반하는 것은 아니다. 리더에게는 옳고 그름을 결정할 권한이 있지만, 결정에 이르는 과정에의 참여를 존중한다.

① 독재자 유형 – 파트너십 유형 – 민주주의에 근접한 유형

② 독재자 유형 – 변혁적 유형 – 파트너십 유형

③ 변혁적 유형 – 파트너십 유형 – 민주주의에 근접한 유형

④ 변혁적 유형 – 파트너십 유형 – 독재자 유형

⑤ 독재자 유형 – 민주주의에 근접한 유형 – 파트너십 유형

[41 ~ 45] S사는 신제품으로 출시할 음료수 샘플 A ~ E에 대하여 테스트를 거쳐 선호도가 가장 높은 샘플로 최종 선정하고자 한다. 이에 따라 600명의 시민들에게 이틀 간에 걸친 블라인드 테스트를 실시하였다. 다음 테스트 결과를 보고 이어지는 질문에 답하시오.

〈첫째 날 블라인드 테스트 결과〉

(단위 : 명)

2차 선택 / 1차 선택	A	B	C	D	E
A	25	20	15	42	15
B	14	24	45	35	26
C	15	25	16	25	20
D	22	26	32	16	46
E	25	15	28	18	10

〈둘째 날 블라인드 테스트 결과〉

(단위 : 명)

2차 선택 / 1차 선택	A	B	C	D	E
A	12	10	62	18	18
B	44	8	10	45	22
C	52	14	12	25	16
D	10	48	10	18	8
E	24	20	22	14	58

※ 블라인드 테스트 진행은 5개의 샘플명을 A, B, C, D, E로 기재한 후 시음을 통해 선호 제품을 1차로 선택하게 하고, 잠시 후 동일한 테스트로 2차로 선호 제품을 선택하게 하였으며, 이와 동일한 테스트를 둘째 날에도 실시하였다.

※ 첫째 날과 둘째 널 모두 블라인느 테스트를 실시한 시민들은 동일하며, 모두 테스트 기간 중 제품에 대해 어떠한 정보도 접하지 않았다.

41. 다음 중 위 블라인드 테스트에 대한 설명으로 옳지 않은 것은?

① 네 차례의 선택에서 가장 많은 사람들이 선호한 샘플은 첫째 날 1차 선택 시의 B 샘플이다.

② 첫째 날 1차 선택보다 2차 선택에서 선호도가 더 높은 샘플은 2가지이다.

③ 둘째 날 1차 선택에서 100명 이하가 선택한 샘플은 없다.

④ 둘째 날 1차 선택보다 2차 선택에서 선호도가 더 높은 샘플은 A, D 샘플이다.

⑤ 1, 2차 선택에서 모두 동일한 샘플을 선택한 사람은 첫째 날은 A 샘플, 둘째 날은 E 샘플이 가장 많다.

42. 다음 중 첫째 날 1, 2차 선택에서 선호하는 사람의 수가 가장 많이 바뀐 샘플은?

① A 샘플   ② B 샘플   ③ C 샘플

④ D 샘플   ⑤ E 샘플

43. 둘째 날 1차 선택 시 특정 샘플을 선호했던 사람 중 2차 선택에서도 동일 샘플을 선호한 사람의 비중이 가장 큰 샘플은?

① A 샘플   ② B 샘플   ③ C 샘플

④ D 샘플   ⑤ E 샘플

44. 첫째 날 2차 선택보다 둘째 날 1차 선택의 선호 인원이 많은 샘플은 모두 몇 개인가?

① 0개　　　　　　　　② 1개　　　　　　　　③ 2개
④ 3개　　　　　　　　⑤ 4개

45. 다음 중 위 블라인드 테스트 결과에 따라 S사가 내릴 수 있는 적절한 결론은?

① 네 차례 선택의 선호 인원수 합이 가장 많은 샘플을 선정한다면 B 샘플을 선정해야 한다.

② 네 차례 선택 중 마지막 선택의 선호 인원수가 가장 많은 샘플을 선정한다면 E 샘플을 선정해야 한다.

③ 네 차례 선택 중 선호 인원수의 변동폭이 가장 작은 것을 선정한다면 A 샘플을 선정해야 한다.

④ 둘째 날 1차 선택 대비 2차 선택의 선호 인원 증가 수가 가장 많은 샘플을 선정한다면 D 샘플을 선정해야 한다.

⑤ 100명 이하의 선택을 받은 적이 있는 샘플을 제외한다면 C와 E 샘플을 제외해야 한다.

[46 ~ 48] 다음은 7 ~ 8월 휴가철을 맞아 L 호텔이 편성한 야간 프런트 근무 계획이다. 이어지는 질문에 답하시오.

〈휴가철 야간 프런트 근무 계획표〉

- 근무 기간 : 7월 1일 ~ 8월 31일(휴일 포함)
- 근무 부서 : CS1팀(6명), CS2팀(7명)
- CS1팀 1명과 CS2팀 1명이 2인 1조를 이루어 하루에 1개 조 근무
- 근무 기간 중 내부 공사로 인한 2회의 공사일에만 야간 프런트 근무 없음.

〈팀별 야간 프런트 근무자 순서〉

CS1팀	김 대리 → 이 과장 → 최 사원 → 조 과장 → 송 대리 → 남 대리 (6명)

CS2팀	정 사원 → 윤 사원 → 임 대리 → 권 대리 → 박 과장 → 서 대리 → 홍 사원 (7명)

- 근무자 순서에 따라 순차적으로 반복 근무함(예 CS1팀의 남 대리가 근무를 선 다음 날은 다시 김 대리의 순서).
- 근무 첫날인 7월 1일의 야간 프런트 근무자는 CS1팀의 조 과장과 CS2팀의 홍 사원임.

〈달력〉

7월

일	월	화	수	목	금	토
				1	2	3
4	5	6	7	8	9	10
11	12	13	14	15	16	17
18	19	20	21	공사일		24
25	26	27	28	29	30	31

8월

일	월	화	수	목	금	토
1	2	3	4	5	6	7
8	공사일		11	12	13	14
15	16	17	18	19	20	21
22	23	24	25	26	27	28
29	30	31				

46. 다음 중 L 호텔의 7월 야간 프런트 근무를 서지 않는 조는?

① 최 사원, 박 과장   ② 조 과장, 윤 사원

③ 남 대리, 정 사원   ④ 송 대리, 박 과장

⑤ 조 과장, 임 대리

47. 다음 중 휴가철 근무 기간의 마지막 날에 야간 프런트 근무를 함께 서는 사람을 올바르게 짝지은 것은?

① 남 대리, 윤 사원   ② 최 사원, 서 대리

③ 김 대리, 정 사원   ④ 송 대리, 권 대리

⑤ 남 대리, 홍 사원

48. 다음 중 L 호텔의 야간 프런트 근무 계획에 대한 올바른 설명을 〈보기〉에서 모두 고른 것은?

보기

(가) CS1팀의 6명은 모두 근무 기간 중 일요일에 1회 이상 근무를 선다.

(나) 7월에는 동일한 두 사람이 다시 같은 조가 되어 근무를 서는 날이 한 번 있다.

(다) CS2팀에서 적어도 1명은 월요일 ~ 일요일 중 4개 요일에 근무를 선다.

(라) CS2팀의 서 대리는 L 호텔이 내부 공사를 하지 않아도 근무 횟수에 변동이 없다.

① (라)   ② (가), (다)   ③ (나), (라)

④ (다), (라)   ⑤ (가), (나), (다)

[49 ~ 50] 다음은 L 대학교의 학번부여 방식에 대한 설명이다. 이어지는 질문에 답하시오.

1. 기본구조

12	1	2	75	11	001
입학년도	성별	출신지	대학	학과	인원

2. 입학년도
   • 2006년 이후 ~ 2016년 이전 입학생은 입학년도 끝 2자리 사용
   • 2016년 이후 입학생은 입학년도 4자리 전체 사용

3. 성별코드
   • 남성은 1, 여성은 2 사용

4. 출신지 코드

서울	인천	대전	광주	부산	원주	세종
2	3	4	5	6	7	8

5. 대학 및 학과 코드

대학 코드		학과 코드					
문과대	73	국어국문학	11	영어영문학	12	철학	13
의과대	74	의예과	21	의학과	22		
공과대	75	기계공학	31	컴퓨터공학	32	정보통신학	33
상경대	76	경제학	41	회계학	42	경영학	43
미대	77	시각디자인학	51	웹디자인학	52	산업디자인학	53
자연과학대	78	물리학	61	화학	62	응용수학	63
사회과학대	79	사회복지학	71	심리학	72	사회학	73

〈L 대학교 학생 50명의 학번〉

1	2020137421081	26	2017267421057
2	2017137312003	27	14127422013
3	2016177313083	28	2020287422091
4	2020177863010	29	13237313061
5	2020147312002	30	2018277863011
6	15247863065	31	2020137421023
7	2020277422008	32	13147311033
8	2020147861021	33	2020277532001

9	14137752040	34	2016187531010
10	2018267312013	35	2020237753040
11	13147421039	36	15127973012
12	2018147972077	37	2020157643017
13	2020137973017	38	2016287971011
14	2016287971011	39	2020277313025
15	2017147312041	40	13167422052
16	2020157862018	41	2018257533042
17	2020277311033	42	13227752054
18	2017257421021	43	2017287421030
19	2020257971019	44	13267531007
20	15247641004	45	2018287752009
21	2020187643001	46	14227642047
22	14127642060	47	14237972082
23	13167641070	48	15237863087
24	2018157531025	49	2020287641028
25	2017147863017	50	15237751023

49. L 대학교 학생 명단에서 2020년 신입생 중 여학생의 수는?

① 6명　　　　　　　② 7명　　　　　　　③ 8명
④ 9명　　　　　　　⑤ 10명

50. L 대학교 학생 명단에서 서울 출신 상경대 학생의 수는?

① 0명　　　　　　　② 1명　　　　　　　③ 2명
④ 3명　　　　　　　⑤ 4명

[51 ~ 55] 다음 자료를 보고 이어지는 질문에 답하시오.

K사에 입사한 A 사원은 시스템의 모니터링 및 관리 업무를 담당하게 되었다.

〈시스템 상태 및 조치〉

※ 모니터에 나타나는 정보를 이해하고 시스템 상태를 판독하여 적절한 코드를 입력하시오.

```
Checking system on R_
File system type is COP.
Label backup @ D:

Checking...

error founded in index $2$ for factor 878.
error founded in index $7$ for factor 27.
sorting index...
error founded in index $13$ for factor 320.

Correcting value 527A.

Input code? I_____
```

항목	세부사항
File System Type	• COP : error value들 중 가장 큰 값을 FEV로 지정 • ATO : 모든 error value들의 합을 FEV로 지정 　* FEV(Final Error Value) : File system type에 따라 error value를 이용하여 　　산출하는 세 자리의 수치(예 008, 154, 097)
Label Backup	• D : correcting value의 두 배에 해당하는 값을 correcting value로 　사용(단, correcting value에 포함된 문자는 없는 것으로 취급) • Q : correcting value를 그대로 사용
Index $#$ for Factor ##	• 오류 발생 위치 : $와 $ 사이에 나타나는 숫자 • 오류 유형 : factor 뒤에 나타나는 숫자
Error Value	• 오류 발생 위치가 오류 유형에 포함 : 해당 숫자 • 오류 발생 위치가 오류 유형에 미포함 : 1
Correcting Value	FEV와의 대조를 통하여 시스템 상태 판단

판단 기준	시스템 상태	입력 코드
FEV를 구성하는 숫자가 correcting value를 구성하는 숫자에 모두 포함되어 있는 경우	안전	resrv17
FEV를 구성하는 숫자가 correcting value를 구성하는 숫자에 일부만 포함되어 있는 경우	경계	• correcting value에 문자 포함 : cldn35/c • correcting value에 문자 미포함 : cldn35
FEV를 구성하는 숫자가 correcting value를 구성하는 숫자에 전혀 포함되어 있지 않은 경우	위험	shdnsys

〈시스템 관리 예시〉

② error value 1, 7, 3 중 가장 큰 값인 7을 FEV로 지정

③ 기존 correcting value 527A의 두 배인 1054A를 correcting value로 사용하고, 문자 A는 없는 것으로 취급

Checking system on R_
File system type is COP.
Label backup @ D:

Checking...

error founded in index 2 for factor 878.
error founded in index 7 for factor 27.
sorting index...
error founded in index 13 for factor 320.

Correcting value 527A.

Input code? I _____

① 오류 발생 위치 "2"가 오류 유형 "878"에 포함되어 있지 않으므로 error value=1

① 오류 발생 위치 "7"이 오류 유형 "27"에 포함되어 있으므로 error value=7

① 오류 발생 위치 "13"의 "3"이 오류 유형 "320"에 포함되어 있으므로 error value=3

FEV와 Correcting Value 대조

FEV=007(FEV는 세 자리 수로 이뤄짐)

Correcting Value=1054A(문자는 없는 것으로 취급)

→ FEV를 구성하는 숫자 0, 7 중 일부만("0") 1054A에 포함됨

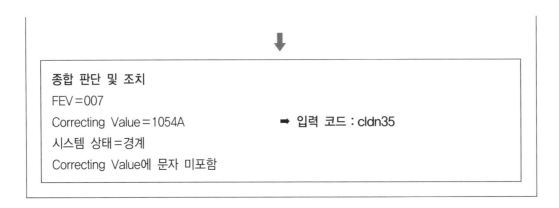

종합 판단 및 조치

FEV=007

Correcting Value=1054A ➡ 입력 코드 : cldn35

시스템 상태=경계

Correcting Value에 문자 미포함

51. 빈칸에 들어갈 코드로 적절한 것은?

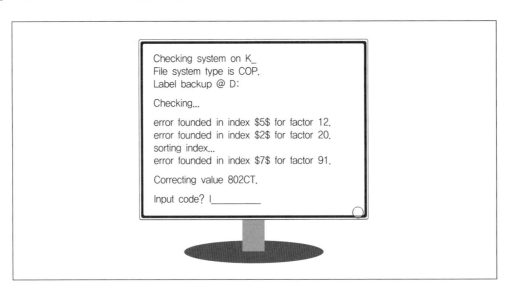

```
Checking system on K_
File system type is COP.
Label backup @ D:

Checking...

error founded in index $5$ for factor 12.
error founded in index $2$ for factor 20.
sorting index...
error founded in index $7$ for factor 91.

Correcting value 802CT.

Input code? I_____
```

① resrv17   ② cldn35   ③ cldn35/c

④ shdnsys   ⑤ 정답 없음.

52. 빈칸에 들어갈 코드로 적절한 것은?

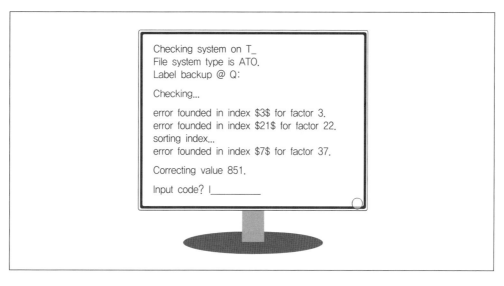

① resrv17　　　　　　② cldn35　　　　　　③ cldn35/c

④ shdnsys　　　　　　⑤ 정답 없음.

53. 빈칸에 들어갈 코드로 적절한 것은?

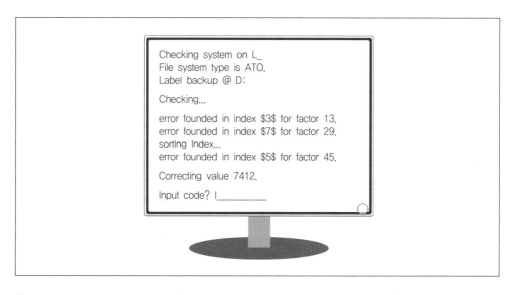

① resrv17　　　　　　② cldn35　　　　　　③ cldn35/c

④ shdnsys　　　　　　⑤ 정답 없음.

54. 빈칸에 들어갈 코드로 적절한 것은?

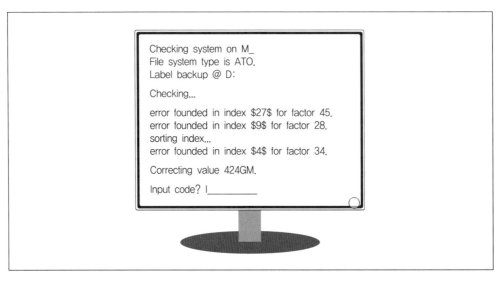

① resrv17　　　　　② cldn35　　　　　③ cldn35/c

④ shdnsys　　　　　⑤ 정답 없음.

55. 빈칸에 들어갈 코드로 적절한 것은?

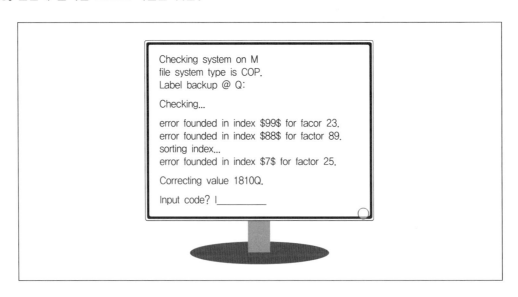

① resrv17　　　　　② cldn35　　　　　③ cldn35/c

④ shdnsys　　　　　⑤ 정답 없음.

56. 다음은 엑셀을 이용하여 서울 강동구와 성동구 대리점의 5월 판매현황을 작성한 것이다. 서울 강동구와 성동구 대리점 판매현황 데이터를 통합하여 [B10:D16]셀에 '서울 대리점 5월 판매현황'을 출력한 것이라면, 다음 중 데이터 통합에 사용된 기능에 대한 설명으로 적절한 것은?

	A	B	C	D	E	F	G	H
1								
2		서울 강동구 대리점 5월 판매현황				서울 성동구 대리점 5월 판매현황		
3		품목	판매량	판매액		품목	판매량	판매액
4		카메라	3	4,700		김치냉장고	12	15,000
5		냉장고	15	19,000		공기청정기	27	12,000
6		세탁기	13	12,000		세탁기	9	8,500
7		김치냉장고	10	13,500		카메라	5	6,800
8		공기청정기	25	11,000		냉장고	16	20,000
9								
10		서울 대리점 5월 판매현황						
11		품목	판매량	판매액				
12		카메라	8	11,500				
13		냉장고	31	39,000				
14		세탁기	22	20,500				
15		김치냉장고	22	28,500				
16		공기청정기	52	23,000				
17								

① [통합] 대화상자에서 사용할 함수로 '개수'를 선택하였다.

② [통합] 대화상자에서 사용할 함수로 '평균'을 선택하였다.

③ [통합] 대화상자에서 지정한 참조 영역을 표시한 후 사용할 레이블에 '체크'를 모두 해제하였다.

④ 데이터 통합 결과가 표시되는 [C11:D16] 영역을 블록으로 지정한 후 [데이터]-[통합]을 선택하였다.

⑤ 데이터 통합 결과가 표시되는 [B11:D16] 영역을 블록으로 지정한 후 [데이터]-[통합]을 선택하였다.

[57 ~ 59] 다음은 M사의 기계시설 점검표이다. 이어지는 질문에 답하시오.

구분		9월 점검일						점검항목
설비	구성성분	9/8	9/12	9/16	9/20	9/24	9/28	
펌프실	저수조		✔		✔		✔	누수상태 확인
		✔		✔		✔		윤활유 주입상태
			✔			✔		적정 저수량
	펌프	✔			✔			균열 여부 파악
공통구	배수펌프		✔			✔		배관 부식 여부 파악
				✔			✔	균열 여부 파악
	스트레이너	✔	✔	✔	✔	✔	✔	스트레이너 청소 상태
유압실	유압장치	✔			✔			온도센서 작동
				✔			✔	청결상태 확인
			✔		✔		✔	유압 게이지 확인
물탱크실	물탱크	✔				✔		자동제어 작동상태
		✔		✔		✔		시건 장치
				✔			✔	소독약 투여
		✔			✔			균열 여부 파악
토목시설	건물 내부		✔			✔		비상출입문 확인
			✔		✔		✔	균열 여부 파악
		✔		✔		✔		지면 불균형 여부 파악
		✔			✔			난간 파손부위 확인
	건물 외부	✔	✔	✔	✔	✔	✔	보행자 도로 확보
			✔		✔		✔	수목보호
		✔			✔			화단 지지목 설치

※ 점검은 매달 같은 주기로 이루어짐.

57. 다음 중 위 점검표에 대한 설명으로 옳지 않은 것은?

① 동일한 점검항목이 있는 구성성분은 4개이다.

② 9월 4일에 점검을 실시한 점검항목은 9개이다.

③ 매 4일마다 점검해야 하는 점검항목은 2개이다.

④ 9월의 모든 점검일에는 최소 9개 이상의 항목을 점검한다.

⑤ 펌프실과 물탱크실의 점검항목 수는 동일하다.

58. 다음 중 10월 6일의 점검항목이 아닌 것은?

① 저수조 누수상태 확인   ② 배수펌프 배관 부식 여부 파악

③ 유압장치 청결상태 확인   ④ 건물 내부 비상출입문 확인

⑤ 건물 외부 수목보호

59. 9월 20일에 모든 점검항목을 점검하고 이후 위 점검표와 동일한 점검 주기를 적용할 경우 10월 6일에 점검하는 항목이 아닌 것은?

① 저수조 윤활유 주입상태   ② 유압장치 유압게이지 확인

③ 물탱크 자동제어 작동상태   ④ 건물 내부 지면 불균형 여부 파악

⑤ 건물 내부 난간 파손부위 확인

[60 ~ 64] 다음은 세탁기 사용설명서의 일부이다. 이를 보고 이어지는 질문에 답하시오.

〈세탁 조작 표시부 그림(코스선택 버튼은 별도 표기)〉

표시부

세탁 》 헹굼 》 탈수

18:88

부가기능 선택부

종료 예약   버블 불림

세탁물 추가   스마트 컨트롤

⏻

▷‖
길게 눌러 동작

90도	5회	최강(건조용)
60	4	강
40	3	중
30	2	약
냉수	1	섬세

세탁온도   헹굼횟수   탈수세기

〈세탁 코스별 사용법〉

코스	사용법	코스	사용법
표준	물 온도 40도, 헹굼2, 탈수 강, 버블 불림 옵션으로 자동 선택됩니다. 모든 선택이 가능합니다.	절약삶음	물 온도 60도, 헹굼3, 탈수 강 옵션으로 자동 선택됩니다. 물 온도는 40도, 60도만 선택 가능합니다.
합섬	물 온도 40도, 헹굼3, 탈수 강으로 자동 선택됩니다. 물 온도는 냉수, 30도, 40도, 90도만 선택 가능합니다.	아기 옷	물 온도 40도, 헹굼4, 탈수 섬세로 자동 선택됩니다. 모든 물 온도 선택이 가능하며 헹굼은 4회 이상만 가능합니다.
울/섬세	물 온도 30도, 헹굼2, 탈수 섬세로 자동 선택됩니다. 물 온도는 냉수, 30도, 40도만 선택 가능합니다.	헹굼+탈수	헹굼1, 탈수 중, 버블 불림 옵션으로 자동 선택됩니다.
이불	물 온도 냉수, 헹굼2, 탈수 강으로 자동 선택됩니다. 물 온도 선택이 불가능하며, 탈수세기 최강과 약 선택이 불가능합니다.	란제리	물 온도 냉수, 헹굼2, 탈수 섬세로 자동 선택됩니다. 물 온도는 냉수만 선택 가능합니다.
강력	물 온도 40도, 헹굼2, 탈수 강, 버블 불림 옵션으로 자동 선택됩니다. 모든 선택이 불가능합니다.	손세탁	물 온도 냉수, 헹굼2, 탈수 섬세로 자동 선택됩니다. 물 온도는 냉수, 30도, 40도만 선택 가능합니다.

〈세탁 방법〉

온도/헹굼/탈수	버튼을 누름에 따라 선택한 항목의 불이 켜집니다.
예약 버튼	• 예약을 설정할 때 사용합니다. 현재 시간부터 몇 시간 후에 세탁을 시작할지 결정합니다. • 버튼을 누를 때마다 숫자가 변합니다. • 1 ~ 19시간까지 설정할 수 있습니다.
버블 불림	• 표준, 합섬, 이불, 강력, 아기 옷, 란제리, 헹굼+탈수에서만 사용 가능합니다.
자동 꺼짐 기능	• 동작이 종료되면 약 10초 후에 전원이 자동적으로 꺼집니다. • 일시 정지 후 동작이 멈춘 상태가 지속될 경우에는 10분 후에 자동으로 전원이 꺼집니다.
동작/일시정지	• 누를 때마다 동작과 정지를 반복합니다. • 동작 중 누르면 세탁이 멈춥니다. 다시 누르면 세탁이 진행됩니다. • 전원 버튼을 누른 후 동작/일시정지 버튼을 누르면 표준 코스로 세탁이 진행됩니다.
세탁물 추가	• 세탁 중 세탁물을 추가하고자 하는 경우에는 세탁물 추가 버튼을 눌러 주세요. 드럼의 물이 흘러내리지 않을 정도로 배수를 한 후 드럼 문의 잠김이 해제됩니다. • 문을 열어 세탁물을 투입하고 문을 닫은 후에 동작 버튼을 누르면 됩니다.
코스 선택	원하는 코스를 선택하면 선택한 코스로 작동됩니다.

60. 다음 중 사용설명서에 대한 설명으로 옳은 것은?

① 세탁온도, 헹굼횟수는 5단계, 탈수세기는 3단계로 세분화되어 있다.

② 세탁이 완료되면 전원 버튼을 눌러 종료시키기 전까지 알람이 울린다.

③ 탈수세기 '섬세'가 자동 선택되는 세탁코스는 아기 옷, 울/섬세, 란제리, 손세탁 4개이다.

④ 예약시간을 30분으로 설정하면 30분 후에 세탁이 종료된다.

⑤ 이불 코스는 버블 불림만 가능하며, 세탁불 추가를 할 수 없나.

61. 다음 중 물 온도 60도를 사용할 수 있는 세탁코스로만 짝지어진 것은? (단, '헹굼+탈수'는 제외
한다)

① 표준, 절약삶음, 아기 옷   ② 표준, 이불, 아기 옷

③ 합섬, 아기 옷, 란제리   ④ 합섬, 란제리, 손세탁

⑤ 이불, 울/섬세, 란제리

62. 다음 중 세탁기 사용설명서를 이해한 고객의 발언으로 적절하지 않은 것은?

① 절약삶음과 울/섬세 코스에서는 버블 불림 기능을 사용할 수 없군.

② 세탁 중 세탁을 종료하지 않고 세탁물 추가를 위해 문을 열려면 '일시정지' 버튼을 누르면 되는
구나.

③ 잠시 볼 일이 있어 일시 정지를 하고 10분 이내로 다시 시작하지 않으면 세탁기 전원이 자동으
로 꺼지는구나.

④ 전원 버튼을 누른 후 세탁코스를 선택하지 않고 동작/일시정지 버튼을 누르면 표준 코스로 진행
되는군.

⑤ 헹굼횟수에 제한이 있는 코스는 아기 옷과 강력 코스 2개로군.

63. 다음 그림과 같은 버튼 조작이 가능한 세탁코스는?

① 아기 옷　　　　　② 합섬　　　　　③ 울/섬세
④ 강력　　　　　　 ⑤ 손세탁

64. 다음 그림과 같은 버튼 조작이 가능한 세탁코스는?

① 표준　　　　　　② 절약삶음　　　　③ 울/섬세
④ 란제리　　　　　 ⑤ 이불

[65 ~ 67] 다음 자료를 보고 이어지는 질문에 답하시오.

A 지역과 B 지역에는 각각 편의점이 3개씩 있다. 두 지역의 주민들은 6개의 편의점 중 원하는 아무 편의점이나 갈 수 있을 정도로 거리 차이가 크지 않다. 그러나 6개의 편의점은 문을 닫는 날이 모두 다르며, 지역별로 최소 1개의 편의점은 문을 연다. 어느 편의점이 문을 여느냐에 따라 문을 연 편의점의 매출은 달라지며 상호 매출의 상관관계는 다음 표와 같다.

〈편의점별 기본 매출 관계〉

		B 지역		
		L 편의점	C 편의점	G 편의점
A 지역	S 편의점	(20, 21)	(32, 31)	(26, 24)
	T 편의점	(33, 32)	(18, 20)	(24, 26)
	K 편의점	(24, 26)	(30, 28)	(32, 26)

– 괄호 안의 숫자는 각 편의점의 매출액을 지수화한 수치를 뜻한다. 예를 들어 S 편의점과 L 편의점이 문을 연 경우, S 편의점의 매출액은 지수 20이고, L 편의점의 매출액은 지수 21이 되는 것을 의미한다. 지수가 클수록 매출액이 더 크다.

〈A 지역 편의점들의 영업 여건에 따른 매출 증감 내역〉

구분	매장 청소	직원 교체	신제품 홍보
S 편의점	15%	−10%	15%
T 편의점	20%	−15%	20%
K 편의점	15%	10%	15%

– 편의점별로 각 영업 여건 발생 시, A 지역 편의점들의 기본 매출에서 증가 또는 감소되는 매출의 비율을 의미한다. 예를 들어 S 편의점이 매장 청소를 한 경우, 기본 매출에서 15%의 매출 증가가 일어난다.

– 각 편의점의 영업 여건은 2가지 이상이 동시에 발생할 수 있다. 예를 들어 S 편의점이 직원 교체와 신제품 홍보를 동시에 진행하면 매출 증감률은 −10+15=5(%)가 된다.

– B 지역 편의점들의 영업 여건 변화는 고려하지 않는다.

65. 다음 중 B 지역 편의점들의 기본 매출의 합이 가장 커질 때의 기본 매출액 지수와 그 경우 A 지역에서 문을 연 편의점이 바르게 짝지어진 것은?

① 82, S 편의점   ② 82, T 편의점   ③ 80, S 편의점

④ 80, K 편의점   ⑤ 80, T 편의점

66. A 지역의 세 편의점이 모두 신제품 홍보를 했을 때 B 지역 편의점과의 매출액 지수 차이가 3보다 작은 경우는 모두 몇 가지인가?

① 1가지   ② 2가지   ③ 3가지

④ 4가지   ⑤ 5가지

67. A 지역 세 편의점이 각각 B 지역 1개 편의점과 함께 문을 연 날에 매장 청소와 직원 교체를 동시에 실시하였다. 이 경우의 변화에 대한 올바른 설명을 모두 고른 것은? (단, 소수점 아래 둘째 자리에서 반올림한다)

> ㉠ 문을 연 두 편의점의 매출액 지수의 합이 가장 큰 경우는 60이 넘는다.
> ㉡ 문을 연 두 편의점의 매출액 지수의 차이가 가장 큰 경우는 K 편의짐과 G 편의점이 문을 연 경우이다.
> ㉢ 문을 연 두 편의점의 매출액 지수의 합이 가장 작은 경우는 42이다.

① ㉠   ② ㉡   ③ ㉠, ㉡

④ ㉠, ㉢   ⑤ ㉡, ㉢

[68 ~ 70] 다음은 K사의 조직개편 관련 직원 수와 인건비 계획에 대한 기준이다. 이를 보고 이어지는 질문에 답하시오.

〈본부별, 분야별 직원 구성 계획〉

(단위 : 명)

구분	A 본부	B 본부	C 본부	D 본부
기계분야	80	( )	( )	60
신호제어분야	40	40	100	50
계	120	( )	( )	110

※ K사는 A ~ D 네 개 본부로만 구성되어 있으며, 기계분야와 신호제어분야 이외의 직원은 없다.

※ B 본부와 C 본부만 기계분야 직원 수를 확정하지 못하였으며, 일부 경력 보유자를 채용하여 직원 수를 확정하고자 한다.

※ 각 본부의 분야별 최소인원은 40명이며, K사의 전체 직원 수는 500명을 넘지 않게 유지하고자 한다.

※ 사장이나 기타 직원은 고려하지 않는다.

〈본부별, 분야별 총 인건비 계획〉

(단위 : 백만 원)

구분	A 본부	B 본부	C 본부	D 본부
기계분야	240	250	180	240
신호제어분야	160	160	300	200

※ 계획된 총 인건비를 맞추기 위해 적절한 경력 보유자를 채용한다.

68. 다음 〈보기〉에서 K사의 조직개편에 대한 설명으로 옳은 것을 모두 고르면?

보기

(가) C 본부의 총 직원 수가 160명이라면, C 본부의 기계분야와 신호제어분야의 직원 1인당 평균 인건비는 동일하다.

(나) B 본부 기계분야의 직원 1인당 인건비는 최소 2.5백만 원이 넘게 된다.

(다) B 본부와 C 본부의 총 직원 수는 같아질 수 없다.

① (가)   ② (나)   ③ (가), (다)

④ (나), (다)   ⑤ (가), (나), (다)

69. B, C 본부의 직원 수를 최소한으로 유지할 경우, 특정 본부의 분야별 직원 1인당 평균 인건비의 최소 금액은 얼마인가?

① 2.6백만 원   ② 2.8백만 원   ③ 3백만 원

④ 3.2백만 원   ⑤ 3.4백만 원

70. K사는 네 개 본부의 평균 직원 수를 120명, 본부별 직원 수는 C 본부>A 본부>D 본부>B 본부의 순으로 유지하고자 한다. 이때 B 본부와 C 본부의 기계분야 직원 수가 될 수 없는 조합은 어느 것인가?

	B 본부	C 본부		B 본부	C 본부
①	60명	50명	②	50명	60명
③	70명	40명	④	40명	70명
⑤	55명	55명			

71. 다음 서울교통공사의 조직도에 대한 설명으로 잘못된 것은?

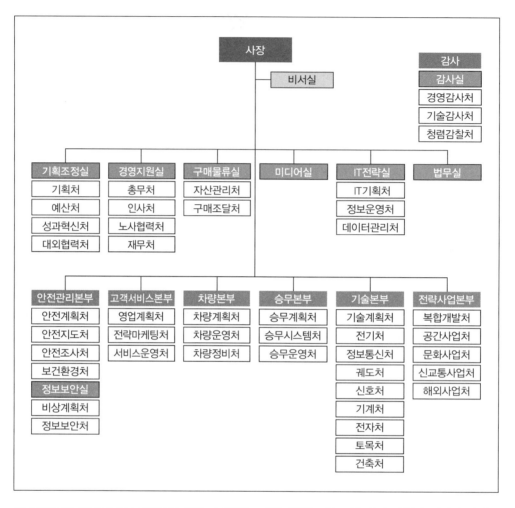

① 조직도를 살펴보면 구성원들의 임무, 수행하는 과업, 일하는 장소 등 업무 방식과 관련된 체계를 알 수 있으므로 한 조직을 이해하는 데 유용하다.

② 조직도를 통해 조직이 어떻게 구성되어 있는지를 알 수 있고, 조직에서 하는 일은 무엇이며 조직구성원들이 어떻게 상호작용하는지를 파악할 수 있다.

③ 조직의 대표가 조직의 최상층에 있고 조직구성원들이 단계적으로 배열되는 구조로, 업무의 내용이 유사하고 관련성이 있는 것들을 결합한 기능적 조직구조 형태를 띤다고 할 수 있다.

④ 기능적 조직구조 형태는 환경이 안정적이거나 일상적인 기술, 조직의 내부 효율성을 중요시할 때 적합하다.

⑤ 급변하는 환경변화에 효과적으로 대응하고 제품, 지역, 고객별 차이에 신속하게 적응하기 위하여 분권화된 의사결정이 가능한 사업별 조직구조라고 볼 수 있다.

72. 다음 중 '심리적 계약'의 영향으로 옳지 않은 것은?

> 심리적 계약이 자발적으로 형성될 수 있는 근본적인 이유는 조직 구성원들 역시 회사가 추구하는 공동의 이익과 자신의 이익 사이에서 조화롭게 합의점을 찾고자 하기 때문이다. 한 조직 안에는 절대다수의 공동이익을 보호하려는 욕구가 존재하고, 개개인은 자신의 이익을 추구하려는 욕구가 있다. 당연히 개인의 이익과 공동의 이익 사이에서 충돌이 빚어질 수밖에 없으므로, 암묵적인 심리적 계약을 통해 둘 사이의 적절한 균형을 찾고자 하는 것이다.
>
> 예를 들어 어떤 기업이 비교적 긴 시간 동안 상호작용을 거쳐 사장은 직원을 신뢰하고, 직원도 능력을 발휘하면 보상을 받을 거라는 믿음을 형성하게 됐다. 이것은 직원이 공을 세웠을 때 사장이 그에 대해 제때 칭찬하고 보상함으로써 심리적 계약이 맺어졌기 때문이다. 최근에는 성과주의, 연봉제 등의 개념이 많은 기업에 도입되면서 조직 구성원들은 회사와 거래적 계약으로 심리적 계약을 맺는다. 그러나 이후에 사장이 공을 세운 직원에게 아무런 칭찬과 보상을 하지 않는 일이 빈번히 발생하게 되면 이 심리적 계약은 저절로 깨지게 된다.

① 조직 구성원이 자신이 속한 조직에 대해 일체감을 갖고 몰두할 수 있게 한다.

② 조직에 대한 애착을 갖고 헌신하려는 내적인 동기를 제공한다.

③ 조직 구성원 사이에 동반자 의식과 배려심이 증가한다.

④ 회사와 조직 구성원들의 거래적 계약은 구체적인 금액 등의 보상보다는 협력과 신뢰를 바탕으로 맺어진 심리적 계약이다.

⑤ 심리적 계약의 위반은 회사에 대한 조직 구성원의 근무 회피나 책임감 결여로 이어진다.

73. 직장 내 예절에 관한 설명으로 적절하지 않은 것은?

① 2명 이상의 상사에게 지시를 받았다면 더 높은 상사의 지시 사항을 먼저 처리한다.

② 발소리나 의자 끄는 소리 등 다른 사람에게 방해되는 소음을 내지 않도록 조심한다.

③ 책상 위에 있는 사적 용품이나 불필요한 물건은 되도록 치우고 필요한 물건 위주로 놓는다.

④ 전화를 받고 있을 때 상사가 부르면 상사에게 "잠시 통화 중입니다. 조금만 기다려 주세요."라고 말한다.

⑤ 대화를 할 때 지나치게 개인적인 질문은 사양하고 이미 알고 있는 이야기라도 상대방의 이야기를 경청한다.

74. ○○공사의 A 대리는 신입 사원 교육에 사용할 파워포인트 자료를 만들고 있다. 다음 중 개인윤리와 직업윤리에 관한 자료의 내용으로 적절하지 않은 것은?

① 직업윤리는 기본적으로 개인윤리를 바탕으로 둔 채 성립되지만, 상황에 따라 양자는 서로 충돌되거나 대치되는 경우도 발생할 수 있다.

② 개인윤리가 보통 상황에서의 일반적 원리규범이라고 한다면, 직업윤리는 조금 더 구체적인 상황에 적용할 수 있는 실천규범으로 이해하는 것이 적절하다. 즉, 개인윤리가 직업윤리에 포함된다.

③ 직장이라는 특수 상황에서 가지게 되는 집단적 인간관계는 가족관계, 개인적 선호에 의한 친분관계와는 다른 측면의 배려 또는 태도를 지녀야 한다.

④ 업무수행 도중 직업윤리와 개인윤리가 충돌할 경우, 직업윤리가 우선되어야 한다.

⑤ 업무상 개인의 판단과 행동은 사회적 영향력이 큰 기업시스템을 통하여 다수의 이해관계자와 관련되기 때문에 중요하다.

75. 다음은 S 기업에서 진행된 직업윤리 교육 후 수강생들의 질문에 대한 강사의 답변이다. 질문에 대한 답변으로 적절하지 않은 것은?

①	Q. 성실한 사람과 성실하지 못한 사람의 차이는 어떨 때 생기나요?
	A. 결국 돈벌이가 쉬운가, 쉽지 않은가의 경우에서 그 차이가 발생하게 됩니다.
②	Q. 인사평가에 가산점을 준다는 말을 듣고 주말마다 봉사활동을 가는 경우는 어떤 근면에 해당하나요?
	A. 외부적인 요소인 가산점을 위한 근면이므로, 외부로부터 강요받은 근면에 해당합니다.
③	Q. 성실한 사람의 성공에는 어떤 특징이 있나요?
	A. 성실한 사람은 단기적인 관점에서 바로 성공을 거두기보다는 장기적으로 보았을 때 최종적으로 성공하게 된다는 특징이 있습니다.
④	Q. 어떤 사람들이 주로 성실한 태도를 보이나요?
	A. 업무를 돈벌이의 수단이라는 데에 중점을 두고 바라보는 사람들은 주로 성실한 태도를 지닙니다.
⑤	Q. 성실의 의미는 무엇인가요?
	A. 성실은 일관하는 마음과 정성의 덕입니다. 여기에서 정성스러움이란 '진실하여 전연 흠이 없는 완전한 상태에 도달하고자 하는 사람이 선을 택하여 노력하는 태도'입니다.

76. 직업의식과 관련하여 다음 사례에 드러난 '포드'의 문제점은 무엇인가?

> 핀토(Pinto)는 1970년대에 미국 포드사에서 생산했던 자동차의 이름이다. 1978년 8월에 시속 50마일로 달리던 밴(van)이 핀토를 뒤에서 들이받는 사건이 일어났다. 사고 당시 핀토의 연료탱크에서 발생한 화재로 인하여 핀토에 탑승하고 있던 세 사람이 사망하였다. 이에 유가족들은 포드사에 소송을 걸었고 담당 검사는 부주의에 의한 살인(reckless homicide)이라는 혐의로 포드를 기소하였다. 그는 포드가 핀토의 설계 결함을 이미 알고 있었고, 그것이 상당한 위험을 야기할 것을 예상했지만 핀토를 계속 판매했다는 점을 주장하였다. 실제로 포드의 과학기술자들은 핀토가 20마일 정도의 후미충격으로도 화재가 발생할 수 있는 결함을 가지고 있고, 6.65달러 정도의 추가 비용을 들여 안전장치를 설치하면 사고를 예방할 수 있다는 사실을 알고 있었다고 한다. 그러나 당시 사고차량의 연료탱크 뚜껑이 열려 있어서 휘발유가 새어 나온 상태여서 화재 위험이 많았다는 이유로 인해 소송은 포드의 승리로 끝났다.

① 기업의 신용 구축의 미흡   ② 소비자에 대한 믿음 부족
③ 공 · 사 구분의 모호   ④ 제품에 대한 편견과 차별
⑤ 사회 · 윤리적 직업의식의 결여

77. 다음은 직장생활에서의 소통의 법칙 중 무엇에 해당하는가?

> • 우리 속담 중에는 '가는 정이 있어야 오는 정이 있다'는 속담이 있다. 사람은 상대방이 호의를 베풀면 그 대상에게 호의를 갚으려고 한다는 것이다.
> • ○○기업의 영업1팀이 위기에 처했을 때 영업2팀이 적극적으로 나서서 도와주었다. 영업1팀 팀원들은 영업2팀 덕분에 위기를 넘겼고 그들의 호의에 감동했지만 한편으로는 영업2팀에게 빚을 지고 있다는 생각도 가지게 되었다.

① 호감의 법칙   ② 희귀성의 법칙
③ 상호성의 법칙   ④ 일관성의 법칙
⑤ 사회적 증거의 법칙

78. 대형시설공사 업체선정 평가위원인 K 교수는 자신의 배우자가 직접 관여하고 있는 A 회사에 최고 평가점수를 주어 공사업체로 선정되도록 하였다. 이 경우 K 교수에게 적용할 수 있는 비윤리적인 행위는?

① 수의 계약 체결에 의한 직무 수행   ② 직무 관련 영리 행위에 의한 직무 수행
③ 부당이득 수수에 의한 직무 수행   ④ 사적 이해관계에 의한 직무 수행
⑤ 직무관련자 접촉에 의한 직무 수행

79. 다음 A사에서 진행된 휴대전화 예절에 관한 강의 내용 중 잘못된 부분은?

〈휴대전화 사용 시 이것만은…〉
① 직장에서 휴대전화로 전화하는 경우에는 상대방에게 통화를 강요해도 된다.
② 상대방이 추가 요금을 지불하게 되는 휴대전화의 사용은 피한다.
③ 운전하는 경우 휴대전화 사용을 하지 않는다.
④ 휴대전화는 원칙적으로 빌려 달라고 부탁하지 않는다.
⑤ 통화를 할 경우에는 대화 소리를 낮추거나 통화가 가능한 장소로 이동한다.

80. 성희롱 예방을 위하여 가져야 할 올바른 태도나 생각으로 보기 어려운 것은?

① "무엇보다 당하는 사람의 입장에서 어떻게 느끼느냐가 굉장히 중요해."
② "상대방의 신체 부위를 흘깃거리며 쳐다보는 시선을 삼가야 해."
③ "성희롱 순간을 사진이나 녹음 등으로 기록하여 증거자료로 가지고 있는 것이 유리해."
④ "이성 직원과의 업무 대화를 가급적 줄이고 꼭 필요시에는 문서로 대화하는 습관을 들여야 겠지."
⑤ "바로 그 자리에서 용기 있게 의사 표현을 하는 것이 무엇보다 중요하지."

실전모의고사

제2회

수험번호	
성 명	

[01 ~ 02] 다음 자료를 보고 이어지는 질문에 답하시오.

〈A시의 도시철도 노선별 연간 범죄 발생건수〉

(단위 : 건)

연도＼노선	1호선	2호선	3호선	4호선	합
2019년	224	271	82	39	616
2020년	252	318	38	61	669

〈A시의 도시철도 노선별 연간 아동 상대 범죄 발생건수〉

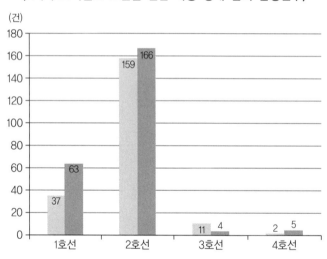

* 노선별 범죄율(%) = 노선별 해당 범죄 발생건수 ÷ 전체 노선 해당 범죄 발생건수 × 100
* 언급되지 않은 A시의 다른 노선은 고려하지 않으며, 범죄 발생건수는 아동 상대 범죄 발생건수와 비아동 상대 범죄 발생건수로만 구성됨.

01. 다음 중 2호선의 연도별 범죄율이 올바르게 짝지어진 것은? (단, 소수점 아래 둘째 자리에서 반올림한다)

	2019년	2020년		2019년	2020년
①	36.4%	37.7%	②	38.5%	37.7%
③	44.0%	37.7%	④	44.0%	47.5%
⑤	45.2%	47.5%			

02. 자료에 대한 설명으로 옳은 것을 〈보기〉에서 모두 고르면?

보기

(가) 2020년 비아동 상대 범죄 발생건수는 4개 노선 모두 전년보다 증가하였다.
(나) 2020년의 전년 대비 아동 상대 범죄 발생건수의 증가폭은 비아동 상대 범죄 발생건수의 증가폭보다 더 크다.
(다) 2020년의 노선별 전체 범죄율이 10% 이하인 노선은 1개이다.

① (가)   ② (나)   ③ (가), (나)
④ (가), (다)   ⑤ (나), (다)

[03 ~ 05] 다음 자료를 보고 이어지는 질문에 답하시오.

〈우리나라의 관광객 유치 현황〉

(단위 : 명)

구분	20X0년	20X1년	20X2년	20X3년	20X4년
내국인	8,517,417	8,945,601	11,040,135	12,249,959	13,522,632
외국인	2,333,848	3,328,316	2,624,260	3,603,021	1,230,604
계	10,851,265	12,273,917	13,664,395	15,852,980	14,753,236

〈우리나라의 외국인 국적별 관광객 현황〉

(단위 : 명)

구분	20X0년	20X1년	20X2년	20X3년	20X4년
일본	128,879	96,519	59,233	47,997	55,359
미국	21,439	19,812	16,898	33,605	32,651
대만	38,890	32,189	17,839	38,046	28,994
중국	1,812,172	2,859,092	2,237,363	3,061,522	747,315
홍콩	39,761	28,405	22,732	44,757	48,952
싱가포르	56,622	46,307	29,620	50,566	33,732
말레이시아	74,956	63,953	39,892	66,207	49,524
기타	161,129	182,039	200,683	260,321	234,077
계	2,333,848	3,328,316	2,624,260	3,603,021	1,230,604

03. 다음 중 자료에 대한 설명으로 옳지 않은 것은?

① 20X0 ~ 20X4년 내국인 관광객 수의 합은 외국인 관광객 수 합의 4배가 넘는다.

② 외국인 관광객 중 중국 국적의 외국인이 차지하는 비중은 매년 70% 이상이다.

③ 20X1년 우리나라의 총 관광객 중 외국인이 차지하는 비중은 30% 이하이다.

④ '기타' 국적을 제외하면, 우리나라의 외국인 관광객 수 상위 3개 국적은 1개 연도를 빼고 모두 동일하다.

⑤ 국적별 관광객 수가 매년 증가하거나 매년 감소한 국가는 없다.

04. 위의 자료를 참고할 때, 다음 그래프의 (가)와 (나)에 해당하는 증감률이 올바르게 짝지어진 것은? (단, 소수점 아래 둘째 자리에서 반올림한다)

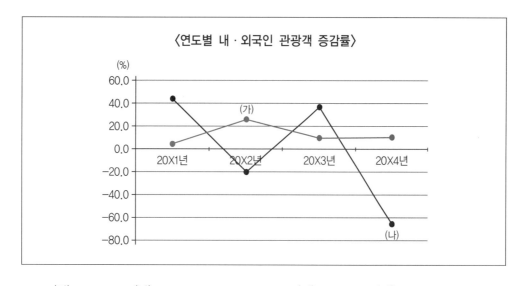

	(가)	(나)		(가)	(나)
①	22.2%	−65.8%	②	22.2%	−63.2%
③	23.4%	−65.8%	④	23.4%	−63.2%
⑤	23.4%	−61.8%			

05. 다음 중 위 자료를 바탕으로 작성한 그래프로 옳지 않은 것은?

① 〈연도별 전년 대비 총 관광객 증가율〉

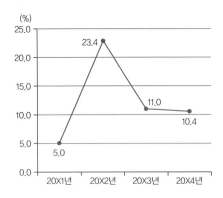

② 〈연도별 외국인 관광객 중 중국인 관광객의 비중〉

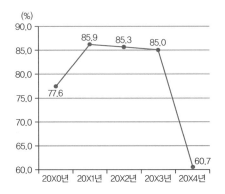

③ 〈20X4년의 외국인 관광객 국적별 비중〉

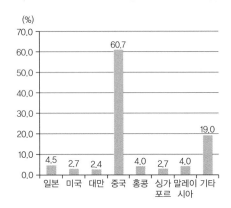

④ 〈연도별 외국인 관광객 1인당 내국인 관광객〉

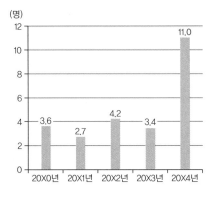

⑤ 〈20X2 ~ 20X4년의 외국인 관광객 상위 3개 국적 관광객 수(기타 제외)〉

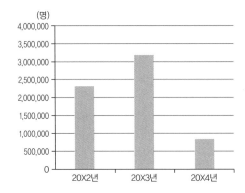

[06 ~ 08] 다음 자료를 보고 이어지는 질문에 답하시오.

〈지하철 A 역의 승하차인원 현황〉

(단위 : 천 명)

구분		2019년 12월			2020년 12월		
		승하차인원	승차인원	하차인원	승하차인원	승차인원	하차인원
총계		7,747	3,849	3,898	7,727	3,827	3,900
60세 미만	소계	5,020	2,507	2,513	4,685	2,337	2,348
	일반	4,713	2,353	2,360	4,390	2,188	2,202
	노약자	307	154	153	295	149	146
60세 이상	소계	2,727	1,342	1,385	3,042	1,490	1,552
	일반	2,583	1,268	1,315	2,894	1,411	1,483
	노약자	144	74	70	148	79	69

〈지하철 A 역의 누계 승하차인원 현황〉

(단위 : 천 명)

구분		2019년 1 ~ 12월			2020년 1 ~ 12월		
		승하차인원	승차인원	하차인원	승하차인원	승차인원	하차인원
총계		88,909	44,545	44,364	93,548	(㉠)	(㉡)
60세 미만	소계	57,861	28,915	28,946	57,795	( )	( )
	일반	54,322	27,144	27,178	54,198	27,086	27,112
	노약자	3,539	1,771	1,768	3,597	1,803	1,794
60세 이상	소계	31,048	15,630	15,418	35,753	17,880	17,873
	일반	29,236	14,708	14,528	33,624	16,841	16,783
	노약자	1,812	922	890	2,129	1,039	1,090

* '노약자'는 임산부와 장애인, 거동이 불편한 자를 의미함.

06. 다음 중 위 자료의 ㉠, ㉡에 들어갈 수치의 합은 얼마인가?

① 93,548　　　　　② 93,559　　　　　③ 93,578
④ 93,598　　　　　⑤ 93,619

07. 자료에 대한 설명으로 옳은 것을 〈보기〉에서 모두 고르면?

> **보기**
>
> (가) 두 해 모두 12월에는 60세 이상 승하차인원이 60세 미만 승하차인원의 절반 이상이다.
> (나) 두 해 모두 12월의 승하차인원은 당해 월 평균 승하차인원보다 많다.
> (다) 두 해의 12월에는 일반과 노약자 승하차인원 모두 60세 미만이 60세 이상보다 더 많다.
> (라) 두 해 모두 60세 미만은 하차인원이 승차인원보다 더 많지만 60세 이상은 승차인원이 하차인원보다 더 많으며, 이러한 현상은 매달에 걸쳐 동일하게 나타난다.

① (가), (다)　　　　② (다), (라)　　　　③ (가), (나), (다)
④ (가), (다), (라)　　⑤ (나), (다), (라)

08. 다음 중 2019년과 2020년의 연령대별 일반과 노약자 승하차인원의 구성비를 그래프로 올바르게 나타낸 것은?

①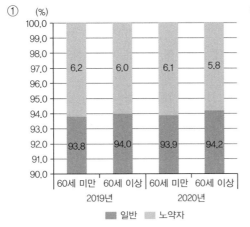

②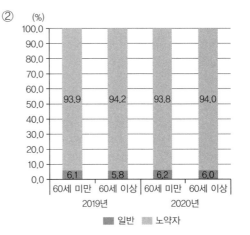

③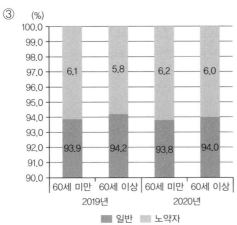

④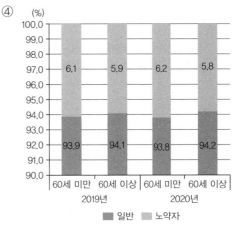

⑤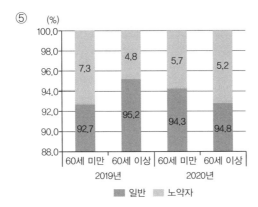

09. 리더십의 유형별로 장점과 연관되는 단점을 알맞게 짝지은 것은?

	장점		단점
지시 명령형	긴급한 상황에 신속한 지시와 명령이 필요한 경우 큰 효과를 발휘하며, 조직의 긴장이 풀려 있어서 긴장 분위기를 조성해야 하는 경우에 유용하다.	㉠	멤버 간에 모두 친밀하기 때문에 조직은 평화롭지만 긴장감이 전혀 없을 수가 있으며, 이 때문에 조직성과가 높지 않을 가능성이 크다.
비전형	조직 구성원들에게 열정적으로 일할 동기를 부여한다. 설정된 하나의 목표만을 향해 조직이 움직이기 때문에 조직 구성원은 효율적으로 일할 수 있다.	㉡	최종결정을 내리는 능력이 부족하여 아무리 부하들과 회의를 거듭해도 의견일치를 이끌어내지 못할 가능성이 있다. 의사결정과 업무수행 속도가 떨어진다는 단점이 있고, 긴급한 업무 수행에 어려움이 있을 수 있다.
관계 중시형	새로운 직원을 조직에 동화시키고 업무에 적응시키는 데 효과적이다.	㉢	수동적인 부하직원이 만들어지기 쉽다.
집단 운영형	가장 민주적인 리더십으로 모든 부하구성원의 의사에 귀를 기울일 수 있다.	㉣	조직이 크고 복잡해서 상사 혼자서 업무를 처리하기 힘든 경우나, 부하에게 많은 것을 지시해야 할 때는 큰 효과를 거둘 수 없다.
규범형	조직 규모가 작아 조직 구성원이 조직 전략과 이에 필요한 기술을 잘 알 수 있을 때 효과를 발휘하는 리더십이다.	㉤	리더의 지도기술이 부족하여 자신이 지도할 부하와 가르쳐야 하는 내용에 대해 제대로 파악하지 못할 경우 효과를 볼 수 없다.
육성형	부하가 스스로 발전하고자 하는 의지가 있을 때 매우 효과적이다.	㉥	리더보다도 경험이 풍부하고 지식이나 전문능력이 높은 부하직원이 있는 경우, 혹은 리더로서의 권위를 잃을 경우에 이 리더십은 효과를 보기 어렵다.

① 지시명령형 - ㉣   ② 비전형 - ㉥   ③ 관계중시형 - ㉡

④ 집단운영형 - ㉤   ⑤ 규범형 - ㉠

10. 「부정청탁 및 금품 등 수수의 금지에 관한 법률」이 시행됨에 따라 ○○공단은 다가올 추석명절 기간에 협력업체로부터 어떠한 관행적 선물이나 금품을 수수해서는 안 되고, 티타임 정도로 업무를 진행하라는 전사적인 지시가 내려졌다. A 팀장이 취해야 할 대처 방안으로 적절한 것은?

① 그동안 원만한 관계를 유지한 것이 아쉽기 때문에 처음이자 마지막으로 M 기업 전무에게 눈치를 주어 대접을 받는다.

② 일단 회의를 취소하고 추석 명절이 지난 이후로 회의를 다시 잡는다.

③ 지금까지 문제 될 소지가 없었고, 오랜 기간 동안 협력관계를 유지해 왔기 때문에 평소처럼 식사대접도 받으면서 회의를 진행한다.

④ 「부정청탁 및 금품 등 수수의 금지에 관한 법률」의 시행을 기점으로 서로 예민해진 상황이기 때문에 이메일 등 간접적인 방법으로 대체하여 진행한다.

⑤ 지킬 것을 지키면 문제가 없으므로 추석 기간과 상관없이 약속대로 회의를 진행하되 티타임 외 별도의 대접은 거절한다.

11. 갈등을 일으키는 원인으로 부정적 성격을 들 수 있는데 부정적인 성격은 조직 내 갈등 유발, 반생산적 업무 행동, 리더의 실패 등과 같은 결과를 초래하기도 한다. 다음 사례에 나타난 부정적인 성격은?

사례

변호사로 승승장구하는 김출세(40세) 씨는 늘 자신감에 차 있고 자기 관리도 뛰어나다. 하지만 조금이라도 자신의 의견에 동의하지 않거나 지시대로 따르지 않으면 화를 내고 따지려 든다. 김출세 씨 주변에 사람이 없는 이유도 바로 이 때문이다. 윗사람, 아랫사람 할 것 없이 자신보다 급이 떨어진다고 생각하고 상대하려 들지 않는다. 또 인정, 출세에 대한 욕구도 남달라서 주변 사람들의 성과조차도 자신의 것으로 가로채기 일쑤이다. 하지만 죄책감도 없고, 자신에게 이득이 되는 일이라면 주변 사람을 이용하는 일이 허다하여 악명이 높다.

---

① 자기애성(Narcissistic)
② 반사회성(Antisocial)
③ 강박성(Obsessive-Compulsive)
④ 편집성(Paranoid)
⑤ 의존성(Dependent)

12. 다음 사례에서 나타난 김 대리의 멤버십 유형은?

> 김 대리는 A사에서 5년 동안 근무했으나 단 한 번도 자신이 속한 조직에 만족한 적이 없다. 김 대리는 자신이 회의에 적극적으로 참여해 수많은 아이디어를 제공하고, 팀이 잘못된 방향으로 나아가는 것을 막고 있지만 자신을 인정해 주는 동료가 없을 뿐 아니라 회사도 자신의 역할에 걸맞은 보상을 제공하지 않는다고 여긴다.
>
> 하지만 팀원들은 여기에 동의하지 않는다. 회의시간에 김 대리가 하는 말들은 다른 팀원들의 아이디어가 왜 부적절한지 설명하는 것에 지나지 않으며, 건설적인 아이디어는 없다는 것이다. 김 대리가 아이디어를 낸다고 해도 이에 대한 팀원들의 비판이나 개선방안을 절대 인정하지 않으며 자신의 아이디어만을 고집하기 때문에 김 대리의 아이디어는 그다지 반갑지 않다고 한다. 또한 김 대리는 비판을 위한 비판을 하여 모든 대안의 가치를 깎아내린 뒤 최선의 의사결정을 내리는 것이 아닌 어쩔 수 없이 덜 나쁜 대안을 선택하는 사고방식으로 팀원들의 열의를 꺾는다고 한다.

① 주도형   ② 실무형   ③ 순응형
④ 수동형   ⑤ 소외형

13. 〈보기〉에 나타난 협상에 대한 인식 차원은?

> **보기**
>
> ○○기업에 다니는 김민철 대리는 이번 주에 계획된 협상을 위해 꼼꼼하게 준비하는 중이다. 김민철 대리가 협상으로부터 원하는 결론은 거래에서 보다 저렴한 가격으로 기업에 필요한 부품을 구매하는 것이다. 따라서 김민철 대리는 협상 상대와 서로 갈등 상황에 놓여 있다고 생각한다. 따라서 공통의 이익을 창출하기 위하여 협상을 진행하고자 한다.

① 의사소통 차원   ② 갈등해결 차원
③ 지식과 노력 차원   ④ 의사결정 차원
⑤ 교섭 차원

14. 다음 〈보기〉 중 고객만족을 측정할 때 사람들이 많이 범하는 오류로 적절한 것을 모두 고르면?

| 보기 |

ㄱ. 고객이 원하는 것에 대해 모르고 있다고 생각한다.
ㄴ. 비전문가로부터 도움을 얻는다.
ㄷ. 구체적인 측정 프로세스 없이 포괄적인 조사로 시작한다.
ㄹ. 중요도 척도를 오용한다.
ㅁ. 모든 고객들이 상이한 수준의 서비스를 원한다고 가정한다.

① ㄱ, ㄴ, ㄷ   ② ㄱ, ㄷ, ㅁ   ③ ㄴ, ㄷ, ㄹ
④ ㄴ, ㄹ, ㅁ   ⑤ ㄷ, ㄹ, ㅁ

15. 다음 빈칸에 들어갈 설득전략으로 적절한 것은?

협상에 있어 상대방을 설득시키는 일은 필수적이다. 상대방을 설득시키는 전략 중 (   )은 과학적인 논리보다 동료나 사람들의 행동에 의해 상대방을 설득하는 전략이다.

① See-Feel-Change 전략   ② 헌신과 일관성 전략
③ 사회적 입증 전략   ④ 연결 전략
⑤ 상대방 이해 전략

16. 자신의 부정적 감정을 부드럽게 표현할 수 있는 방법으로 '나-전달법(I-message)'이 있다. 이에 관한 다음 설명을 읽고 ⓐ～ⓓ에 들어갈 말을 순서대로 바르게 나열한 것은?

나-전달법(I-message)이란 의사소통을 할 때 '나'를 주어로 하는 표현으로 상대방의 행동을 비난하지 않으면서 나의 감정을 표현하는 대화법이다. 나-전달법의 4가지 구성요소는 (ⓐ), (ⓑ), (ⓒ), (ⓓ)이다. 다음은 '너-전달법'식 대화를 '나-전달법'으로 바꾼 것이다.

〈너-전달법〉

재경 : 야! 너 뭐하는 거야. 지금 몇 시야?

수호 : 오는 길에 친구를 만나서 얘기 좀 하다가 오느라.

재경 : 뭐라고? 나는 시간이 남아서 이렇게 너 기다리는 줄 알아?

수호 : 그럼 너도 일찍 나오지 말든가.

재경 : 너 말 다했니?

〈나-전달법〉

재경 : 약속 시간이 20분이나 지났는데 네가 나타나지 않으니까(ⓐ) 네가 나를 무시하는 것 같아서 화가 났어.(ⓑ) 늦을 수는 있지만 연락이라도 해 주길 바랐거든.(ⓒ) 다음에는 연락 없이 늦지 않겠다고 말해 줘.(ⓓ)

수호 : 미안, 절대로 너를 무시해서 늦은 게 아니야. 약속할게. 다음부터는 늦지도 않고 연락도 잘 할게.

재경 : 그래, 그렇게 말해 줘서 고마워.

---

① 질책, 느낌, 바람, 부탁　　　　② 질책, 느낌, 부탁, 욕구

③ 관찰, 느낌, 부탁, 욕구　　　　④ 관찰, 느낌, 욕구, 부탁

⑤ 사실, 바람, 욕구, 부탁

[17 ~ 19] 다음은 A 공단의 기록물 관리 규정 일부이다. 이를 읽고 이어지는 질문에 답하시오.

제3장 기록물의 관리

제16조(기록물의 관리) ① 공단은 업무과정에 기반을 둔 기록관리기준표를 작성·운영하여야 하며, 기록관리기준표의 관리항목은 업무설명, 기록물의 보존기간, 보존기간 책정사유, 보존장소, 공개 여부 및 접근권한 등의 관리기준을 포함하여야 한다. 이 경우 기록관리기준표는 기록관리 시스템으로 생성·관리하여야 한다.

② 공단은 기록물의 원활한 수집 및 이관을 위하여 매년 전년도의 현황을 중앙기록물관리기관에 통보하여야 한다.

제17조(간행물의 관리) ① 공단은 간행물을 발간하려면 간행물등록번호를 부여받아야 한다.

② 공단이 발간한 간행물은 제1항에 따라 간행물등록번호를 표기하여야 하며, 발간 완료일 기준 10일 이내에 주관부서에 납본하여야 한다.

③ 간행물은 유상 또는 무상으로 배부할 수 있으며, 유상배부의 경우 유상배부의 필요성, 가격, 배부방법 등을 제24조에 따라 심의하여 결정한다.

제18조(비밀기록물의 관리) 공단은 비밀 기록물을 생산할 때에는 그 기록물의 원본에 비밀 보호기간 및 보존기간을 함께 정하여 보존기간이 끝날 때까지 관리하여야 한다. 이 경우 보존기간은 비밀 보호기간 이상의 기간으로 책정하여야 한다.

제19조(기록물의 이관) ① 공단은 기록물을 소관부서에서 보존기간의 만료일부터 2년의 범위 내에서 기록물철 단위로 주관부서로 이관하여야 한다. 다만, 전자문서시스템으로 생산된 기록물은 매 1년 단위로 전년도 생산기록물을 기록관리시스템으로 이관한다.

② 업무에 수시로 참고할 필요가 있는 경우에는 보존기간의 만료일부터 10년의 범위 내에서 기록물철 단위로 이관시기를 연장할 수 있다.

③ 전자적 형태로 생산되지 아니한 기록물을 이관하는 경우에는 이관 대상 기록물철을 단위과제별로 구분하여 보존상자에 넣은 후 별표 2의 서식을 작성하여 주관부서로 제출하여야 한다.

제20조(보존기간) ① 기록물의 보존기간은 영구, 준영구, 30년, 10년, 5년, 3년, 1년으로 구분한다.

② 기록물의 보존기간은 단위과제별로 책정한다. 다만, 특별히 보존기간을 달리 정할 필요가 있다고 인정되는 기록물에 대하여는 보존기간을 별도로 정할 수 있다.

③ 보존기간의 기산일은 단위과제별로 기록물의 처리가 완결된 날이 속하는 해의 다음 연도의 1월 1일로 한다. 다만, 여러 해에 걸쳐서 진행되는 단위과제의 경우에는 해당 과제가 송결된 날이 속하는 해의 다음 연도의 1월 1일부터 보존기간을 기산한다.

제21조(보존방법) ① 공단은 전자적 형태로 생산되지 아니한 기록물을 다음 각호의 어느 하나의 방법으로 보존하여야 한다.

1. 원본과 보존매체를 함께 보존하는 방법
2. 원본을 그대로 보존하는 방법
3. 원본은 폐기하고 보존매체만 보존하는 방법

② 제1항 제3호의 방식으로 기록물을 보존하고자 하는 경우에는 다음 각호의 구분에 따라 보존매체에 수록하여야 한다.

1. 보존기간 10년 이하의 기록물 : 전자매체 또는 마이크로필름

2. 보존기간 30년 이상의 기록물 : 마이크로필름

③ 공단은 보존가치가 매우 높은 전자기록물에 대하여는 마이크로필름 등 육안으로 식별이 가능한 보존매체에 수록하여 관리할 수 있다.

제22조(기록물평가심의회) ① 공단은 다음 각호의 사항을 심의하기 위하여 기록물평가심의회를 구성 · 운영하여야 한다.

1. 보존 중인 기록물의 보존기간 및 폐기에 관한 사항

2. 기록물 공개 여부와 관련하여 심의를 요청한 사항

3. 간행물의 유상배부에 관한 사항

17. 위의 규정을 참고할 때, 다음 빈칸 ㉠, ㉡에 들어갈 수 있는 말로 적절하게 짝지어진 것은?

A 공단 기록물 심의위원회에서는 임직원들의 주요 개인정보가 수록된 문서를 비밀문서로 분류하여 (㉠), (㉡)을 책정하였다.

	㉠	㉡
①	문서 보완기간 3년	보존기간 5년
②	문서 보완기간 3년	비밀 보호기간 5년
③	비밀 보호기간 3년	보존기간 5년
④	비밀 보호기간 5년	보존기간 3년
⑤	보존 기간 3년	문서 보완기간 5년

18. A 공단에 새로 입사한 직원들이 다음과 같은 대화를 나누었다. 위의 기록물 관리 규정을 올바르게 이해하지 못한 직원을 모두 고른 것은?

> 갑 : 기록물 공개 여부를 심의하기까지 하는 걸 보면 기록물이라는 건 생각보다 중요하군.
> 을 : 우리 회사는 특히 기록물 관리 규정이 자세하게 정해져 있는 거 같아. 기록물의 종류별 보존기간도 다르고 이관부서도 다 다르게 정해져 있으니 말이야.
> 병 : 어디 그뿐인가, 보존기간이 길수록 원본을 폐기하고 전자매체에 수록하도록 규정하기까지 하잖아.
> 정 : 우리가 올해 처리를 마친 중요 서류도 내년부터 보존기간이 적용된다고 하니 왠지 책임감이 더 크게 느껴지는걸.

① 갑, 을   ② 갑, 정   ③ 을, 병
④ 을, 정   ⑤ 병, 정

19. A 공단의 영업팀은 다음의 (가) ~ (다)와 같이 기록물을 관리하였다. 위의 관리 규정에 따라 적절하게 관리한 것을 모두 고르면?

> (가) 지난주 열린 기록물평가심의회에서는 기록물 이관절차의 문제점을 논의하기 위하여 실무부서와 이관부서 담당자를 회의에 참석시켰다.
> (나) 영업팀 최 부장은 작년에 종료된 T 프로젝트 건 서류 일체를 검토하여, 동일 프로젝트 관련 서류 중에서도 계약서 등의 중요서류는 기타 서류와 보존기간을 달리 책정해 줄 것을 기록물 심의위원회에 요청하였다.
> (다) 영업팀에서는 역대 최대 규모의 계약을 성사시킨 프로젝트 관련 서류가 '영구' 보존으로 심의되어, 원본 파기 시 서류를 마이크로필름으로 수록하였다.

① (나)   ② (가), (나)   ③ (가), (다)
④ (나), (다)   ⑤ (가), (나), (다)

[20 ~ 21] 다음 공고문을 읽고 이어지는 질문에 답하시오.

1. 공모 내용 : 지하철 안전과 서비스 강화를 위한 아이디어
   - 역사 시설물의 안전관리를 위한 아이디어
   - 전동차 및 선로 시설물의 안전관리를 위한 아이디어
   - 편리한 지하철·역사 이용을 위한 아이디어
   - 지하철 사업 및 상가 활성화를 위한 아이디어
   - IoT 등 신기술을 활용한 아이디어
   - 기타 서울교통공사의 안전·편의를 위한 아이디어
2. 공모 기간 : 20○○. 9. 1.(금) ~ 9. 14.(목) / 14일간(18:00 마감)
3. 공모 방법 : 서울교통공사 홈페이지 접수
   - 1차 : 제안서 제출(홈페이지에서 양식 다운로드)
     - 제안서 : 제안자, 제안 제목·요지, 현황, 제안 세부내용, 기대효과
     - 제출방법 : 서울교통공사 홈페이지 접수(www.seoulmetro.co.kr)
   - 2차 : 1차 통과자 대상으로 PT를 작성하여 발표(자유 형식)
     - 1차 심사 통과자는 별도 통보 예정(20○○. 10. 13.(금)까지 제출)
     - 2차 심사 전 재학증명서 등 증빙서류 제출(대학생 신분 확인)
4. 수상자 발표 : 20○○. 10월 중, 서울교통공사 홈페이지 게재 및 당선자 개별통보
5. 기타 유의사항
   - 심사 중 저작권 문제가 있는 것으로 판명될 시 심사에서 제외하고 당선 후라도 당선을 취소하고 상금 회수함(차순위자 당선).
   - 심사과정에서 제출된 자료의 "저작권"은 응모자에게 귀속되며, 공사는 당선작 및 미당선 응모자의 "아이디어"를 활용할 수 있음.
     - 단, 저작권자인 응모자와 별도 협의를 거쳐 활용(사용동의, 보상 등)
   - 동일인(팀)이 여러 가지 아이디어를 제출한 경우 최상위 1건만 시상함.
   - 상금에 대한 제세공과금은 당선자 본인이 부담함.
   - 아래의 경우에 해당할 시 심사대상에서 제외됨.

〈아이디어로 볼 수 없는 사항〉

- 일반적으로 공지 및 이용되고 있거나 사회통념상 적용이 불가능한 것
- 이미 특허권, 실용신안권 등 지적재산권을 취득한 것
- 공사에서 실행 중이거나 실행 예정인 사항 및 광고성 제안
- 단순한 주의환기, 진정, 건의에 관한 사항 등
- 문의사항 : 서울교통공사 △△△처 ☎ 02-6311-1234(123@seoulmetro.co.kr)

20. 다음 중 위 공고문에 대한 설명으로 적절하지 않은 것은?

① 광고 성격이 짙은 아이디어는 선정 대상이 될 수 없다.

② 동일인이 여러 분야의 아이디어를 제출할 수도 있다.

③ 동점자가 있을 경우, 더 많은 아이디어를 제출한 응모자가 선정 우선순위가 된다.

④ 제안서 심사 통과 결과는 홈페이지에 기재되는 것이 아니라 개별 통보된다.

⑤ 제안서 통과자는 2차 심사인 프레젠테이션을 자유로운 형식으로 준비할 수 있다.

21. 다음 중 위 공고문을 통하여 알 수 있는 사항으로 적절한 것은?

① 심사 및 시상 일정   ② 시상 내역

③ 응모 방법   ④ 당선작 아이디어 활용 계획

⑤ 참가 자격

[22 ~ 24] 다음 글을 읽고 이어지는 질문에 답하시오.

우리나라 전체 에너지원 중 신재생에너지가 차지하는 비율이 해마다 늘어나고 있다. 지난 2007년 2.4%였던 것이 2014년엔 4.2%로 증가한 데 이어, 정부는 신재생에너지 보급률을 2035년 11%까지 확대하기로 한 계획도 내놓았다.

신재생에너지에 대한 정부의 의지가 강한 만큼 일각에선 우려하는 목소리도 나오고 있다. 신재생에너지를 확대하면 여러모로 좋은 점이 많지만 태양광이나 풍력 발전은 날씨나 바람 등에 따라 발전량이 많기도 하고 적기도 하다. 원자력이나 화력발전과는 달리 계획 발전이 불가능할 뿐 아니라 안정적이지 못하기 때문에 전문가들은 태양광이나 풍력발전을 악성 전원이라고 한다. 이런 악성 전원은 전력수요에 따라 공급을 실시간으로 조절해야 하는 담당 기관 입장에선 결코 반갑지 않은 손님이다. 그 비중이 해마다 높아진다고 하니 말로 표현은 못하고, 참으로 갑갑한 노릇이다.

전력계통 분야에서 미운오리새끼 취급을 받는 신재생에너지가 다른 에너지원과 같은 대접을 받을 수 있는 방법이 아주 없는 것은 아니다. 스마트그리드만 제대로 구현되면 신재생에너지는 더 이상 천덕꾸러기 신세가 아니다. 스마트그리드는 전력망에 IT 인프라를 접목해 전력 공급자와 소비자가 양방향으로 실시간 정보를 교환할 수 있는 지능형 전력이다. 소비자는 전기요금이 쌀 때 사용할 수 있고 생산자는 전력공급량을 탄력적으로 조절할 수 있게 된다. ESS(Energy Storage System)라는 에너지저장시스템을 통하여 전력과 에너지를 필요한 때와 장소에 공급하기 위해 전기 전력계통(Grid)에 전기를 저장해 두는 기술을 이용하는 것이다. 따라서 일 년에 두 번 정도 있는 피크를 대비하기 위해 수조 원의 투자가 필요한 발전소를 짓기보다는 스마트그리드 구현을 통해 전력수요와 공급을 조절하게 되면 불필요한 발전소 건설비용을 줄일 수 있다.

스마트그리드는 2030년까지 연평균 5만 개의 신규 일자리를 창출하고 2억 3,000만 톤의 온실가스를 줄일 수 있다. 또 47조 원의 에너지 수입을 줄일 수 있고 49조 원의 수출, 74조 원의 내수 창출 효과를 낼 수 있을 것이란 관측도 있다. 하지만 스마트그리드 사업은 초반에 너무 큰 기대를 받은 탓에 구체적인 공감대 없이 '묻지 마'식 투자가 이뤄진 면도 없지 않다. 많은 기업이 제주 스마트그리드 실증단지 사업에 참여했지만 현실성과 수익성이 부족해 다수의 기업이 발을 빼기도 했고, 장기적인 안목으로 공략하기 위해 진용을 새로 꾸리기도 했다.

그렇지만 최근엔 업계가 그토록 원하던 스마트그리드 촉진법(지능형전력망 구축 및 이용 촉진에 관한 법률)도 국회를 통과했다. 문제점으로 지적되어 온 제도상의 불확실성이 해소됐다. 사업자 측면에선 적극적인 투자가 가능해졌고 다른 산업과의 시너지도 기대할 수 있게 됐다. 스마트그리드는 기존 전력망과 IT 인프라의 결합이지만 파급효과는 신재생에너지, 스마트미터, 송배전시스템, 수요반응시스템, 건물, 에너지저장시스템, 전기자동차 및 인프라 등으로 확산될 수 있는 어마어마한 시장을 형성할 수 있다. 아직은 다양한 비즈니스모델이 나오지 않았지만 스마트그리드는 어떻게든 '가야만 하는' 사업임이 분명하다.

22. 윗글을 읽고 '신재생에너지와 스마트그리드의 차세대 시너지 효과'라는 주제의 발표 자료를 작성하고자 한다. 발표 자료에 포함될 내용으로 적절하지 않은 것은?

① 정부의 신재생에너지 비율 확대 계획
② 신재생에너지 사업의 확대와 악성 전원의 단점
③ 신재생에너지 확대는 스마트그리드와의 결합을 통해 가능
④ 스마트그리드 사업의 전망 - 막대한 경제적 이익 실현 가능
⑤ 법적 근거 마련과 구체적 비즈니스 모델 모색이 시급

23. 다음 중 윗글의 키워드와 그에 대한 설명이 올바르게 연결되지 않은 것은?

① 신재생에너지 보급률 - 2007년 기준 2.4%
② 스마트그리드 - 전력망에 IT 인프라 접목
③ 에너지저장시스템 - 전기, 전력계통에 전기 저장
④ 제주 스마트그리드 실증단지 - 스마트그리드 사업의 성공사례
⑤ 악성 전원 - 계획 발전 불가한 에너지 발전

24. 윗글과 다음의 글을 읽고 추론할 수 있는 내용으로 적절하지 않은 것은?

> 현 전력체계에서 스마트그리드를 완성하려면 전력설비투자와 고장처리, 시스템운영의 비효율성 심화 등의 문제가 발생할 수 있다. 따라서 지금의 중앙 집중화, 상명하달식 운영 체계에서 분산화 양방향 운영 체계로 바꾸는 것이 우선되어야 한다. 지역 중심의 에너지관리시스템 체계를 골자로 하는 한국형 스마트그리드가 필요한 것이다. 지역 에너지관리시스템은 최소 대학 및 대형 건물부터 시군 단위의 계통운영이 가능해 수요에 의한 정확한 계통운영, 부하의 효율적 배분으로 인한 전력설비 이용률 증대 등의 강점이 있다.

① 현재 한국의 전력체계가 지역 중심의 에너지관리시스템으로 변화한다면 악성 전원도 효율적으로 관리할 수 있을 것이다.

② 계획 발전이 가능한 발전소의 경우 지방 여러 곳에 추가로 건설해서 지역 중심의 에너지관리시스템을 구축할 수 있다.

③ 한국형 스마트그리드의 모델이 제대로 구축된다면 일자리 창출과 온실가스 감축 두 가지를 모두 이룰 수 있을 것이다.

④ 지역 중심 에너지관리시스템을 토대로 전력 사용량이 급증하는 경우에도 적절히 대비할 수 있을 것이다.

⑤ 스마트그리드 촉진법이 국회를 통과함에 따라 전력설비 투자가 보다 적극적으로 이루어지게 될 것이다.

25. 다음 중 정직과 신용을 적절하게 구축하고 있지 않은 사람은?

① 김 대리는 새로운 프로젝트를 진행하다 자신의 실수에 대해 깨닫게 되었다. 상사에게 좋지 않은 소리를 들을까 무서웠던 김 대리는 이 실수에 대해 숨기고 넘어갈까 고민했지만, 결국 솔직하게 고백하였다.

② 부서에 새로 임명된 정 부장은 부서 내에 이미 구축되어 있는 불건전한 관행을 파악하게 되었고, 이에 대해 그냥 넘어가지 않고 함께 관행을 없애 보자는 제안을 하였다.

③ 이 과장은 형편이 어려운 송 대리가 업무 중 발생한 차액을 보고 없이 본인이 가졌다는 것을 알게 되었지만, 송 대리의 형편을 고려하여 아무에게도 말하지 않고 모르는 척을 해 주었다.

④ 유 사원은 획기적으로 정직과 신뢰를 쌓을 수 있는 행동을 하기보다는 업무를 하는 매일의 상황에 있어 조금씩 정직과 신뢰를 쌓을 수 있는 행동을 하였다.

⑤ 박 대리는 하루 동안 회사에서 한 정직한 행동에 대해 촘촘하게 기록하였고 이에 대해 매일 평가하는 시간을 가졌다.

26. 다음 사례를 읽고 갑에게 할 수 있는 조언으로 적합한 것은?

> 갑이 이직한 기업은 정직과 신뢰를 중요시하는 문화를 지니고 있고, 갑은 이러한 기업의 문화에 적응하고자 노력하고 있다. 갑은 시간 약속, 출근 시간, 업무 마감시간 등 약속을 지키며 조금씩 신뢰를 쌓고 있고, 이전 기업에서 부정적인 관행이 공공연히 행하여지던 것을 생각하며 이직한 기업에선 부정적인 관행을 범하지 않도록 조심하고자 한다. 최근 갑은 회계 업무 상 실수를 저질렀다는 사실을 뒤늦게 발견했다. 실수한 금액과 항목이 크지 않아 자세히 보지 않으면 모를 테지만, 갑은 누군가 자세히 볼까 전전긍긍하고 있다.

① "정직과 신뢰라는 자산은 쌓기 어렵기 때문에 평소에 작은 일부터 잘하는 것이 중요해."
② "부정적인 관행은 끊어내기 어려우므로 애초에 싹을 잘라 생길 일을 없애야만 해."
③ "잘못된 것이 있다면 정직하게 밝혀야지."
④ "정직하지 못한 일에 대해 눈감아 주기 시작하면 더 큰 부정이 되니 조심해야지."
⑤ "작은 실수는 괜찮아. 큰일에서 실수하지 않는 것이 제일 중요하지."

27. 상사의 업무 지시가 부당한 이익을 추구하며 공정한 직무수행을 해친다고 판단하였을 때 이에 대한 대응 방안으로 적절하지 않은 것은?

① 상급자에게 거부 사유를 소명하고 지시를 거부한다.

② 같은 지시가 반복될 경우 즉시 행동강령책임관과 상담한다.

③ 지시를 취소하거나 변경할 필요가 있다고 인정되는 경우 소속기관의 장에게 보고한다.

④ 법령, 행정규칙에 위반되는 지시인지 여부를 확인한다.

⑤ 인사권을 담당하는 인사팀(인사부)장에게 보고한다.

28. 다음 중 이메일 작성 시 주의할 사항으로 적절하지 않은 것은?

```
보내는사람  _____
받는사람    _____
참조 ⊞      _____
제목
첨부 ⊟     [파일첨부하기]
           ┌─────────────────────────────────────────┐
           │                                         │
           │                                         │
           └─────────────────────────────────────────┘
```

① 업무 내용과 연관이 있는 사람을 '참조'란에 언급한다.

② 제목은 내용이 드러나도록 작성한다.

③ 메일의 본문은 자기 소개로 시작한다.

④ 가급적 서명은 지양하며 인사말 뒤에는 불필요한 사항을 생략한다.

⑤ 파일을 첨부하였을 경우 첨부 사실을 텍스트에서 알려준다.

29. 다음 중 엘리베이터를 탈 때의 예절로 적절하지 않은 것은?

① 내리는 사람이 먼저 내린 후에 타도록 한다.

② 상사가 먼저 탈 때까지 문 열림 버튼을 누르도록 한다.

③ 내릴 때에는 직장 상사나 웃어른이 먼저 내리도록 한다.

④ 엘리베이터에서는 조작 버튼의 대각선 방향 뒤쪽이 상석이다.

⑤ 여러 사람을 안내하는 경우 모든 사람이 엘리베이터에 다 탄 후 가장 나중에 타도록 한다.

30. 다음 중 공동체윤리의 하나인 '예절'에 대한 적절한 행동이 아닌 것은?

가. 사람을 가리지 않고 동일한 인사법을 사용하였다.

나. 내가 속해 있는 회사의 관계자를 타 회사의 관계자에게 먼저 소개하여야 한다.

다. 소개할 때에는 반드시 성과 이름을 함께 말하여야 한다.

라. 나이 어린 사람을 연장자에게 먼저 소개한다.

마. 악수를 할 경우 상대방의 다리 쪽으로 시선을 향하며 진지한 표정을 짓는다.

① 가   ② 나   ③ 다

④ 라   ⑤ 마

[31 ~ 32] 다음은 근면의 의미와 종류에 관한 내용이다. 이어지는 질문에 답하시오.

■ **근면의 의미**

근면이란 게으르지 않고 부지런한 것이다. 근면하기 때문에 성공한 사람은 있어도 게을러서 성공했다는 사람 얘기는 동서고금을 막론하고 들어본 적이 없다. 물론 근면만으로 성공할 수 있는 것은 아니지만, 근면은 성공을 이루는 기본 조건임에 분명하다.

■ **근면의 종류**

근면은 두 종류가 있는데 첫째는 외부로부터 강요당한 근면이고 둘째는 스스로 자진해서 하는 근면이다. 예전에는 논밭이나 작업장에서 오랜 시간 동안 열악한 노동 조건하에서 기계적으로 일을 많이 하였는데 이는 삶을 유지하기 위해 강요된 근면이었다. 이렇게 일하지 않으면 생계를 유지할 수 없었기 때문이었다. 이러한 근면은 외부 조건으로부터 강요된 것이다. 한때 중국이나 동남아시아의 농민들은 선진국 사람들의 강요에 의해 오랜 시간을 논밭에 매달려 허덕이며 일을 했는데도 생활이 향상되지 않았다. 그 이유는 그와 같은 노동이 외부로부터 강요당한 것이기 때문이다. 직장인들이 잔업과 야근을 하며 일하는 것 역시 외부로부터 강요된 근면이다. 이와 같은 근면은 외부로부터의 압력이 사라져버리면 아무것도 남지 않게 된다.

하지만 일을 자진해서 하는 근면은 자신의 것을 창조하며 조금씩 자신을 발전시켜 나갈 수 있다. 그리고 시간의 흐름에 따라 자아를 확립해 갈 수 있다. 예를 들어 외국어를 공부한 어떤 친구는 아침에 30분 일찍 일어나 테이프를 사용하여 자습을 했고, 자동차 안에서 공부를 하여 1년 후에 그의 영어 실력은 놀라울 정도로 향상되었고, 그 결과 회사 내 진급시험에 통과하였다.

외부 조건의 강요에 의한 근면이 아닌 자진해서 하는 근면은 능동적이며 적극적인 태도가 우선시되어야 한다. 직장 생활에서 우리가 경험하기 쉬운 심리적 갈등은 능동적이며 적극적인 태도로 일을 할 것인가 아니면 수동적이며 소극적인 태도로 일을 적게 할 것인가 하는 문제 앞에서 느끼는 망설임이다. 자기 사업을 하는 사람 또는 성과에 따라서 보수의 액수가 결정되는 세일즈맨의 경우는 대개 능동적이며 적극적인 자세로 일을 하지만, 일정한 봉급을 받는 일반 직장인의 경우에는 일을 적게 하고 싶은 충동을 느끼는 사람들이 많다. 한편으로는 일을 열심히 해야 한다는 '양심의 소리'도 들리는 듯하여 마음의 갈등을 느끼는 경우도 많다.

31. 다음 중 지문에서 언급한 근면의 의미와 종류에 대한 설명으로 올바르지 않은 것은?

① 근면한 것은 성공을 이루게 되는 기본 조건이 된다.
② 상사의 명령에 의해 잔업을 하는 것은 외부로부터 강요당한 근면이다.
③ 회사 내 진급시험을 위해 외국어를 열심히 공부하는 일은 외부로부터 강요당한 근면이다.
④ 세일즈맨이 자신의 성과를 높이기 위해서 노력하는 것은 스스로 자진해서 하는 근면이다.
⑤ 자진해서 하는 근면은 능동적이며 적극적인 태도를 필요로 한다.

32. 다음 신문기사를 읽고 근면에 대해 잘못 이해한 사람은?

> 대수로 공사의 주인공, 한국의 기술자들은 거의 2,000km에 달하는 1단계 공사를 마무리하였고 이로써 사막에 물을 흐르게 하는 기적의 강을 만들어 낼 수 있었다. 그리고 1990년에 다시 시작된 2단계 공사에서의 한국의 기술자들은 5%의 공정을 남겨두고 감동의 통수식을 기다리고 있었다. 그것은 2000년 10월의 일이었다.
>
> 한국에서 갑자기 날아든 회사의 최종 부도소식은 리비아의 현지 기술자들을 절망 속으로 몰고 갔으며 리비아 정부는 부도가 난 회사에 더 이상 공사를 맡길 수 없다고 결정하였다.
>
> 그러나 리비아 현지의 우리 기술팀은 긴급회의를 통해 이 프로젝트를 반드시 완수하겠다는 결의를 다졌다. 하지만 2단계 공사 중 타루나 ~ 제프라 구간 24km에 119만 톤의 물을 긴급 공급하는 119프로젝트를 완성하는 것은 파산한 회사가 단 10개월 만에 이루기에는 불가능한 것이었다.
>
> 하지만 이 프로젝트는 회사를 살릴 수 있는 마지막 기회였으며 19여 년에 걸친 대수로 공사를 반드시 우리의 손으로 마무리해야 한다는 한국 기술진의 자존심이었다. 드디어 시작된 119프로젝트, 그 주역들은 리비아 현지에 있던 3,500여 명의 한국인 기술자, 일명 사막의 불사조들이었다.
>
> 24km 구간에 119만 톤의 물을 공급하는 119프로젝트, 그 공사 구간은 리비아 현지인들도 두려워하는 사막의 험난한 산악지대였다. 또한 계절적으로 엄청난 우기(1, 2월)와 모래바람(3, 4월)이 몰아치는 최악의 상황이었다. 게다가 사용한지 20여 년이 지나 고장이 잦은 중장비와 100만km 이상을 뛴 송수관 수송차량으로 공기를 맞춘다는 것은 불가능한 일이었다. 그러나 그들은 반드시 해내고 말겠다는 신념으로 모래바람을 이겨냈고, 50도를 넘나드는 더위와 싸우며 점점 목표에 다가갔다. 그런 노력 끝에 사막의 불사조들은 드디어 타루나 ~ 제프라 구간, 24km에 119만 톤의 물을 공급하는 데 성공하였다. 그것은 밤낮을 가리지 않고 땀 흘려 일한 사막의 불사조, 우리 기술진들의 눈물겨운 신화였다.
>
> 죽음의 땅, 사하라 사막을 적신 건 대수로를 타고 흐르는 물이 아니라 인간 한계에 도전했던 한국 기술자들의 땀방울이었다.

① A : 이 사례는 한국인의 신화창조 사례로, 성공을 이루기 위해서는 부지런한 자세, 즉 근면한 자세가 필수 요건임을 보여줘.

② B : 이 사례에 나오는 한국 기술자들은 스스로 자진해서 하는 근면의 자세를 갖추고 있었다고 볼 수 있어.

③ C : 반드시 해내고 말겠다는 신념에서 자진해서 하는 근면의 자세가 나온 것이 아닐까?

④ D : 이건 리비아 정부의 압박으로 인한 외부로부터 강요당한 근면이라고 보여.

⑤ E : 엄청난 우기와 모래바람이 몰아치는 최악의 상황에서 고장이 잦은 중장비 등의 악조건을 극복한 것이 외부로부터 강요당한 근면만으로 가능했을까? 이건 분명 한국 기술자들 스스로 자진한 근면이라고 볼 수 있을 것 같아.

[33 ~ 34] 다음은 ○○호텔 조리부 회의록이다. 이어지는 질문에 답하시오.

〈회의록〉

회의일시	202X년 06월 15일	작성자	조리부 ○○○ 대리
참석자	총괄 매니저, 조리부 매니저, 식재료 담당		

회의안건	1. 새로운 여름 레시피 개발 2. 고객 응대 방법 3. 식자재 정리와 재고 파악 4. 직원교육 방법

	내용
회의내용	1. 새로운 여름 레시피 개발 　• 고객 취향 수집 　• 여름 제철 음식재료 확보 　• 레시피 개발 　• 내부 투표 　• 레시피 결정 　• 배너 제작 2. 고객 응대 방법 　• 고객 동선 파악 　• 직원 위치 조정 　• 인사법 교육 3. 식자재 정리 및 재고 파악 방법(주 1회) 　• 조리 시 직원의 동선이 가장 짧고 편하게 기물과 식자재 배치 　• 재고 시트 작성 후 보완점 체크 　• 식재료 주문 : 식재료 담당, 조리부 매니저, 총괄 매니저 순으로 서류 결재 후 주문 4. 직원교육 방법 　• 조리부 매니저 : 책임 교육 　• 식재료 담당 : 리셉션 방법 　• 총괄 매니저 : 재고 시트 작성

	내용	일정
결정사항	제철 음식재료 확보	금일부터
	담당 예행연습 실시	6월 20일
	재고 파악	6월 20일 이후부터
	교육시간 확보	매주 월요일

33. 다음 중 회의 후 가장 먼저 해야 할 업무는 무엇인가?

① 담당 예행연습 실시　　　　　② 제철 음식재료 확보
③ 재고 파악　　　　　　　　　④ 직원 위치 조정
⑤ 교육시간 결정

34. 식재료 주문을 위한 절차로 옳은 것은?

① 조리부 매니저 결재 → 식재료 담당 결재 → 총괄 매니저 결재
② 식재료 담당 결재 → 총괄 매니저 결재 → 조리부 매니저 결재
③ 조리부 매니저 결재 → 총괄 매니저 결재 → 식재료 담당 결재
④ 식재료 담당 결재 → 조리부 매니저 결재 → 총괄 매니저 결재
⑤ 총괄 매니저 결재 → 조리부 매니저 결재 → 식재료 담당 결재

[35 ~ 37] 다음 자료를 보고 이어지는 질문에 답하시오.

〈연도별 기업별 재무상황 비교표〉

(단위 : %)

구분	부채비율		자기자본비율		영업이익률	
	2010년	2020년	2010년	2020년	2010년	2020년
A 기업	28.5	30.0	78.4	80.0	13.2	11.0
B 기업	32.0	30.0	79.2	78.0	24.4	23.0
C 기업	92.5	110.0	48.4	50.0	9.8	11.0
D 기업	76.5	70.0	63.0	60.0	6.8	7.0
E 기업	80.0	78.0	75.5	77.0	7.0	12.2

※ 부채비율(%)＝부채÷자기자본×100
※ 자기자본비율(%)＝자기자본÷총자산×100
※ 영업이익률(%)＝영업이익÷매출액×100

〈2020년 기업별 매출액과 자기자본 현황〉

(단위 : 억 원)

구분	A 기업	B 기업	C 기업	D 기업	E 기업
자기자본	3.5	3.9	2.8	4.4	4.0
매출액	44	52	40	32	28

35. 다음 중 2020년 영업이익이 가장 큰 기업의 2020년 자기자본비율은 얼마인가?

① 80.0%   ② 78.0%   ③ 50.0%
④ 60.0%   ⑤ 70.0%

36. 다음 중 2020년 부채가 가장 많은 기업은?

① A 기업   ② B 기업   ③ C 기업
④ D 기업   ⑤ E 기업

37. A ~ E 기업의 2010년과 2020년 총자산이 동일하다고 가정할 때, 자기자본과 부채가 모두 증가한 기업을 모두 고르면?

① A 기업, C 기업
② A 기업, D 기업
③ B 기업, C 기업
④ B 기업, E 기업
⑤ A 기업, C 기업, E 기업

38. 다음 글의 ㉠ ~ ㉤ 중 조직의 유형에 대한 설명으로 적절하지 않은 것은?

> 조직은 공식화 정도에 따라 공식조직(Formal Organization)과 비공식조직(Informal Organization)으로 구분할 수 있다. ㉠공식조직은 조직의 구조, 기능, 규정 등이 조직화되어 있는 조직을 의미하며, 비공식조직은 개인들의 협동과 상호작용에 따라 형성된 자발적인 집단 조직이다. 즉, ㉡비공식조직은 인간관계에 따라 형성된 것으로, 조직이 발달해 온 역사를 보면 비공식조직으로부터 공식화가 진행되어 공식조직으로 발전해 왔다. 조직의 규모가 커지면서 점차 조직 구성원들의 행동을 통제할 장치를 마련하게 되었고 이는 공식화되게 된다. 그러나 공식조직 내에서 인간관계를 지향하면서 비공식조직이 새롭게 생성되기도 한다. ㉢공식조직 내에서의 비공식 조직은 구성원들의 일체감을 저하시키며, 바람직하지 않은 가치체계나 행동유형 등이 공존하면서 하나의 조직문화가 되면 공식조직의 기능을 저하하는 큰 문제가 될 수도 있다. 또한 조직은 영리성을 기준으로 영리조직과 비영리조직으로 구분할 수 있다. ㉣영리조직은 기업과 같이 이윤을 목적으로 하는 조직이다. ㉤비영리조직에는 정부조직을 비롯하여 공익을 추구하는 병원, 대학, 시민단체, 종교단체 등이 해당한다.

① ㉠
② ㉡
③ ㉢
④ ㉣
⑤ ㉤

[39 ~ 40] 다음 글을 읽고 이어지는 질문에 답하시오.

근로기준법은 헌법에 따라서 근로조건의 기준을 정함으로써 근로자의 기본적 생활을 보장하고 향상시키며 균형 있는 국민 경제의 발전을 도모하기 위해 제정한 법이다. 이러한 근로기준법은 그동안 많은 개정이 이루어졌는데, 2000년대 초 우리나라는 주5일 근무제도를 시행하여 법정 근로시간을 주 40시간으로 정했다. 일반적으로 하루에 8시간씩 근무하는 것을 기준으로 하되, 법정 근로시간을 넘는 노동시간은 연장근로라 하여, 당사자 간의 협의가 있는 경우 주당 12시간을 한도로 근로시간을 연장할 수 있게 했다. 즉, 명목상으로는 주52시간 근무를 법적으로 정의한 셈이다.

다만, 실상은 이와 달랐다. 기존 근로기준법 행정해석은 주당 근로시간은 월요일부터 금요일까지의 근로시간을 의미하는 것이므로 주중의 연장근로와 휴일근로를 구분하여, 휴일근무는 연장근로에 포함하지 않았다. 다시 말해 일반적으로 휴일로 인식되는 토요일과 일요일은 근로일이 아니기 때문에, 토·일요일 각각 8시간씩 총 16시간의 근무를 허용할 수 있는 것이다.

주52시간 근무제로 알려진 2018년 근로기준법 개정은 휴일근로를 포함하여 주당 최대 연장근로를 12시간으로 제한한다. 현행 근로시간은 그대로 40시간이지만 연장근로 한도 12시간을 적용하는 방식에 대한 것이다. 예를 들어 일요일에 8시간 근무하는 경우를 가정해 보자. 근로기준법 16조에 따르면 사용자는 근로자에게 1주에 평균 1회 이상의 유급휴일을 보장하여야 하므로 통상적으로 일요일 근무 시 휴일근로수당이 발생한다. 이때 근로자가 해당 주에 주 32시간만 근로를 했었다면 일요일 근로는 법정 근로시간 내 근로에 해당하여 연장근무수당이 발생하지 않는다. 반면 근로자가 해당 주에 이미 법정근로시간인 40시간을 채웠다면, 일요일 근로는 연장근로에 해당하는 것이고, 이미 법정근로시간과 연장근로시간 모두를 채운 상태라면 일요일 근무는 위법에 해당하는 것이다.

39. 윗글에 대한 설명으로 옳지 않은 것은?

① 현행 근로기준법에 따르면 '1주'란 휴일을 포함한 7일을 말한다.

② 기존 근로기준법 역시 명목상으로는 주당 52시간 근무를 정의했다.

③ 기존 근로기준법 행정해석에 의하면 1주의 최대 노동시간은 68시간이었다.

④ 현행 근로기준법에 따르면 1주에 일할 수 있는 최대 근로시간은 52시간을 넘을 수 없다.

⑤ 현행 근로기준법에 의하면 휴일 근로 시 연장근로수당과 휴일근로수당을 함께 받을 수 없다.

40. 다음 중 주52시간 근무제를 위반하는 상황은? (단, 제시된 근무시간은 휴게시간을 제외한 순수 근무시간이다)

① 월요일부터 토요일까지 8시간씩 일하고 일요일에 3시간 근무하는 경우

② 월요일부터 금요일까지 8시간 30분 일하고, 토요일에 9시간 30분 근무하는 경우

③ 월요일부터 금요일까지 중 직원이 원하는 4일만 출근하면서 하루에 11시간 30분씩 일하는 경우

④ 월요일부터 수요일까지 9시간 30분씩 일하고 목, 금요일에는 11시간 30분씩 근무하는 경우

⑤ 월요일부터 토요일까지 8시간 30분씩 일하고 일요일에 9시간 30분 근무한 후 다음 주 월요일을 대체휴일로 하는 경우

[41 ~ 44] 다음 ○○기업의 문서보존코드 부여방식을 보고 이어지는 질문에 답하시오.

〈문서보존코드 부여 방식〉

예시) 2015년도에 14번째로 생성된 회계 관련 서류로서, 2018년도에 26번째로 비공개 보존 처리

| CLS | 18 | 26 | B | 15 | 14 |

ⓐ공개여부 ⓑ보존연도 ⓑ보존일련번호 ⓒ문서분류문자 ⓓ문서생성년도 ⓓ생성일련번호

(a) 보존 문서의 공개 여부
 − 공개 : PBL
 − 비공개 : CLS
(b) 보존 연도 및 보존 일련 번호
 − 보존 연도 : 보존 처리 연도 뒤의 두 자리 수 ⑨ 2018년＝18
 − 보존 일련 번호 : 1부터 순차적으로 숫자 부여(단, 공개 문서와 비공개 문서에 별개로 번호를 부여)
(c) 문서 분류자

고유문자	분류	고유문자	분류
A	영업	D	법
B	회계	E	무역
C	기획		

(d) 문서 생성 연도 및 생성 일련 번호
 − 문서 생성 연도 : 해당 문서를 생성한 연도 뒤의 두 자리 수 ⑨ 2015년＝15
 − 생성 일련 번호 : 1부터 순차적으로 숫자 부여(단, 각 분류마다 따로 부여한다. 예를 들어 2015년도에 가장 먼저 생성된 영업 관련 문서와 회계 관련 문서의 코드는 다음과 같다. → 영업 : A151, 회계 : B151)

41. 문서보존코드 〈PBL193C174〉에 대한 설명으로 잘못된 것은?

① 공개 상태로 보존되는 문서이다.　② 2017년도에 생성된 문서이다.

③ 2019년도에 보존 처리된 문서이다.　④ 2017년도에 3번째로 생성된 문서이다.

⑤ 기획으로 분류되는 문서이다.

42. 다음은 2015년도 생성 문서에 대한 2019년도의 보존 처리 장부의 일부이다. 문서가 생성된 순서에 따라 보존 처리를 진행했다고 할 때, 보존코드를 알맞게 부여한 것은? (단, 표의 순번은 보존처리 순번이다)

순번	보존코드	공개여부	문서분류
19	PBL1919A158	공개	영업
20	① PBL1920A159	공개	영업
21	PBL1921B156	공개	회계
22	② CLS1922E153	비공개	기획
23	PBL1922C154	공개	기획
24	③ PBL1923D155	공개	기획
25	④ CLS197B151	비공개	회계
26	⑤ PBL1924A151	공개	회계

43. 다음 중 문서보존코드 〈PBL1881C148〉에 대해 옳지 않은 해석을 한 사람은?

① 김 사원 : 기획 관련 문서를 보존한 것이야.

② 박 사원 : 2014년도부터 공개처리를 한 문서야.

③ 이 사원 : 2018년도에 보존 처리를 하였구나.

④ 최 사원 : 보존 처리를 한 해에 81번째로 공개 보존한 문서로군.

⑤ 전 사원 : 기획 관련 서류이군.

44. 2017년도에 생성된 문서의 보존 처리에 있어서 생성된 수량이 적은 문서 분류부터 작업을 하려고 한다. 148번째로 부여한 보존코드의 문서 분류 문자와 생성 일련 번호를 알맞게 나타낸 것은? (단, 2017년도에 생성된 문서 중 이미 보존 처리가 완료된 문서는 없었다)

〈2017년도에 생성된 문서의 양〉

(단위 : 개)

영업	회계	기획	법	무역
84	72	34	12	22

① A, 2   ② A, 8   ③ A, 12
④ B, 70   ⑤ B, 72

[45 ~ 48] 다음 설명을 참고하여 이어지는 질문에 답하시오.

〈명령어〉

명령어	설명
printin()	괄호 안의 값을 출력함. 단, ""안의 값은 문자 그대로 출력함.
i, j, k	변수
Var 변수 = 숫자	변수의 초기값을 설정함.
변수 += 숫자	변수의 값을 오른쪽 숫자만큼 증가시킴.
변수 -= 숫자	변수의 값을 오른쪽 숫자만큼 감소시킴.
While 〈조건문〉 〈수행할 명령 1〉 〈수행할 명령 2〉 ⋮ end while 〈수행할 명령 3〉	〈조건문〉이 참인 동안 반복하여 〈조건문〉 아래의 명령들을 차례대로 수행하며, 〈조건문〉이 참을 만족하지 않으면 end while 아래의 명령으로 넘어감.

예시

```
Var i = 0
While (i < 3)
        i += 1
        printin(i"번 시도했습니다.")
end while
```

결과값〉
1번 시도했습니다.
2번 시도했습니다.
3번 시도했습니다.

45. 다음 설명을 수행했을 때 출력될 결과값으로 알맞은 것은?

```
Var i = 1
While (i < 3)
          Printin("Go")
          i += 1
end while
Printin("Stop")
```

① Go

② Go
   Stop

③ Go
   Go
   Stop

④ Go
   Stop
   Go
   Stop

⑤ Go
   Go
   Go
   Stop

46. 다음 명령을 수행했을 때 출력될 결과값으로 알맞은 것은?

```
Var i = 0
Var j = 4
While (i < 4)
          j += 1
          i += 1
end while
printin(j)
```

① 6

② 7

③ 8

④ 9

⑤ 10

47. 다음 명령을 수행했을 때 출력될 결과값이 다음과 같다고 할 때, ㉠에 들어갈 명령어로 적절한
것은? (단, "No Enter for this page"는 이 페이지 내에서는 줄띄우기를 하지 않고 결과값을
한 줄로 나타내라는 의미의 명령어이다)

```
No Enter for this page
Var i = 0
While ( ㉠ )
        i += 1
        printin("@" * i)
end while
```

```
결과값〉〉
@@@@@@@@@@
```

① i < 4   ② i = 4   ③ i > 4
④ i = 5   ⑤ i < 5

48. 다음 명령을 수행한 결과값이 다음과 같다고 할 때, ⓐ와 ⓑ에 들어갈 명령어가 알맞게 짝지어진
것은? (단, "No Enter for this page"는 이 페이지 내에서는 줄띄우기를 하지 않는다는 의미의
명령어이다)

```
No Enter for this page
(    ⓐ    )
Var j = 0
While (i < 4 & ⓑ )
                printin("*")
                j += 1
        end while
        printin("#")
        i += 1
end while
```

```
결과값〉〉
#*#*#*#
```

① ⓐ : Var i = 0, ⓑ : i < j   ② ⓐ : Var i = 0, ⓑ : j < i
③ ⓐ : Var i = 1, ⓑ : i < j   ④ ⓐ : Var i = 1, ⓑ : j < i
⑤ ⓐ : Var i = 1, ⓑ : i = j

[49 ~ 53] 다음은 온라인 쇼핑몰 업체인 K사가 판매하는 제품에 대하여 인터넷 광고 시의 전략과 정보를 정리한 자료이다. 이를 보고 이어지는 질문에 답하시오.

〈광고 손익 및 매출 자료〉

(단위 : 개, 원, 시간)

구분	타겟 연령	'좋아요' 댓글 수	제품 단가	월 광고시간	시간당 광고비	브랜드가치 증대 효과
문구류	10 ~ 19세	45	10,000	12	34,000	100,000
생활용품	20 ~ 29세	40	16,000	20	42,000	120,000
사무용품	30 ~ 39세	52	15,000	16	33,000	60,000
화장품	40 ~ 49세	38	18,000	12	58,000	120,000
의류	50세 이상	30	35,000	22	64,000	120,000

* 예상 손익 = 예상 매출 - 월 광고비용 + 브랜드가치 증대 효과
* 예상 매출 = '좋아요' 댓글 수 × 20(%) × 제품 단가 × 월 광고시간

〈연령별 인터넷 광고 효율의 시간대별 순위〉

구분	09:00 ~ 12:00	12:00 ~ 15:00	15:00 ~ 18:00	18:00 ~ 21:00	21:00 ~
10대	4순위	2순위	3순위	1순위	5순위
20대	5순위	4순위	1순위	3순위	2순위
30대	5순위	4순위	3순위	2순위	1순위
40대	4순위	5순위	3순위	2순위	1순위
50대 이상	4순위	5순위	3순위	1순위	2순위

※ 시간대별 1 ~ 5순위의 광고 시간 적용률은 100%, 90%, 80%, 70%, 60%의 순서이다. 예를 들어 12:00 ~ 15:00 시간대에 10대에게 1시간 광고를 할 경우, 0.9시간의 광고 효과가 있는 것이며, 이때 0.9시간을 '실질 광고 시간'이라고 한다.

49. 다음 중 위의 인터넷 광고 전략에 대한 설명으로 적절한 것을 〈보기〉에서 모두 고르면?

보기

(가) 브랜드가치 증대 효과가 클수록 매출과 손익에 모두 긍정적인 영향을 끼친다.
(나) 사무용품은 18:00 ~ 21:00 시간대에 광고를 하는 것이 가장 유리하다.
(다) K사는 15:00 이후에 집중적으로 온라인 광고를 하는 것이 유리하다.
(라) '좋아요' 댓글 수는 제품 단가나 월 광고시간에 따라 결정되는 것이 아니다.

① (가), (나) 　　　② (가), (다) 　　　③ (나), (다)
④ (나), (라) 　　　⑤ (다), (라)

50. 다음 중 위와 같은 전략으로 광고를 시행할 때, 예상 손익이 두 번째로 큰 제품은? (단, 시간대별 광고 효율은 고려하지 않는다)

① 문구류 　　　② 생활용품 　　　③ 사무용품
④ 화장품 　　　⑤ 의류

51. 다음 중 예상 손익이 가장 저조한 제품을 예상 손익 4위 이내로 진입시키기 위한 전략 수정 방향으로 적절한 것은? (단, 시간대별 광고 효율은 고려하지 않는다)

① 제품 단가를 2,000원 인상한다.
② '좋아요' 댓글 수를 10개 더 받을 수 있도록 한다.
③ 시간당 광고비를 20,000원으로 낮춘다.
④ 월 광고시간을 6시간 추가한다.
⑤ 브랜드가치 효과를 기존의 3배까지 끌어올린다.

52. 각 제품별 광고 시간이 다음과 같을 때, 시간대별 광고 효율을 고려한 실질 광고 시간에 대한 설명으로 적절한 것은?

구분	09:00 ~ 12:00	12:00 ~ 15:00	15:00 ~ 18:00	18:00 ~ 21:00	21:00 ~
문구류	1시간	4시간	1시간	6시간	–
생활용품	3시간	3시간	5시간	4시간	5시간
사무용품	4시간	4시간	3시간	2시간	3시간
화장품	2시간	–	3시간	3시간	4시간
의류	5시간	5시간	6시간	2시간	4시간

① 광고 효율을 적용한 실질 광고 시간 중 20시간을 넘는 것은 의류뿐이다.
② 광고 효율에 따른 광고 시간과 실질 광고 시간의 차이는 화장품이 가장 적다.
③ 문구류와 화장품은 광고 효율을 적용한 후에도 실질 광고 시간이 동일하다.
④ 광고 효율에 따른 광고 시간과 실질 광고 시간의 차이는 의류가 가장 크다.
⑤ 광고 효율 적용 후의 실질 광고 시간이 10시간 미만인 제품은 1개이다.

53. K사는 광고 효율이 적용되지 않은 원래 책정된 시간에 대하여 광고비를 지불해야 한다. 이때, 52와 같은 광고 효율하에서 5개 제품 전체의 낭비된 광고비는 총 얼마인가?

① 660,500원   ② 682,300원   ③ 705,600원
④ 712,800원   ⑤ 714,400원

[54 ~ 56] 다음 자료를 보고 이어지는 질문에 답하시오.

K 공사에서는 해외 연수에 직원들을 보낼 계획이다. 연수에 참가할 직원들은 A, B 2개 조로 나누어 파견되며, 일정과 연수 프로그램 관련 세부 사항은 다음과 같다(단, A조와 B조의 공항 도착 시간은 같고 두 조 모두 첫째 날 오후부터 참여한다).

〈현지 연수 프로그램〉

구분	프로그램명	소요시간(시간)	비고
과정 1)	글로벌 동향 해외 세미나	4	–
과정 2)	4차 산업혁명의 영향	5	첫째 날만 이수 가능
과정 3)	팀워크 교육	4	–
과정 4)	자산관리 교육	5	과정 5) 이수 후 참여 가능
과정 5)	인슈어테크	2	–
과정 6)	조직역량 강화	4	–
과정 7)	전문가 특강A	3	–
과정 8)	전문가 특강B	4	과정 7) 이수 후 참여 가능
과정 9)	전문가 특강C	3	과정 8) 이수 후 참여 가능
과정 10)	토론	1	–

〈A조 연수 일정〉

구분		첫째 날		둘째 날		셋째 날	
		오전	오후	오전	오후	오전	오후
A조	과정	공항 도착	과정 2)	과정 7)	과정 3)	과정 5)	과정 4)
	시간	–	5	3	4	2	5

〈연수 관련 준수 사항〉

- 연수 프로그램 운영시간은 09:00 ~ 18:00이며, 점심시간은 12:00부터 1시간이다.
  (점심시간을 기준으로 오전과 오후를 나눈다)
- 오전, 오후에 각각 한 개의 프로그램만 이수할 수 있다.
- 연수 프로그램은 최소 18시간을 이수해야 한다.
- 연수는 셋째 날까지 진행한다.
- A조와 B조가 같은 때에 같은 프로그램을 이수할 수 없다.

54. 다음 중 B조가 수립할 수 있는 일정 계획으로 적절한 것은?

① 과정 7) → 과정 6) → 과정 8) → 과정 5) → 과정 1)
② 과정 1) → 과정 5) → 과정 4) → 과정 8) → 과정 7)
③ 과정 1) → 과정 5) → 과정 4) → 과정 7) → 과정 6)
④ 과정 7) → 과정 6) → 과정 8) → 과정 10) → 과정 9)
⑤ 과정 1) → 과정 5) → 과정 6) → 과정 7) → 과정 4)

55. 〈보기〉에서 B조의 프로그램 일정에 대한 올바르지 않은 설명을 모두 고른 것은?

보기

(가) 첫째 날 오후에는 최대 5시간짜리 프로그램을 이수할 수 있다.
(나) B조는 과정 5)와 과정 7) 중 하나 이상은 반드시 이수해야 한다.
(다) 과정 7), 과정 8), 과정 9)를 연속하여 이수할 수 있다.
(라) B조의 셋째 날 일정은 어느 경우에나 A조보다 늦게 종료된다.

① (가), (나)   ② (나), (다)
③ (다), (라)   ④ (가), (다), (라)
⑤ (나), (다), (라)

56. 54에서 살펴본 B조의 일정에서 어느 하나를 대체할 수 있는 프로그램은? (단, A조의 일정에는 변함이 없어야 한다)

① 과정 2)   ② 과정 3)   ③ 과정 6)
④ 과정 9)   ⑤ 과정 10)

[57 ~ 59] 다음은 A, B, C 3개 부서에서 전자제품 정비 센터에 요청한 컴퓨터 수리 내역과 수리요금에 관한 자료이다. 이를 보고 이어지는 질문에 답하시오.

⟨점검 및 수리 요청 내역⟩

구분	수리 요청 내역	요청인원(명)	비고
A 부서	RAM 8GB 교체	12	요청인원 중 3명은 교체+1개씩 추가설치 희망
	SSD 250GB 추가설치	5	–
	프로그램 설치	20	문서작성 프로그램 : 10명 3D 그래픽 프로그램 : 10명
B 부서	HDD 1TB 교체	4	요청인원 모두 교체 시 HDD 백업 희망
	HDD 포맷, 배드섹터 수리	15	–
	바이러스 치료 및 백신 설치	6	–
C 부서	외장 VGA 설치	1	–
	HDD 데이터 복구	1	원인 : 하드웨어적 증상 복구용량 : 270GB
	운영체제 설치	4	회사에 미사용 정품 설치 USB 보유

* HDD 데이터 복구의 경우 서비스센터로 PC를 가져가 수리 작업을 한다.

⟨수리내역별 수리요금표⟩

구분	수리내역		비용(원)	비고
H/W	교체 및 설치	RAM(8GB)	8,000	부품비용 : 96,000원
		HDD(1TB)	8,000	부품비용 : 50,000원
		SSD(250GB)	9,000	부품비용 : 110,000원
		VGA(포스 1060i)	10,000	부품비용 : 300,000원
	HDD 포맷, 배드섹터 수리		10,000	–
	HDD 백업		100,000	–
S/W	프로그램 설치		6,000	그래픽 관련 프로그램 설치 시 개당 추가 1,000원
	바이러스 치료 및 백신 설치		10,000	–
	운영체제 설치		15,000	정품 미보유 시 정품 설치 USB 개당 100,000원
	드라이버 설치		7,000	–
데이터 복구	하드웨어적 원인(~ 160GB)		160,000	초과용량의 경우 1GB당 5,000원
	소프트웨어적 원인		180,000	

※ 프로그램, 드라이버 설치 서비스비용은 개당 비용임.

※ H/W를 교체, 설치하는 경우 수리요금은 서비스비용과 부품비용을 합산하여 청구함.

※ 하나의 PC에 같은 부품을 여러 개 교체, 설치하는 경우 부품의 개수만큼 서비스비용이 발생함.

57. 다음 중 A 부서의 수리 요청 내역별 수리요금이 올바르게 짝지어진 것은?

	수리 요청 내역	수리요금
①	RAM 8GB 교체	1,248,000원
②	RAM 8GB 교체	1,560,000원
③	SSD 250GB 추가설치	550,000원
④	프로그램 설치	100,000원
⑤	프로그램 설치	120,000원

58. B 부서에 청구되어야 할 총 수리비용은?

① 742,000원   ② 778,000원   ③ 806,000원

④ 842,000원   ⑤ 876,000원

59. C 부서의 직원은 12일 오전 8시에 HDD 데이터 복구를 요청하면서 정비 센터 담당자에게 언제 PC를 받을 수 있는지를 문의하였다. 다음 사항을 참고할 때, PC를 받을 수 있는 가장 빠른 시간은 언제인가?

- 복구 전 진단을 시행하며, 진단에 소요되는 시간은 2시간임.
- 시간당 데이터 복구량은 7.5GB임.
- 데이터 복구는 24시간 휴식 없이 진행됨.
- 오전에 복구가 완료되면 당일 오후에, 오후에 복구가 완료되면 다음 날 오전에 직접 배송함.

① 12일 오후   ② 13일 오전   ③ 13일 오후

④ 14일 오전   ⑤ 14일 오후

[60 ~ 64] 다음은 일반 가전제품의 품질보증에 관한 자료이다. 이를 보고 이어지는 질문에 답하시오.

가전제품이 고장 나면 수리 서비스 신청을 하게 되는데 여기에는 무상수리와 유상수리가 있다. 무상수리는 제품의 품질보증기간 이내에 정상적으로 사용하다가 제품에 대한 성능, 기능, 품질에 이상이 생겼을 때 받을 수 있는 것으로 출장비를 포함한 서비스 비용이 발생하지 않는다. 유상수리는 제품의 품질보증기간이 지났거나 소비자 과실과 천재지변 등으로 인한 고장 수리 시 서비스 비용이 발생하게 되는 경우를 말한다. 보증기간 이내에 수리를 신고하더라도 사용자의 과실에 의한 경우는 최초 1회만 무상수리가 가능하다. 특히, 기간에 상관없이 해당 제품의 판매사가 아닌 사설 서비스 업체에서 수리를 받은 적이 있는 제품은 고장 시 무상수리가 불가능하다.

제품의 보증기간은 제품을 구입한 기준으로 보통 1년으로 책정되어 있으며 유통기한 3개월을 감안하여 1년 3개월 기간에 적용된다. 실질적으로 제품 구입 영수증 등이 없어 구입 날짜를 확인할 수 없다면 제품에 붙어 있는 보증기간 표시기준으로 유무상수리가 결정된다. 제품에 부착하는 보증기간 표시기준은 제품 생산일로부터 최대 3개월까지로 설정되어 있는 것이 일반적이다. 제품 구입 날짜가 확인된 제품의 경우, 복사기와 같이 인쇄매수에 따라 제품의 수명이 민감하게 좌우되는 제품은 6개월의 보증기간이 적용되며, 반대로 계절성 제품은 2년의 보증기간이 적용된다. 통상적으로 제품에 한해서만 보증기간이 존재하는 것이 아니고 핵심 부품들에 대해서도 무상수리가 가능한 보증기간이 존재하며 최소 2년에서 최대 10년까지의 기간 동안 다음과 같이 설정되어 있다.

구분	보증기간	관련 제품	참고
핵심부품	2년	PDP, LCD 패널, LCD 모니터, 메인보드	노트북 LCD 패널은 제외
	3년	콤프레셔(냉장고), 일반 모터(세탁기), 헤드드럼, 버너(팬히터)	–
	4년	콤프레셔(에어컨)	–
	10년	• 세탁 모터 – 드럼 세탁기, 전자동 세탁기 • 양문형 냉장고, 김치냉장고 인버터 콤프레셔	–

일반적으로 1년이라는 보증기간이 적용되더라도 사용 환경에 따라 보증기간이 달라질 수 있다. 가전제품은 제품을 사용하는 가정을 기준으로 그 사용범위에 따라 1년이라는 보증기간이 정해지는 것이므로 동일한 제품이라도 다음과 같은 환경에서 사용할 경우 보증기간은 절반으로 줄어들게 된다(핵심 부품에도 동일하게 적용).

– 가정용 세탁기를 영업용도나 영업장에서 사용하는 경우(사우나, 세탁소 등)

– 정상적 사용 환경이 아닌 공사장이나 선박, 차량 등에서 사용하는 경우

– TV나 VCR 등을 유선방송 전문 업체, 비디오방, 노래방 등에서 사용하는 경우

– 가정용 밥솥, 냉장고 등을 식당에서 사용하는 경우

– 편의점에서 사용하는 전자레인지

60. 다음 중 위의 품질보증 내용에 대한 설명으로 적절한 것은?

① 생산일자가 오래된 제품일수록 보증기간이 더 길어진다.

② 제품 구입 시, 구입날짜를 반드시 확인해 두는 것이 좋다.

③ 일단 구입한 제품은 사용 용도와 관계없이 동일한 보증기간이 적용된다.

④ 2회 이상 소비자의 과실로 인한 고장 수리가 발생하면 보증기간이 절반으로 줄어든다.

⑤ 가정 이외의 장소에서 사용하는 모든 가전제품의 보증기간은 절반으로 줄어든다.

61. 다음 중 가전제품의 무상수리가 가능한 경우로 적절한 것은? (단, 모두 소비자의 과실이 아닌 경우로 가정한다)

	제품	생산일	구입일	고장일	참고
①	가정용 세탁기	2017년 5월	2017년 7월	2018년 5월	식당 사용
②	TV	2018년 2월	–	2018년 8월	–
③	가정용 세탁기	2018년 1월	2018년 10월	2019년 2월	사우나 사용
④	컴퓨터	2017년 12월	2018년 4월	2019년 6월	–
⑤	전자레인지	–	2019년 2월	2020년 5월	편의점 사용

62. 다음 중 핵심부품 고장에 따른 무상수리가 가능한 경우를 〈보기〉에서 모두 고른 것은?

> **보기**
>
> (가) 2년간 사용하던 노트북의 메인보드와 LCD 패널이 함께 고장난 경우
> (나) 6년 전 구입한 김치냉장고의 인버터 콤프레셔가 고장난 경우
> (다) 3년간 사용하던 냉장고와 에어컨의 콤프레셔가 함께 고장난 경우
> (라) 3년 전 구입한 세탁기의 일반 모터가 고장난 경우

① (가), (나) ② (나), (다) ③ (다), (라)

④ (가), (나), (다) ⑤ (나), (다), (라)

63. 다음 중 제품의 보증기간에 대한 소비자의 의견으로 적절한 것은?

① 어제 구입한 에어컨은 보증기간이 내년 이맘때까지라는 걸 꼭 알아 두어야겠군.

② 여보, 우리도 가정용 복사기를 하나 살까 봐요. 보증기간도 1년이니까 그 안에 고장 나면 무상수리도 받을 수 있어요.

③ 가정용 세탁기를 기숙사에 두고 공동 사용한다고 해서 보증기간이 줄어드는 것은 아니겠지.

④ 보증기간이 1년이지만 구입한 지 14개월이 지나 고장이 발생한 경우는 무상수리를 받을 수 있겠군.

⑤ 가전제품을 정해진 용도에 맞지 않는 장소에서 사용하면 보증기간과 무관하게 무상수리가 불가능하겠어.

64. 다음 소비자 A와 가전제품 판매원 B의 대화 중 위의 규정에 부합하지 않는 것은?

A : 계절성 제품은 보증기간이 2년이라면서 왜 1년 반 전에 구입한 선풍기는 무상수리가 안 된다는 거죠?
B : ① 죄송합니다만, 고객님께서 해당 제품을 공사장 냉방용으로 주로 사용하셔서 보증기간이 절반으로 줄어들게 된 경우에 해당됩니다.
A : 내일 수리 기사분이 방문할 예정이라고 연락이 왔어요. 보증기간도 지나지 않았고 수리 신청도 첫 번째니까 출장비도 낼 필요 없는 거죠?
B : ② 네, 그렇습니다. 별도의 출장비를 지불하실 필요가 없습니다.
A : 가정용 드럼 세탁기를 고시원에서 사용하다가 모터가 고장 났어요. 구입한 지 6년이 지났는데요, 핵심부품 보증기간이 10년이니까 무상으로 모터 수리를 받을 수 있죠?
B : ③ 네, 그렇습니다. 보증기간 이내에 해당하므로 무상수리를 받으실 수 있습니다.
A : 구입한 지 10개월이 채 안 되는데요, 두 달 전에 무상수리를 한 번 받긴 했습니다. 저희 애가 워낙 물건을 험하게 사용하는 바람에 이번에도 무상수리를 신청하려 합니다.
B : ④ 죄송합니다만, 이번에는 무상수리가 곤란합니다.
A : 지난 번 세탁기가 고장 났을 때 동네 철물점 사장님이 와서 고쳐 주셨는데요, 이번에 또 고장이 났습니다. 아직 무상수리가 가능하죠?
B : ⑤ 죄송합니다만, 무상수리가 불가능한 경우에 해당됩니다.

65. 다음 중 자기개발능력에 대한 설명으로 적절하지 않은 것은?

① 자기개발은 자아인식, 자기관리, 경력이관으로 이루어진다.

② 자신의 행동과 업무 수행을 관리하고 조정하는 것은 자기 관리이다.

③ 경력개발은 개인의 경력 목표와 전략을 수립하고 실행하며 피드백하는 과정이다.

④ 자기개발능력은 자신의 능력을 제대로 이해하고 목표를 스스로 정하여 성취하는 능력을 말한다.

⑤ 자아 인식은 자신이 누구인지를 파악하는 것으로 타인과의 대화를 통한 방법, 검사 척도를 이용하는 방법 등이 있다.

66. 다음과 같은 상황에서 Y 사원이 할 수 있는 행동으로 가장 적절한 것은?

> Y 사원은 학창시절에 직접 여행 동아리를 만들 만큼 여행을 즐겼고, 새로운 곳에서 다양한 사람을 만나 대화하는 것을 좋아하며, 복잡한 일에 매이는 것을 싫어하는 자유분방한 성격이다. 졸업 후 ▽▽공사에 입사하면서 보증 관련 업무를 맡게 된 Y 사원은 업무상 실수가 발생할 경우 큰 문제로 이어질 수 있는 재무적인 부분이기 때문에, 항상 신경이 예민한 상태이고 업무에 중압감을 느껴 적성과 맞지 않는다는 생각을 자주 하고 있다. 그러나 어렵게 입사를 했고, 입사한 지 3년이 지난 지금 다른 일을 새로이 찾아보기에는 고민이 많은 상황이다.

① 적성에 맞지 않더라도 자신이 하고 있는 업무에서 성취감과 만족감을 느낄 수 있도록 일에 더욱 집중한다.

② '나는 이 일을 잘 할 수 있다', '나는 이 일이 좋다'는 식의 자기암시를 통해 자신을 통제하고 다스린다.

③ 평일에 쌓인 스트레스를 주말 동안에 여행이나 취미활동 등을 즐기면서 해소한다.

④ 일을 해 왔던 시간보다 앞으로 해야 할 시간이 더 많으므로, 더 늦어지기 전에 적성에 맞는 일을 찾아보고 이직을 준비한다.

⑤ 당장의 스트레스가 중요하므로 일단 퇴사를 한 뒤 천천히 다른 일에 대해 찾아본다.

67. 다음은 자기지시적 훈련(Self-Instruction Training)의 절차를 나타낸 것이다. 각 단계에 해당하는 사례로 적절하지 않은 것은?

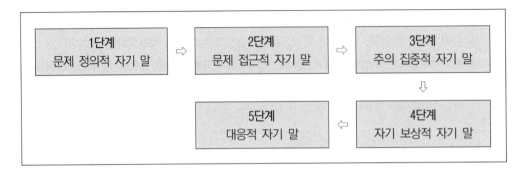

① 1단계 : 나는 드라마 보는 것을 너무 좋아해서 업무와 관련된 자기개발을 못하고 있으니 큰 문제다.

② 2단계 : 드라마 보는 시간을 줄일 수 있는 방법을 생각해 봐야겠다.

③ 3단계 : 나태해졌던 마음을 가다듬고 정신을 바짝 차려야겠다. 자기개발을 할 때는 오직 그것만 생각해야겠다.

④ 4단계 : 오늘 집중해서 자기개발에 집중을 했더니 드라마 보는 시간도 크게 줄었고 업무 성과도 증가했다. 열심히 한 보람이 있다.

⑤ 5단계 : 업무 성과도 증가했으니 이제 다시 드라마 보는 시간을 조금씩 늘려도 괜찮겠다.

68. 신입사원 손유정 씨는 사내에서 실시하는 의사결정의 오류와 관련된 강의를 수강했다. 강의 내용을 다음과 같이 정리하였을 때, 적절하지 않은 것은?

〈의사결정의 오류 강의 요약〉

[숭배에 의한 논증]
항상 권위 있는 전문가의 말을 따르는 것이 옳다고 생각하는 것이다.

[상호성의 법칙]
상대의 호의로 인한 부담으로 인해 부당한 요구를 거절하지 못하는 것이다.

[호감의 법칙]
자신에게 호감을 주는 상대의 권유에 무의식적으로 따라가는 것이다.

[사회적 증거의 법칙]
과거의 행동이나 결정이 일치되도록 자신의 감정이나 행동들을 조작하는 것이다.

[희귀성의 법칙]
'얼마 없습니다.', '이번이 마지막 기회입니다.'라는 유혹에 꼭 필요하지 않은 것임에도 따라가는 것이다.

① 숭배에 의한 논증   ② 상호성의 법칙   ③ 호감의 법칙
④ 사회적 증거의 법칙   ⑤ 희귀성의 법칙

69. 긍정심리학의 창시자인 마틴 셀리그먼은 행복의 다섯 가지 요소를 '페르마(PERMA)'라 칭하였다. 다음 중 〈PERMA의 다섯 가지 요소〉와 각 요소들의 〈개념〉이 바르게 짝지어진 것은?

〈PERMA의 다섯 가지 요소〉

ㄱ. 긍정 정서(Positive Emotion)　　　ㄴ. 몰입(Engagement)
ㄷ. 관계(Relationship)　　　　　　　ㄹ. 의미(Meaning)
ㅁ. 성취(Accomplishment)

개념

(가) 행복을 가장 쉽게 느끼게 하는 기쁨, 희열, 따뜻함, 자신감, 낙관

(나) 스스로 의미 있다고 생각하는 것에 소속되고 거기에 기여하고 있다고 느끼는 것

(다) 남을 이기거나 금전적 목적이 아닌 그 자체로서 좋은 것

(라) 타인과 함께 하는 것

(마) 시간 가는 줄 모르고 무언가에 빠져 있는 것

---

① ㄱ-(가)　　　　　　② ㄴ-(다)　　　　　　③ ㄷ-(나)

④ ㄹ-(마)　　　　　　⑤ ㅁ-(라)

70. 외환 위기 이후 청년 실업률의 지속적인 상승은 우리나라 노동 시장의 큰 문제로 부각되고 있다. 몇 년째 취업하지 못한 취업 준비생 A는 이러한 상황을 오롯이 자신이 지방대를 나온 탓이라 여기며 자기개발에 번번이 실패하고 있다. 다음 중 A의 자기개발 방해요인으로 가장 적절한 것은?

① 욕구와 감정　　　　　② 제한적 사고　　　　　③ 문화적 장애

④ 방법의 모호　　　　　⑤ 정보의 부족

[71 ~ 72] 다음을 읽고 이어지는 질문에 답하시오.

1회
2회
3회
4회
5회

직장인 10명 중 9명이 직무 스트레스에 시달리는 것으로 나타났다. A 취업 전문업체가 직장인 1,103명을 대상으로 '직무 스트레스 현황'에 대해 조사한 결과, 응답자의 91.1%가 현재 '직장 생활을 하면서 직무로 인해 스트레스를 받고 있다'고 답했다. 특히 응답자의 84.7%는 현재 자신이 받고 있는 직무 스트레스가 '심각한 수준'이라고 답했고, 이들 중 58.1%는 '매우 심각한 수준'이라고 답했다. 또, 응답자 가운데 33.9%는 직무 스트레스로 인해 회사를 그만둔 적이 있다고 답했고, 이들 중 19.6%는 병원 치료까지 받은 것으로 나타났다. 직무 스트레스의 주된 원인으로 과도한 업무량(24.1%) 때문이라는 응답이 가장 많았고, △미래에 대한 불확실한 비전(18.8%) △업무 책임감(18.7%) △상사와의 관계(14.2%) △조직에서 모호한 자신의 위치(6.6%) △업적 성과에 따라 이뤄지지 않는 급여 · 임금 인상(5.5%) △동료 · 부하 직원과의 대인 관계(3.3%) 등이 뒤를 이었다.

71. 윗글과 관련하여 인내심과 긍정적인 마인드에 대한 설명으로 적절하지 않은 것은?

① 인내심을 가진 사람은 신뢰감을 줄 수 있다.

② 자신의 목표를 분명하게 정립하면 인내심을 키우는 데 도움이 된다.

③ 인내심을 키우기 위해서는 일관되게 한 가지 시각으로 상황을 분석한다.

④ 사물을 보는 시각은 다양하므로 새로운 시각으로 상황을 분석해야 한다.

⑤ 자기 스스로 운명을 통제할 수 있다고 믿는 사람은 성공할 확률이 높다.

72. 윗글에 대한 설명으로 옳지 않은 것은?

① 대부분의 직장인들이 직무 스트레스에 시달리고 있다.

② 직무 스트레스의 가장 주된 원인은 과도한 업무량이다.

③ 직무 스트레스를 받는 직장인 가운데 약 20%는 병원 치료를 받았다.

④ 불확실한 비전보다 상사와의 관계로 스트레스를 받는 직장인들이 더 많다.

⑤ 동료와의 관계보다 임금 문제로 직무 스트레스를 받는 직장인들이 더 많다.

73. 다음은 코로나19 감염병 환자치료 및 관리에 관한 안내 사항이다. 이에 대한 설명으로 적절한 것은?

〈관리대상자〉

• 확진환자 : 임상양상에 관계없이 진단을 위한 검사기준에 따라 감염병 병원체 감염이 확인된 자

• 의사환자 : 확진환자와 접촉한 후 14일 이내에 코로나19 임상증상이 나타난 자

• 조사대상 유증상자

① 의사의 소견에 따라 코로나19 임상증상으로 코로나19가 의심되는 자

② 해외 방문력이 있으며 귀국 후 14일 이내에 코로나19 임상증상이 나타난 자

③ 코로나19 국내 집단발생과 역학적 연관성이 있으며, 14일 이내 코로나19 임상증상이 나타난 자

〈선별진료소 방문 및 검사〉

의사환자일 경우, 선별진료소(보건소 또는 의료기관)의 격리 공간 또는 독립된 공간으로 이동하여 검체 채취가 진행됩니다. 검사결과가 음성일 경우에는 격리기간 유지(최종 접촉일 기준 14일) 후 격리가 해제되며, 검사결과가 양성일 경우에는 증상에 따라 적절한 치료를 받습니다.

조사대상 유증상자의 경우도 의사환자와 동일하게 격리 공간 또는 독립된 공간으로 이동하여 검체 채취가 진행되며, 검사결과가 양성일 경우 증상에 따라 적절한 치료를 받습니다. 다만, 검사결과가 음성일 경우에는 보건교육(외출 금지, 대중교통 이용 금지, 가족과 동선 겹치지 않기 등)을 받고 증상발현일 이후 14일까지 보건교육 내용을 준수할 것을 권고합니다.

〈확진환자 치료 및 지원〉

한국 정부는 환자를 중증도에 따라 분류하고 중증환자에게는 입원 치료를 우선 제공하고, 입원이 필요하지 않은 확진자에 대해서는 생활치료센터에서 의료서비스 지원 및 증상 모니터링 등을 진행하고 있습니다. 먼저, 보건소에서 확진자를 확인하고, 시도별로 구성된 환자관리반 의료진이 확진자 중증도를 4가지(경증·중등도·중증·최중증)로 분류합니다. 중등도·중증·최중증 환자 등은 환자 상태에 따라 감염병 전담병원, 국가지정 입원 치료기관 등에 치료병상을 배정하여 신속히 입원 치료하게 됩니다.

생활치료센터는 입원환자 중 임상증상이 호전되어 퇴원 후 시설 입소가 가능할 것으로 의사가 판단한 경우 또는 확진환자 중 중증도 분류에 따라 병원 치료가 필요하지 않다고 분류된 경우에 입소하는 시설입니다. 이 시설에서는 의료진이 1일 2회 이상 모니터링을 실시하고 증상 악화 시에는 의료기관으로 신속 이송하며, 증상 완화 시에는 격리해제 기준에 따라 퇴소하게 됩니다. 정부는 국민들이 감염 예방에 적극 협조하고 생계에 지장을 받지 않도록, 확진

환자 입원·치료비, 의심환자 등의 진단 검사비는 전액 건강보험 또는 국비로 지원합니다(단, 담당의·지자체의 지시에 협조하지 않는 경우 격리입원치료비 지원이 제한).

〈격리해제〉

확진환자는 임상경과기준 또는 검사기준이 충족되면 격리해제 됩니다.

• 확진환자 중 증상이 있는 환자의 경우

임상경과기준은 발병 후 10일 경과, 그리고 그 후 최소 72시간 동안 해열제를 복용하지 않고 발열이 없어야 하며 임상증상이 호전되는 추세를 보여야 합니다. 검사기준은 발병 후 7일 경과, 그리고 해열제를 복용하지 않고 발열이 없어야 하며, 임상증상이 호전되는 추세여야 합니다. 그 후 PCR 검사 결과 24시간 이상의 간격으로 2회 연속 음성이 확인되어야 합니다.

• 확진환자 중 증상이 없는 환자의 경우

임상경과기준은 확진일로부터 10일 경과, 그리고 이 기간 동안 임상증상이 발생하지 않아야 합니다. 검사기준은 확진 후 7일 경과, 그리고 PCR 검사 결과 24시간 이상의 간격으로 연속 2회 음성이 확인되어야 합니다.

① 코로나19 임상증상이 나타나더라도 확진환자와 접촉하지 않았을 경우, 관리대상자에 포함되지 않는다.

② 의사환자와 조사대상 유증상자의 검사결과가 모두 음성일 경우, 동일한 조치사항이 적용된다.

③ 생활치료센터에서 치료를 받는 모든 확진자는 중등도 이상의 중증도를 경험하지 않은 사람들이다.

④ 확진환자가 격리해제 되기 위한 검사기준에는 증상 발현 유무에 관계없이 24시간 이상 간격의 PCR 검사 결과가 2회 연속 음성이어야 한다는 점이 포함된다.

⑤ 코로나19 병원체에 감염이 확인된 경우에만 모든 입원 및 치료비가 국비로 지원된다.

[74 ~ 75] 다음은 열차의 영업개시 준비업무에 관한 규정이다. 이를 보고 이어지는 질문에 답하시오.

- 영업 준비 완료 시각
  가. 1 ~ 4호선 : 첫 열차 운행시각 40분 전
  나. 5 ~ 8호선 : 첫 영업열차 운행시각 30분 전
- 전차선 급전개시 시각
  가. 1 ~ 4호선 : 첫 열차 운행시각 30분 전
  나. 5 ~ 8호선 : 첫 영업열차 운행시각 30분 전
- 전차선 급전완료 시각
  가. 1 ~ 4호선 : 첫 열차 운행시각 20분 전
  나. 5 ~ 8호선 : 첫 영업열차 운행시각 20분 전

〈호선별 첫 (영업)열차 운행 시각표〉

구분	첫 열차 운행시각		
	평일	토요일	휴일
1호선	05:11	05:11	05:11
2호선	05:10	05:10	05:10
3호선	05:10	05:09	05:09
4호선	05:14	05:14	05:14
구분	첫 영업열차 운행시각		
	평일	토요일	휴일
5호선	05:30	05:30	05:30
6호선	05:30	05:30	05:30
7호선	05:30	05:30	05:30
8호선	05:30	05:30	05:30

74. 다음 중 휴일의 급전개시 시각이 될 수 없는 것은?

① 05:00 ② 04:50 ③ 04:44

④ 04:41 ⑤ 04:39

75. 다음 중 평일의 04:45 상황에 대한 설명으로 적절하지 않은 것은?

① 1호선 열차는 급전을 완료했어야 한다.

② 2호선과 3호선 열차는 급전 중이어야 한다.

③ 5호선 열차는 아직 급전을 시작하지 않은 시점이다.

④ 4호선 열차는 급전을 시작한지 1분이 경과한 시점이다.

⑤ 5호선 열차는 영업 준비 완료까지 15분이 남은 시점이다.

[76 ~ 78] 다음 글을 읽고 이어지는 질문에 답하시오.

한국에 본사를 둔 ○○기업은 몇 년 전부터 중국 창산 지역에 의류 생산 설비를 갖추고 해외 바이어로부터 수주한 오더 물량을 중국에서 직접 미국과 유럽 등으로 선적하기 시작하였다. 본사에서 영업부장으로 중국 현지에 파견 나가 근무하던 신 부장은 업계의 비전을 확인하자 회사를 그만두고 나와 인근 영파 지역에 자체 의류 공장을 설립하여 ○○기업의 경쟁업체가 되어 새로운 사업을 시작하게 되었다.

그 동안 창산 지역에서 ○○기업의 영업부장으로 많은 경험과 노하우를 쌓은 신 사장은 친분이 있던 몇몇 바이어와의 거래 관계도 자신의 공장으로 가져와 계속 유지하게 되었고, ○○기업의 유능한 간부 직원 일부도 이전의 상사를 따라 영파 지역의 신 사장 의류 공장으로 일자리를 옮기게 되었다. 영파 지역 공장은 창산 지역보다 항구에 가까운 이점을 살려 수출 물류비용도 절약할 수 있었고, 한국으로부터 들어오는 원단 등 핵심 원자재들 또한 경쟁력 있는 가격으로 공급받을 수 있었다. 게다가 영파 지역은 창산 지역과 달리 섬유산업 육성에 있어 매우 우호적이었고, 신규 섬유산업 투자 해외 기업에는 세제 혜택도 주어지게 되었다. 새로운 공장 설립에 따르는 숙련공 조달이나 기타 소모품 공급에 있어 주변 지역 인프라가 다소 취약한 문제는 있었으나 충분히 신 사장의 노하우로 극복이 가능한 상황이었다.

하지만 영파 지역의 섬유산업 육성 정책이 활성화됨에 따라 2년 뒤부터 영파 지역에는 수많은 동종업계 경쟁자들이 난립하게 되었고 초기 진출에 따라 신 사장에게 주어지던 지역 당국으로부터의 혜택과 각종 지원 정책은 더 이상 신 사장만이 누릴 수 있는 영업 호재로 작용할 수 없게 되었다. 한편, 그 사이 꾸준하게 변신을 지속해 온 창산 지역의 ○○기업 의류 공장은 타성에 젖어 있던 직원들을 대거 물갈이하여 새로운 아이디어로 방수원단 생산 라인을 자체 구비하게 되었을 뿐 아니라 지역 내 원단 공장에 대한 지원과 교육을 통하여 기준치에 미달하던 내수용 원단 생산 기술을 업그레이드하여 수출용 원단 생산을 가능케 하였다. 이에 따라 ○○기업은 원자재의 자체 조달을 통한 가격 구조 개선으로 경쟁자들로부터 독보적인 가격경쟁 우위를 점하게 되었고, 신규 고용 효과 창출에 따른 지역 발전 공헌의 영향으로 향후 10년 간 토지 사용과 인력 수급에 있어 창산 지역의 적극적인 지원을 보장받게 되었다.

결국 ○○기업은 경쟁자들과의 차별화를 통해 안정적인 사업을 이어갈 수 있었으나 영파 지역으로 진출했던 신 사장은 극심한 시장 경쟁을 이기지 못해 사업을 포기할 수밖에 없는 상황에까지 이르고 말았다.

76. 위의 사례에서 신 사장이 영파 지역에 의류 공장을 설립할 당시의 신 사장 주변 경영 환경 분석 요인으로 적절하지 않은 것은?

① 기존의 거래선으로부터 곧바로 오더를 수주할 수 있어 사업 초기 리스크가 상당부분 해소된 상황이었다.

② 사업 수행을 위한 지역적인 조건은 창산 지역보다 열악한 상황이었다.

③ 일부 부자재와 인력 수급 등에 다소 문제가 있는 상황이었다.

④ 핵심 인력 확보로 인적 자원 확보에 필요한 시간이 절약될 수 있는 상황이었다.

⑤ 물류비용 절감을 기대할 수 있는 상황이었다.

77. 위의 사례에서 신 사장이 결국 사업에 실패하게 된 근본적인 원인으로 적절한 것은?

① 제대로 인력 관리를 하지 못하였다.

② 지역의 외국 기업에 대한 정책을 제대로 예상하지 못하였다.

③ 사업 초기의 상황만 믿고 변화와 발전을 모색하지 않았다.

④ 해외 거래선 이탈을 막지 못하였다.

⑤ 지역 정부와의 우호적인 관계를 유지하지 못하였다.

78. 다음 중 창산과 영파 두 지역의 두 의류 공장에 대한 SWOT 분석 요인으로 바르지 않은 것은?

① 신 사장이 창산 지역 공장에서 쌓은 경험은 S 요인이다.

② 영파 지역의 숙련공 조달의 어려움은 신 사장이 가진 W 요인이다.

③ 항구와 가까운 영파 지역의 지역적 조건은 O 요인이다.

④ ○○기업의 창산 지역 공장이 갖춘 방수원단 생산 시설은 S 요인이 강화된 것이다.

⑤ 영파 지역의 경쟁업체가 점차 난립하게 된 것은 신 사장에게 T 요인이다.

[79 ~ 80] GH 보험사의 보험 상품 설계팀은 보험 상품의 다각화를 위하여 반려견과 반려묘 대상의 신규 상품을 개발하여 출시하였다. 다음 자료를 바탕으로 이어지는 질문에 답하시오.

<GH 보험사 반려견 및 반려묘 보험 상품>

1. 상품 특징 : 반려견 및 반려묘의 질병·상해로 인한 입원, 통원 치료 등과 같은 목적으로 보호자가 전국 모든 동물병원에서 부담한 비용의 실비 보상

2. 가입 대상 : 최초 가입은 생후 91일 이후부터이며 만 8세 이하의 반려견과 반려묘만 가입 가능. 재가입의 경우 만 10세 이하의 반려견과 반려묘만 가입 가능

3. 보험가입기간 : 가입 후 3년마다 자동으로 계약갱신 가능하며 최장 20년 동안 보장

4. 보험 유형

유형	보장 내역	보험금 지급액	월 납부액
A	• 통원 의료비 보장(실속형) • 입원 의료비 보장	1일 10만 원 한도	18,000원
	3대 질환 관련 수술* 의료비 보장(기본형)	1회 100만 원 한도 (연 최대 350만원 한도)	
B	• 통원 의료비(기본형) • 입원 의료비 보장	1일 15만 원 한도	21,000원
	모든 수술 의료비 보상(고급형)	1회 150만 원 한도 (연 최대 450만 원 한도)	
	배상 책임**(기본형)	1건 500만 원 한도	
C	• 통원 의료비 보장(기본형) • 입원 의료비 보장	1일 20만 원 한도	24,000원
	모든 수술 의료비 보장(고급형)	1회 180만 원 한도 (연 최대 600만 원 한도)	
	배상 책임(고급형)	1건 800만 원 한도	
	장례비 지원***	15만 원 한도	

* 3대 질환 관련 수술 : 반려견의 경우 구강 질환, 슬개골 및 고관절 관련 질환, 반려묘의 경우 신장 및 비뇨기 질환, 장 질환, 소화기계 질환을 대상으로 함.

** 배상 책임 : 보험에 가입한 반려견 및 반려묘가 다른 동물 및 사람의 신체에 손해를 끼쳤을 경우, 보호자가 부담해야 할 실제 손해 금액을 보장함.

*** 장례비 지원 : 보험에 가입한 반려견 및 반려묘가 보험가입 후에 사망한 경우(단, 자연사, 질병으로 인한 사망, 수의사가 적법하게 시행한 안락사는 지원이 가능하나 학대행위로 사망한 경우는 지원하지 않음)에 해당함.

※ 유의사항
- 보험금 지급을 위하여 동물병원 진료 직후 또는 등록 당일에 보험 가입된 반려견 또는 반려묘의 코 근접사진을 3장 촬영하여 GH 보험사에 제출하여야 함(제출기한 : 진료 당일 포함 3일 이내). 단, 보험가입 시 동물등록증 인증 방식으로 가입된 경우 제외함.
- 통원 및 입원(모든 수술 포함) 의료비와 반려견 및 반려묘의 배상 책임으로 발생한 사고 비용의 경우, 한도 금액 내에서 실비 지급을 원칙으로 하며 책정된 정액을 지급함.
- 모든 유형의 보험에서 보험금 지급 시 해당 건 이외의 자기 부담금은 고려하지 않음.

79. GH 보험사 보험 상품 설계팀 신입사원 P가 반려견 및 반려묘 보험 상품을 이해한 내용으로 적절한 것은?

① 생후 2개월인 반려견의 경우 자사의 신규 보험 상품에 최초 가입이 가능하다.

② 최초 가입 시 만 2세였던 반려견이 보험기간 종료 후 노환으로 사망하더라도 매월 24,000원의 보험료를 납부했다면, 장례비용 15만 원을 지급받을 수 있다.

③ 월 납입액이 21,000원인 상품에 가입한 반려묘가 슬개골 및 고관절 관련 질환 수술을 받는다면, 1회 최대 100만 원의 보험금을 지급받을 수 있다.

④ 월 납입액이 21,000원인 상품에 가입한 반려견이 산책 중 자사의 보험 상품에 가입하지 않은 다른 반려견에게 물리는 경우, 1회 500만 원 한도에서 배상책임으로 보험금을 지급받을 수 있다.

⑤ 동물등록증 없이 신규 보험상품에 가입한 반려묘가 피부질환으로 3월 5일부터 통원치료를 받았다면, 보호자는 3월 7일까지 반려묘의 코 근접사진 3장을 자사에 제출하여야 보험금을 지급받을 수 있다.

80. GH 보험사 보험금 지급 담당자인 W에게 신규 보험 상품에 가입한 고객들이 보험금을 문의해 왔다. 각 고객에게 지급될 보험금이 적절하게 짝지어진 것은?

- 고객 A : 반려묘 '야옹'이가 7월 3일자로 생후 130일이 지나서 A 유형 보험에 가입했습니다. 그런데 지난 7월 8일부터 자꾸 밥을 먹지 않아 근처 동물병원에 데리고 갔더니 제가 모르는 사이에 털뭉치 장난감의 털을 조금 삼켰다고 합니다. 병원에서는 당분간 자극적인 음식을 피하고 위장을 보호해야 하기 때문에 3일 동안 통원치료를 권유했고, 진료비와 약값으로 매일 5만 원을 지출했습니다. 보험가입 당시 동물등록증으로 가입하지 못하여 7월 9일에 '야옹'의 코 근접사진 3장을 보험 담당자 메일로 발송하였습니다. 그리고 통원 치료 중에 동물병원에서 '야옹'이가 평소 좋아하는 사료를 할인하여 7만 원어치 구매하였는데 보험금을 총 얼마 받을 수 있나요?
- 고객 B : 반려견 '사랑'이가 3살이 되는 날 C 유형 보험에 가입하였습니다. 우리 '사랑'이는 하얀 몰티즈인데 지난 9월 6일 강아지 유치원에 갔다가 다른 강아지 '피스'와 싸웠습니다. '사랑'이는 다치지 않았지만 '피스'를 물어서 '피스'의 복부에 상처가 났습니다. 첫 의료비로 20만 원이 청구되었고 두 번째 의료비로 30만 원이 나왔다고 합니다. '피스' 치료비와 몸에 좋은 보양식을 10만 원어치 구입하여 위로금과 함께 보내려고 합니다. 보험금은 얼마나 받을 수 있을까요?

	고객 A	고객 B
①	50,000원	200,000원
②	100,000원	300,000원
③	130,000원	300,000원
④	150,000원	500,000원
⑤	220,000원	500,000원

서울교통공사

실전모의고사

제3회

수험번호	
성 명	

01. 다음 사례의 을 상사가 갑 사원에게 할 수 있는 조언으로 적절한 것은?

> 갑 사원은 업무 능력에 있어서 항상 보다 발전한 자신의 모습을 꿈꾸고 있다. 그는 자신의 부서에서 업무 능력이 가장 뛰어난 을 상사를 선망하여, 그를 닮고자 을 상사의 업무 방식, 말투, 사소한 습관까지 따라 하였다. 그러나 갑 사원은 자신의 롤모델인 을 상사의 행동을 따라 할수록 오히려 자기 자신이 어색하고 부자연스럽게 느껴졌다. 또한 이전보다 업무의 효율도 떨어지는 등 어려움을 겪고 있다.

① "자기개발은 일과 관련하여 이루는 활동이지요."
② "자기개발은 단기간에 이뤄내는 과정입니다."
③ "자기개발은 사람이면 누구나 해야 하는 활동이에요."
④ "자기개발은 생활 가운데서 이루어져야 한답니다."
⑤ "자기개발은 개별적 과정이니, 사람마다 알맞은 개발 방법이 있는 법이지요."

02. 올바른 자아 인식을 통해 가지고 올 수 있는 효과가 아닌 것은?

① 자아 정체감
② 성장 욕구 증가
③ 개인·팀 성과 향상
④ 자기 개발 방법 결정
⑤ 타인과 구분되는 기술

03. ○○공단의 홍보실에서 근무하는 S는 다른 사람들보다 더 부지런히 움직이면서 열심히 일을 한다. 그러나 먼저 해야 할 업무를 나중에 처리한다거나 중요한 서류를 잃어버리는 등의 행동으로 상사에게 자주 혼이 나곤 하였다. S가 잘못된 습관을 고치고 제대로 된 자기관리를 하기 위해 할 행동으로 적절하지 않은 것은?

① 어떤 것을 중점으로 업무를 진행해 나갈 것인지에 대한 비전과 목표를 정립하였다.

② 일정을 하루 계획, 주간 계획, 월간 계획으로 구분하여 전체적인 관점에서 업무를 진행하였다.

③ 일의 우선순위를 정할 때 급히 해결해야 할 문제를 1순위로 설정하여 이를 중심으로 계획을 수립하였다.

④ 하나의 업무가 마무리되면 업무의 과정과 결과를 되짚어 보고 잘한 점과 고쳐야 할 점 등을 정리하여 다음 업무에 반영하였다.

⑤ 회사와 팀의 업무 지침을 숙지하고 비슷한 업무끼리 묶어 체계적으로 정리하였다.

04. 신입 사원 윤아는 얼마 전 마친 프로젝트에 대해 성찰하는 회의가 열릴 것이라는 통보를 받았다. 윤아가 프로젝트를 함께한 선배들에게 회의의 주된 내용에 대해 물어보았을 때, 선배들이 윤아에게 해 줄 말로 적절하지 않은 것은?

① 중간에 실수했던 점이나 과정에 마찰이 있었던 점은 책임을 엄격히 따져 보아야 해.

② 우리가 이 프로젝트로 얼마만큼 성과를 거두었는지 전체적으로 피드백해 보는 거야.

③ 이런 시간을 가짐으로써 보다 창의적인 생각을 개발시키는 계기를 마련해 보는 거야.

④ 프로젝트는 끝났지만 그걸 바탕으로 지속적인 성장을 할 수 있는 실마리를 찾을 수 있어.

⑤ 이번 일을 통해 얻은 신뢰를 바탕으로 다른 일을 하는 데 필요한 노하우도 살려 보자는 거지.

[05 ~ 06] [지문 A]는 직무 몰입과 기업의 생산성에 관한 내용이고 [지문 B]는 직무만족이론에 관한 내용이다. 이어지는 질문에 답하시오.

[지문 A]

인재가 기업의 가장 중요한 자산으로 부각되는 현 시점에서 구성원들이 일과 조직에 몰입할수록 기업의 생산성은 증대된다. 인재가 기업의 가장 중요한 자산이라는 인식이 높아지면서 각 기업들은 우수 인재 확보 및 유지를 통해 경쟁력을 높이기 위한 다양한 노력을 기울이고 있다. 특히 기업들은 높은 보상 수준, 훌륭한 복리 후생 등을 제공하여 구성원들의 만족도를 높임으로써 구성원들이 보다 회사에 헌신하도록 유도하기도 한다. 그러나 구성원 만족만으로 기업 경쟁력이 향상된다고 볼 수 있을까?

최근 기업 성과 제고를 위한 구성원 몰입의 중요성이 부각되고 있다. 단순한 만족이 기업 성과를 제고하는 것은 아니다. 글로벌 HR 컨설팅 업체인 Hewitt은 몰입(Engagement)을 '조직 성과 향상을 위해 자발적이고 적극적인 노력을 기울일 정도의 유대 관계를 형성하고 있는 것'이라고 정의 내리고 있다. 즉, 몰입은 단지 회사나 업무에 대한 구성원의 만족(Satisfaction) 또는 주어진 일에 대해서 최선을 다하는 헌신(Commitment)과 달리 조직 성과 향상과 깊은 연계를 갖는다는 면에서 이들과 차이가 있다는 것이다. 이와 관련하여 미국의 경영 컨설턴트인 Edmond Mellina는 '구성원이 만족한다고 생산성이 향상되는 것은 아니다(Happy doesn't always mean productive)'라고 지적하면서, 향후 HR은 단순히 구성원을 만족시키는 데서 나아가 보다 성과지향적으로 구성원들을 동기부여해야 한다고 강조하고 있다.

실제로 Gallup의 2002년 조사 자료에 의하면 몰입도가 높은 구성원일수록 더 많은 수익을 창출하고, 더 고객 중심적이며, 조직에 대한 충성도도 더 높다고 한다. 반대로 조직이나 일에 몰입되지 않은 구성원들이 많아질수록 조직의 매출이나 수익에 부정적인 영향을 미치는 것으로 나타나고 있다. Gallup은 미국 기업의 경우, 몰입되지 않은 구성원들로 인해 한 해 약 3,500억 달러의 손해를 보고 있다고 발표하기도 하였다.

또한 구성원 몰입은 개인에게도 긍정적 영향을 미친다. 구성원들은 일과 조직에 몰입할수록 업무에 집중하기 때문에 짧은 시간 안에 개인의 역량을 최대한 개발할 수 있다. 또한 일에 몰입할수록 높은 성과를 창출하여 더 많은 보상을 받게 되며, 몰입하지 않을 때보다 개인 시간을 더 많이 확보하여 일과 삶의 균형을 맞출 수 있다는 장점도 있다.

---

05. 〈보기〉는 [지문 A]를 읽고 ◇◇공사의 직원들이 나눈 대화이다. 잘못 이해하고 있는 직원은?

> **보기**
>
> 정 팀장 : 근로자들의 직무 몰입을 성공적으로 강화한 기업의 경우 근로자가 직무에 대한 최
> 소한의 요구를 넘어서서 자발적으로 조직을 위해 과업을 수행하고자 하는 조직시민
> 행동도 유발할 수 있겠어요.
>
> 최 과장 : 노동시간 단축, 탄력근로제 등은 불필요한 근무를 줄여 근로자들의 직무 몰입을 유
> 발할 뿐 아니라 궁극적으로 기업의 생산성을 증대해 선순환 구조를 형성하는 데 도
> 움을 줄 수 있습니다.
>
> 박 대리 : 근로자들의 직무만족도가 높은 기업이라는 평판이 쌓이면 4차 산업혁명 시대에 필
> 요한 혁신 인재를 모으는 데도 긍정적 영향을 미칠 수 있어요.
>
> 유 주임 : 원격회의, 모바일 오피스 같은 스마트워크를 도입한 경우 직무 몰입도에 긍정적인
> 영향을 미친 것에 비해 실제 기업 내 도입률은 아직 낮은 편입니다. 따라서 정부가
> 스마트워크 도입을 지원하고 인식을 제고할 필요가 있어요.
>
> 장 사원 : 다만 직무 몰입도를 높이는 데 치중하다 보면 근로자의 개인 시간 확보를 저해할
> 수 있으니 이에 대한 추가적인 고려가 필요합니다.

① 정 팀장   ② 최 과장   ③ 박 대리
④ 유 주임   ⑤ 장 사원

06. [지문 B]는 직무만족 관련 이론 중 프레더릭 허즈버그(Frederick Herzberg)의 2요인 이론에 관
한 내용이다. ㉠, ㉡에 해당하는 사례로 적절하지 않은 것은?

> **[지문 B]**
>
> 　허즈버그는 동기 요인과 위생 요인이라는 2개의 요인으로 작업 환경에서의 만족도와 동기
> 를 설명하고자 한다. 그에 따르면 만족과 불만족은 각각 별개의 요인에 의해 유발된다.
> 　㉠동기 요인은 개개인이 개인적 목표와 조직의 목표를 성취하고자 지향하게 만드는 내적
> 인 힘으로, 직무 만족에 영향을 미친다. 이러한 동기 요인들은 해당 직업 또는 직무에 내재된
> 특성으로 볼 수 있다. ㉡위생 요인은 직무 불만족에 영향을 미치는 요인이다. 이는 작업조건,
> 지위 등과 관련된 것으로 충족되지 못할 경우 조직구성원에게 불만족을 초래하지만 이를 충
> 족시켜준다 하더라도 동기요인이 충족되는 것은 아니다.

① ㉠ - 회사 정책   ② ㉠ - 직무 내용   ③ ㉡ - 급여
④ ㉡ - 근무환경   ⑤ ㉡ - 대인관계

07. 다음 중 매슬로우(Maslow)의 욕구 5단계에 대한 설명으로 적절하지 않은 것은?

① 만족-진행 모형이다.

② 욕구의 정도가 가장 크게 나타나는 것은 생리적 욕구이다.

③ 매슬로우는 인간의 욕구는 전 단계가 충족되어야 다음 단계가 충족되기를 원한다고 하였다.

④ 타인으로부터 가치 있는 존재가 되고자 하는 것은 애정과 소속의 욕구이다.

⑤ 자기실현 욕구보다 더 우선적으로 여기는 욕구가 있는 경우 자기개발은 이루어지지 않는다.

08. 다음은 프란시스 킨스만의 세 가지 심리적 유형에 대한 사례이다. 〈보기〉에 대한 설명으로 적절하지 않은 것은?

> **보기**
>
> ㄱ. 강 사원은 어려서부터 가정형편이 어려운 탓에 생존을 위해 이 회사에 취직했다.
>
> ㄴ. 곧 정년을 앞둔 윤 부장은 퇴직 후 이루지 못했던 꿈을 이루기 위해 시간을 투자하려고 계획 중이다.
>
> ㄷ. 황 대리는 함께 입사한 동기보다 빠른 성공을 위해 회사에서 진행하는 봉사활동마다 꾸준히 참석하여 좋은 평가를 받고자 한다.

① ㄱ은 생존지향형의 사례이다.

② ㄴ은 내부지향형의 사례이다.

③ 사람들은 일반적으로 ㄱ→ㄴ→ㄷ 순으로 삶을 추구한다.

④ ㄱ에 해당하는 사람의 경우, 금전적 욕구와 사회적 안전을 최고의 목적으로 삼는다.

⑤ ㄷ에 해당하는 사람의 경우 주변인의 평가, 사회적 지위를 행동 기준으로 삼는다.

09. 다음은 B시에서 실시하고 있는 철도 안전정책의 세부 내용이다. B시의 철도 안전정책에 포함되지 않은 사항은?

- '철도안전관리체계'를 중심으로 자율적인 안전규제를 시행하고 있으며, 의무 불이행에 대한 강한 제재(계약해지, 선로사용료 증액, 형사고발 등) 병행
- 수익성이 높은 수도권 노선의 경우 10여 개 이상의 운영자가 경쟁하고 있으며, 자발적인 경쟁을 통한 안전성의 지속적 향상을 유도
- 승강장에서의 여객의 추락 및 넘어짐 사고, 계단에서의 미끄러짐 사고, 여객 혼잡으로 인한 사고 등을 관리
- CCTV 추가 설치, 범죄사고 지원을 위한 대책 추진
  * 담당 규제기관, 사고조사기관, 철도안전 전문기관 간 정기적인 교류와 정보공유
- 기관사에 대한 추가 교육, 비상시 여객 탈출 교육 등 교육 강화
- 객실 내 추가 CCTV 설치
- 열차승무원을 위한 시뮬레이터 운영, 교육프로그램 개선, 약물·음주 관리 강화, 기관실 내 개인 휴대용 전자기기 관리 개선
- 승무원 피로 최소화 기술 도입, 기관사 감시 및 운전기록 장치 관리
- 시설, 신호, 전기, 통신, 선로에 대한 안전성 향상
- 기관차 전면부 CCTV 설치, 위험성이 높은 구간을 운행하는 열차에 대한 개별적 보안설비 설치
- 선로작업자에 대한 교육과 관련자 자격관리를 강화, 개인보호 장비 및 경보 시스템 운영
- 선로분기기에 선로작업자를 보호하기 위한 신호를 설치

---

① 철도사업자에 대한 보안 감사 등의 실시
② 역사 및 승강장 안전관리 강화
③ 열차이용객 중심 안전 강화
④ 열차승무원 인적과실 예방대책추진
⑤ 시설·차량의 안전성 향상

[10 ~ 11] 다음 부정청탁법과 관련한 자료를 보고 이어지는 질문에 답하시오.

부정청탁의 금지(청탁금지법 제5조 제1항, 제6조)

직접 또는 제3자를 통하여 직무를 수행하는 공직자 등에게 아래 유형의 부정청탁을 하거나 부정청탁을 받은 공직자 등이 부정청탁에 따라 직무를 수행하는 행위를 금지한다.

1. 인가 · 허가 · 면허 · 특허 · 승인 · 검사 · 검정 · 시험 · 인증 · 확인 등 법령(조례 · 규칙을 포함한다. 이하 같다)에서 일정한 요건을 정하여 놓고 직무관련자로부터 신청을 받아 처리하는 직무에 대하여 법령을 위반하여 처리하도록 하는 행위

2. 인가 또는 허가의 취소, 조세, 부담금, 과태료, 과징금, 이행강제금, 범칙금, 징계 등 각종 행정처분 또는 형벌부과에 관하여 법령을 위반하여 감경 · 면제하도록 하는 행위

3. 채용 · 승진 · 전보 등 공직자 등의 인사에 관하여 법령을 위반하여 개입하거나 영향을 미치도록 하는 행위

4. 법령을 위반하여 각종 심의 · 의결 · 조정 위원회의 위원, 공공기관이 주관하는 시험 · 선발 위원 등 공공기관의 의사결정에 관여하는 직위에 선정 또는 탈락되도록 하는 행위

5. 공공기관이 주관하는 각종 수상, 포상, 우수기관 선정 또는 우수자 선발에 관하여 법령을 위반하여 특정 개인 · 단체 · 법인이 선정 또는 탈락되도록 하는 행위

6. 입찰 · 경매 · 개발 · 시험 · 특허 · 군사 · 과세 등에 관한 직무상 비밀을 법령을 위반하여 누설하도록 하는 행위

7. 계약 관련 법령을 위반하여 특정 개인 · 단체 · 법인이 계약의 당사자로 선정 또는 탈락되도록 하는 행위

8. 보조금 · 장려금 · 출연금 · 출자금 · 교부금 · 기금 등의 업무에 관하여 법령을 위반하여 특정 개인 · 단체 · 법인에 배정 · 지원하거나 투자 · 예치 · 대여 · 출연 · 출자하도록 개입하거나 영향을 미치도록 하는 행위

9. 공공기관이 생산 · 공급 · 관리하는 재화 및 용역을 특정 개인 · 단체 · 법인에게 법령에서 정하는 가격 또는 정상적인 거래관행에서 벗어나 매각 · 교환 · 사용 · 수익 · 점유하도록 하는 행위

10. 각급 학교의 입학 · 성적 · 수행평가 등의 업무에 관하여 법령을 위반하여 처리 · 조작하도록 하는 행위

11. 공공기관이 실시하는 각종 평가 · 판정 업무에 관하여 법령을 위반하여 평가 또는 판정하게 하거나 결과를 조작하도록 하는 행위

12. 법령을 위반하여 행정지도 · 단속 · 감사 · 조사 대상에서 특정 개인 · 단체 · 법인이 선정 · 배제되도록 하거나 행정지도 · 단속 · 감사 · 조사의 결과를 조작하거나 또는 그 위법사항을 묵인하게 하는 행위

13. 사건의 수사 · 재판 · 심판 · 결정 · 조정 · 중재 · 화해 또는 이에 준하는 업무를 법령을 위반하여 처리하도록 하는 행위

14. 위 부정청탁의 대상이 되는 업무에 관하여 공직자 등이 법령에 따라 부여받은 지위 · 권한을 벗어나 행사하거나 권한에 속하지 아니한 사항을 행사하도록 하는 행위

10. 다음 중 부정청탁 금지에 해당하지 않는 것은? (단, 모두 공직자에게 해당한다고 가정한다)

① 수사 중인 사건의 결과를 바꿀 수 있는 부탁을 받고 이를 수행하는 행위

② 기관 평가 결과를 조정하기 위한 부탁을 하는 행위

③ 부당한 대우라고 생각되는 처분의 철회를 위하여 인원을 동원하여 시위를 벌이는 행위

④ 장려금 선정 대상 기업에 발탁되기 위하여 제공한 식사를 대접받는 행위

⑤ 거주지와 가까운 근무지로 이동하기 위하여 부탁을 받고 이를 수행하는 행위

11. 윗글을 참고할 때 부정청탁의 예외사유로 추론할 수 없는 것은?

① 공개적으로 공직자등에게 특정한 행위를 요구하는 행위

② 공익적인 목적으로 정책·사업·제도 및 그 운영 등의 개선에 관하여 제안·건의하는 행위

③ 공공기관에 직무에 대한 진행상황·조치결과 등에 대하여 확인·문의 등을 하는 행위

④ 질의 또는 상담형식을 통하여 직무에 관한 법령·제도·절차 등에 대하여 설명이나 해석을 요구하는 행위

⑤ 병역상의 부대 배속이나 보직과 관련한 업무를 변경 처리하도록 요구하는 행위

[12 ~ 13] 다음은 S 공사의 입찰 관련 자료이다. 이를 읽고 이어지는 질문에 답하시오.

〈입찰 관련 낙찰업체 선정 기준〉

1. 1차 평가 : 책임건축사의 경력 및 실적(50점)

구분	배점	등급				
[책임건축사 경력] 책임건축사의 전문분야 신축 "건축설계" 경력기간 합산 평가	20점	20년 이상	20년 미만 18년 이상	18년 미만 16년 이상	16년 미만 14년 이상	14년 미만
		20.0	16.0	12.0	8.0	0
[책임건축사 유사용역 수행실적] 공고일 기준 최근 10년간 책임건축사 업무시설 신축 "건축설계" 수행실적	30점	4건 이상	3건 이상	2건 이상	1건 이상	1건 미만
		30.0	25.0	20.0	15.0	0

2. 2차 평가 : 유사용역 수행실적(50점)

1) 계약회사(건축설계) 30점

구분		배점	등급				
[건축회사 유사용역 수행실적] 공고일 기준 최근 10년간 건축회사의 업무시설 신축 "건축설계 수행실적"	건수	15점	4건 이상	3건 이상	2건 이상	1건 이상	1건 미만
			15.0	12.0	9.0	6.0	0
	면적	15점	8만m² 이상	8만m² 미만 6만m² 이상	6만m² 미만 4만m² 이상	4만m² 미만 2만m² 이상	2만m² 미만
			15.0	12.0	9.0	6.0	0

2) 협력회사(정비계획, 지하 공간 등) 20점

구분	배점	등급					비고
[정비계획 유사용역 수행실적] 도시환경정비구역 내 정비계획(변경) 실적(착수 ~ 고시완료)	10점	4건 이상	3건 이상	2건 이상	1건 이상	1건 미만	전문 분야 특수성 고려
		10.0	8.0	6.0	4.0	0	
[지하 공간 유사용역 수행실적] 지하철출입구 등 지하공공보행통로 설계 실적(착수 ~ 고시완료)	10점	4건 이상	3건 이상	2건 이상	1건 이상	1건 미만	
		10.0	8.0	6.0	4.0	0	
소계		100점					

3. 환산점수 : 해당 회사 점수 합계÷100×20

- 환산점수 20점과 입찰 가격 80점을 합하여 100점 만점에 최고 득점 업체로 선정함.

12. 다음 중 위의 낙찰업체 선정 기준에 대한 설명으로 올바르지 않은 것은?

① 책임건축사와 건축회사가 모두 경력이 많을수록 낙찰될 확률이 높다.

② 책임건축사의 경력기간이 10년인 업체와 15년인 업체와의 환산점수는 8점의 차이가 난다.

③ 협력회사의 수행실적은 착수 단계에서 고시가 완료된 단계까지가 포함된 것을 인정한다.

④ 건축회사의 수행실적에서는 수행 면적의 크기도 평가 항목에 포함된다.

⑤ 계약회사의 수행 실적과 경력이 협력회사의 수행 실적과 경력보다 더 중요한 판단기준이다.

13. 1, 2차 평가를 거쳐 비교 대상이 된 다음 두 업체의 환산점수는 각각 몇 점인가?

구분		A 업체	B 업체
책임건축사	경력기간	18년	16년
	실적	3건	4건
계약회사	건수	3건	2건
	면적	4.5만m²	6만m²
협력회사	정비계획	4건	3건
	지하 공간	2건	3건

① 15.5점, 15.5점

③ 15.3점, 15.6점

⑤ 15.6점, 15.8점

② 15.8점, 15.6점

④ 15.2점, 15.4점

[14 ~ 16] 다음은 C 중국어학원의 강의시간표이다. 이어지는 질문에 답하시오.

K 씨는 3 ~ 4월 시간표를 참고해서 오는 5 ~ 6월 수업 시간표를 작성하려 한다. C 중국어학원은 입문−초급−중급−고급의 4단계로 이루어져 있으며, 5 ~ 6월 시간표는 3 ~ 4월 강좌보다 한 단계 높은 수준을 개설할 계획이다. 예를 들어 3 ~ 4월에 초급반이 있었으면 이번에는 중급반으로, 고급반이 있었으면 입문반으로 개설하는 것이다. 그리고 종합반은 2개 차시로 묶어서 개설해야 한다. 시간대는 종합반은 3 ~ 4월 시간표와 동일하고, 직장인 대상 비즈니스반은 밤 8시 이후여야 하며, 모든 강좌는 꼭 주 2회 이상 있어야 한다.

〈5 ~ 6월 강좌 예상 일정〉

강좌명	개설 가능 시간	비고
종합반	매일	학생 대상
성조반	수, 금	
회화반 A	매일	
회화반 B	화, 목, 금	
독해반	매일	
문법반	월, 화, 목	
청취반	화, 목	
비즈니스반	월, 목	직장인 대상
한자반	월, 수, 금	학생 대상

〈3 ~ 4월 시간표〉

구분	월	화	수	목	금
16:00 ~ 16:50	종합반 초급	회화반 A 고급	종합반 초급	회화반 A 고급	종합반 초급
17:00 ~ 17:50		한자반 초급		한자반 초급	
19:00 ~ 19:50	회화반 B 초급	성조반 중급	회화반 B 초급	성조반 중급	회화반 B 초급
20:00 ~ 20:50	문법반 중급	독해반 고급	문법반 중급	독해반 고급	문법반 중급
21:00 ~ 21:50	청취반 입문	비즈니스반 입문	청취반 입문	비즈니스반 입문	청취반 입문

14. 다음은 K 씨가 5 ～ 6월 시간표를 작성하기 전에 각 강좌의 개설 가능 시간을 표로 정리한 것이다. 위 자료에 따를 때 요일 분배가 적절하지 않은 것은?

구분	월	화	수	목	금
성조반	×	×	○	×	○
회화반 B	×	○	×	○	○
문법반	×	○	×	○	×
한자반	○	×	○	×	○
회화반 A	○	○	○	○	○

* 'O'는 강좌 개설 가능, '×'는 불가능을 의미함.

① 성조반　　　　　　② 회화반 B　　　　　　③ 문법반
④ 한자반　　　　　　⑤ 회화반 A

15. 다음 중 5 ～ 6월의 수요일 밤 8시 이후 개설이 가능한 강좌가 아닌 것은?

① 비즈니스반　　　　② 성조반　　　　　　③ 한자반
④ 독해반　　　　　　⑤ 회화반 A

16. 다음은 K 씨가 작성한 5 ~ 6월 시간표이다. 다음 시간표에서 잘못 기재된 항목에 대한 지적으로 적절한 것은?

구분	월	화	수	목	금
16:00 ~ 16:50	종합반 중급	회화반 B 중급	종합반 중급	회화반 B 중급	종합반 중급
17:00 ~ 17:50		독해반 입문		독해반 입문	
19:00 ~ 19:50	한자반 중급	청취반 초급	한자반 중급	청취반 초급	한자반 중급
20:00 ~ 20:50	비즈니스반 초급	회화반 A 입문	회화반 A 입문	비즈니스반 초급	회화반 A 입문
21:00 ~ 21:50	문법반 초급	문법반 초급	성조반 고급	문법반 초급	성조반 고급

① 회화반 B의 요일이 변경되어야 한다.

② 목요일 독해반은 중급반으로 수정되어야 한다.

③ 한자반의 요일과 단계가 모두 수정되어야 한다.

④ 비즈니스반과 회화반 A의 요일이 서로 바뀌어야 한다.

⑤ 밤 9시에 열리는 문법반은 고급반으로 수정되어야 한다.

17. 다음은 서울교통공사의 윤리강령 일부를 발췌한 내용이다. 윤리강령에 위반된 사례가 아닌 것은?

제8조(공정한 직무 수행) ① 임직원은 직무를 수행함에 있어 관련된 제반 법령과 규정을 준수하여 공정하게 수행하여야 한다.

② 임직원은 자기 또는 타인의 공정한 직무수행을 저해할 수 있는 부당한 지시, 알선·청탁, 특혜부여 등 사회의 지탄을 받을 수 있는 비윤리적 행위를 하여서는 아니 된다.

제9조(이해충돌회피) ① 임직원은 직무를 수행함에 있어 공사의 이해와 상충되는 어떠한 행위나 이해관계도 회피하여야 한다.

② 임직원은 공사와 개인 또는 부서 간의 이해가 상충될 경우에는 공사의 이익을 우선적으로 고려하여야 한다.

제10조(부당이득 수수 금지 등) ① 임직원은 직위를 이용하여 부당한 이익을 얻거나 타인이 부당한 이익을 얻도록 하여서는 아니 된다.

② 임직원은 직무와 관련하여 사회통념상 용인되는 범위를 넘어 공정성을 저해할 수 있는 금품 및 향응 등을 직무관련자에게 제공하거나 직무관련자로부터 제공받아서는 아니 된다.

제11조(임직원 상호 관계) ① 임직원은 상호 간에 직장생활에 필요한 기본예의를 지켜야 하며 불손한 언행이나 다른 임직원을 비방하는 등의 행위를 하여서는 아니 된다.

② 임직원은 학연·성별·종교·혈연·지연 등에 따른 파벌조성이나 차별대우를 하여서는 아니 된다.

③ 임직원 상호 간에는 부당한 청탁이나 사회통념상 과다한 선물제공 및 금전거래 등의 행위를 하여서는 아니 된다.

④ 상급자는 하급자에게 부당한 지시를 하여서는 아니 되며 하급자는 상급자의 정당한 지시에 순응하되 부당한 지시는 거절하여야 한다.

⑤ 임직원은 상호 간에 성적 굴욕감 또는 혐오감을 유발시키는 행위를 하여서는 아니 된다.

제12조(건전한 생활) ① 임직원은 공직자로서의 자세에 어긋나지 않도록 검소한 의식주와 건전한 여가 활동을 생활화하여야 한다.

② 임직원은 건전한 경조사문화 정착을 위해 노력하며 직무관련자에게는 경조사 통지를 삼가고 경조 금품도 사회통념에 비추어 과도한 수준이 되지 않도록 하여야 한다.

---

① 김 팀장은 지연 및 학연을 이유로 박 사원을 팀프로젝트에서 중요한 역할에 배정하는 등 차별대우를 하고 있다.

② 이 과장은 직무를 수행하는 과정에서 해당 업무를 수행할 경우 개인적으로 금전적 피해를 입게 될 것을 예상하여 공사의 이해에 상충됨에도 불구하고 해당 업무의 진행을 방해하고 있다.

③ 강 사원은 향후 직무 배정과 관련하여 특혜를 누리기 위해 상사인 안 부장의 자녀의 결혼식에 참가하여 사회통념에 비추어 보았을 때 과도한 수준의 축의금을 전달하였다.

④ 배 팀장은 해당 업무가 부서의 이해 측면에서는 만족스럽지 않았지만 공사의 이익을 우선적으로 고려하여 예정대로 업무를 수행했다.

⑤ 유 과장은 부하직원들에게 부당한 지시를 내리고 그에 따르는 특혜부여 등을 일삼고 있다.

18. 다음 중 고객접점서비스에 대한 설명으로 옳은 것을 모두 고르면?

> ㄱ. 고객접점서비스에는 덧셈법칙이 작용하여, 전부터 꾸준히 좋은 서비스를 제공했다면 한 번의 실수가 모든 일을 그르치지는 않는다.
> ㄴ. 고객접점에서 업무자가 첫인상을 위해 지켜야 할 첫 번째 요소는 용모와 복장이다.
> ㄷ. 고객접점에서는 가시적인 서비스도 중요하지만, 비가시적인 서비스 또한 중요하다.
> ㄹ. 고객접점서비스는 1분이라는 짧은 순간에 이루어지는 서비스이다.

① ㄱ, ㄴ   ① ㄱ, ㄹ   ③ ㄴ, ㄷ
④ ㄴ, ㄹ   ⑤ ㄷ, ㄹ

19. 다음 중 근면에 대한 설명으로 옳은 것을 모두 고르면?

> ㄱ. 일을 자진해서 하는 근면은 조금씩 자신을 발전시켜 나갈 수 있게 한다.
> ㄴ. 외부로부터 강요당한 근면은 천천히 시간이 지남에 따라 자아를 확립해 준다.
> ㄷ. 근면에 필요한 자세 중 하나는 신체의 건강이다.
> ㄹ. 근면만으로도 얼마든지 성공할 수 있다.

① ㄱ, ㄴ   ② ㄱ, ㄷ   ③ ㄴ, ㄷ
④ ㄴ, ㄹ   ⑤ ㄷ, ㄹ

20. 다음 〈보기〉의 사례에 나타난 소개 예절로 적절하지 않은 것은?

보기

A 기업에 다니는 김○○ 대리는 업무 도중 타인을 타인에게 소개시켜 줘야 할 일이 많은 편이다. 지난주 업무를 위해 협력업체에 방문한 김○○ 대리는 ① 나이가 더 어린 동료임원을 더 연장자인 협력업체 직원에게 먼저 소개하였다. 더불어 ② 평소 회사 직원들끼리 사적인 자리에서 동료임원을 부르는 별칭을 소개해 주며, 보다 빠르게 친밀감을 조성할 수 있도록 하였다. 또한 ③ 협력업체의 직원을 소개해 줄 때는 성과 이름을 함께 말하였으며, ④ 상대방이 항상 사용하기 때문에 Dr.의 칭호를 함께 언급하였다. ⑤ 또한 퇴직한 정부 고관을 마주치게 되어 현직 당시의 직급명을 사용해 소개하기도 하였다.

21. A 씨에게 나타나는 직업윤리의 덕목으로 적절하지 않은 것은?

디자이너 A 씨는 자신의 직무에 만족하며 능력을 개발하고자 하는 의욕을 가지고 본인의 직업에 종사하고 있다. 자신의 직업 활동을 통해 사회에 기여하고, 자신이 만드는 도안을 통해 세상이 아름다워진다고 믿는다. 그는 자신의 일은 자신의 재능과 부합하여 하늘이 맡긴 일이라는 생각을 종종 하기도 한다. 큰 프로젝트를 마친 후, 그는 보육원 벽화 봉사 등 자신의 손길이 필요한 곳을 찾아가기도 한다.

① 소명의식   ② 직분의식   ③ 천직의식

④ 봉사의식   ⑤ 전문가의식

22. 다음은 ○○공단 〈성희롱 예방지침〉의 일부이다. 이를 바탕으로 A 과장은 2020년 상반기에 입사한 신입사원을 대상으로 성희롱 예방교육을 실시하였다. 〈성희롱 예방지침〉에 따른 A 과장의 교육 내용으로 옳지 않은 것은?

〈성희롱 예방지침〉

제6조(고충상담창구) ① 이사장은 성희롱 예방을 위한 업무의 처리와 임직원의 성희롱 관련 고충에 대한 상담·처리를 위하여 성희롱 고충상담창구(이하 "고충상담창구"라 한다)를 두고, ○○공단 내외에 알려 이를 인지할 수 있도록 한다.

② 이사장은 고충상담창구의 업무를 처리하기 위하여 성희롱 고충상담원을 지정하고, 고충상담위원회의 성희롱 관련 상담 및 고충처리 업무 역량강화를 위하여 교육훈련을 지원한다.

③ 고충상담원은 복무 담당자, 노무 담당자, 노동조합 총무국장 및 여성국장 총 4인으로 하되, 남성 및 여성 직원이 반드시 각 1인 이상 포함되어야 한다.

제7조(고충 신청) ① 성희롱과 관련하여 상담을 원하거나 성희롱 고충의 처리를 원하는 피해자 또는 그 대리인은 서명, 전화, 통신 및 방문 등의 방법으로 고충상담창구에 고충을 신청할 수 있다.

② 제1항에 의한 고충의 신청은 별지 제2호 서식에 의한다.

제8조(상담 및 조사) ① 피해자 또는 그 대리인이 고충을 신청한 경우 고충상담원은 지체 없이 신청서를 접수하고 상담에 응하여야 하며, 피해자가 원하는 경우 필요한 조사를 하여야 한다.

② 조사는 신청서를 접수한 날로부터 20일 이내에 완료하여야 한다. 다만 특별한 사정이 있는 경우 10일의 범위 안에서 조사 기간을 연장할 수 있다.

③ 조사가 진행 중인 사안에 대해 법령에 의해 국가인권위원회 등 다른 기관에서 조사 또는 처리 중이거나, 피해자가 조사에 협조하지 않은 때에는 조사를 중지할 수 있다.

④ 고충상담원은 조사 과정에서 사안과 관련된 부서와 협조를 요청할 수 있으며, 해당 부서는 이에 적극 협조하여야 한다. 이사장은 공정하고 전문적인 조사를 위하여 외부 전문가를 참여시킬 수 있다.

⑤ 성희롱 피해자를 조사할 경우 고충상담원은 피해자의 진술을 진지하게 경청하여야 한다.

⑥ 고충상담원은 조사 진행상황을 피해자에게 서면, 전자우편, 유선 등의 방법을 통해 알려주어야 한다.

---

① 피해자 또는 그 대리인이 고충을 신청한 경우, 특별한 사정이 없는 한 조사는 신청서를 접수한 날로부터 20일 이내에 완료하여야 한다고 설명하였다.

② 고충상담원은 조사 진행상황을 피해자에게 서면, 전자우편, 유선 등의 방법을 통해 알려주어야 한다고 설명하였다.

③ 고충상담원은 노무 담당자, 노동조합 총무국장 및 여성국장, 복무 담당자 총 4인으로 하되, 남성 및 여성 직원이 반드시 각 1인 이상 포함되어야 한다고 설명하였다.

④ 이사장은 고충상담원의 성희롱 관련 상담 및 고충처리 업무의 역량강화를 위하여 교육훈련을 지원하여야 한다.

⑤ 조사가 진행 중인 사안에 대해 법령에 의해 국가인권위원회 등 다른 기관에서 조사 또는 처리 중이더라도 조사를 계속하여야 한다고 설명하였다.

23. 다음 중 A 씨가 처한 상황을 바르게 판단한 것은?

> A 씨는 사기업 대표이사이면서 학교법인 이사장을 맡고 있다. 대표이사로서의 업무수행 중 거래처 담당자와 골프를 치면서 20만 원 상당의 골프 접대를 받게 되었다. 이에 A 씨는 청탁금지법 위반 여부를 확인하고자 한다(단, 학교법인 이사장으로서의 직무와 무관함을 전제로 한다).

① 공직자가 추가 신분을 보유했어도 공직자 신분에 변화가 없으므로 청탁금지법 위반이다.

② 현금으로 20만 원을 받은 경우에만 청탁금지법 위반이다.

③ 10만 원을 초과했으므로 신분과 관계없이 청탁금지법 위반이다.

④ 50만 원을 초과하지 않았으므로 청탁금지법 위반이 아니다.

⑤ 공직자로서 직무와 관련된 접대를 받은 것이 아니므로 청탁금지법 위반이 아니다.

24. 다음 중 직장 예절로 적절하지 않은 것은?

① 일반적으로 명함은 직위가 낮은 아랫사람이 윗사람에게 건넨다.

② 자신이 속한 기업의 사람을 다른 회사 사람에게 먼저 소개한다.

③ 상대방과 악수를 할 때는 주머니에 손을 넣지 않는다.

④ 전화는 정상업무가 이루어지고 있는 근무 시간을 피해서 걸도록 한다.

⑤ 두 사람이 보행을 할 때에는 오른쪽이 상석이므로 윗사람이 오른쪽으로 걷게 한다.

[25 ~ 26] 다음은 S 회사의 홍보물 발간에 관한 업무 매뉴얼이다. 이어지는 질문에 답하시오.

〈홍보물의 종류〉

구분	내용
팸플릿(Pamphlet)	크기가 작고 페이지가 적은 홍보용 인쇄물
리플릿(Leaflet)	한 페이지로 구성되는 전단지 형태의 홍보용 인쇄물
포스터(Poster)	상징적인 그림과 간단한 글귀로 내용을 나타내고, 벽 등에 부착하여 선전하는 홍보용 인쇄물
스티커(Sticker)	뒷면에 접착면이 있어 부착할 수 있는 홍보용 인쇄물

〈홍보물 발간 과정 및 준수 사항〉

홍보물을 발간해야 하는 각 팀은 다음의 과정과 사항을 따른다(어떤 팀이 해야 한다는 언급이 없는 단계는 각 팀에서 진행해야 할 일이다).

1. 계획서 제출
   1) 매년 12월 30일까지 다음 연도 연간 홍보물 발간 계획서를 홍보팀에 제출한다.
   2) 계획서를 작성한 담당자는 간부 회의에 참여하여 보고하고, 계획서 내용을 인트라넷의 [공지 전달 → 홍보물 계획서]에 게시하여 각 팀에 통보한다.
      ※ 인트라넷의 [자료방 → 홍보물 자료방]에 올라와 있는 양식에 따라 작성하여 홍보팀에 제출한다.
      ※ 인트라넷에 올릴 제목은 '부서명_홍보물 내용_담당자'로 통일한다.
   3) 제출한 계획서의 내용이 변경되거나 추가해야 하는 사항이 있을 시 매월 10일에 수정된 계획서를 홍보팀에 제출한다.
      ※ 제출할 계획서 양식은 위 2)와 같으며 인트라넷에 올릴 제목은 '(수정)부서명_홍보물 내용_담당자'로 통일한다.
2. 자료 기획
   1) 해당 분야의 전문가 자문이나 의견을 수렴한다.
   2) 원고 작성 방안에 대해 회의를 진행한다.
   3) 배포 대상, 발간 시기 및 부수, 소요 예산 등을 정한다.
3. 자료 수집 및 분석
4. 원고 작성 및 편집
   1) 팀 내부에서 작성하거나 외부에 의뢰하여 작성한다.
   2) 전문 용어를 순화하여 쉽고 편하게 접할 수 있도록 한다.
5. 인쇄 업체 선정 및 계약서 발주
   1) 홍보팀은 각 팀에서 진행한 홍보물 발간 사항에 대해 매뉴얼에 따라 이행하였는지 확인한 후 인쇄 업체를 선정한다. 선정이 완료되면 계약서를 발주한다.
   2) 이때, 홍보물 비용 등의 사항은 회계 관련 규정을 따른다.

6. 인쇄된 홍보물 확인

7. 홍보물 배포

    1) 사전에 계획한 배포 계획에 따라 홍보물을 배포한다.

    2) 인트라넷의 [공지 전달 → 홍보물 배포 자료]에 홍보물 전문을 게시하여 각 팀에 통보한다.

8. 의견 수렴 및 점검

    1) 홍보팀은 발간한 홍보물에 대한 일반인의 의견을 수렴하여 소속팀에 통보한다.

    2) 회계팀은 매년 12월 말에 한 해 동안 홍보물 발간 시 사용된 총 금액을 산출한다. 그리고 다음 연도 예산 편성 시 반영한다.

25. 홍보팀 K 사원은 홍보물 발간 관련 내용을 간략하게 표로 정리하였다. 다음 중 옳지 않은 것은?

	단계	내용
①	자료 기획	전문가의 자문이나 의견 수렴, 원고 작성 방안 회의, 배포 대상 · 발간 시기 · 발간 부수 · 소요 예산 등 산정
②	원고 작성 및 편집	전문 용어를 순화하여 원고 작성
③	인쇄된 홍보물 확인	인쇄되어 나온 홍보물에 문제가 없는지 확인
④	홍보물 배포	인트라넷에 홍보물 게시 후 통보
⑤	의견 수렴 및 점검	홍보팀에서 일반인의 의견 수렴 및 한 해 동안의 홍보물 발간 비용 산출

26. K 사원이 회사 메일로 단체 공지가 온 것을 발견하고 다음 내용을 매뉴얼에 추가하려고 할 때 가장 알맞은 단계는?

> 올해부터 매년 12월 10일에 홍보 품질 회의를 개최할 예정입니다. 이 회의는 각 팀에서 한 해 동안 발간한 홍보물들의 내용 및 구성, 일반인들의 평가 등을 종합하여 우수 홍보물을 가려내기 위함입니다. 1 ~ 3위까지 순위를 정해 순위별로 인센티브를 제공하고, 순위 결과는 인트라넷에 올려 모두 공유할 수 있도록 하겠습니다. 회의에 참여하게 될 인원은 추후 공지하겠습니다.

① 자료 기획   ② 홍보물 배포   ③ 계획서 제출

④ 의견 수렴 및 점검   ⑤ 인쇄된 홍보물 확인

[27 ~ 31] 다음은 S 공장에서 안전을 위해 정기적으로 실시하는 검침에 대한 안내 사항이다. 이를 보고 이어지는 질문에 답하시오.

매일 오전 9시에 다음 안내 사항에 따라 검침을 하고 그에 따른 조치를 취한다.

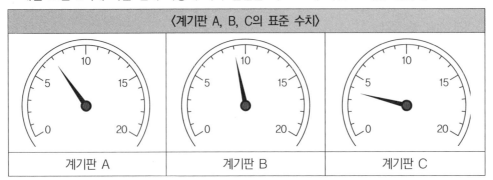

〈계기판 A, B, C의 표준 수치〉

| 계기판 A | 계기판 B | 계기판 C |

1. 위와 같이 계기판 A, B, C를 확인하여 PSD 수치를 구한다.
   - 1 ~ 3월, 10 ~ 12월인 경우
     → 검침 시각에 실외 온도계의 온도가 10도 이상이면 계기판 B는 고려하지 않는다.
     → 검침 시각에 실내 온도계의 온도가 5도 미만이면 Parallel Mode를, 5도 이상이면 Serial Mode를 적용한다(전날 강수량이 60mm 이상이면 Parallel Mode를 적용).
   - 4 ~ 9월인 경우
     → 검침 시각에 실외 온도계의 온도가 28도 이상이면 계기판 B는 고려하지 않는다.
     → 검침 시각에 실내 온도계의 온도가 13도 미만이면 Parallel Mode를, 13도 이상이면 Serial Mode를 적용한다(전날 강수량이 60mm 이상이면 Parallel Mode를 적용).
        ☞ Parallel Mode 시 PSD = 검침 시의 각 계기판 수치의 평균
           Serial Mode 시 PSD = 검침 시의 각 계기판 수치의 합

2. PSD 수치에 따른 후속 조치사항

구분	PSD 수치	버튼	경고등	조치사항
전날 강수량 40mm 미만	PSD≤기준치−1	정상	녹색	정상 가동
	기준치−1<PSD<기준치+6	경계	분홍색	안전요원 배치
	기준치+6≤PSD	비정상	오렌지색	접근 제한 및 점검
전날 강수량 40mm 이상	PSD≤기준치−2	정상	녹색	정상 가동
	기준치−2<PSD<기준치+3	경계	노란색	안전요원 배치
	기준치+3≤PSD	비정상	빨간색	접근 제한 및 점검

* 주중에는 세 계기판 표준 수치의 합을 기준치로 삼고, 토요일은 세 계기판 표준 수치의 합의 1/2을 기준치로 삼는다(단, 온도에 영향을 받지 않는다).

27. 다음 중 위의 검침 안내 사항에 대한 올바른 설명을 모두 고른 것은?

> (가) 전날 강수량에 관계없이 정상 버튼을 눌렀을 때의 경고등 색은 동일하다.
>
> (나) PSD 수치 산정에서 계기판 B를 고려하지 않는 경우, 주중과 토요일의 기준치는 온도에 관계없이 각각 11과 5.5이다.
>
> (다) 실내와 실외 온도가 높을수록 심각한 조치사항이 취해지는 것은 아니다.
>
> (라) 여름철과 겨울철 모두 주중의 기준치는 토요일의 기준치보다 더 높다.

① (가), (나)　　　　　　　　　　② (나), (다)

③ (가), (다), (라)　　　　　　　　④ (나), (다), (라)

⑤ (가), (나), (다), (라)

28. S 공장에서 계기판을 검침한 내역이 다음과 같다. 이에 따라 눌러야 할 버튼과 후속 조치사항으로 올바르게 연결한 것은?

> • 검침일 : 11월 8일 수요일
>
> • 온도 : 실내 4도, 실외 12도
>
> • 계기판 수치 : (A) 2, (B) 6, (C) 7
>
> • 11월 7일 날씨 : 강수량 65mm

	버튼	후속 조치		버튼	후속 조치
①	정상	정상 가동	②	정상	안전요원 배치
③	경계	정상 가동	④	경계	안전요원 배치
⑤	비정상	안전요원 배치			

29. S 공장에서 계기판을 검침한 내역이 다음과 같다. 이에 따른 PSD 수치와 경고등 색을 올바르게 연결한 것은?

- 검침일 : 7월 10일 토요일
- 계기판 수치 : (A) 5, (B) 5, (C) 8
- 온도 : 실내 15도, 실외 26도
- 7월 9일 날씨 : 맑음

	PSD 수치	경고등 색		PSD 수치	경고등 색
①	16	분홍색	②	16	오렌지색
③	18	분홍색	④	18	오렌지색
⑤	18	녹색			

30. 다음과 같은 상황에서 계기판을 검침한 결과 녹색 경고등이 들어왔다. 검침한 계기판 A, B, C의 수치를 순서대로 올바르게 나열한 것은?

- 검침일 : 5월 6일 토요일
- 온도 : 실내 12도, 실외 28도
- 5월 5일 날씨 : 맑음

---

① 6, 8, 10 ② 9, 8, 10 ③ 10, 12, 10
④ 12, 10, 8 ⑤ 12, 10, 10

31. 다음과 같은 상황에서 계기판을 검침한 결과 노란색 경고등이 들어왔다. 검침한 계기판 A, B, C의 수치를 순서대로 올바르게 나열한 것은?

> • 검침일 : 2월 20일 목요일
>
> • 온도 : 실내 15도, 실외 2도
>
> • 2월 19일 날씨 : 강수량 50mm

① 7, 7, 4

② 7, 8, 4

③ 8, 6, 3

④ 8, 5, 4

⑤ 8, 5, 5

32. 4차 산업혁명의 디지털 전환은 두 가지 유형으로 구분할 수 있다. (A)에 해당하는 사례로 가장 적절한 것은?

구분	유형 I	유형 II
혁신의 성격	존속성	파괴적 혹은 보완적
혁신의 주도	기존 업체(제조업체)	외부의 ICT 기업과 스타트업
주요 사례	(A)	• 파괴적 : (B)
		• 보완적 : (C)
혁신의 주안점	하드웨어 장비 제조역량과 소프트웨어의 결합	주로 소프트웨어적 혁신

① 핀테크

② O2O

③ 스마트공장

④ 스마트 에너지

⑤ 디지털 헬스케어

[33 ~ 34] 다음은 서울지역 지하철의 일평균 수송실적에 관한 자료이다. 이어지는 질문에 답하시오.

〈202X년 호선별 일평균 수송실적〉

(단위 : 백 명)

구분	승차인원	하차인원	환승유입인원
합계	47,989	47,932	24,733
1호선	2,809	2,735	1,972
2호선	15,224	15,426	6,758
3호선	5,604	5,612	3,367
4호선	5,962	6,009	3,292
5호선	5,972	5,920	3,012
6호선	3,546	3,496	2,071
7호선	7,091	6,966	3,204
8호선	1,781	1,768	1,057

〈202X년 역별 일평균 수송실적 순위〉

(단위 : 백 명)

순위	승차인원		하차인원		환승유입인원	
	역명	일평균	역명	일평균	역명	일평균
1	강남	1,007	강남	1,015	홍대입구	486
2	잠실	890	홍대입구	840	강남	404
3	홍대입구	786	잠실	833	종각	362
4	신림	706	신림	691	서울역	360
5	구로	625	구로	625	신도림	330
6	신도림	611	신도림	611	잠실	318
7	고속터미널	610	고속터미널	583	고속터미널	307
8	서울역	588	삼성	579	신림	288
9	삼성	561	서울역	524	혜화	287
10	선릉	532	서울대입구	515	구로	286

* '구로'는 '구로디지털단지'역을 의미함.

33. 다음 중 전체 승차인원에서 호선별 일평균 승차인원 비중을 그래프로 올바르게 작성한 것은?
(단, 단위는 %이다)

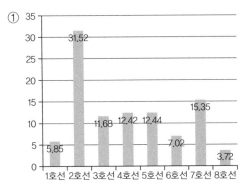

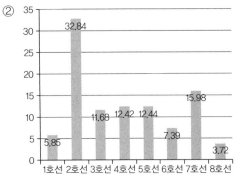

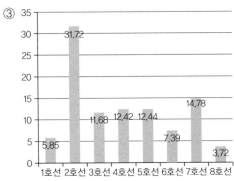

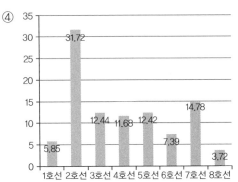

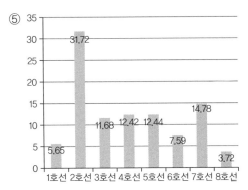

34. 다음 중 위 자료에 대한 설명으로 옳지 않은 것은?

① 1 ~ 8호선 중 일평균 환승유입인원이 전체 호선의 15% 이상인 호선은 2개이다.

② 일평균 승차인원, 하차인원, 환승유입인원 각각의 상위 5개에 포함되는 호선은 모두 동일하다.

③ 일평균 승차인원, 하차인원, 환승유입인원 각각의 상위 3개 역의 합산 인원은 모두 전체 일평균 승차인원, 하차인원, 환승유입인원의 5% 이상이다.

④ 승차인원 상위 5개 역의 일평균 승차인원은 하차인원 상위 5개 역의 일평균 하차인원보다 많다.

⑤ 일평균 승차인원, 하차인원, 환승유입인원의 상위 10위권에 모두 포함되는 역은 8개이다.

35. 다음 식을 계산한 값은?

$$\frac{2}{1\times 3}+\frac{2}{2\times 4}+\frac{2}{3\times 5}+\frac{2}{4\times 6}+\cdots+\frac{2}{12\times 14}+\frac{2}{13\times 15}$$

① $\dfrac{28}{15}$

② $\dfrac{57}{35}$

③ $\dfrac{87}{55}$

④ $\dfrac{126}{85}$

⑤ $\dfrac{143}{105}$

[36 ~ 37] 전기요금계란 전기요금표에 따라 기본요금과 사용량에 따른 전력량 요금을 합한 금액으로, 전기요금 복지할인 대상에게는 대상별 할인요금이 감액된다. 다음은 7 ~ 8월이 아닐 때 단독주택에 적용되는 전기요금표이다. 이어지는 질문에 답하시오.

기본요금(원/호)		전력량 요금(원/kWh)	
200kWh 이하 사용	910	처음 200kWh까지	93.3
201 ~ 400kWh 사용	1,600	다음 200kWh까지	187.9
400kWh 초과 사용	7,300	400kWh 초과	230.6

36. 대가족 할인 30%(월 16,000원 한도)를 받는 어느 단독주택에서 2월에 320kWh의 전기를 사용했다면, 이 주택의 전기요금계는 얼마인가? (단, 소수점 아래 첫째 자리에서 반올림한다)

① 26,808원   ② 29,966원   ③ 42,808원
④ 48,208원   ⑤ 55,650원

37. 2월에 320kWh의 전기를 사용하고 대가족 할인 30%(월 16,000원 한도)를 받은 어느 단독주택에서 장애인 할인 16,000원이 가능하다는 것을 뒤늦게 알게 되었다. 할인요금은 감액 요금이 큰 금액 한 가지만 적용할 수 있다면, 이 주택의 전기요금계에 대한 설명으로 옳은 것은? (단, 소수점 아래 첫째 자리에서 반올림한다)

① 전기요금계는 26,808원이다.   ② 전기요금계는 29,966원이다.
③ 전기요금계는 3,158원 증가한다.   ④ 전기요금계는 16,000원 감소한다.
⑤ 전기요금계는 3,200원 감소한다.

[38 ~ 40] 다음 자료를 보고 이어지는 질문에 답하시오.

〈주요국 A 산업 부가가치 추이〉

(단위 : 억 원)

구분	20X2년	20X3년	20X4년	20X5년	20X6년	20X7년	20X8년	20X9년
한국	426	444	452	497	520	531	538	541
미국	4,324	4,343	4,165	4,354	4,327	4,271	4,287	4,311
일본	1,126	1,076	1,043	1,109	1,043	1,026	1,039	1,020
독일	634	634	590	627	607	624	627	609
프랑스	564	569	531	564	556	561	567	557
영국	393	385	373	379	364	360	356	332
중국	3,288	3,482	3,742	4,197	4,705	4,985	5,437	5,567

〈20X9년 국가별 A 산업 부가가치 중 B 업종 비중〉

(단위 : %)

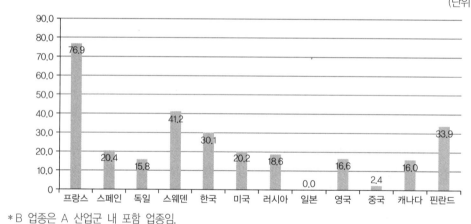

* B 업종은 A 산업군 내 포함 업종임.

38. 다음 중 연도별 A 산업 부가가치 추이가 동일한 국가로 짝지어진 것은?

① 미국, 프랑스   ② 한국, 중국   ③ 일본, 영국

④ 일본, 독일   ⑤ 한국, 영국

39. 위 자료에 주어진 주요국 중 20X9년 B 업종 부가가치 상위 3개국이 순서대로 올바르게 짝지어진 것은?

	1위	2위	3위
①	미국	중국	독일
②	프랑스	한국	중국
③	미국	프랑스	한국
④	프랑스	중국	독일
⑤	미국	중국	프랑스

40. 다음 중 위 자료에 대한 설명으로 옳은 것을 모두 고르면?

> (가) 주요국 중 20X2년 대비 20X9년의 A 산업 부가가치가 가장 크게 변동된 국가는 중국이다.
> (나) 주요국 중 20X2년 대비 20X9년의 A 산업 부가가치 증감률이 가장 작은 국가는 미국이다.
> (다) 20X9년 A 산업 부가가치 중 B 업종 비중 상위 3개국은 B 입종 부가가치 상위 3개국에도 포함된다.
> (라) 스웨덴과 핀란드의 B 업종 부가가치는 한국보다 높다.

① (가), (나)   ② (다), (라)   ③ (가), (나), (다)

④ (가), (다), (라)   ⑤ (나), (다), (라)

[41 ~ 42] 다음은 직장 내 부서별 일반적인 업무 내용을 정리한 표이다. 이어지는 질문에 답하시오.

〈부서별 업무 내용〉

구분	업무 내용
총무부	주주총회 및 이사회 개최 관련 업무, 의전 및 비서업무, 집기비품 및 소모품의 구입과 관리, 사무실 임차 및 관리, 차량 및 통신시설의 운영, 국내외 출장 업무 협조, 해외 주재원 파견 부대 업무, 복리후생 업무, 사내외 홍보 광고업무
인사부	조직기구의 개편 및 조정, 업무분장 및 조정, 인력수급계획 및 관리, 직무 및 정원의 조정 종합, 노사관리, 평가관리, 상벌관리, 인사발령, 교육체계 수립 및 관리, 임금제도, 복리후생제도 및 지원업무, 복무관리, 퇴직관리
기획부	경영계획 및 전략 수립, 전사기획업무 종합 및 조정, 중장기 사업계획의 종합 및 조정, 경영정보 조사 및 기획보고, 경영진단업무, 종합예산수립 및 실적관리, 단기사업계획 종합 및 조정, 사업계획, 손익추정, 실적관리 및 분석
회계부	회계제도의 유지 및 관리, 재무상태 및 경영실적 보고, 결산 관련 업무, 재무제표 분석 및 보고, 법인세, 부가가치세, 국세 지방세 업무자문 및 지원, 회사/제품/직원들에 대한 보험가입 및 보상업무, 고정자산 관련 업무
법무팀	거래처와의 계약 업무, 경영 판단의 법적 문제 여부 검토, 소송 등 분쟁이 생겼을 때의 대응, 특허나 지적재산권 등 회사의 저작권 관리
영업부	판매 계획, 판매예산의 편성, 시장조사, 광고 선전, 견적 및 계약, 제조지시서의 발행, 외상매출금의 청구 및 회수, 제품의 재고 조절, 거래처로부터의 불만처리, 제품의 애프터서비스, 판매원가 및 판매가격의 조사 검토

41. 영업팀 이 부장은 출장을 앞두고 관련 업무를 담당하는 강 사원에게 다음과 같은 지시를 하였다. 강 사원이 업무 처리를 위해 경유해야 할 부서는?

> 강 사원, 이틀 후에 있을 이번 출장은 자네가 각별히 준비에 신경을 좀 써 줘야겠네. 지난 번처럼 항공 스케줄 때문에 문제가 생기지 않도록 다시 한번 최종 확인을 좀 해 주고, 바이어 와 함께 출발하는 일정이니 바이어 호텔 픽업과 공항 전송 관련 배차도 문제없이 챙겨 줘야 하네. 그리고 현지에서 상담할 내용 중 가장 중요한 것은 독점 계약에 관한 것인 만큼 지난주 에 의뢰한 계약서 검토 작업이 완료되었는지도 알아보고 즉시 내게 알려 주기 바라네.

① 인사부, 영업부 ② 기획부, 회계부 ③ 인사부, 법무팀
④ 총무부, 법무팀 ⑤ 총무부, 회계부

42. 다음 상황에서 본사 담당자 오 대리가 김 과장의 퇴사 업무 처리를 위해 경유해야 할 부서는?

> 해외 주재원으로 파견되어 4년간 근무하던 김 과장은 본사 귀임 발령을 앞두고 현지에서 퇴사를 하여 새로운 사업을 시작하기로 결심하였다. 김 과장은 본사에서 파견된 직원으로 타 국에서 가족들과 함께 오랜 생활을 해 오던 터라 갑작스런 퇴사에 따른 신분상의 변화에 대해 본사에서 처리해야 할 것이 많다. 현지 퇴사가 흔한 일이 아니라서, 본사 담당자인 오 대리는 김 과장의 퇴사와 관련한 업무를 처리하느라 바쁜 시간을 보내고 있다.
> 우선 오 대리는 김 과장의 퇴직금 정산과 퇴사 시점의 신분상 변경에 따른 사항을 확인하 여 김 과장에게 통보해 주어야 한다. 또한 김 과장에게 제공됐던 업무용 차량과 현지에서 지 급한 주택 임대료 보조금 관련 정산 문제도 회사 규정에 따라 정산을 해야 한다. 모든 주재원 들이 파견될 당시 일괄적으로 가입하는 주재원상해보험 해지 업무도 처리해야 한다.

① 영업부, 총무부, 인사부 ② 인사부, 총무부, 회계부
③ 법무팀, 기획부, 영업부 ④ 인사부, 총무부, 법무팀
⑤ 법무팀, 인사부, 영업부

[43 ~ 44] 다음은 지역 내 규정에 근거한 A사의 육아휴직제도에 대한 안내문이다. 이를 읽고 이어지는 질문에 답하시오.

□ 육아휴직이란?

육아휴직이란 근로자가 만 8세 이하 또는 초등학교 2학년 이하의 자녀를 양육하기 위하여 신청, 사용하는 휴직을 말합니다.

□ 육아휴직기간

육아휴직의 기간은 1년 이내입니다.

※ 육아휴직기간은 자녀 1명당 최대 1년이므로 자녀가 2명이면 각각 1년씩 총 2년 사용 가능합니다.

※ 육아휴직제도는 근로자의 권리이므로 부모가 모두 근로자인 경우 각각 사용 가능합니다.

□ 육아휴직급여 지급대상

- 사업주로부터 30일 이상 육아휴직을 부여받아야 합니다.

- 육아휴직 개시일 전 피보험단위기간(재직하면서 임금 받은 기간)이 180일 이상이어야 합니다.

※ 상황에 따라 근로기간이 1년 미만이거나 같은 자녀에 대하여 배우자가 육아휴직을 하고 있는 근로자에 대하여 사업주가 육아휴직을 거부할 수 있으니 미리 확인바랍니다.

- 같은 자녀에 대해서 피보험자인 배우자가 동시에 육아휴직(30일 미만은 제외) 중인 경우 중복된 기간에 대하여는 1명만 지급합니다.

□ 육아휴직급여 지급액

- 육아휴직기간 동안 매월 통상임금의 100분의 40을 육아휴직급여로 지급하고(상한액 : 월 100만 원, 하한액 : 월 50만 원), 육아휴직급여액 중 100분의 25는 직장복귀 6개월 후에 합산하여 일시불로 지급합니다.

- 또한 육아휴직 기간 중 사업주로부터 육아휴직을 이유로 금품을 지급받은 경우로서 매월 단위로 육아휴직기간 중 지급받은 금품과 육아휴직급여의 100분의 75에 해당하는 금액(그 금액이 50만 원 미만인 경우에는 하한액 50만 원)을 합한 금액이 육아휴직 시작일 기준으로 한 월 통상임금을 초과한 경우에는 그 초과한 금액을 매월 실 지급되는 육아휴직급여에서 빼고 지급합니다.

□ 육아휴직 신청

육아휴직을 시작한 날 이후 1개월부터 매월 단위로 신청합니다. 당월 중에 실시한 육아휴직에 대한 급여의 지급 신청은 다음 달 말일까지 해야 하며, 매월 신청하지 않고 기간을 적치하여 신청 가능합니다. 단, 육아휴직이 끝난 날 이후 12개월 이내에 신청하지 않을 경우 동 급여를 지급하지 않습니다.

※ 육아휴직급여를 지급받고자 하는 근로자는 신청인의 거주지나 사업장의 소재지 관할 직업안정기관의 장에게 신청해야 합니다.

※ 온라인 : 사업주(기업회원, 최초 1회)가 확인서를 접수한 후 신청인(개인회원)이 신청서를 접수합니다.

43. 다음은 A사 직원 가족들의 친교 모임에서 나눈 육아휴직 관련 대화 내용이다. 위 안내문에 부합하지 않는 의견을 제시한 사람은?

> S 씨 : 우리 애는 올해 8살이 되는 해라서 올해 밖에 육아휴직을 쓸 기회가 없거든요. 남편한테 다음 달에 신청하라고 얘기했어요. 근무기간도 9년이나 됐으니 별 문제 없을 것 같아요.
>
> T 씨 : 저도 첫째 애 어릴 때 육아휴직을 썼는데요, 아주 좋은 제도 같더라고요. 저희는 둘째 애가 내년부터 어린이집을 다니게 되거든요. 그래서 이번엔 총무팀에 근무하는 제 아내와 함께 올해가 가기 전에 육아휴직을 쓰려고 합니다.
>
> L 씨 : 부부가 함께 쓰신다니 부럽네요. 아이 1명에 대해서 엄마와 아빠가 함께 휴가를 쓸 수 있어야 제대로 육아를 할 수 있잖아요. 첫째 아이 때도 두 분이 같이 쓰실 걸 그랬어요. 헌데, 그렇게 되면 육아휴직급여는 한 분만 지급받을 수 있죠?
>
> T 씨 : 그게 좀 안타깝죠. 하지만 제 아내는 5개월 정도 쓸 계획이고, 전 일 때문에 다음 달에 25일 정도만 쓸 겁니다. 그래서 전 기간에 대해 아내만 육아휴직을 지급받는 것으로 신청하려 하거든요.
>
> J 씨 : 저는 육아휴직급여 외에 회사에서 다른 금품이 지급될 경우 그게 육아휴직급여액에 영향을 미치는 것으로 알고 있는데요, 안내문에도 그렇게 나와 있지 않나요?
>
> S 씨 : 맞아요. 휴직자의 월 통상임금에 따라 조금 달라지긴 해도 영향은 있을 겁니다. 월 통상임금이 많으면 육아휴직급여에 영향을 미치지 않으면서 별도로 지급받을 수 있는 금품이 조금 많아질 순 있지만, 그래도 분명히 영향은 있는 것으로 알고 있어요.
>
> Y 씨 : 아무튼 자격이 되시는 분들은 육아휴직제도를 적극적으로 사용하는 게 좋을 것 같군요. 육아휴직급여는 나중에 한 번에 받더라도 육아휴직 신청 자체는 매월 한 번씩 기간 연장 신청을 해야 한다는 점도 잊으면 안 되겠어요.

① S 씨 ② T 씨 ③ L 씨
④ J 씨 ⑤ Y 씨

44. 위 안내문을 참고할 때 다음 상황에 대한 올바른 판단을 〈보기〉에서 모두 고르면?

> 월 통상임금이 200만 원인 K 씨는 입사 동기인 아내 M 씨와 함께 A사에서 근무하며, M 씨의 월 통상임금은 180만 원이다. 두 사람은 함께 육아휴직을 계획하고 있으며, 신청 기간은 다음과 같다.
> - K 씨 : 202X. 04. 01. ~ 06. 30.
> - M 씨 : 202X. 04. 01. ~ 09. 30.
>
> K 씨와 M 씨는 회사에서 육아휴직 기간 동안 매월 특별 육아비를 각각 150만 원, 100만 원 지급받을 예정이다.

보기

(가) K 씨와 M 씨 모두 4 ~ 6월 동안 육아휴직급여를 지급받는다.

(나) K 씨와 M 씨가 모두 회사에서 특별 육아비를 지급받지 않는다면, 두 사람의 월 육아휴직급여의 합산 금액은 150만 원에 조금 못 미친다.

(다) K 씨와 M 씨가 모두 회사에서 특별 육아비를 지급받지 않는다면, 두 사람이 직장복귀 6개월 후 지급받게 될 잔여 육아휴직급여의 합산 금액은 160만 원을 넘는다.

(라) 4월분에 해당하는 육아휴직급여 실제 지급액은 K 씨와 M 씨가 각각 50만 원과 54만 원이다.

① (가), (나)   ② (가), (다)   ③ (나), (다)

④ (나), (라)   ⑤ (다), (라)

45. 다음 글에서 볼 수 있는 순환 조직의 특징으로 적절한 것은?

> 산업혁명이 일어났을 때 기업들이 참고할 거대 조직은 교회와 군대뿐이었다. 당시 기술로는 사물의 실시간 데이터를 얻는 것은 꿈도 꾸지 못하는 일이었으므로, 그나마 역사가 유구하고 안정적인 지배구조가 작동하는 교회와 군대의 조직 운영전략을 채택해 답습할 수밖에 없었다. 정보는 고위 경영진이 관련 부서라고 판단한 몇몇 곳에만 수직 계층을 타고 상명하복의 방식으로 차례차례 전달되었다. 실제로 초기 철도회사는 회사 방침과 업무 절차를 마련할 때마다 군대에 찾아가 조언을 구하기도 했다.
>
> (중략)
>
> 사실 순환 조직은 훨씬 전부터 존재했다. 우리의 네발 조상들은 사나운 검치호랑이를 어떻게 죽일까 궁리하느라 화롯불을 빙빙 돌았고, 그 옛날 아서왕은 전술을 계획할 때 기사단을 한 줄로 세우지 않고 원탁에 빙 둘러 세웠다. 자연은 또 어떠한가. 무려 45억 년 동안 순환하면서 지금껏 단 한 차례도 쉬지 않고 부지런히 움직여 왔다. 그런데 왜 기업만 수직적으로 가만히 서 있으려고 하는가?

① 수직적 구조를 통해 상명하달의 전달체계를 특징으로 한다.

② 주요한 의사결정위원회의 조직구조를 원형으로 배치한 것이 특징인 조직이다.

③ 과거의 교회 또는 군대 조직문화를 차용한 초기 조직 형태이다.

④ 목표를 설정하고 그 목표로 나아가기 위하여 끊임없이 발전돼가는 조직이다.

⑤ 매우 빠른 속도로 의사결정을 진행하고 그 결과에 대한 피드백을 유연하게 접수하는 조직이다.

[46 ~ 48] 다음은 M사의 채용 시험에 응시한 최종 6명의 평가 결과 자료이다. 이어지는 질문에 답하시오.

〈M사 채용 시험 평가 결과표〉

(단위 : 점)

분야 응시자	어학	컴퓨터	실무	NCS	면접	평균
A	( )	14	13	15	( )	( )
B	12	14	( )	10	14	12.0
C	10	12	9	( )	18	11.8
D	14	14	( )	17	( )	( )
E	( )	20	19	17	19	18.6
F	10	( )	16	( )	16	( )
계	80	( )	( )	84	( )	( )
평균	( )	14.5	14.5	( )	( )	( )

※ 평균 점수가 높은 2명을 최종 채용자로 결정함.

46. 위 자료에서 모든 분야별 점수와 평균 점수를 알 수 있는 경우가 아닌 응시자를 모두 고르면?

① A, D ② A, F ③ D, F
④ D, E ⑤ E, F

47. 5개 분야의 배점이 모두 20점 만점이며 최하점이 1점일 경우, 6명의 평균 점수 순위가 될 수 없는 것은?

① E>D>A>F>B>C ② E>A>D=F>B>C
③ E>F>D>A=B>C ④ E>F=D>B>C>A
⑤ E>D>F>A=B>C

48. 46의 두 응시자의 알 수 없는 분야의 점수가 동일하며 6명의 면접 평균 점수가 17.5점일 경우, 다음 중 최종 채용자 2명 중 1명이라도 변경될 수 있는 조건은? (단, 최고점은 20점이다)

① E의 컴퓨터 점수가 5점 낮아질 경우

② A의 실무 점수가 최고점, D의 실무 점수가 13점일 경우

③ F의 어학 점수가 최고점일 경우

④ B의 실무와 NCS 점수가 모두 최고점일 경우

⑤ C의 실무 점수가 최고점일 경우

49. ○○공단 인사과는 인사고과 평가를 앞두고 동료 평가를 진행하였다. 〈보기〉는 최 대리에 대한 동료 평가 중 일부이다. 이를 바탕으로 유추한 최 대리의 멤버십 유형에 대한 설명으로 옳은 것은?

보기

- 매사에 의존적이고 비판적이지 않다.
- 맡겨진 일 이상은 절대 하지 않으며 업무 수행에 감독이 필요하다.
- 적극적으로 참여하려는 모습을 찾아볼 수 없다.

① 모든 일을 기쁜 마음으로 수행하고 리더와 조직을 신뢰한다.

② 조직의 운영 방침에 예민하고 정해진 규정과 규칙에 따라 행동한다.

③ 동료의 입장에서 볼 때 다소 고집이 세고 부정적이 사람으로 보일 수 있다.

④ 리더가 전체 일을 통제하고 멤버들에게 규정을 지킬 것을 강요할 때 많이 생기는 유형이다.

⑤ 스스로 생각하고 건설적 비판을 하는 등 독립적·혁신적 사고를 보이고, 주인의식을 가지고 솔선수범하여 적극적으로 참여한다.

50. 팀워크를 응집력이라고 하기도 하지만 팀워크와 응집력은 분명 다르다. 다음 중 팀워크와 응집력에 대해 올바르게 정의한 것은?

① 응집력은 팀에 카리스마적인 리더가 존재하지 않아도 상호 관계성을 가지고 협력하여 일을 해 나가는 것을 의미한다.

② 팀이 성과를 내지 못하면서 분위기만 좋은 것은 팀워크가 좋은 것이다.

③ 목표달성의 의지를 다지고 성과를 내는 것이 팀워크이다.

④ 팀워크는 사람들에게 집단에 머물도록 느끼게끔 만들고, 그 집단의 구성원으로서 계속 남아 있기를 원하게 만드는 힘을 의미한다.

⑤ 응집력의 유형은 세 가지 기제, 즉 협력, 통제, 자율을 통해 구분된다.

51. 과거 조직구조는 관리자의 역량만으로 충분했지만 현재는 리더의 역량이 필요하다. 다음 중 리더와 관리자에 대한 설명으로 적절하지 않은 것은?

① 리더와 관리자는 다른 개념이다.

② 좋은 관리자가 좋은 리더이다.

③ 리더와 관리자의 차이는 비전이 있고 없음에 있다.

④ 관리자의 역할은 자원을 관리·분배하고 당면한 과제를 해결하는 것이다.

⑤ 리더의 역할은 비전을 선명하게 구축하고 이를 실현하는 환경을 만들어 주는 것이다.

52. 다음은 신문 기사의 일부이다. 다음 중 ㉠에 들어갈 말은?

> ○○기업에서 몇 해 전에 427명의 신입사원들에게 '직업 선택의 기준'에 관해 설문 조사를 한 결과 직장에서 성공하기 위한 능력으로 (㉠)(37%)을/를 제일 많이 꼽았다고 밝혔다. (㉠)은/는 직업 선택 기준에서 조직구성원 간의 생각이나 감정을 잘 이해하고자 하는 것을 말한다.

① 업무능력   ② 성실성
③ 정보수집능력   ④ 대인관계능력
⑤ 분위기에 따른 처세

53. 다음 중 ㉠의 기본 원칙에 대한 설명으로 적절하지 않은 것은?

> 대표적인 커뮤니케이션 도구인 (㉠)은/는 조직의 지속적인 성장과 성공을 이끌어내기 위해 리더가 갖추어야 할 필수 덕목 중 하나이다. 이러한 (㉠)은/는 직원들에게 질문을 던지는 한편 직원들의 의견을 적극적으로 경청하고, 필요한 지원을 아끼지 않아 생산성을 높이고 기술 수준을 발전시키며, 자기 향상을 도모하는 직원들에게 도움을 주고 업무에 대한 만족감을 높이는 과정이다.

① 서로가 자유롭게 논의할 수 있고 제안할 수 있어야 한다.

② 리더는 직원들이 어떠한 일이든 자신의 업무에 책임의식을 갖고 완전히 책임질 수 있도록 이끌어야 한다.

③ 코치인 리더가 지식이나 정보를 하달하며, 의사결정의 권한을 가지고 있다.

④ 코치인 리더는 적극적인 경청자로서 잡념을 떨쳐버리고 직원에게 관심을 집중해야 한다.

⑤ 리더는 서로 다른 기술과 능력을 가지고 있는 직원들에게 어떤 목표를 정해줄 것인지 확실히 판단해야 한다.

54. 다음은 협상에 대한 설명이다. A ~ C에 들어갈 알맞은 단어는?

> 협상이란 갈등상태에 있는 이해당사자들이 (A)와 (B)을/를 통해서 서로를 (C)하여 문제를 해결하려는 정보전달과정이자 의사결정과정이다.

	A	B	C
①	이해	양보	설득
②	대화	논쟁	설득
③	대화	관계	이해
④	이해	논쟁	수용
⑤	양보	설득	이해

[55 ~ 56] 다음 [지문 A]와 [지문 B]는 리더십에 관한 내용이다. 이어지는 질문에 답하시오.

[지문 A]

　다양한 집단 내에서 이루어지는 리더의 비인격적 행동들이 문제가 되었던 것은 어제오늘의 일이 아니다. 대부분은 성과 제고 혹은 카리스마적 리더십이라는 이름하에 폭언, 인격모독적 행동들이 암암리에 가해져 왔다. 리더들의 이런 비인격적 감독(Abusive Supervision) 행위가 조직 내에서 용인된 적은 없었지만, 이에 대한 민감도는 높아지고 있는 것으로 보인다. 최근 국내 공공기관, 대학 내, 사기업 등에서 일어난 리더들의 막말 논란이 사회적으로 큰 이슈가 되었던 것이 그 예이다.

　리더십과 조직문화 개선에 대한 관심과 노력이 높아지고 있지만 실제적으로 리더들의 비인격적 행동이 줄어들고 있는지는 의문인 가운데, 이로 인해 비인격적 리더 자신 혹은 기업이 치러야 하는 비용은 높아지고 있는 것으로 보인다.

[지문 B]

　리더십 이론도 유행을 따른다. 지난 2017년 초 다보스포럼에서는 이제 수직적 리더십의 시대가 끝나고 소통과 책임의 리더십 시대가 도래했다고 선언했다. 기술 간 융합이 가속화되고 새로운 기회와 위협이 공존하는 상황에서는 과거 칸막이식 조직문화나 위계질서를 토대로 한 수직적 리더십은 더 이상 유효하지 않으며 보다 열린 마음으로 다양성을 존중하고 조직구성원들의 집단 창의성을 이끌어 낼 수 있는 리더십이 필요하다는 것이다.

　리더는 조직에 영향력을 행사하는 자이고 사람이 모인 것이 조직이다 보니 사람의 감정을 다스리는 것이 곧 리더십의 중요 요소이다. 리더십의 원천은 하드웨어적인 권력이지만 실제 리더십은 수평적이고 부드러울수록 좋다.

　지금 세상은 하루가 멀다 하고 기술이 발전하고 경영환경은 조직 생존을 걱정할 만큼 어렵고 불확실한 세계로 치닫고 있다. 4차 산업혁명은 초연결과 초융합을 특징으로 한다. 조직의 미래를 책임진 리더는 모든 게 불안하다. 팔로워십도 중요하다고 하지만 리더십의 무게는 여전하다. 과거와 같이 리더 혼자서 무엇을 할 수 있는 것은 아니지만 리더십은 더욱 중요해지는 시대이다. 결국은 세상의 변화 속도나 그 모양을 제대로 알고 이에 대한 대응 능력을 키우는 것이 리더십의 핵심인 셈이다.

55. 다음은 [지문 A]와 [지문 B]를 읽고 나눈 대화이다. 적절하지 않은 발언을 한 사람은?

> A : 리더의 비인격적인 언행에 대한 대가가 과거에 비해 커진 이유는 스마트폰 사용 증가,
> SNS 등으로 인해 정보의 공유 및 확산이 용이해졌기 때문이에요.
> B : 맞아요. 또한 익명성이 보장되는 인터넷, 애플리케이션 등에서 리더의 비인격적인 언행에
> 대한 정보를 쉽게 공유할 수 있는 점도 과거와 달리 리더의 비인격적 언행을 은폐하기
> 어렵게 만들었죠.
> C : 급변하는 환경 속에서 효율적이고 신속한 대처가 요구되기에 일단 조직의 미션과 비전을
> 리더만 인지하고 있다가 시간을 두고 조직의 상층부에서 하층부로 알려 주는 것이 좋겠
> 어요.
> D : 리더가 독단적으로 결정했던 과거와 달리 4차 산업혁명 시대에는 직원들이 창의성을 발
> 휘할 수 있는 환경을 조성하고 수평적인 조직문화를 형성할 필요가 있고 이 또한 리더십
> 의 중요한 요소라 할 수 있겠어요.
> E : 리더의 비인격적 행동에 대해 무관용 원칙으로 대처하는 것이 조직의 이미지를 개선해
> 장기적인 성과를 달성하는 데 도움을 줄 수 있을 거예요.

① A   ② B   ③ C
④ D   ⑤ E

56. 다음은 특정 리더십 이론에 관한 설명이다. 빈칸 ㉠에 들어갈 리더십으로 적절한 것은?

> (㉠)은 리더의 개인적 행동과 대인관계를 통하여 적절한 행동을 보여 주는 것이
> 고 쌍방향 의사소통, 강화, 의사결정 등을 통하여 조직구성원에게 그러한 행동을 할 수 있도
> 록 유도하는 것으로 정의할 수 있다. (㉠)을 갖춘 리더는 자신의 행동에 대하여 책
> 임을 지는 사람으로 공정하게 행동하고, 자신의 사회적 권력을 어떻게 행사해야 하는지를 알
> 고 있다. 자기 조직 또는 자신만의 이익뿐만 아니라 사회 전체의 이익에 기여하는 방식으로
> 일을 해야 한다는 자각을 갖고, 또 이를 실천하고자 한다. 또한 조직원들의 동의와 수용을
> 중요시한다.

① 지시적 리더십(Directive Leadership)   ② 윤리적 리더십(Ethical Leadership)
③ 거래적 리더십(Transactional Leadership)   ④ 변혁적 리더십(Transformational Leadership)
⑤ 서번트 리더십(Servant Leadership)

[57 ~ 59] 다음은 A 시의 철도안전에 관한 규정의 일부이다. 이어지는 질문에 답하시오.

제○○조(　　가　　) 도시철도운영자가 열차를 무인운전으로 운행하려는 경우에는 다음 각호의 사항을 준수하여야 한다.

1. 관제실에서 열차의 운행상태를 실시간으로 감시 및 조치할 수 있을 것
2. 열차 내의 간이운전대에는 승객이 임의로 다룰 수 없도록 잠금장치가 설치되어 있을 것
3. 간이운전대의 개방이나 운전 모드(mode)의 변경은 관제실의 사전 승인을 받을 것
4. 운전 모드를 변경하여 수동운전을 하려는 경우에는 관제실과의 통신에 이상이 없음을 먼저 확인할 것
5. 승·하차 시 승객의 안전 감시나 시스템 고장 등 긴급 상황에 대한 신속한 대처를 위하여 필요한 경우에는 열차와 정거장 등에 안전요원을 배치하거나 안전요원이 순회하도록 할 것
6. 무인운전이 적용되는 구간과 무인운전이 적용되지 아니하는 구간의 경계 구역에서의 운전 모드 전환을 안전하게 하기 위한 규정을 마련해 놓을 것
7. 열차 운행 중 다음 각 목의 긴급 상황이 발생하는 경우 승객의 안전을 확보하기 위한 조치 규정을 마련해 놓을 것
    가. 열차에 고장이나 화재가 발생하는 경우
    나. 선로 안에서 사람이나 장애물이 발견된 경우
    다. 그 밖에 승객의 안전에 위험한 상황이 발생하는 경우

제△△조(　　나　　) ① 열차의 운전방향을 구별하여 운전하는 한 쌍의 선로에서 열차의 운전 진로는 우측으로 한다. 다만, 좌측으로 운전하는 기존의 선로에 직통으로 연결하여 운전하는 경우에는 좌측으로 할 수 있다.
② 다음 각호의 어느 하나에 해당하는 경우에는 제1항에도 불구하고 운전 진로를 달리할 수 있다.

1. 선로 또는 열차에 고장이 발생하여 퇴행운전을 하는 경우
2. 구원열차(救援列車)나 공사열차(工事列車)를 운전하는 경우
3. 차량을 결합·해체하거나 차선을 바꾸는 경우
4. 구내운전(構內運轉)을 하는 경우
5. 시험운전을 하는 경우
6. 운전사고 등으로 인하여 일시적으로 단선운전(單線運轉)을 하는 경우
7. 그 밖에 특별한 사유가 있는 경우

제□□조(여객열차에서의 금지행위) 여객은 여객열차에서 다음 각호의 어느 하나에 해당하는 행위를 하여서는 아니 된다.

1. 정당한 사유 없이 국토교통부령으로 정하는 여객출입 금지장소에 출입하는 행위
2. 정당한 사유 없이 운행 중에 비상정지버튼을 누르거나 철도차량의 옆면에 있는 승강용 출입문을 여는 등 철도차량의 장치 또는 기구 등을 조작하는 행위

3. 여객열차 밖에 있는 사람을 위험하게 할 우려가 있는 물건을 여객열차 밖으로 던지는 행위

4. 흡연하는 행위

5. 철도종사자와 여객 등에게 성적(性的) 수치심을 일으키는 행위

6. 술을 마시거나 약물을 복용하고 다른 사람에게 위해를 주는 행위

7. 그 밖에 공중이나 여객에게 위해를 끼치는 행위로서 국토교통부령으로 정하는 행위

57. 다음 중 A 시의 도시철도운영자가 이행한 의무 사항으로 적절하지 않은 것은?

① 시험운전을 위한 부득이한 상황에서 좌측 운전을 허가하였다.

② 호기심에 철도차량의 장치 또는 기구를 조작한 승객에게 금지행위임을 주지시켰다.

③ 운행 중 객실 내에서 테러가 발생할 경우를 대비하여 행동매뉴얼을 준비하였다.

④ 무인운전 중 승객이 간이운전대를 조작할 수 없게 하기 위한 조치로 운전실의 출입문 잠금장치를 강화하였다.

⑤ 승하차 시 승객의 안전을 위한 추가적인 조치가 필요 없다고 판단한 역에는 안전요원을 배치하지 않았다.

58. 다음 중 위 규정에 대한 설명으로 적절한 것은?

① 좌측으로 운전하는 기존의 선로에 직통으로 연결하여 운전하는 경우를 제외하고 열차는 항상 우측으로만 운행하여야 한다.

② 무인운전이 적용되지 않는 구간이 시작되기 조금 전부터 열차는 무인운전 모드가 종료되어 있어야 한다.

③ 여객출입 금지 장소인 기관실을 제외하면 어느 구역이든 접근 및 출입이 가능하다.

④ 열차 내에서의 흡연은 금지되어 있으나, 혼자 조용히 술을 마시는 행위는 금지되어 있지 않다.

⑤ 비상정지버튼을 누르거나 승강용 출입문을 여는 등의 행위는 상황에 따라 적절한 행위가 될 수 있다.

59. 다음 중 위의 (가)와 (나)에 들어갈 내용은?

	(가)	(나)
①	무인운전 시의 안전 확보	운전 진로
②	무인운전 시의 안전 확보	신호 제어
③	승객과 도시철도운영자의 의무 사항	운전 진로
④	승객과 도시철도운영자의 의무 사항	신호 제어
⑤	승객과 도시철도운영자의 의무 사항	관제 방법

[60 ~ 61] 다음은 지구온난화와 관련된 글이다. 이어지는 질문에 답하시오.

(가) 지구온난화의 가장 큰 피해국인 투발루의 현지민인 루사마 알라미띵가 목사가 지구온난화 위험성을 호소하기 위해 대한민국을 찾았다. 그는 전국 여러 도시를 방문하여 강연회와 간담회를 진행하였다.

(나) 지구온난화로 인해 빗물로만 생활이 가능했던 투발루는 가뭄으로 생활용수 부족 현상이 발생하고 있다고 한다. 해수를 담수화해서 먹고, 대형 탱크에 물을 저장하는 새로운 생활 방식을 만들고 있지만 이것으로는 매우 부족하다고 한다. 결국 지금은 물마저 사 먹어야 한다고 루사마 목사는 허탈한 감정을 토로했다. 또한 해수면 상승으로 투발루인들이 매일 아침 주식으로 먹는 '플루아트'라는 식물이 죽고 있어 그들의 식생활마저 바뀌었다고 한다.

(다) 이뿐만 아니라 자연환경의 측면에서도 피해가 발생하고 있다고 한다. 지구온난화로 인해 높아진 해수 온도와 해수면은 산호초와 야자나무가 서식하지 못하게 하였고, 더 이상 넓은 모래사장도 볼 수 없게 되었다고 말한다.

(라) 투발루 주민들은 지구온난화로 인한 피해를 온몸으로 감당하느라 자신들의 생활 패턴을 바꿔가면서까지 그곳에서 계속 살기를 원한다고 한다. 정부 또한 망그로나무 식재 등을 통해 해변 침식을 막는 등 국가를 지키기 위한 지속적인 노력을 하고 있다고 한다.

(마) 루사마 목사의 방문은 지구온난화에 대처하는 우리의 모습을 되돌아보게 한다. 이제는 생활 방식을 바꾸고 지구온난화를 걱정해야 할 때이다. 지금처럼 편리한 생활 방식만을 고집하다 보면 결국 제2, 제3의 투발루가 발생하고, 우리나라도 결국 투발루처럼 되고 말 것이다.

60. 다음 중 (가)~(마)의 중심내용으로 알맞지 않은 것은?

① (가) : 지구온난화의 위험성을 호소하기 위해 대한민국을 방문한 루사마 목사

② (나) : 지구온난화로 인한 가뭄이 초래한 투발루 주민들의 식생활 변화

③ (다) : 자연환경의 측면에서도 발생하고 있는 지구온난화의 피해

④ (라) : 지구온난화로부터 국가를 지키기 위해 지속적인 노력을 다하고 있는 투발루

⑤ (마) : 편리한 생활 방식만을 고집할 때 확대될 수 있는 지구온난화로 인한 피해

61. 다음 중 윗글에 대한 보충자료로 적절하지 않은 것은?

① 세계기상기구(WMO)가 발표한 자료에 따르면 지난 100년간 지구 온도는 약 0.7℃, 해수면 높이는 10 ~ 25cm 상승했다. 이는 최근 2만 년 동안 전례가 없을 정도의 엄청난 변화이다.

② 북극 및 남극 지대 기온 상승, 빙하 감소, 홍수, 가뭄 및 해수면 상승 등 이상기후 현상에 의한 자연재해가 현실로 나타나고 있으며, 대부분의 사람들이 그 심각성을 인식하고 있다.

③ 지구의 연평균기온은 400 ~ 500년을 주기로 약 1.5℃의 범위에서 상승과 하강을 반복하며 변화했다. 15세기에서 19세기까지는 기온이 비교적 낮은 시기였으며 20세기에 들어와서는 기온이 계속 오르고 있다.

④ 지구 평균온도가 지난 100년간 0.74℃ 상승한 것으로 나타나고 있다. 지난 12년 중 11년이 1850년 이후 가장 기온이 높은 시기로 기록되기도 하였다. 이로 인해 극지방과 고지대의 빙하, 설원이 녹는 현상이 나타나고 있다.

⑤ 화석연료를 많이 사용하게 된 산업혁명 이후 대기 중 온실가스 농도는 산업화 이전의 280ppm에서 2005년 기준 379ppm으로 약 35% 증가했다. 더불어 1960 ~ 2005년 평균 이산화탄소 농도 증가율은 연간 1.4ppm으로 나타나고 있다.

[62 ~ 64] 다음 글을 읽고 이어지는 질문에 답하시오.

스마트워크는 정보통신기술(Information and Communication Technology)을 이용하여 시간과 장소의 제약 없이 업무 수행에 있어서 관계자들과 협업하고 지속적인 업무를 수행하는 근로 형태라 할 수 있다. 스마트워크는 근로 시간과 장소의 측면에서 유연성이 심화된 개념으로, ㉠다양한 종류의 정보·지식의 통합과 활용, 상호 간의 신뢰와 협업 등을 통해 노동의 효율성 개선을 추구하는 것을 포괄적으로 함축하고 있다. 스마트워크에 대한 정의는 여러 가지가 있지만 간단하게 말해서 언제, 어디서나, 누구와도 함께 같은 네트워크상에서 일할 수 있는 시스템이라고 볼 수 있다.

㉡이러한 스마트워크가 가능해진 데에는 클라우드 컴퓨팅의 역할이 컸다. 클라우드 컴퓨팅이란 인터넷 기반의 컴퓨팅 기술을 말한다. 웹상에 있는 서버에 프로그램과 정보를 두고 필요할 때에 컴퓨터나 핸드폰 같은 디바이스에 불러와서 사용하는 웹 기반의 소프트웨어 서비스이다. ㉢따로 선이나 장치의 도움 없이 이미 대중화되어 있는 스마트폰을 통해 이용가능하다는 점이 클라우드의 인기를 견인하고 있다. 이러한 클라우드 컴퓨팅 기술이 등장함으로써 스마트워크가 가능해졌다고 볼 수 있다. 언제 어디서나 업무 정보에 사무실과 같은 환경으로 접근할 수 있게 됨으로써 스마트워크가 탄생하게 된 것이다.

최근에는 출장지나 자택 인근의 근무 공간인 스마트워크센터 이용자가 크게 늘었다. 29일 행정자치부는 작년 스마트워크센터의 이용자 수가 작년보다 76% 많은 10만 750명이라고 밝혔다. ㉣스마트워크센터는 행정기관과 공공기관 직원들이 자신의 사무실이 아닌 출장지나 집 근처에서 원격으로 근무할 수 있도록 조성된 공간으로, 전국 15곳(총 406석)을 운영 중이다. 작년 스마트워크센터 좌석 이용률은 96.1%로, 작년의 61.9%보다 크게 증가했다. 이는 세종시의 3단계 이전에 따라 정부세종청사 입주 기관이 늘어난 결과로 분석된다.

㉤행정안전부는 아직 스마트워크센터 이용률이 낮은 공공기관을 위주로 이달 말까지 권역별 스마트워크 설명회 및 체험행사를 하고 있다. 행정안전부는 이용자 증가에 대비해 근무공간을 확충하고 근무환경도 지속 개선할 계획이다.

62. 다음 중 윗글의 제목으로 적절한 것은?

① 스마트워크를 가능케 한 클라우드 컴퓨팅의 역할
② 행자부의 스마트워크 활성화를 위한 노력
③ 스마트워크의 의미와 활용 현황
④ 스마트워크의 형태와 활용 방법
⑤ 스마트워크센터의 이용 현황

63. 다음 중 윗글을 통해 스마트워크의 장단점을 추론한 내용으로 적절하지 않은 것은?

① 교통정체에 따른 시간낭비와 탄소 발생 저감 효과를 거둘 수 있다.
② 위계질서 붕괴에 따라 창의성이 감소한다.
③ 자율적인 근무시간 선택으로 삶의 질을 향상시킬 수 있다.
④ 어디에서나 업무가 가능하다는 점이 오히려 '업무 족쇄'의 부작용을 낳을 수 있다.
⑤ 비대면 업무의 증가로 직원 간의 유대감과 친밀감이 저하될 수 있다.

64. 윗글의 밑줄 친 ㉠∼㉤ 중 전체 글에서 이야기하는 바와 관련이 적은 것은?

① ㉠   ② ㉡   ③ ㉢
④ ㉣   ⑤ ㉤

[65 ~ 66] 다음 명령체계에 관한 내용을 읽고 이어지는 질문에 답하시오.

〈명령어〉

명령어	해석
include " "	x 집합 내에서 " " 안의 단어가 포함된 항목만 선정
if ~, go to (i)	if 뒤의 조건을 만족하는 개체는 (i) 명령을 따름.
else, go to (ii)	앞의 if 조건을 만족하지 못하는 개체는 (ii) 명령을 따름.
apply +	단어 뒤에 한 칸 띄우고 +!일 경우 '개발'을, +@일 경우 '구축'을 덧붙임.
sort (개체) into (소집합)	해당 개체를 소집합으로 분류
/enter/	명령어 간 구분
printf( )	( ) 내 항목들을 모두 출력. 단, ( ) 안에 " "가 있을 경우 " " 안의 단어를 그대로 출력

⑩ x ={안전도로, 공정사회, 교통안전, 미래사회}일 경우

if x=include "안전", go to (i)
else, go to (ii)
/enter/
(i) sort (x apply +!) into (AABC001)
/enter/
(ii) sort (x apply +@) into (AABC002)
/enter/
printf(AABC002)

〈출력값〉

공정사회 구축, 미래사회 구축

65. x ={인공신경망, 기계학습시스템, 자연언어처리, 인공생명체}일 때, 다음 명령체계를 거쳐 최종적으로 출력되는 값은?

```
if x =include "인공", go to ( i )
else, go to ( ii )
/enter/
( i ) sort (x apply +@) into (AI4431)
/enter/
( ii ) sort (x apply +!) into (AI4432)
/enter/
printf(AI4431)
```

① 기계학습시스템 구축, 자연언어처리 구축   ② 기계학습시스템 개발, 자연언어처리 개발
③ 인공신경망 구축, 인공생명체 구축   ④ 인공신경망 개발, 인공생명체 개발
⑤ 인공신경망 구축, 인공생명체 개발

66. x ={초음파 센서, 이미지 센서, 방향유지시스템, 위치정보시스템}일 때, 다음 명령체계에서 '?'에 들어갈 단어로 적절한 것은?

```
if x =include "( ? )", go to ( i )
if not, go to ( ii )
/enter/
( i ) sort (x apply +@) into (THGJ1001)
/enter/
( ii ) sort (x apply +!) into (THGJ1002)
/enter/
printf(THGJ1002)
```

출력값

초음파 센서 개발, 위치정보시스템 개발

① 시스템   ② 센서   ③ 지
④ 정보   ⑤ 위치

[67 ~ 71] 다음은 ○○회사의 인사관리 번호 생성표와 특별관리 대상 직원들의 관리번호이다. 고용형태, 성별, 근무 지사, 근무 부서, 직급 순서로 각각의 코드를 연결하여 관리번호를 부여한다고 할 때 이어지는 질문에 답하시오.

입사연도	고용형태		성별		근무 지사		근무 부서		직급	
	코드	형태	코드	성별	코드	지사	코드	부서	코드	직급
입사연도를 YYYY 형식으로 나타낸다.	A	정규직	M	남성	S	서울	MA	관리부	11	사원
	B	계약직	F	여성	K	경기	SA	영업부	12	대리
	C	파견직			W	원주	RE	연구부	13	과장
					D	대구	XX	감찰부	14	차장
					J	제주			21	부장
					Z	기타			22	본부장
									23	임원

例 2012년에 정규직으로 입사한 서울지사 관리부의 남성 사원 : 2012-A-M-S-MA-11

성명	관리번호	성명	관리번호
구민우	2014AMSMA11	온준호	2014BMJXX13
감은솔	2008AFJSA14	유세린	2012AFSMA11
강근수	2011AMKMA12	윤성민	2015BMKMA12
방태준	2011BMKMA12	은승현	2015AMDRE12
배경민	2006BMZRE14	이원진	2010AFKSA23
송희섭	2010AMDSA12	임진명	2011AMKSE12
심혜승	2001AFWRE21	장기혁	1998AMZMA21
안희승	2011BMJMA11	정은별	1999AFDMA14
예슬비	2014CFSXX11	차호용	2012BMKSA22

67. 자료에 대한 설명으로 적절하지 않은 것은?

① 은승현과 윤성민의 직급은 대리이다.
② 정은별은 장기혁이 입사한 다음 해에 입사하였다.
③ 심혜승은 원주지사 연구부 부장이다.
④ 구민우, 유세린, 감은솔은 같은 지사에서 근무한다.
⑤ 예슬비와 온준호는 같은 해에 입사하였다.

68. 다음 중 같은 지사의 같은 부서에 근무하는 사람끼리 바르게 짝지은 것은?

① 강근수, 송희섭   ② 감은솔, 장기혁   ③ 윤성민, 안희승
④ 유세린, 구민우   ⑤ 심혜승, 이원진

69. 강근수와 같은 연도에 입사해 같은 지사에서 일하고 있는 사람은 강근수를 제외하고 몇 명인가?

① 0명   ② 1명   ③ 2명
④ 3명   ⑤ 4명

70. 특별관리 대상 명단에서 파견직 직원은 몇 명인가?

① 0명   ② 1명   ③ 2명
④ 3명   ⑤ 4명

71. 특별관리 대상 명단에서 대리급 이하(대리, 사원) 직원은 몇 명인가?

① 8명   ② 9명   ③ 10명
④ 11명   ⑤ 12명

72. 다음은 ○○공사의 '스마트 스테이션'에 대한 기사이다. ㉠에 들어갈 단어로 적절한 것은?

서울 지하철 X호선, 내년 3월 '스마트 스테이션'으로 탈바꿈

○○공사는 현재 분산되어 있는 분야별 역사 관리 정보를 (㉠)을/를 기반으로 통합 관리할 수 있는 '스마트 스테이션'을 내년 3월까지 X호선 50개 전 역사에 구축한다고 밝혔다.

스마트 스테이션이 도입되면 3D맵, IoT센서, 지능형 CCTV 등이 유기적으로 기능하면서 하나의 시스템을 통해 보안, 재난, 시설물, 고객서비스 분야 등에서 통합적인 역사 관리가 가능해진다. 3D맵은 역 직원이 역사 내부를 3D 지도로 한눈에 볼 수 있어 화재 등 긴급 상황이 발생했을 때 위치와 상황을 기존 평면형 지도보다 좀 더 정확하고 입체적으로 파악하고 신속하게 대응할 수 있도록 해 준다. 지능형 CCTV는 화질이 200만 화소 이상으로 높고 객체인식 기능이 탑재돼 있어 제한구역에 무단침입이나 역사 화재 등이 발생했을 때 실시간으로 알려 준다. 지하철 역사 내부를 3차원으로 표현함으로써 위치별 CCTV 화면을 통한 가상순찰도 가능하다.

---

① 정보통신기술(ICT)   ② 빅데이터   ③ 사물인터넷기술(IoT)
④ 증강현실(AR)   ⑤ 인공지능(AI)

73. 다음 글을 읽고 ㉠에 들어갈 자원낭비요인을 고르면?

자원낭비의 요인들은 자원의 유형이나 개인에 따라 매우 다양한데 크게 비계획적 행동, 편리성 추구, 자원에 대한 인식 부재, 노하우 부족으로 구분된다.

• 비계획적 행동

자원을 어떻게 활용할 것인가에 대한 계획이 없는 사람들이 있다. 계획 없이 충동적이고 즉흥적으로 행동하기 때문에 활용 가능한 자원을 낭비하는 경우가 많이 발생한다. 계획적인 사람들의 경우 목표를 세우고 이를 만족시키려고 노력하는 반면, 비계획적인 사람은 목표가 없기 때문에 자신의 자원을 얼마나 낭비하는지도 파악하지 못한다.

• 편리성 추구

편리성 추구는 자원을 활용하는 데 있어서 너무 편한 방향으로 활용하는 것을 의미한다. 예를 들어 일회용품의 사용, 늦잠 자기, 주위 사람들에게 멋대로 대하기 등을 나타내는 것이다. 이로 인해 물적자원뿐만 아니라 시간, 돈의 낭비를 초래할 수 있으며 주위의 인간관계도 단절될 수 있다.

• 자원에 대한 인식 부재

자원에 대한 인식 부재는 자신이 가지고 있는 중요한 자원을 인식하지 못하는 것을 의미한다. 예를 들어 몇몇 사람의 경우 시간이 중요한 자원이라는 것을 의식하지 못한다. 현금, 부동산 등과 같은 물적 자원만을 자원이라고 생각해 자신도 알지 못하는 사이에 중요한 자원을 낭비하게 되는 것이다.

• 노하우 부족

자원관리의 중요성을 인식하고 있으나 효과적인 활용 방법을 모르는 사람들이 있다. 자원관리에 대한 경험이나 노하우가 부족한 경우이다. 그러나 이러한 사람들은 자원관리에 실패하지만 실패 경험을 통해 노하우를 축적해 나갈 수 있으며 별도의 학습을 통해서도 극복이 가능하다.

서울교통공사 전략처의 직원 A는 최근 지하철 내 1회용 비닐 제품 사용을 줄이고자 서울지하철 1 ~ 8호선의 모든 지하철 역사 내 우산비닐 커버를 전면 철수시킨 것과 관련하여, 1회용 우산비닐 커버를 제공하는 것의 자원낭비요인이 무엇인지 고민해 보았다. 그 결과 A는 (㉠   )라는 결론을 내렸다.

① 비계획적 행동   ② 편리성 추구   ③ 자원에 대한 인식 부족

④ 노하우 부족   ⑤ 해당 없음.

[74 ~ 76] '갑'사의 구매팀에서는 외주업체에 가방을 발주하고자 한다. 가방의 발주 내역, 원단별 단가, 외주업체 생산 가능 내역이 다음과 같을 때 이어지는 질문에 답하시오.

〈가방 발주 내역〉

• 발주 수량 : 500개 / • 개당 소요 원단 : 가죽 6평(외피), 스웨이드 2평(내피)

〈원단별 단가〉

원단 종류		내구성	단가(원/1평)
외피	P 가죽	중	15,000
	S 가죽	상	17,000
	B 가죽	중	18,000
	L 가죽	상	17,500
내피	천연 스웨이드	중	4,000
	인조 스웨이드	중	3,000
	합성 스웨이드	상	3,000

〈외주업체별 생산 가능 내역〉

구분	A 공장	B 공장	C 공장	D 공장
공임(원/개)	20,000	23,000	22,000	21,000
생산수량(개/일)	50	45	60	55
휴무일	1, 3번째 일요일	매주 토요일	매 주말	2, 4번째 주말
창고료(원/일)	500,000	200,000	250,000	350,000

74. 외주업체 발주 전 다음과 같은 기준에 의해 원단을 우선 구입하고자 한다. 기준에 맞는 원단 구성으로 적절한 것은?

> • 가방 1개당 소요 원단 금액이 저렴한 원단을 우선 선택한다.
> • 소요 원단 금액의 차이가 20% 이내일 경우 내구성이 강한 원단을 우선 선택한다.

① P 가죽, 합성 스웨이드　　② P 가죽, 인조 스웨이드　　③ S 가죽, 합성 스웨이드
④ S 가죽, 천연 스웨이드　　⑤ L 가죽, 인조 스웨이드

75. '갑'사의 구매팀에서는 74와 같은 내역의 가방을 7월 2일에 외주업체에 발주하고자 하며, 회사의 창고 공간이 부족하여 공장 창고에 가방을 보관해두고 7월 17일에 완성품을 납품받아야 한다. 다음 7월의 달력을 참고할 때, 비용이 가장 저렴한 외주업체와 총 지불해야 할 비용을 올바르게 짝지은 것은? (단, 생산은 발주 다음날부터 시작하며, 생산수량을 매일 생산한다고 가정한다)

일	월	화	수	목	금	토
			1	2	3	4
5	6	7	8	9	10	11
12	13	14	15	16	17	18
19	20	21	22	23	24	25
26	27	28	29	30	31	

	외주업체	총 지불비용
①	A 공장	1,160만 원
②	B 공장	1,170만 원
③	C 공장	1,120만 원
④	A 공장	1,130만 원
⑤	C 공장	1,150만 원

76. (74, 75와 이어짐) '갑'사 구매팀에서는 선정한 외주업체와 원단을 통해 개당 생산원가에 20%의 마진을 더하여 판매가를 책정하고자 할 때, 판매가는 얼마인가?

① 157,200원　　　② 157,500원　　　③ 158,000원
④ 158,200원　　　⑤ 158,500원

[77 ~ 80] 다음 상황과 자료를 보고 이어지는 질문에 답하시오.

(주)지마트에 운송의뢰를 받은 운송업체 직원 L은 다음 조건에 따라 서로 다른 (주)지마트의 매장 A ~ E와 부설창고 a ~ e에 물건을 배송하려고 한다.

• 매장 A, B, C, D, E에는 각 매장의 부설창고 a, b, c, d, e가 있다(예 A 매장의 부설창고는 a이다).
• 각 매장에 운송할 물건들은 각 매장에 대응하는 알파벳의 창고에서 상차한 후에 해당 매장으로 운송하는 순서대로 납품한다(예 매장 A의 물건은 창고 a에서 상차해야 하고 매장 A에서 하차해야 한다).
• 각 창고에서 물건을 상차하는 데 15분, 각 매장에서 물건을 하차하는 데 15분이 걸린다.
• 물건을 운송하는 차량의 적재량과 연료 등 자료에서 언급한 사항 외의 요소들은 고려하지 않는다.

〈자료 1〉 매장, 창고, 운송업체 본사의 위치와 각 장소 간의 이동시간

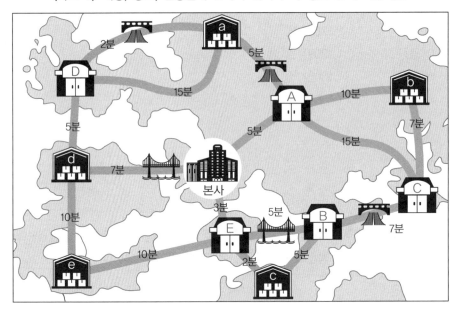

〈자료 2〉 유료도로 구조물의 종류별 이용 도로요금

구분	구조물	도로요금	구분	구조물	도로요금
교량	교량	1,500원	고가도로	고가도로	1,000원

77. 위 자료를 이해한 내용으로 적절한 것은?

① 납품 없이 본사에서 창고 e까지 이동하는 데에는 최소 17분이 소요된다.

② 창고 d에서 물건을 수령하고 매장 D로 납품하기 위해서는 반드시 본사를 거쳐야 한다.

③ 창고 b에서 매장 B까지 이동하기 위해서는 반드시 도로요금을 내야 한다.

④ 납품 없이 본사에서 바로 매장 A에 갔다가 다른 경로로 본사에 돌아오기 위해서는 반드시 도로요금을 내야 한다.

⑤ 매장 C에서 매장 B를 거쳐 매장 E로 가기 위해서는 한 종류의 구조물만 지나면 된다.

78. 직원 L이 본사에서 출발하여 매장 C에 물건을 납품한 후 본사로 돌아올 때까지 소요되는 최단시간은?

① 32분   ② 47분   ③ 62분

④ 64분   ⑤ 67분

79. 직원 L이 최저 요금으로 본사에서 출발하여 매장 D에 물건을 납품한 후 본사로 돌아온다면 직원 L이 사용한 도로요금은 얼마인가? (단, 이미 지나온 도로는 다시 지나지 않는다)

① 1,000원
② 2,000원
③ 3,000원
④ 4,000원
⑤ 5,000원

80. 직원 L이 10시에 본사에서 출발했을 때, 최단시간으로 매장 E와 매장 B에 순서대로 물건을 납품하고 본사로 돌아왔을 때의 시각은?

① 11시 3분
② 11시 25분
③ 12시 3분
④ 12시 7분
⑤ 12시 25분

실전모의고사

제**4**회

수험번호	
성 명	

01. 다음 프로배구 신인 선수를 배정하는 방식에 대한 설명을 근거로 판단할 때 병 구단이 2라운드에서 지명하는 신인 선수는 누구인가?

프로배구 신인 선수의 배정은 각 구단에서 필요한 선수를 직접 지명하여 선발하는 방식으로 진행한다. 선발은 1라운드와 2라운드로 나누어 진행한다.

- 1라운드 진행 방식 : 전년도 순위가 3, 4위인 구단은 제비뽑기로 신인선수 지명 1, 2순위를 정한다. 전년도 2위는 3순위로, 1위는 마지막 순서로 지명한다.
- 2라운드 진행 방식 : 전년도 순위와 지명하는 순서를 같게 한다.

갑, 을, 병, 정 4개 구단의 전년도 성적과 8명의 신인 선수 A ~ H에 대한 선호도는 아래와 같다.

전년도 순위	구단	신인 선수 선호도
1	을	A-C-D-E-B-H-G-F
2	병	B-C-E-F-A-G-H-D
3	정	A-B-D-C-F-H-G-E
4	갑	B-E-A-H-F-C-D-G

※ 신인 선수에 대한 선호도는 왼쪽에서 오른쪽으로 갈수록 낮아진다.

① E   ② G   ③ H
④ F   ⑤ D

02. 다음 글을 읽고 난 후의 반응으로 적절하지 않은 것은?

한국철도기술연구원(이하 '철도연')장은 "정부의 한반도 신경제지도 구상은 우리의 경제 영토를 북한과 동북아시아, 유라시아로 확장해 한국 경제의 새로운 성장 동력을 창출하겠다는 것"이라며 "이를 실현하기 위해서는 무엇보다 남북철도연결이 중요하다."고 강조했다. 철도는 남북경협 특구의 활성화를 좌우하는 주요기반 시설이기 때문이다. 문제는 북한 철도의 복선화율이 3%에 불과하고 전력사정이 좋지 않아 전기기관차 운영이 어렵다는 것이다. 또 철도시설 역시 노후화돼 열차속도가 매우 낮은 수준이다. 연구원장은 "이를 해결하기 위해서는 단순 남북철도 연결을 넘어 북한철도의 개보수를 진행해야 한다."며 "북한의 노동·토지 요소와 남한의 자본·철도기술 요소가 결합된다면 남한 사업비의 $\frac{1}{4}$로도 건설 및 보수 작업이 가능하다."고 밝혔다.

그는 또한 최근 추진하고 있는 'TKR-TSR 8일 프로젝트'의 문제점도 지적했다. 이는 러시아 TSR화물 고속화 정책과 남북철도(TKR)를 연계하는 사업이다. 그런데 우리나라, 북한의 레일 간격(1,435mm)과 러시아 철도의 레일 간격(1,520mm)이 다르다는 것이다. 이에 철도연은 중국과 러시아까지 운행할 수 있는 동북아 공동 화차를 만드는 한편 철도 대륙연결을 위한 상호호환 시스템까지 개발할 계획이다.

이처럼 남북철도가 연결되고 대륙 철도망과 이어진다면 한반도 1일 생활권은 물론 동북아 1일 생활권 시대가 열릴 것으로 철도연은 내다봤다. 철도연은 "상이하고 낙후된 이종시스템, 통관 시스템의 비표준화 등 기술적 문제가 많은 것은 사실"이라며 "이를 극복한다면 우리나라는 '닫힌 영토, 폐쇄된 영토'에서 '열린 영토' 개념으로 한반도 국토 공간을 발전시켜 나갈 수 있게 될 것"이라고 덧붙였다.

하지만 이질적인 두 시스템의 통합은 그에 따른 비용 문제가 선결돼야 한다. 한국표준과학연구원에서는 그 방법론으로 '남북 표준의 통합'을 제안했다. 현재 남북은 각각 22,000종과 11,000종에 달하는 각종 국가규격을 가지고 있다. 한국표준과학연구원장은 "이 많은 규격들을 일시에 통합하고자 하는 것은 무리다. 작업 피로도 역시 상당할 것"이라며 "가장 기초적인 측정표준의 통합과정에서부터 합리적인 의사결정 방식을 도입해야 한다."고 강조했다.

① "대륙철도 연결은 남북통일을 염두에 둔 우리나라의 영토 확장이 장기적인 **목표로군**."
② "북한의 노동력과 남한의 기술이 융합되면 철도연결 사업의 비용이 많이 줄어들겠군."
③ "남과 북의 철도 레일과 러시아의 철도 레일은 설치 규격이 다르다는 문제가 있네."
④ "남과 북의 철도 관련 기술적인 규격을 통합하는 일이 무엇보다 중요한 작업이 되겠군."
⑤ "중국, 러시아와 철도가 연결되려면 선로 규격의 통일문제뿐 아니라 제도 보완도 필요하겠네."

[03 ~ 04] 다음은 회사 사무실 이전을 앞둔 K사 총무팀의 주간 회의록이다. 회의록을 보고 이어지는 질문에 답하시오.

총무팀 주간 회의록			
회의일시	202X년 9월 15일 10:00 ~ 11:30	회의장소	세미나실
참석자	총무팀원(이사업체 직원 배석)		
회의안건	〈다음 달 사옥 이전 관련 준비상황 점검〉 1. 부서별 사무실 배치 2. 파티션 재배치에 따른 이동 계획		
회의 내용	1. 부서별 사무실 배치(당사 사용가능 층 : 1 ~ 4층, 층별 최대 2개 사무실) 　- 각 팀별 요청 사항		

총무팀	1 ~ 3층 중 한 개 층에 배치 요망
인사팀	1층에 배치 요망
홍보팀	2층 이하 층에 배치 요망
기획팀	총무팀과 연이은 층 원치 않음
회계팀	1 ~ 3층 중 한 개 층에 배치 요망
영업1팀	영업1, 2팀 별도 층 배치 요망, 영업2팀과 회계팀 동일 층
영업2팀	
사장실	가능한 공간 중 최상 층 배치 요망

2. 파티션 재배치
　- 재배치 신청 부서별 파티션 수급 현황('잔여'는 반납을 의미, '수요'는 다른 형태의 파티션 신규 수요를 의미함)

잔여＼수요	총무팀	인사팀	홍보팀	기획팀
총무팀	–	5	5	4
인사팀	2	–	2	5
홍보팀	3	3	–	2
기획팀	4	2	1	–

※ 나머지 4개 팀은 파티션 이동 없음.

03. 회의를 마치고 휴게실에서 나눈 총무팀원들의 부서 배치와 관련한 대화 중 회의 내용에 부합하지 않는 의견을 제시한 사람은?

> A 대리 : "사무실을 이전하게 되면 4개 층에 사무실 2개씩 배치될 텐데, 지난번에 영업팀이 한 개 더 늘어날 거라고 하지 않았나요? 그러면 공간이 부족할 텐데요..."
>
> B 과장 : "그렇게 되면 다른 방법을 찾아야겠지. 아무튼 우리 팀은 업무적으로 연관이 많은 인사팀과 같은 층을 쓸 수 있으니 좀 편해지겠군."
>
> C 사원 : "우리 팀 위치가 영업1팀과 같은 층이 될 수도 있으니 꼭 그렇지만은 않죠 뭐."
>
> D 대리 : "그래도 우리는 사장실과 같은 층이 아니니 좀 편하게 일할 수 있겠어요. 기획팀은 오며가며 사장님 눈치 좀 보게 될 것 같아요, 하하."
>
> E 사원 : "그런데 영업1, 2팀은 왜 같은 층을 원하지 않았는지 모르겠어요. 어차피 2층과 3층에 배치될 수밖에 없으니까 큰 차이는 없을 텐데 말이죠."

① A 대리   ② B 과장   ③ C 사원
④ D 대리   ⑤ E 사원

04. 다음 중 파티션 수급과 관련한 설명으로 옳은 것을 〈보기〉에서 모두 고르면?

> **보기**
>
> (가) 반납하는 파티션이 가장 많은 부서의 신규 수요 파티션 수도 가장 많다.
> (나) 파티션의 반납 수량과 신규 수요 수량이 동일한 부서는 1개 팀이다.
> (다) 팀별 평균 파티션 교체 수량은 10개에 조금 못 미친다.
> (라) '인사팀이 반납한 파티션을 가장 많이 필요로 하는 팀'이 반납한 파티션은 인사팀이 가장 많이 필요로 한다.

① (가), (나)   ② (가), (다)   ③ (나), (다)
④ (나), (라)   ⑤ (다), (라)

[05 ~ 06] 다음은 A 공단 문화센터에서 운영하고 있는 문화강좌 프로그램에 대한 수강료 반환기준이다. 이를 읽고 이어지는 질문에 답하시오.

구분		반환사유 발생일	반환금액
수강료 징수기간	수강료 징수기간이 1개월 이내인 경우	수강 시작 전	이미 낸 수강료 전액
		총 수강시간의 $\frac{1}{3}$ 경과 전	이미 낸 수강료의 $\frac{2}{3}$ 해당액
		총 수강시간의 $\frac{1}{2}$ 경과 전	이미 낸 수강료의 $\frac{1}{2}$ 해당액
		총 수강시간의 $\frac{1}{2}$ 경과 후	반환하지 아니함.
	수강료 징수기간이 1개월을 초과하는 경우	수강 시작 전	이미 낸 수강료 전액
		수강 시작 후	반환사유가 발생한 당해 월의 반환대상 수강료(수강료 징수 기간이 1개월 이내인 경우에 준하여 산출된 수강료를 말한다)와 나머지 월의 수강료 전액을 합산한 금액
센터의 귀책사유로 수강을 중단할 경우		중단일 이후	잔여기간에 대한 수강료 환급 (사유 발생일로부터 5일 이내에 환급)
비고		총 수강시간은 수강료 징수기간 중의 총 수강시간을 말하며, 반환금액의 산정은 반환사유가 발생한 날까지 경과된 수강시간을 기준으로 한다.	

05. 〈보기〉의 설명 중 위의 수강료 반환신청을 바르게 이해한 것을 모두 고르면?

보기

(가) 수강료 징수기간에 관계없이 수강 시작 전에는 이미 낸 수강료 전액을 환급받게 된다.

(나) 수강료 징수기간이 1개월 이내인 경우에는 절반 이상의 수강을 하였다면 환급액이 없으나 수강료 징수기간이 3개월인 경우 절반 이상의 수강을 하였다면 마지막 달 1개월 치의 수강료는 환급된다.

(다) 센터의 사유로 인해 수강이 중단된 경우에는 전체 수강료를 환급받게 된다.

(라) 매주 수요일 주 1회의 강좌를 7월 5일 수요일부터 수강하였으나 12일 2회 수강 이후 수강료 반환을 요구하게 된다면, 15일 이전이므로 $\frac{1}{2}$이 경과하지 않은 것으로 간주된다.

---

① (가), (나)   ② (가), (다)   ③ (가), (라)

④ (나), (다)   ⑤ (다), (라)

06. 다음 중 반환되어야 할 수강료의 금액이 가장 큰 경우는? (단, 각 강좌의 수강료는 전 수강기간 동안 매월 동일하다)

① 5개월 코스의 기타 강좌, 총 25만 원 납부, 4개월 수강 후 환급 요청

② 3개월 코스의 요가 강좌, 총 20만 원 납부, 2개월 수강 후 환급 요청

③ 3개월 코스의 헬스장, 총 27만 원 납부, 3개월 첫 주 이후 환급 요청

④ 4개월 고스의 요리 강좌, 총 32만 원 납부, 2개월 2주 수강 후 환급 요청(주 1회 강좌)

⑤ 1개월 코스의 주식 투자 강좌, 총 21만 원 납부, 1주 수강 후 환급 요청

[07 ~ 08] 다음 글을 읽고 이어지는 질문에 답하시오.

세계대중교통협회(UITP)는 철도차량의 운행 자동화를 총 4단계로 구별한다. 최고 등급인 GOA (Grade of Automation) 4단계는 열차의 출발과 도착, 출입문의 개폐, 비상상황에 대한 방호 등이 모두 자동으로 이루어지며, 운전사와 승무원이 탑승하지 않는 단계를 말한다. 국내에서는 H사가 제작하여 현재 운행 중인 신분당선 지하철, 우이신설 경전철, 부산-김해 경전철, 인천도시철도 2호선 도시철도 차량이 운행되는 노선은 GOA 4단계 자동화 시스템을 갖춘 완전 무인운전 노선이다. 이외에도 용인 경전철, 의정부 경전철 등 수도권 지역에서 완전 무인운전 노선이 운행되고 있다.

이렇게 빠른 속도로 국내 도입 중인 열차 무인운전 시스템에 대한 이용자의 반응은 '신기하지만 불안하기도 하다'는 것이 대부분이다. 무인운전으로 운행되는 인천도시철도 2호선 이용자 2,035명을 대상으로 한 이용실태 설문 조사에서 이용자의 21.7%가 무인운전에 대한 불안감을 나타내기도 했다.

그러나 열차 무인운전 시스템은 우리가 생각하는 것보다 훨씬 더 안전하고 정확한 시스템이다. 1980년대 열차 무인운전 시스템이 처음 개발된 배경 또한 '안전과 정확성'을 강화하기 위함이었다. 도시가 확장되고 인구가 급격히 팽창함에 따라 더 많은 승객이 열차를 이용하게 되었고, 이에 따라 열차 이용 시 안전사고 위험도 높아지고 정시성이 떨어지는 등 많은 불편이 생겨나게 되었으며, 이를 개선하기 위하여 달리는 열차와 지상 관제센터 간 통신을 이용한 신호시스템이 필요하게 되었다. 유인운전의 경우, 관제실에서 열차의 흐름을 실시간 모니터링하며 각 열차의 운전사에게 운행 명령을 내려야 한다. 열차 운전사는 관제실과 통신을 주고받으며 상황에 맞추어 열차를 운전하며, 열차가 정차역에 멈추면 운전사가 육안을 통해 승강장의 상황을 확인하며 열차의 문을 열고 닫아야 한다. 승객이 너무 많이 몰리면 미처 눈으로 확인하지 못한 돌발 상황이 발생할 수도 있고, 이는 종종 안전사고의 원인이 되곤 했다. 그러나 열차 무인운전 시스템은 기관사와 관제사를 거치지 않고 차량 스스로 지상에 설치되어 있는 장치와 상호 통신하며 열차의 운행 간격과 속도, 위치 등을 자동으로 통제하게 된다. 열차 운행은 미리 프로그램된 알고리즘에 따라 움직이는 것이다. 또한 안전사고 위험이 존재하는 열차 출입문 개폐를 자동으로 통제하는 시스템도 갖추어져 있어, 열차 출입문에 장애물이 감지되면 출입문은 닫히지 않고 열차 또한 출발하지 않는다. 열차가 정차해 있는 동안 뒤따라오는 다른 열차들의 속도 또한 자동으로 통제된다.

열차 무인운전 시스템은 안전성과 비용 절감, 수익 증대라는 장점을 갖고 있다. 열차 기관사 홀로 몇 천 명의 승객이 이용하는 열차를 운행한다면 필연적으로 사고의 위험은 항상 존재할 수밖에 없다. 그렇다고 지하철(전철)에 여객 열차처럼 승무원을 배치하여 사고 예방에 나선다면 그만큼 비용이 상승되고, 이는 고스란히 승객의 부담으로 돌아오게 된다. 열차 무인운전 시스템은 이러한 딜레마를 해결할 수 있는 방법으로, 초기 시스템 개발과 구축에는 비용이 들지만, 이후 운영비용을 절감할 수 있는 시스템이다. 또한 소위 '휴먼 에러'라고 하는 인간의 실수에 따른 사고 위험을 낮출 수 있다. 승무원의 휴식 등에 소요되는 시간이 필요 없고, 프로그램에 따라 열차가 지연되면 알아서 속도를 더 내거나 출입문 개폐 시간을 조절하는 등의 자동회복운동 기능으로 정시운행성이 높아짐에 따라 열차 운행 빈도를 더욱 높일 수도 있다. 결국 열차 무인운전 시스템의 긍정적인 효과는 우려하는 것보다 더 크다고 할 수 있다.

07. 다음 중 열차 무인운전 시스템을 위해 갖춰져야 할 필수장치가 아닌 것은?

① 열차와 관제실 간의 실시간 통신
② 차량의 앞과 뒤 칸의 개방된 유리창
③ 센서를 통한 자동 출입문 개폐 시스템
④ 차량 간 거리 탐지를 통한 열차 속도 제어 시스템
⑤ 비상상황에 대한 방호 시스템

08. 다음은 열차 무인운전 시스템의 장단점을 비교한 표 중 내용이 적절하지 않은 것은?

구분	장점	단점
①	수송능력 향상과 더 많은 수익	자동화 진행에 따른 인간 소외, 일자리 감소
②	비용 절감	해킹이나 바이러스 등을 통한 전산망 마비에 따른 운행 불가능 상황
③	사회 문제 해결과 고용 창출	장애물 감지 및 신호 제어 체계 등의 미비에 따른 차량 간 충돌 문제
④	인력 재배치와 시간 절약	보안 장비, 방화벽 문제 등으로 인한 운영 시의 보안 유지 문제 대두
⑤	안전성과 정확성의 제고	예측 불가능한 상황 발생 시 현장을 지휘 통제할 인력의 부재

09. 다음 〈보기〉의 사례에서 나타난 명함 교환 예절 중 가장 적절하지 않은 것은?

보기

△△기업에 다니는 K 사원은 처음으로 생긴 명함에 대한 직업예절을 전부터 틈틈이 공부하였다. 거래 업체의 직원을 만나게 된 K 사원은 공부해 왔던 대로 명함 교환 예절을 지키며 명함을 교환하고자 하였다. ① 일단 K 사원은 자기보다 윗사람인 거래 업체 직원이 명함을 줄 때까지 기다렸다. ② 명함을 줄 때는 명함 지갑에 넣어 두었던 새 명함을 꺼내었다. ③ K 사원은 명함을 받고 앞서 받은 명함을 받은 즉시 호주머니에 넣지 않고, 명함에 대한 이야기를 몇 마디 건네었다. ④ 명함을 보던 중 읽을 수 없는 한자가 눈에 보이자, "혹시 이 한자는 어떻게 읽으면 되나요?"라고 질문하기도 하였다. 거래를 위한 대화 도중 ⑤ 명함에 적어야 할 부가 정보들은 기억해 뒀다 모든 업무가 끝나고 혼자가 되고 나서야 적기 시작하였다.

10. 성실에 대한 설명으로 가장 적절하지 않은 것은?

① 성실이란 근면한 태도와 정직한 태도 모두와 관련이 있다.
② '최고보다는 최선을 꿈꾸어라'라는 말은 성실의 중요성을 뜻한다.
③ 성실하면 사회생활을 하는 데 있어서 바보 소리를 듣고, 실패하기도 쉽다.
④ 성실한 사람은 국가와 사회에 이바지하는 바가 크고, 자아가 성장할 수 있다는 장점이 있다.
⑤ '천재는 1퍼센트의 영감과 99퍼센트의 노력으로 만들어진다'라는 말 역시 성실의 중요성을 뜻한다.

11. 직장 상사와 함께 식당에서 식사를 할 때 상석이 아닌 자리는?

① 의자가 편한 자리
② 출입문에서 가장 먼 자리
③ 출입문에서 가장 가까운 자리
④ 직원이 먼저 의자를 빼 주는 자리
⑤ 출입문을 기준으로 가장 먼 자리와 가까운 자리의 중간 자리

12. 다음 중 한국인들이 일반적으로 직장에서 갖추어야 하는 직업윤리에 대한 사례로 가장 적절하지 않은 것은?

① A 대리는 맡은 프로젝트를 제시간에 끝내기 위해 항상 정성스럽고 참된 마음으로 업무에 임하며 최선을 다했다.

② B 사원은 같은 부서의 부서원들끼리 협업하는 업무를 맡게 되었고, 함께 프로젝트를 진행하게 된 부서원들과 마찰을 만들지 않기 위해 조화로운 태도를 고수하였다.

③ C 과장은 지나치게 새로운 것을 추구하게 되면 기존의 정통성을 해칠 수 있다는 생각을 하여, 새로운 것보다는 기존의 것을 지키고자 노력하였다.

④ D 부장은 부서원들에게 있어 항상 든든한 모습과 모든 일에 솔선수범하는 모습을 보였으므로, 부서원들은 D 부장을 굳게 믿고 의지할 수 있게 되었다.

⑤ E 대리는 본인이 맡은 업무에 대해서는 문제없이 완수하고자 하는 일념으로 야근까지 하며 업무를 완벽하게 완수하였다.

13. 정직에 대한 설명으로 적절하지 않은 것은?

① 신뢰를 형성하기 위해 필요한 규범이 정직이다.

② 정직한 것은 성공을 이루는 기본조건이 된다.

③ 사람은 혼자서는 살아갈 수 없으므로 다른 사람과의 신뢰가 필요하다.

④ 실수를 인정하고 밝혀 잘못을 줄이고 더 큰 잘못을 막기 위한 최고의 전략은 정직이다.

⑤ 다른 사람이 전하는 말이나 행동이 사실과 부합한다는 신뢰가 없어도 사회생활을 하는 데 별로 지장이 없다.

14. 다음 중 악수할 때의 예절로 적절하지 않은 것은?

① 악수는 윗사람이 먼저 청하고, 아랫사람이 이에 응한다.

② 윗사람과 악수할 때는 아랫사람이 윗몸을 약간 구부려 경의를 표한다.

③ 손을 잡을 때는 너무 꽉 잡아서는 안 되고, 손끝만 잡는 행위는 금한다.

④ 상대가 아픔을 느낄 정도로 힘을 주거나, 잡은 손을 세게 흔들면 안 된다.

⑤ 같은 나이대의 이성 간에는 남자가 먼저 악수를 청하고, 여자가 이에 응한다.

15. 다음 사례에서 지켜지지 않은 직업윤리의 기본원칙은?

> 기업 대표인 김○○ 씨는 자신의 직원들에게 직업윤리의 덕목 중 전문가 의식을 강조한다. 모든 직원은 자신의 분야의 전문가이며, 자신의 직업을 수행하는 순간만큼은 누구보다 존경받아야 하고, 자신의 직업은 아무나 할 수 있는 업무가 아니라는 자부심을 가져야 한다고 말한다. 그러나 종종 김○○ 씨의 이야기가 가진 뜻을 오해하여 정당한 불만을 제기하는 고객에게 강압적인 태도로 대하는 직원이 있다.

① 전문성의 원칙   ② 고객중심의 원칙   ③ 객관성의 원칙
④ 공정경쟁의 원칙   ⑤ 정직과 신용의 원칙

16. 다음은 ○○회사에서 근무하고 있는 두 임원의 대화 내용이다. 대화의 흐름상 빈칸에 들어갈 말로 적절한 것은?

> A : 어제 회의에서 사장님이 C 계열사를 계속해서 지원하라는 거 조금 이상하지 않아?
> B : 나도 그런 생각이 좀 들었어.
> A : C 계열사가 작년에는 어려웠지만 올해 초부터 막대한 지원 덕분에 사정이 나아진 거 아니야?
> B : 당연하지. 올 하반기 실적이 웬만큼 올라왔더라고. 그런데도 왜 지원을 지시하시는 걸까? 속을 모르겠어.
> A : 아마도 이런 추세가 지속되어야 한다는 생각이신 것 같아.
> B : D 계열사도 요즘 엄청 힘들다고 하던데, 거기를 지원하라는 말씀은 안 하시잖아.
> A : 사장님이 C 계열사 대표와 사돈 지간이라는 얘기를 어디서 얼핏 들은 적이 있어.
> B : 난 사장님의 행동이 (   )에 위배된다고 생각해.

① 법규를 준수하고, 경쟁 원리에 따라 공정하게 행동하는 것
② 고객에 대한 봉사를 최우선으로 생각하고 현장 중심, 실천 중심으로 일하는 것
③ 자기 업무에 전문가로서의 능력과 의식을 가지고 책임을 다하며 능력을 연마하는 것
④ 업무와 관련된 모든 것을 숨김없이 정직하게 수행하고, 본분과 약속을 지켜 신뢰를 유지하는 것
⑤ 업무의 공공성을 바탕으로 공사 구분을 명확히 하고, 모든 것을 숨김없이 투명하게 처리하는 것

17. 2진수 '110001'을 세 자리의 수로 나타낼 수 있는 표현법은 3진수부터 10진수 중 총 몇 가지인가?

① 2가지　　　　　　② 3가지　　　　　　③ 4가지

④ 5가지　　　　　　⑤ 6가지

18. 다음은 워크시트에서 학생들의 국어, 수학 시험 점수를 정리한 자료이다. 작성할 수식으로 옳지 않은 것은?

	A	B	C	D	E	F	G	H
1								
2		번호	이름	국어	수학	합계	평균	등수
3		1	A	97	96			
4		2	B	83	79			
5		3	C	92	90			
6		4	D	91	84			
7		5	E	78	76			
8		6	F	81	89			
9								

① [F3]셀에는 =SUM(D3:E3)을 사용한다.

② [G6]셀에는 =AVERAGE(D6:E6)을 사용한다.

③ [G5]셀에는 =AVERAGE(D5:E5)을 사용한다.

④ 평균 점수를 이용해서 F의 등수를 구하는 수식은 =RANK(G8,G3:G8,0)이다.

⑤ 합계를 이용해서 C의 등수를 구하는 수식은 =RANK(F5,F3:F8,1)이다.

[19 ~ 23] 다음 물류 창고 책임자와 각 창고 내 재고상품의 코드 목록을 보고 이어지는 질문에 답하시오.

〈예시〉 2016년 3월에 경기도 제2공장에서 15,000번째로 생산된 생활가전 코드

1603 - 2D - 04011 - 15000

생산 연월	생산 공장				제품 종류				생산 순서
	지역 코드		고유 번호		분류 코드		고유 번호		
• 2015년 3월 -1503 • 2015년 9월 -1509 • 2016년 3월 -1603 • 2016년 9월 -1609	1	서울	A	제1공장	01	신선 식품	001	정육	00001부터 시작하여 생산 순서대로 5자리의 번호가 매겨짐.
			B	제2공장			002	과일	
	2	경기도	C	제1공장			003	채소	
			D	제2공장			004	생선	
			E	제3공장			005	음료	
	3	충청북도	F	제1공장	02	가공 식품	006	과자	
			G	제2공장			007	양념	
	4	충청남도	H	제1공장			008	김치	
			I	제2공장	03	주방& 생활	009	주방용품	
	5	경상북도	J	제1공장			010	청소용품	
			K	제2공장	04	가전	011	생활가전	
	6	경상남도	L	제1공장			012	주방가전	
			M	제2공장	05	가구& 침구	013	침실가구	
	7	전라북도	N	제1공장			014	수납가구	
			O	제2공장			015	침구	
			P	제3공장					
	8	전라남도	Q	제1공장					
			R	제2공장					
	9	강원도	S	제1공장					
			T	제2공장					
			U	제3공장					

책임자	재고상품 코드번호	책임자	재고상품 코드번호	책임자	재고상품 코드번호
김철수	15091B0200700258	최성국	15094H0501330174	신민아	16039S0401247570
김민영	15094H0100300057	박형식	16037N0501420564	김보라	16098Q0501317815
서지윤	16037N0301053678	김우빈	16032E0501520018	이천수	15091B0200502745
황민지	15039T0200623579	강동원	15039T0100214784	박시연	15095K0501313080
홍은희	16095J0300936340	장동건	15091B0200711380	최성종	15039U0501500501
김준수	16034H0401147570	남주혁	15097P0501509301	허민용	15094H0501345768
박나래	15033F0501530144	이성경	16094H0200800900		

19. 다음 중 2015년 9월에 서울 제2공장에서 생산된 가공식품을 보관하는 물류 창고의 책임자는 총 몇 명인가?

① 1명 ② 2명 ③ 3명
④ 4명 ⑤ 5명

20. 재고상품 중 2016년 3월에 경상남도 제2공장에서 생산된 음료의 상품 코드로 알맞은 것은?

① 15036L0200614561 ② 15033F0100311560
③ 16036L0200521056 ④ 16036M0200507892
⑤ 16038R0200507892

21. 다음 중 생산 연월과 생산 순서가 동일한 제품을 보관하는 물류 창고의 책임자들로 바르게 짝지어진 것은?

① 김우빈 − 박나래 ② 서지윤 − 황민지
③ 박형식 − 최성종 ④ 김준수 − 신민아
⑤ 남주혁 − 박시연

22. 제3공장에서 생산된 침구를 보관하고 있는 물류 창고의 책임자는 총 몇 명인가?

① 1명 ② 2명 ③ 3명
④ 4명 ⑤ 5명

23. 물류 창고의 총 책임자인 김 부장은 2015년도에 생산된 침실가구와 수납가구를 전량 처분하기로 결정하였다. 2015년도에 생산된 침실가구와 수납가구를 보관하는 물류 창고의 책임자는 총 몇 명인가?

① 2명   ② 3명   ③ 4명

④ 5명   ⑤ 6명

24. 워드프로세서(한글)로 다음과 같이 '물품공급 구매계약서'를 작성하고, [편집]-[찾기] 기능을 이용하여 '물품'과 '공급' 두 단어가 어느 부분에 포함되는지 찾아보려고 한다. 두 단어를 같이 찾으려고 할 때, [찾기] 대화상자의 A 영역에 입력해야 할 내용으로 옳은 것은?

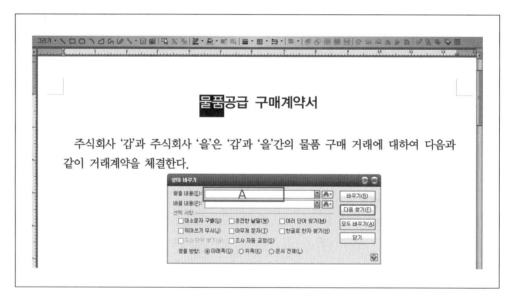

① 물품&공급   ② 물품;공급   ③ 물품|공급

④ 물품/공급   ⑤ 물품^공급

25. 다음 사례에서 오 대리의 자기개발 방해요인으로 적절한 것은?

> 오 대리는 자기개발과 관련한 사내교육을 듣고 지금껏 자신이 자기개발을 잘 해오고 있었는지 돌이켜 보았다. 스스로 생각하기에 자신에게 필요한 욕구는 충분히 충족시켜 왔으며, 긍정적 혹은 부정적 감정에 쉽게 휘말리지 않고, 선입견을 가지기보다 객관적인 사고방식을 가지려는 태도로 유지했던 것 같았다. 또한 자기개발 교육에 빠짐없이 참석하거나 관련 서적 및 프로그램에 대해서도 꾸준히 관심을 갖는 등 자기개발에 대해 적극적으로 알아보려고 해 왔다. 그럼에도 자꾸 무언가가 부족한 것 같아 입사 동기인 손 대리에게 자신의 문제에 대해 조언을 구하였다. 손 대리는 오 대리가 자기개발을 위해 노력하는 모습은 눈에 띄지만 옆에서 보기에는 자신이 선호하는 가치체계로 구성된 환경에서 벗어나지 않으려는 것처럼 보인다는 말을 하였다.

① 제한적인 사고　　　　　　　　　② 문화적인 장애

③ 감정 통제의 부족　　　　　　　　④ 다양한 욕구의 작용

⑤ 자기개발 방법에 대한 무지

26. 자기개발 설계 전략에 대한 설명으로 적절한 것을 〈보기〉에서 모두 고르면?

보기

ㄱ. 1 ～ 3년 정도의 단기목표와 5 ～ 20년 정도의 장기목표를 각각 수립한다.

ㄴ. 효율성을 높이기 위해 구체적인 방법을 계획한다.

ㄷ. 자기개발 계획을 수립하면 목표를 모두 달성할 수 있다.

ㄹ. 장ㆍ단기 목표를 우선적으로 성취하기 위해 인간관계에 대한 고려를 배제한다.

ㅁ. 과거 담당했던 직무에 필요했던 능력과 자신의 수준 등을 고려한다.

① ㄱ, ㄴ　　　　　　　② ㄱ, ㄴ, ㄷ　　　　　　③ ㄱ, ㄴ, ㅁ

④ ㄱ, ㄷ, ㄹ　　　　　⑤ ㄴ, ㄹ, ㅁ

27. 겸손이 직업인의 주요 미덕이었던 과거와 달리 최근에는 자신을 알리고 다른 사람들과 차별화하는 자기 브랜드화의 개념이 주목받고 있다. 다음 중 자기 브랜드(Personal Brand)화에 대한 설명으로 적절하지 않은 것은?

① 자신을 브랜드화하기 위해서는 차별성을 지녀야 하며 사랑받는 브랜드의 조건인 '친근감', '책임감', '열정'을 보유해야 한다.

② 자신을 브랜드화하기 위해서는 먼저 스스로가 만족할 만한 모습이 되도록 자기개발의 과정을 거쳐야 한다.

③ 자신을 브랜드로 만드는 것은 단순히 평판을 쌓는 것이 아니라 직업인으로서 다른 사람들과 차별화되어 장기적 관점에서 자신의 경쟁력을 쌓아 가는 것이다.

④ 자신의 브랜드를 알리기 위해 SNS를 활용하거나 동호회에 가입하여 인적 네트워크를 형성하거나 문자, 이미지, 그래픽 등으로 구성된 경력 포트폴리오를 만드는 방법을 생각해 볼 수 있다.

⑤ 세계화의 진전에 따라 다국적 기업의 이동이 활발해지고 거대자본이 등장함에 따라 개인의 영향력이 감소하게 되어서 자기 브랜드화의 효과는 과거에 비해 줄어들었다.

28. 다음에서 설명하는 개념의 특징으로 옳지 않은 것은?

> 지속적인 능력개발이 필요한 시대가 됨에 따라 자아실현 또는 직업적 지식 획득 등을 목적으로 전 생애에 걸쳐 자주적, 주체적으로 학습을 계속하는 평생학습사회가 도래하였다. 평생교육은 인간의 평생학습이 보다 효과적이고 체계적으로 이루어질 수 있도록 촉진하고 지원하는 의도적인 활동과 조건으로, 이의 원리 및 실천 과정에 대한 핵심 개념으로 안드라고지(Andragogy)라는 용어가 사용되고 있다.

① 학습자 중심의 교육으로 이루어진다.

② 성인들의 학습을 돕기 위해 성인교육의 이론, 과정, 기법을 연구하는 학문이다.

③ 성인교육학의 필요성과 아동교육과의 공통점을 강조한다.

④ 교수자의 역할은 지식의 전달자가 아닌 학습촉진자이다.

⑤ 자기 주도적 학습과 학습자 경험의 활용을 강조하며, 이를 통한 현실 문제의 해결책을 제시한다.

29. P 씨는 자신의 흥미와 적성을 바탕으로 진로를 탐색하고자 먼저 홀랜드(Holland)의 6가지 모형을 공책에 정리하였다. 다음 중 정리한 내용으로 옳지 않은 것은?

〈Holland의 진로탐색검사 6가지 유형〉

[현실형]
정서적으로 안정된 것을 선호하고 실용적이고 검소하며 인내력이 있고 기계적 적성이 높다.

[탐구형]
독립적이고 내향적이며 논리적 · 분석적 · 합리적이며 지적호기심이 많고 수학적 적성이 높다.

[예술형]
상상력이 풍부하고 감수성이 강하며, 자유분방, 개방적이며 창의적 적성이 높다.

[사회형]
인간주의적이고 친절하고 이해심이 많으며 다른 사람의 복지에 대해 관심을 갖는다.

[진취형]
지도력 · 설득력이 있고 열성적 · 경쟁적 · 야심적 · 외향적이며 통솔력과 언어적성이 높다.

[관습형]
이상적 · 창조적이고 변화를 좋아하며 심미적인 일에 가치와 신념을 가지고 있다.

① 탐구형   ② 예술형   ③ 사회형
④ 진취형   ⑤ 관습형

30. 다음 중 자기개발을 하는 이유와 그 특징으로 적절하지 않은 것은?

① 개인적으로 보람된 삶을 살기 위하여 자기개발을 한다.
② 자기개발을 한다고 해서 동일한 업무의 높은 성과를 가져오는 것은 아니다.
③ 자기개발은 주변 사람들과 긍정적인 인간관계를 형성하기 위해서 필요하다.
④ 자기개발을 하기 위해서는 자신의 비전을 발견하고 장단기 목표를 설정하는 일이 선행되어야한다.
⑤ 우리가 가지고 있는 지식이나 기술이 과거의 것이 되지 않도록 변화하는 환경에 적응하기 위해자기개발이 이루어진다.

31. 진로탄력성을 구성하는 요인으로는 자기이해, 긍정적 태도, 자기조절, 적응성, 대인·정보 관계가 있다. 다음 〈보기〉 중 긍정적 태도와 대인·정보 관계에 해당하는 요소들을 알맞게 나열한 것은?

보기

ㄱ. 자기효능감   ㄴ. 미래지향   ㄷ. 변화수용
ㄹ. 공감능력   ㅁ. 협력   ㅂ. 진로자립
ㅅ. 도전정신   ㅇ. 진로유연성   ㅈ. 연결성
ㅊ. 정서조절   ㅋ. 감사하기

	긍정적 태도	대인·정보 관계
①	ㄱ, ㄴ, ㅊ	ㅁ, ㅈ, ㅋ
②	ㄴ, ㅋ	ㄹ, ㅁ, ㅈ
③	ㄷ, ㅅ, ㅇ	ㄹ, ㅁ
④	ㅂ, ㅊ	ㄹ, ㅈ
⑤	ㄹ, ㅋ	ㄴ, ㅁ, ㅊ

32. 다음 중 경력개발단계에 대한 설명으로 적절하지 않은 것은?

① 직무정보 탐색 : 관심을 가진 직무에 대하여 업무의 구체적 내용, 요구되는 자질, 보수, 전망, 직무 만족도 등 관련된 모든 정보를 알아내는 단계이다. 신입사원을 대상으로 시행되는 직무정보 탐색 프로그램을 예로 들 수 있다.

② 자신과 환경 이해 : 직무 및 자신의 환경에 대한 정보를 기초로 자신이 하고 싶은 일은 어떤 것인지, 이를 달성하기 위해서는 능력이나 자질을 어떻게 개발해야 하는지에 대하여 단계별 목표를 설정한다.

③ 경력목표 설정 : 장기목표와 단기목표를 설정한다. 장기목표는 자신이 어떤 직무, 활동, 보상, 책임 등을 원하는지를 파악하고 자신이 선호하는 작업환경에서 향후 5 ～ 7년 정도를 예측하여 수립한다. 단기목표는 장기목표를 달성하기 위해 축적할 경험이 무엇인지, 어떤 능력을 개발할지, 방해요소는 무엇인지를 중심으로 2 ～ 3년 정도를 고려해 수립한다.

④ 경력개발 전략수립 : 경력목표를 달성하기 위한 활동계획을 수립한다. 경력목표와 연관된 인적 네트워크를 구축하거나 역량개발을 위해 워크숍, 교육프로그램 등에 참가하는 것을 예로 들 수 있다.

⑤ 실행 및 평가 : 경력개발 전략에 따라 목표달성을 위해 실행하는 단계이다. 실행 시에는 자신이 수립한 전략이 적절한지, 경력목표 자체가 달성될 가능성이 있는지를 검토한다. 또한 예측하지 못한 환경, 가치관 변화에 따라 목표가 달라질 경우 이를 반영하여 수정한다.

33. 다음에서 제시하는 멤버십 유형으로 적절한 것은?

> • 자아상
>   − 자신은 조직이나 리더를 믿고 헌신하고 있다고 생각한다.
>   − 자신은 항상 기쁜 마음으로 과업을 수행하고 있다고 믿는다.
> • 타아상
>   − 다른 사람들은 이 사람이 아이디어가 없다고 생각한다.
>   − 다른 사람들은 이 사람이 조직을 위해 자신과 가족을 양보한다고 생각한다.

① 수동형 멤버십   ② 실무형 멤버십   ③ 소외형 멤버십
④ 순응형 멤버십   ⑤ 주도형 멤버십

34. 리더십 유형 중 변혁적 리더십에 대한 설명으로 옳은 것을 모두 고르면?

> ㉠ 부하들에게 칭찬을 아끼지 않는다.
> ㉡ 대부분의 핵심 정보를 공개하지 않는다.
> ㉢ 리더는 구성원 중 하나일 뿐이라고 생각한다.
> ㉣ 조직에 획기적인 변화가 요구될 때 필요한 리더십이다.

① ㉠, ㉡   ② ㉠, ㉣   ③ ㉡, ㉢
④ ㉡, ㉣   ⑤ ㉠, ㉢, ㉣

35. 다음 중 고객 유형별 전화 응대의 내용으로 옳지 않은 것은?

① 우유부단한 고객 – 타인이 자신을 위해 의사결정을 대신 내려 주기를 기다리는 경향이 있다.

② 저돌적인 고객 – 상황을 처리하는 데 있어 자신이 생각한 한 가지 방법밖에 없다고 믿고 타인으로부터 피드백을 받아들이려 하지 않는 경향이 강하다.

③ 전문가형 고객 – 자신을 과시하는 스타일로 모든 것을 다 알고 있는 전문가처럼 행동하는 경향이 짙다.

④ 빈정거리는 고객 – 자아가 강하면서 끈질긴 성격을 보인다.

⑤ 호의적인 고객 – 사교적, 협조적이고 합리적이면서 진지한 반면에 자신이 하고 싶지 않거나 할 수 없는 일에도 약속을 해서 상대방을 실망시키는 경우가 있다.

36. 다음 중 갈등을 파악하는 데 도움이 되는 단서로 적절한 것은?

① 핵심에 대해 파악하고 각자 의견을 제시한다.

② 편을 가르지 않고 모두가 하나가 되어 타협을 위해 노력한다.

③ 상대의 의견 발표가 다 끝나는 것을 듣고 상대의 의견에 대해 반박한다.

④ 감정 없이 이성적으로 논평과 제안을 한다.

⑤ 개인적 수준에서 미묘한 방식으로 서로를 공격한다.

37. 다음 중 협상에서의 실수와 대처방안에 대한 연결이 적절하지 않은 것은?

① 준비되기 전에 협상을 시작함 – 준비가 덜 되었다고 솔직히 말하고 듣기만 한다.

② 통제권을 잃을까 두려워함 – 협상은 통제권 확보가 아닌 해결책을 찾는 과정이다.

③ 상대방에 대해 지나치게 염려함 – 너무 염려하지 말고 모두 만족할 상황인지 확인한다.

④ 종결에 초점을 맞추지 못함 – 한계를 설정하고 고수한다.

⑤ 잘못된 사람과 협상함 – 상대가 타결권한을 가지고 있는 사람인지 확인한다.

38. 〈보기〉를 설문조사, 심층면접법, 표적집단심층면접법으로 적절하게 분류한 것은?

보기

㉠ 설문지를 통하여 응답자들의 인식을 조사하는 방법이다.

㉡ 조사자가 인터뷰 결과를 사실과 다르게 해석할 수 있다는 단점이 있다.

㉢ 비교적 긴 시간이 소요되며 심층적인 정보를 얻을 수 있다.

㉣ 7 ~ 8명의 참석자를 대상으로 비구조화된 설문 가이드라인을 가지고 정보를 수집한다.

㉤ 일대일 대면 접촉으로 잠재된 동기, 신념, 태도 등을 발견하는 데 사용한다.

㉥ 응답자들이 쉽게 알아들을 수 있는 말로 질문을 구성해야 한다.

㉦ 대표성보다 다양한 특성을 파악할 수 있다.

㉧ 비교적 빠른 시간 내에 결과를 통계적으로 처리할 수 있다.

	설문조사	심층면접법	표적집단심층면접법
①	㉠, ㉢, ㉦	㉡, ㉣, ㉧	㉤, ㉥
②	㉠, ㉥, ㉧	㉡, ㉢, ㉤	㉣, ㉦
③	㉡, ㉢, ㉦	㉠, ㉤, ㉧	㉣, ㉥
④	㉡, ㉣, ㉥	㉢, ㉤, ㉦	㉠, ㉧
⑤	㉢, ㉥, ㉧	㉠, ㉡, ㉦	㉣, ㉤

39. 다음 중 팀워크를 저해하는 행동을 하지 않은 사람은?

① 갑 씨는 지나치게 많은 것들을 의식하고 있어 팀 내부 사람들이 자신의 모든 행동을 아니꼽게 여길 것이라고 생각한다.

② 을 씨는 회의 중 자신과 다른 의견을 가지고 있는 직원에게 그에 반하는 입장을 제시하여 팽팽한 경쟁 구도를 조성하였다.

③ 병 씨는 같은 팀의 직원이 성과급을 받는 데에 대한 불만이 생겨 자신과 의견이 같은 사람들을 모아 해당 직원을 따돌리기 시작했다.

④ 정 씨는 팀 연말 회식 장소를 알아보기 위해 직원들의 의견을 모으던 중 자신의 의견에 반하는 직원의 의견을 무시해 버렸다.

⑤ 무 씨는 팀에 중요한 의사결정을 할 때 항상 자기 자신에 대해서만 생각하고 자신에게 득이 되는 결정을 고집하였다.

40. [지문 A]는 팀워크와 응집력의 의미에 대한 설명이고, [지문 B]는 팀워크의 유형에 관한 설명이
다. 자료를 읽고 나눈 대화 중 잘못된 것은?

[지문 A]

팀워크란 팀 구성원이 공동의 목적을 달성하기 위하여 상호관계성을 가지고 협력하여 업무
를 수행하는 것이다. 그렇다면 응집력과 팀워크는 어떤 차이가 있을까?

우선 응집력은 "사람들로 하여금 집단에 머물도록 느끼게끔 만들고, 그 집단의 멤버로서
계속 남아 있기를 원하게 만드는 힘"이라 할 수 있다. 즉, 팀이 성과는 내지 못하면서 분위기
만 좋은 것은 팀워크가 좋은 것이 아니고 응집력이 좋은 것이다. 단순히 모이는 것을 중요시
하는 것이 아니라 목표달성의 의지를 가지고 성과를 내는 것이 바로 팀워크이다.

팀워크와 응집력의 차이를 정리하면 다음과 같다.

팀워크	응집력
팀 구성원이 공동의 목적을 달성하기 위해 상호 관계성을 가지고 협력하여 일을 해 나가는 것	사람들로 하여금 집단에 머물도록 느끼게끔 만들고, 그 집단의 멤버로서 계속 남아 있기를 원하게 만드는 힘

[지문 B]

팀워크의 유형은 보통 세 가지 기제 즉, 협력, 통제, 자율을 통해 구분되는데, 조직이나 팀의
목적, 그리고 추구하는 사업 분야에 따라 서로 다른 유형의 팀워크를 필요로 한다.

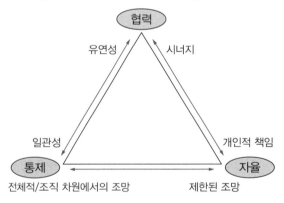

① 승연 : 팀워크란 팀 구성원이 공동의 목적을 달성하기 위해 상호관계성을 가지고 협력하여 일을 해 나가는 것을 의미하는 거구나.

② 지영 : 만약 어떤 팀이 나쁜 성과에도 불구하고 그 팀에 머물고 싶다고 느끼게끔 한다면, 그것은 팀워크 때문이라기보다는 응집력 때문이겠구나.

③ 수진 : 업무의 특성상 팀 내 일관성보다는 유연성이 중요하고, 팀원의 개인적 책임보다는 팀 전체의 협력이 중요한 팀에서는 협력의 팀워크가 가장 필요하겠구나.

④ 은지 : 사업의 특성에 따라 가장 요구되는 팀워크가 다를 수는 있겠지만 통제적 팀워크는 부정적일거야.

⑤ 경은 : 효과적인 팀워크를 형성하기 위해서는 명확한 팀 비전과 목표설정을 공유하고, 협력, 통제, 자율 세 가지 기제에 따라 적합한 팀워크를 발휘해야 할 거야.

41. 다음은 A ~ F의 집 위치를 나타낸 그림이다. E의 집에서 출발하여 10km/h의 속력으로 F, B의 집을 순서대로 방문한 뒤 A의 집에 도착했다면 총 이동거리와 소요시간은?

조건

- 사각형 EBCD는 정사각형이다.
- 주어진 직선거리만을 이용해서 이동한다.
- 이동할 때에는 최단거리로 이동한다.
- 집에 도착하고 10분 후에 다음 집으로 이동한다.
- 30km/h의 속력으로 A의 집에서 B의 집으로 이동하면 20분이 소요된다.
- 20km/h의 속력으로 E의 집에서 B의 집으로 이동하면 30분이 소요된다.
- $\sqrt{2} = 1.4$, $\sqrt{3} = 1.7$로 계산한다.

	이동거리	소요시간		이동거리	소요시간
①	24km	2시간 24분	②	24km	2시간 44분
③	27km	2시간 24분	④	27km	2시간 44분
⑤	34km	3시간 44분			

[42 ~ 44] 다음 자료를 보고 이어지는 질문에 답하시오.

〈국산 · 수입자동차별 평균 연비 추이〉

(단위 : km/ℓ)

구분	20X0년	20X1년	20X2년	20X3년		20X4년		20X5년	
				도심	복합	도심	복합	도심	복합
국산	12.72	13.23	13.84	13.72	15.87	13.77	15.92	13.89	16.00
수입	10.76	11.68	13.59	14.62	17.16	15.43	18.03	14.93	17.44
전체	12.58	13.11	13.81	13.81	16.00	13.98	16.18	14.03	16.20

〈자동차 종류별 평균 연비 추이〉

(단위 : km/ℓ)

구분		20X0년	20X1년	20X2년	20X3년		20X4년		20X5년	
					도심	복합	도심	복합	도심	복합
승용차		12.87	13.40	14.16	14.19	16.63	14.41	16.83	14.42	16.80
	일반형	12.69	13.31	14.03	13.95	16.41	14.18	16.64	14.22	16.68
	다목적	13.66	13.78	14.69	14.98	17.37	15.27	17.64	15.18	17.40
	기타형	–	–	–	–	–	12.92	14.88	13.59	15.63
승합차		11.15	11.25	12.07	11.77	13.62	11.39	13.21	11.36	13.10
화물차		11.09	11.00	12.05	12.19	13.14	11.79	12.87	11.97	12.98
평균		12.58	13.11	13.81	13.81	16.00	13.98	16.18	14.03	16.20

42. 다음 중 20X3 ~ 20X5년 동안 도심 연비와 복합 연비의 증감 추이가 동일하지 않은 항목은?

① 수입차   ② 승용차   ③ 다목적 승용차
④ 승합차   ⑤ 화물차

43. 다음 중 위 자료에 대한 설명으로 옳은 것을 모두 고르면?

> (가) 수입차는 20X3년 이전까지 국산차보다 연비가 낮았으나, 20X3년 이후부터 국산차보다 높아졌다.
> (나) 20X3 ~ 20X5년 동안 일반형과 다목적 승용차는 도심 연비가 평균 연비보다 높지만, 복합 연비는 평균 연비보다 낮다.
> (다) 20X3 ~ 20X5년 동안 국산차와 수입차 모두 도심 연비가 복합 연비보다 더 낮다.
> (라) 주어진 기간 동안 승합차와 화물차의 연비는 매 시기 평균 연비보다 낮다.

① (가)   ② (가), (나)   ③ (나), (다)
④ (가), (다), (라)   ⑤ (나), (다), (라)

44. 다음 중 〈국산 · 수입자동차별 평균 연비 추이〉를 그래프로 바르게 나타낸 것은? (단, 모든 단위는 km/ℓ이다)

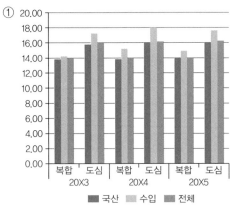

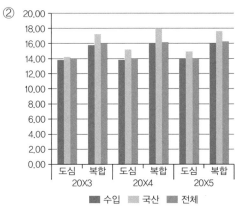

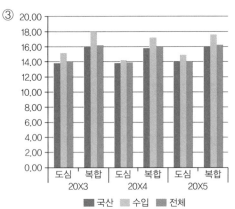

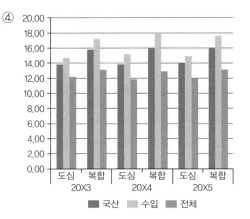

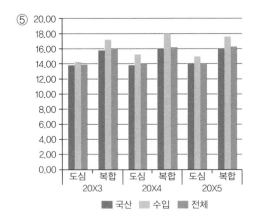

45. ○○공사 김 사원이 지하철을 타고 A 역에서 출발하여 B 역과 C 역에서 순서대로 내려 일을 처리하고 D 역에 가려고 한다. A ~ D 역이 일직선상에 위치한다고 할 때 지하철 운임은 총 얼마인가?

〈지하철 운임〉

구분	거리	비용
기본운임	10km 이하	1,250원
추가운임	10km 초과 ~ 50km 이하	5km당 100원
	50km 초과	8km당 100원

※ 지하철 운임은 거리에 비례하여 부과된다.
※ 지하철을 하차 후 다시 탑승한 경우 운임이 새로 부과된다.

조건

• A 역에서 B 역까지의 거리는 13km이다.
• A 역에서 C 역까지의 거리는 17km이다.
• A 역에서 D 역까지의 거리는 52km이다.

① 4,050원   ② 4,150원   ③ 4,250원
④ 4,350원   ⑤ 4,450원

[46 ~ 48] 다음 자료를 보고 이어지는 질문에 답하시오.

〈육상운송업 업종별 현황〉

(단위 : 개, 명, 십억 원)

구분	기업체 수		종사자 수		매출액	
	20X7년	20X8년	20X7년	20X8년	20X7년	20X8년
육상운송업	354,266	362,877	934,394	939,692	64,252	65,386
철도운송	18	18	56,697	57,897	8,828	9,032
육상여객	168,190	168,550	433,539	428,693	19,871	19,886
도로화물	185,861	194,107	443,106	451,614	35,348	36,159
기타운송	197	202	1,052	1,488	205	309

〈수상운송업 업종별 현황〉

(단위 : 개, 명, 십억 원)

구분	기업체 수		종사자 수		매출액	
	20X7년	20X8년	20X7년	20X8년	20X7년	20X8년
수상운송업	606	583	23,682	23,990	27,416	28,329
외항운송	152	148	14,825	15,588	25,375	26,467
내항운송	300	284	6,316	5,908	1,595	1,438
기타항만	154	151	2,541	2,494	446	424

〈항공운송업 업종별 현황〉

(단위 : 개, 명, 십억 원)

구분	기업체 수		종사자 수		매출액	
	20X7년	20X8년	20X7년	20X8년	20X7년	20X8년
항공운송업	38	41	38,440	39,846	22,670	25,006
항공여객	29	30	33,474	34,814	18,368	20,272
항공화물	9	11	4,966	5,032	4,302	4,734

46. 다음 중 주어진 3개 운송업종별 현황을 올바르게 요약한 것은?

① 20X8년 3개 운송업종의 기업체 수, 종사자 수, 매출액은 모두 전년보다 증가하였다.

② 20X8년 육상운송업과 항공운송업은 기업체 수, 종사자 수, 매출액이 모두 전년보다 증가하였으나, 수상운송업은 기업체 수와 종사자 수가 전년보다 감소하였다.

③ 20X8년 육상운송업은 기업체 수, 종사자 수, 매출액이 모두 전년보다 증가하였으나, 수상운송업과 항공운송업은 기업체 수가 전년보다 감소하였다.

④ 20X8년 육상운송업과 항공운송업은 기업체 수, 종사자 수, 매출액이 모두 전년보다 증가하였으나, 수상운송업은 기업체 수가 전년보다 감소하였다.

⑤ 20X8년 항공운송업의 1개 기업체당 평균 종사자 수는 전년보다 증가하였다.

47. 다음 중 주어진 지표의 대소 관계가 옳지 않은 것은?

① 20X8년 기타운송의 전년 대비 증가율 : 종사자수＜매출액

② 수상운송업 중 내항운송의 기업체 수 구성비 : 20X7년＞20X8년

③ 항공운송업 중 항공여객의 기업체 수 구성비 : 20X7년＜20X8년

④ 20X8년 기업체 수의 전년 대비 증가율 : 항공여객＜항공화물

⑤ 20X8년 항공운송업의 전년 대비 증가율 : 기업체 수＞종사자 수

48. 다음 중 위 자료에 대한 설명으로 옳지 않은 것은?

① 20X8년 기타운송의 1개 기업체당 평균 종사자 수는 전년보다 감소하였다.

② 20X8년 외항운송의 1개 기업체당 평균 매출액은 전년 대비 증가하였다.

③ 육상운송업의 4개 업종 중 종사자 수와 매출액이 전년보다 증가한 업종은 모두 3개 업종이다.

④ 20X8년 철도운송의 1개 기업체당 평균 매출액은 전년보다 100억 원 이상 증가하였다.

⑤ 20X8년 철도운송의 1개 기업체당 평균 종사자 수와 매출액은 모두 전년보다 증가하였다.

[49 ~ 50] 다음은 ○○사의 결재 규정이다. 이어지는 질문에 답하시오.

- 계약 시 프로젝트 계약기간을, 컨설팅 종료 후 세금계산서 발행 혹은 미발행 시 매출 및 환불 보고를, 입금 확인 시 프로젝트 종료 보고를 기안한다. 사전비용 산정 기안은 비용을 사용하기 전 작성해야 하며, 최종지출액이 확정되면 최종지출결과보고를 기안한다.
- 소프트웨어 컨설팅은 모두 특수계약의 형태로 진행되므로 계약 기안은 견적을 바탕으로 결제라인을 설정하고, 매출은 특수계약으로 처리한다.
- 원칙적으로 결재가 필요한 모든 업무는 회장의 결재를 받아야 한다. 그러나 회장은 권한을 일부 위임하여 특정 업무에 대한 전결자를 지정할 수 있다. 따라서 전결자가 지정되지 않은 결재문서는 회장이 직접 결재한다.
- 임의의 결재양식이 검토자로 등록된 직급자가 해당 결재서류를 작성한 경우 해당란에 상급자만 검토 및 결재한다.

구분	기준	검토(●) 및 전결(○)			협의(●) 및 회람(○)				시행자
		부문장	본부장	사장	기획팀장	재무팀장	사원	업무팀장	①기획담당 ②재무담당 ③사업관리담당
프로젝트 계약기안	하드웨어 컨설팅								
	표준계약	●	○						
	특수계약	●	●		●		○	●	
	소프트웨어 컨설팅								
	일반	●	●		●		○	●	
	2천만 원 미만	●	○		●			●	
지출 및 환불 보고	매출								
	표준계약	●	●	○		●			②
	특수계약	●	●	○		●		●	②
	환불								
	단순이월	●	●	○		●			②, ③
	기타사유	●	●			●	○	●	②, ③
프로젝트 종료 보고	하드웨어 컨설팅								
	성공		●						
	실패		●	○					③
	소프트웨어 컨설팅								
	성공		●			○			①
	실패		●	○		○			①, ③

프로젝트 외 사전비용 산정기안	컨설팅 프로젝트							
	총 500만 원 미만	●		○	●	○		②
	총 500만 원 이상	●		●	●	○		②
	컨설팅 프로젝트 외							
	총 200만 원 미만	●	○			○		②
	총 200만 원 이상	●	●	○	●	○		②
최종지출 결과보고	선정범위 내 지출							
	지출액 총 500만 원 미만	●	○		○	○		①, ③
	지출액 총 500만 원 이상	●	●	○	○	●		①, ③
	선정범위 외 지출							
	지출액 총 500만 원 미만	●	●	○	○	●		①, ②, ③
	지출액 총 500만 원 이상	●	●	●	○	●		①, ②, ③

※ 전결 : 최종의사결정자로부터 해당 결재 내용에 대한 결재 권한을 위임받아 최종의사결정하는 대상

※ 검토 : 해당 결재 내용을 최종결재권자가 결재하여 전 결재과정에서의 의사결정자는 수평적 관계의 대상

※ 협의 : 해당 결재 내용에 대한 의사결정권이 있으나 그 내용을 공유 혹은 기록해야 할 대상

※ 회람 : 해당 결재 내용을 최종결재권자가 결재한 총 내용을 공유해야 할 대상

49. ○○사 영업부문장 L은 해외출장비로 400만 원을 배정받아 사용했으나, 출장 중 300만 원이 더 필요해 추가 예산을 사용했다. 최종지출 결과보고 시 L이 받아야 할 결재란으로 옳은 것은?

①

최종지출결과보고 검토 및 결재	
본부장	사장
	전결

최종지출결과보고 협의 및 시행		
시행	회람	협의
기획팀장 재무팀장	기획팀장	재무팀장

②

최종지출결과보고 검토 및 결재		
부문장	본부장	회장
		전결

최종지출결과보고 협의 및 시행		
시행	회람	협의
기획팀장 재무팀장	기획팀장	재무팀장

③

최종지출결과보고 검토 및 결재		
본부장	사장	회장

최종지출결과보고 협의 및 시행		
시행	회람	협의
기획팀장 재무팀장 사업관리팀장	기획팀장	재무팀장

④

최종지출결과보고 검토 및 결재		
부문장	본부장	회장

최종지출결과보고 협의 및 시행		
시행	회람	협의
기획팀장 재무팀장 사업관리팀장	기획팀장	재무팀장

⑤

최종지출결과보고 검토 및 결재			
부문장	본부장	사장	회장

최종지출결과보고 협의 및 시행		
시행	회람	협의
기획팀장 재무팀장	기획팀장	재무팀장

50. ○○사가 다음과 같이 결재규정을 개정했을 때, 개정된 규정에 대한 설명으로 적절한 것은?

〈결재규정 개정 내용〉

• 소프트웨어 컨설팅 계약기안 결재란 작성 기준을 삭제하고, 프로젝트 계약 기안의 기준을 '표준계약', '2천만 원 미만 특수계약', '2천만 원 이상 특수계약'으로 변경하도록 개정(단, 2천만 원 미만 특수계약은 기존 소프트웨어 컨설팅의 2천만 원 미만 계약기안 결재란을 준용하고, 2천만 원 이상 특수계약은 기존 하드웨어 컨설팅의 특수계약 결재란을 준용)

• 프로젝트 종료 결재 시 사장전결이 아닌 경우 사장을 회람 지정하도록 개정

• 기획담당과 사업관리담당으로 분리된 기획팀 업무담당 직책을 기획담당으로 통일하고, 이를 결재문서 작성 시 시행란에 적용하도록 개정(시행자가 기획담당 혹은 사업관리담당인 경우 기획담당으로 통일)

• 소프트웨어 컨설팅과 하드웨어 컨설팅에 대한 프로젝트 종료보고 결재란을 통일하도록 개정된 프로젝트 종료보고 결재란은 소프트웨어 컨설팅 결재란을 준용)

• 최종지출결과보고의 건에서 산정범위 외 지출 시 결재란 작성 기준을 '지출액 총액'에서 '사전비용 산정내역 대비 초과금액'으로 변경하도록 개정(단, 액수는 이전과 동일)

• 프로젝트 외 사전비용 산정기안의 결재란 작성기준을 '총 200만 원 미만'과 '총 200만 원 이상'에서 각각 '총 300만 원 미만'과 '총 300만 원 이상'으로 변경하도록 개정

---

① 프로젝트 종료보고 시 사장이 결재하거나 회람하는 내용은 기획팀장도 회람한다.

② 기획담당은 3가지 경우의 결재문서에 대하여 시행자로 등록될 수 있다.

③ 2천만 원 미만의 소프트웨어 컨설팅 계약에 대한 매출보고는 본부장 전결사항이다.

④ 400만 원을 예산산정하고 추가로 100만 원을 썼다면, 최종지출결과보고는 회장 결재사항이다.

⑤ 산업팀 프로젝트 외 사전비용 산출 시 300만 원을 초과하는 기안은 회장이 직접 결재한다.

[51 ~ 53] 다음은 P사에서 기획하고 있는 홍보물 제작에 관한 자료이다. 이를 보고 이어지는 질문에 답하시오.

〈업체별 홍보물 단가표(단위 : 원)〉

구분	A 업체		B 업체		C 업체	
현수막	50장	395,000	50장	380,000	50장	395,000
	100장	690,000	100장	660,000	100장	700,000
Y형 배너	10장	140,000	20장	250,000	10장	120,000
	50장	470,000	50장	500,000	50장	480,000
유포지	50장	7,900	100장	9,900	50장	8,900
	100장	6,900	200장	15,900	100장	7,900

※ Y형 배너는 현수막 천, 유포지는 무광코팅 기준임.

〈재질별 고객 선호도(배너용)〉

배너전용 무광코팅	중
현수막 천	하
포토 천	상

〈재질별 고객 선호도(유포지)〉

투명코팅	상
무광코팅	하
합성지	중

〈업체별 디자인 비용〉

A 업체	문구, 색상 수정	3회 이상 수정 시 회당 5,000원 추가
	이미지 합성	개당 5,000원
B 업체	문구, 색상 수정	회당 5,000원
	이미지 합성	개당 5,000원
C 업체	문구, 색상 수정	무료
	이미지 합성	

〈재질별 추가 금액〉

Y형 배너		유포지	
재질	현수막 천 기준	재질	무광코팅 기준
배너전용 무광코팅	10% 추가	투명코팅	10% 추가
포토 천	20% 추가	합성지	20% 추가

51. P사는 다음 홍보물을 제작하고자 한다. 품목별로 가장 저렴한 업체를 올바르게 연결한 것은?
(단, 수정과 합성은 고려하지 않는다)

> • 현수막 50장
> • Y형 배너(현수막 천) 20장
> • 유포지(무광코팅) 2,000장

	현수막	Y형 배너	유포지
①	B 업체	C 업체	B 업체
②	B 업체	C 업체	A 업체
③	C 업체	B 업체	A 업체
④	C 업체	B 업체	C 업체
⑤	C 업체	A 업체	B 업체

52. 51에서 선정한 업체들에서 유포지의 문구를 4회 수정하고 회사 로고와 지도를 합성하고자 할 때, 총 추가금액은?

① 5,000원   ② 10,000원   ③ 20,000원

④ 30,000원   ⑤ 40,000원

53. P사는 Y형 배너의 제작 수량은 50장, 재질은 고객 선호도가 가장 높은 것으로 변경하고자 한다. 변경 전 대비 변경 후 견적의 증가율은?

① 110%   ② 115%   ③ 120%

④ 125%   ⑤ 135%

[54 ~ 56] 공항 보안 업무를 수행하는 J는 K 공항 터미널역의 특정 시점 입출국 현황과 보안 경보 단계 자료를 보고 있다. 이를 보고 이어지는 질문에 답하시오.

〈입출국장 인원 현황〉

(단위 : 명)

시간	A 터미널		B 터미널	
	입국장	출국장	입국장	출국장
06 ~ 07시	2,950	2,820	2,920	2,810
07 ~ 08시	3,110	2,980	3,020	3,110
08 ~ 09시	3,220	3,390	3,270	3,190
09 ~ 10시	3,880	3,620	3,780	3,880
10 ~ 11시	3,250	3,020	3,440	3,510

〈시간대별 입출국 항공편 현황〉

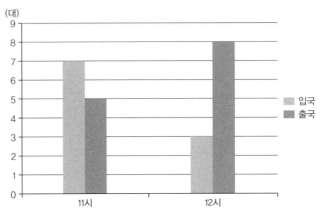

※ 입출국 항공편 1대당 입출국장에 가감되는 인원은 300명으로 가정하며 A, B 터미널에 절반씩 직후 시간대에 반영한다.

   ㉠ 11시 입출국 항공편이 각각 7대와 5대이므로 입국장은 2,100명이 증가, 출국장은 1,500명이 감소한다. 따라서 11 ~ 12시 두 터미널 입국장에 각각 1,050명, 출국장에 각각 750명이 반영된다.

※ 기타 입출국장 유출입은 고려하지 않는다.

<보안 경보 단계>

구분	동계(11 ~ 4월)	하계(5 ~ 10월)
최적	6,000명 미만	6,200명 미만
안전	6,000명 이상 ~ 6,500명 미만	6,200명 이상 ~ 6,700명 미만
조정	6,500명 이상 ~ 7,000명 미만	6,700명 이상 ~ 7,200명 미만
위험	7,000명 이상	7,200명 이상

※ 경보 단계 발령은 터미널별로 각각 적용함.

54. 위 입출국 현황이 12월 자료일 때 6 ~ 11시의 A 터미널 시간별 경보 단계 순서를 바르게 나열한 것은?

① 안전−최적−조정−위험−안전
② 최적−안전−조정−위험−조정
③ 최적−안전−조정−위험−안전
④ 안전−최적−조정−위험−조정
⑤ 안전−조정−최적−조정−위험

55. 하계를 기준으로 위 자료를 분석할 때 12 ~ 13시의 A, B 터미널 경보 단계는?

	A 터미널	B 터미널			A 터미널	B 터미널
①	최적	안전		②	안전	안전
③	최적	조정		④	안전	조정
⑤	최적	최적				

56. 다음 중 11시 입국 예정이던 항공편 중 1편이 결항되었을 때의 변화로 옳은 것은? (단, 입출국 현황은 8월로 가정한다)

① 두 터미널의 11 ~ 13시 경보 단계는 모두 동일하다.
② A 터미널의 11 ~ 12시 경보 단계만 변경된다.
③ A 터미널의 12 ~ 13시 경보 단계만 변경된다.
④ B 터미널의 11 ~ 12시 경보 단계만 변경된다.
⑤ 두 터미널의 12 ~ 13시 경보 단계가 모두 변경된다.

[57 ~ 61] 다음 자료를 보고 이어지는 질문에 답하시오.

> N사는 베트남에 판매 법인을 설립하고, 지역 외주 공장에 의뢰하여 생산된 의류를 판매한다. 올 하반기 판매를 위하여 A, B, C, D 4개의 디자인을 개발하였으며, 디자인별 적정 수량을 합한 총 생산 수량 1,500개를 5월 22일까지 공급받고자 한다. 다음은 디자인별 특징과 외주 공장별 제작 현황이다.

〈디자인 유형별 소비자 선호도 및 단가〉

구분	외관(점)	기능(점)	실용성(점)	가격(점)	자재단가 (원/개)	판매가 (원/개)
A 디자인	3.9	4.1	4.2	4.3	3,300	12,000
B 디자인	4.4	3.8	3.5	3.2	4,000	20,000
C 디자인	3.7	4.0	3.7	4.7	2,900	10,000
D 디자인	3.4	4.8	4.1	3.5	3,700	18,000

※ 선호도 점수가 높을수록 선호도가 높은 것을 의미함.

〈외주 공장별 생산 현황〉

구분	갑	을	병	정
생산비(원/100개)	50,000	74,000	62,000	72,000
생산수량(개/일)	80	90	85	90
휴일	주말	2, 4번째 일요일	일요일	2, 4번째 주말

※ '주말'은 토요일과 일요일을 의미함.

57. N사가 총 매출액이 2,500만 원을 넘지 않는 디자인 중 평균 선호도가 가장 높은 디자인으로 생산 의뢰를 한다면, 예상 매출액은 얼마인가? (단, 생산 비용을 고려하지 않는다)

① 1,500만 원   ② 1,800만 원   ③ 2,000만 원

④ 2,200만 원   ⑤ 2,400만 원

58. 다음 5월 달력을 참고할 때, 5월 4일에 발주를 할 경우 기한 내에 모든 수량을 공급할 수 있는 공장을 모두 고르면? (단, 디자인별 1일 생산수량은 모두 동일하며, 발주일과 공급일도 생산한다)

일	월	화	수	목	금	토
					1	2
3	4	5	6	7	8	9
10	11	12	13	14	15	16
17	18	19	20	21	22	23
24/31	25	26	27	28	29	30

① 갑, 을   ② 을, 정   ③ 병, 정
④ 갑, 을, 병   ⑤ 을, 병, 정

59. N사가 소비자의 평균 선호도가 가장 낮은 디자인으로 전 수량을 정 공장에 발주할 경우, 제품 1개당 예상 수익은 얼마인가? (단, 수익＝판매가－자재단가－생산비로 계산한다)

① 15,050원   ② 15,100원   ③ 15,160원
④ 15,200원   ⑤ 15,280원

60. N사가 각 공장에 4개 디자인에 대해 다음과 같이 발주할 경우, 총 수익은 얼마인가?

갑	을	병	정
A 디자인 400개	B 디자인 300개	C 디자인 400개	D 디자인 400개

① 15,750,000원   ② 15,882,000원   ③ 15,965,000원
④ 16,012,000원   ⑤ 16,085,000원

61. 58의 달력을 참고할 때 1,500개의 의류를 N사의 수익 금액이 극대화되도록 한 공장에 발주할 경우, 선정할 디자인과 발주할 날짜를 바르게 나열한 것은? (단, 발주일과 공급일도 생산한다)

① A 디자인, 4월 26일   ② A 디자인, 4월 27일   ③ B 디자인, 4월 28일

④ B 디자인, 4월 29일   ⑤ C 디자인, 4월 30일

[62 ~ 64] 다음 자료를 보고 이어지는 질문에 답하시오.

'갑'시에서는 고속철도 역 건설지를 선정하기 위하여 시내의 A, B, C, D 4개 지역을 예비 후보지로 상정하게 되었다. 시민 대표 김○○, 이△△, 박□□이 상정된 4개 지역에 대한 자신들의 선호 지역을 1 ~ 4순위로 구분하여 다음과 같이 결정하였다.

시민 대표 / 선호도	김○○	이△△	박□□
1순위	A 지역	B 지역	A 지역
2순위	D 지역	A 지역	D 지역
3순위	C 지역	C 지역	B 지역
4순위	B 지역	D 지역	C 지역

'갑'시에서는 역 건설지 결정을 공정하게 하기 위해 상정된 A, B, C, D 4개의 지역 중 먼저 '갑'시 시민 전체가 투표를 하여 2개의 1차 후보지를 우선 선정한다. 다음으로 2개의 1차 후보지에 대한 시민 대표 3인의 선호도 다수결에 따라 최종 후보지를 선정한다.

62. 다음 중 '갑'시의 시민 투표 결과에 의한 2개의 1차 후보지 중 하나로 B 지역이 선정되었을 경우, 일어날 수 있는 일로 적절한 것은?

① 나머지 하나로 어떤 지역이 선정되어도 B 지역은 최종 후보지로 선정되지 않는다.

② 나머지 하나로 D 지역이 선정되면 B 지역이 최종 후보지가 된다.

③ 나머지 하나로 A 지역이 선정되면 선정된 2개 후보지의 시민 대표 선호 결과가 같아지게 된다.

④ 나머지 하나로 C 지역이 선정되면 C 지역이 최종 후보지가 된다.

⑤ B 지역이 최종 후보지로 선정되는 경우는 한 가지밖에 없다.

63. 만약 D 지역이 투표 결과에 의해 1차 후보지 중 하나로 선정되었을 경우에 대한 설명으로 적절한 것은? (단, 동일 점수가 나오면 해당 두 후보지만으로 재투표를 실시하여 순위를 가린다)

① A 지역이 나머지 하나의 후보지일 경우, 재투표를 실시할 수 있다.

② 어떤 다른 후보지와 함께 선정되어도 D 지역은 최종 후보지가 될 수 없다.

③ B 지역이 나머지 하나의 후보지일 경우, 재투표를 실시할 수 있다.

④ D 지역이 최종 후보지가 되는 경우는 한 가지 밖에 없다.

⑤ C 지역이 나머지 하나의 후보지일 경우, 재투표를 실시할 수 있다.

64. '갑'시에서는 정◇◇를 시민 대표로 추가하고, 다수결로 하나의 최종 후보지가 선정되지 않는다면 재투표를 실시하기로 하였다. 다음 (가) ~ (라) 중 적절하지 않은 설명을 모두 고르면?

> (가) C 지역이 A 지역과 함께 선정되면 C 지역은 최종 후보지가 될 수 있다.
>
> (나) 투표에서 A 지역이 선정되면 반드시 최종 후보지로 선정된다.
>
> (다) 시민 대표 정◇◇의 1순위 후보지가 C 지역인 경우, C 지역과 B 지역이 선정되어 재투표를 하게 되는 경우의 수는 모두 4가지이다.
>
> (라) 시민 대표 정◇◇의 1순위 후보지가 B 지역인 경우, A 지역과 선정되면 재투표를 실시할 수 있다.

① (나)　　　　　　② (가), (나)　　　　　　③ (나), (다)

④ (가), (다), (라)　　　⑤ (나), (다), (라)

65. 다음은 벤치마킹에 대해 나눈 대화이다. 빈칸에 들어갈 설명으로 적절한 것은?

> 나은 : 지난해 국내 최초로 B 시에서 출시한 모바일 지역화폐가 성공적으로 정착했다는 기사를 보았어요.
>
> 희원 : 지역화폐가 지역자금의 역외유출을 막고 지역경제에 활력을 불어넣는다고 보아 다른 지역에서도 지역화폐를 도입해 유통시키는 중이지요.
>
> 주혁 : 얼마 전 지역화폐를 도입한 E 시도 기본소득과 지역화폐 정책을 추진하는 미국과 스페인의 사례를 참고하기 위해 실무추진단을 꾸려 해외를 방문한 바 있어요.
>
> 지민 : 외국의 사례를 참고해 자신의 환경에 맞는 방식으로 재창조하고자 하는 벤치마킹을 시도하고 있군요. 벤치마킹 유형 중에서도 글로벌 벤치마킹이네요. 이는 (
>).

① 제품, 서비스 및 프로세스 등의 단위 분야에 있어서 가장 우수한 실무를 보이는 비경쟁적 기업 내의 유사 분야를 대상으로 하죠.

② 관점이 제한적일 수 있고 편중된 내부 시각에 대한 우려가 있다는 걸 고려해야 해요.

③ 윤리적인 문제가 발생할 위험이 있고 상대의 적대적 태도로 인해 자료 수집이 어렵다는 단점이 있어요.

④ 동일 업종에서 고객을 직접적으로 공유하는 경쟁기업을 대상으로 한 벤치마킹 방식이지요.

⑤ 접근 및 자료 수집의 과정과 비교 가능한 기술 습득이 상대적으로 용이하다는 장점이 있어요.

66. 다음 기사를 이해한 내용으로 적절하지 않은 것은?

소방당국은 지난달 31일 오전 S 빗물저류배수시설 확충 공사 현장에서 작업하던 협력업체 직원 G 씨 등 2명과 이들을 구하기 위해 배수 터널에 뒤늦게 진입했던 시공사 직원 A 씨가 갑자기 들이닥친 빗물에 휩쓸려 숨졌다고 밝혔다.

사고 당시 해당 지역에는 호우주의보가 발령됐고, 해당 시설은 시운전 기간이라 평소 70% 수준이던 수문의 자동 개폐 기준 수위를 50%로 낮춘 상태였다. 그럼에도 유지·관리를 맡은 Y구와 시공사인 H 건설은 소통 부재로 초기 대응에 실패하며 작업자들을 구출할 골든타임을 놓쳤다. 더욱이 긴급 알림벨 등 외부 터널과 내부 간 의사소통할 수 있는 수단은커녕 구명조끼 등 기본적인 안전장치마저 구비되지 않았던 것으로 확인됐다.

대다수 전문가와 국민들이 이번 사고가 인재(人災)라는 지적에 공감하는 이유다. 이번 사고가 20X3년 7명의 생명을 앗아갔던 S시 배수지 수몰 사고와 비슷하다는 지적도 나온다. 당시 배수지 지하 상수도관에서 작업을 하던 근로자 7명은 갑자기 들이닥친 강물에 휩쓸려 목숨을 잃었다. 공사 관계자들은 장마철에 폭우가 이어지는 상황에서도 무리하게 작업을 강행하며 인명피해를 자초한 것으로 조사됐다. 해당 공사의 발주기관이었던 S시도 부실한 관리·감독에 따른 비판을 피할 수 없었다.

불과 한 달여 전인 지난달 4일 S구에서 철거 건물 붕괴 사고가 발생해 4명의 사상자가 발생했다. 현재 정확한 사고원인에 대한 조사가 진행 중이지만 이번 사고와 같이 S구와 건축주, 시공업체 등 관계 주체들의 부실한 관리·감독·시공이 참사의 유력한 원인으로 점쳐지는 상황이다. 특히 S구는 사고가 발생하기 불과 3개월 전 S시로부터 공사장 안전점검 권고 공문을 받았으나 이를 이행하지 않은 것은 물론, 철거현장 관리·감독에 대한 구청의 책임을 강조해놓고 막상 사고가 터지자 책임을 회피하는 모습을 보여 빈축을 사고 있다. 앞서 20X7년 1월에는 J구에서 철거 중인 숙박업소 건물이 무너져 매몰자 2명이 숨졌고, 같은 해 4월 G구 5층 건물 철거현장에서는 바닥이 내려앉아 작업자 2명이 매몰됐다가 구조되었다. 지난해 3월 C동 철거 공사장에서 가림막이 무너져 행인 1명이 다치는 사고도 있었다.

① 위와 같은 산업재해는 근로자와 그 가족의 정신적·육체적 고통에 이르게 하는 등의 개인적 영향을 미친다.

② 위와 같은 산업재해는 현장 담당자를 강력 처벌함을 통해 현재의 불안전한 상태를 제거할 수 있다.

③ S구 철거 건물 붕괴 사고는 산업재해의 작업관리상의 원인으로 발생한 산업재해로 볼 수 있다.

④ 두 수몰 사고 모두 위험한 환경에서 작업을 강행한 불안전한 행동이 원인이다.

⑤ 위와 같은 산업재해는 기업에 근로의욕 침체와 생산성 저하를 불러온다.

[67 ~ 69] 다음은 에어컨 사용설명서이다. 이어지는 질문에 답하시오.

〈사용 시 주의사항〉

1. 필터에 먼지가 끼면 냉방 능력이 떨어지고, 전기요금이 많이 나옵니다. 가정에서는 2주에 한 번씩, 식당에서는 1개월에 한 번씩, 그 외의 장소에서는 3개월에 한 번씩 청소해 주는 것이 좋습니다.
2. 커튼이나 블라인드로 창문에서 들어오는 햇빛을 막아 주면 실내 온도가 약 2도 정도 떨어집니다.
3. 필요 이상으로 온도를 낮추면 과도한 전기소모로 인해 전기요금이 많이 나올 뿐만 아니라 고장의 원인이 될 수 있습니다. 설정온도는 25 ~ 26도가 적당합니다.
4. 사용 시 자주 껐다 켰다를 반복하지 않습니다. 전기요금이 더 많이 나올 수 있습니다.
5. 냉방 시 열기기 사용을 삼가야 합니다.
6. 에어컨 바람을 막는 장애물이 없는 곳에 설치해야 합니다.

〈장기간 사용하지 않을 때 제품 보관 방법〉

1. 공기청정 버튼을 눌러 에어컨 내부의 습기와 곰팡이를 제거합니다. 맑은 날 1시간 이상 버튼을 눌러 두어야 합니다.
2. 주전원 스위치를 내리고, 전기 플러그를 뽑습니다. 전원을 차단하면 실외기로 전기가 흐르지 않아 천재지변으로부터 안전할 수 있으며 불필요한 전기 낭비를 막습니다.
3. 부드러운 천을 사용해서 실내기와 실외기를 깨끗하게 청소합니다.

〈A/S 신청 전 확인 사항〉

제품에 이상이 생겼을 경우, 서비스 센터에 의뢰하기 전 아래 사항을 먼저 확인해 주십시오.

증상	확인	조치 방법
운전이 전혀 되지 않음	주전원 스위치가 내려져 있지 않은가?	주전원 스위치를 올려 주세요.
	전압이 너무 낮지 않은가?	정격 전압 220V를 확인하세요.
	정전이 되지 않았는가?	다른 전기기구를 확인해 보세요.

	희망 온도가 실내 온도보다 높지 않은가?	희망 온도를 실내 온도보다 낮게 맞추세요.
정상보다 시원하지 않음	제습 또는 공기청정 단독운전을 하고 있지 않은가?	냉방운전을 선택해 주세요.
	찬 공기가 실외로 빠져나가고 있지 않은가?	창문을 닫고 창문의 틈새를 막으세요.
	햇빛이 실내로 직접 들어오지 않는가?	커튼, 블라인드 등으로 햇빛을 막으세요.
	실내에 열을 내는 제품이 있는가?	열을 내는 제품과 같이 사용하지 마세요.
	실내기와 실외기의 거리가 너무 멀지 않은가?	배관 길이가 10m 이상이 되면 냉방능력이 조금씩 떨어집니다.
	실외기 앞이 장애물로 막혀 있지 않은가?	실외기의 열 교환이 잘 이루어지도록 장애물을 치우세요.
찬바람이 연속으로 나오지 않음	제품을 정지한 후 곧바로 운전시키지 않았는가?	실외기의 압축기 보호 장치가 동작하였기 때문입니다. 약 3분 후에 찬바람이 나올 것입니다.
실내기에서 물이 넘침	무거운 물건이 호스를 누르고 있지 않은가?	호스를 누르고 있는 물건을 제거하세요.
	배수호스 끝이 물받이 연결부보다 높게 설치되어 있거나 호스가 꼬여 있지 않은가?	배수호스는 물이 잘 빠지도록 물받이 연결부보다 반드시 낮게 설치해야 합니다.
에어컨에서 이상한 소리가 남	전원코드를 연결하거나 주전원 스위치를 올리지 않았는가?	제품에 전원이 들어온 직후, 제품이 초기화 구동을 하여 소리가 날 수 있습니다.
	좌우 바람이 설정되어 있는가?	좌우 바람 설정 시 동작 10회당 1회씩 초기화 구동을 하여 소리가 날 수 있습니다.
운전정지 후에도 동작이 멈추지 않음	자동건조 기능이 설정되어 있지 않은가?	자동건조 기능 설정 시 운전 정지 후 약 3분간 송풍운전을 통해 제품 내부의 습기를 제거해 줍니다.

67. 다음 중 에어컨을 사용하면서 전기요금을 줄일 수 있는 방법으로 제시되지 않은 것은?

① 필터를 청소한다.　　　　　　　　② 자주 껐다 켰다를 하지 않는다.

③ 공기청정 운전을 한다.　　　　　　④ 설정 온도를 25도로 맞춘다.

⑤ 장기 미사용 시 전원을 뽑아 둔다.

68. 에어컨 사용 중 실내기에 물이 넘쳐 있는 것을 발견하였다면, 다음 중 원인 파악을 위해 확인해야 할 사항은?

① 배수호스와 물받이 연결부의 연결 상태를 확인한다.

② 실내기 내부의 물 색깔을 확인한다.

③ 배수호스 끝과 물받이 연결부의 위치를 확인한다.

④ 실내기 앞이 장애물로 막혀 있는지 확인한다.

⑤ 자동건조 기능이 설정되어 있는지를 확인한다.

69. 다음 중 위 에어컨 사용설명서를 읽고 보인 반응으로 적절하지 않은 것은?

① 정격 전압을 사용하지 않으면 에어컨 운전이 전혀 되지 않겠군.

② 제습이나 공기청정을 하고 있을 때는 냉방운전을 할 때보다 덜 시원하겠네.

③ 햇빛이 비출 때 실내온도가 29도였으니 블라인드로 햇빛을 차단하면 에어컨을 25도로 설정해도 되겠군.

④ 찬바람이 연속으로 나오지 않을 경우에는 지체 없이 곧바로 서비스 센터에 연락해야겠군.

⑤ 장기 휴가에서 돌아와 다시 전원 플러그를 꽂으면 에어컨에서 이상한 소리가 날 수 있군.

[70 ~ 72] 다음은 S사의 청소기 사용설명서이다. 이어지는 질문에 답하시오.

<이상 현상 발생에 따른 확인 및 조치사항>

〈사용 시 주의사항〉

- 브러시에 무리한 힘이 가해지거나 회전솔(드럼)에 이물질이 끼면 모터와 제품을 보호하기 위해 브러시가 작동하지 않을 수 있습니다. 이물질을 제거한 후 다시 전원을 껐다가 켜 주세요.
- 물걸레 브러시의 걸레는 빨랫비누를 이용해서 가볍게 손으로 빨아 주세요. 열이나 섬유 유연제 등에 노출될 경우 물걸레 브러시의 걸레가 변형되어 성능이 저하될 수 있습니다.
- 걸레를 부착하지 않고 물걸레 브러시를 사용하다가 고장이 나면 무상 서비스 기간에도 무상으로 서비스를 받을 수 없으니 주의하세요.
- 브러시 안의 회전솔이 회전 중일 때 손대지 마세요. 손이 끼어서 다칠 우려가 있습니다.
- 물걸레 브러시를 사용하기 전에 걸레를 떼어낸 후 물을 적당히 묻혀 회전판에 부착해서 사용하세요.
- 습도와 온도 및 바닥 재질 등 사용 환경에 따라 정전기가 발생할 수 있습니다. 정전기가 계속 발생하면 서비스센터로 문의해 주세요.
- 다음의 경우에 배터리를 충전해 주세요.
  - 제품을 구입한 후 처음 사용하거나 오랫동안 사용하지 않았을 때
  - 배터리 잔량 표시등이 한 칸에서 깜빡거릴 때
- 배터리 잔량이 부족하면 충전하여 보관해 주세요. 잔량이 부족한 상태로 장기간 보관하면 배터리의 성능이 떨어지는 원인이 될 수 있습니다.
- 이물질 제거가 어려울 때에는 서비스센터로 문의하세요. 물걸레 브러시 내부에 큰 이물질이 끼면 회전력이 약해지거나 회전판이 멈출 수 있습니다.
- 햇빛에 장시간 노출되면 부품이 변형되거나 변색될 수 있으니 그늘에서 보관하세요.
- 브러시는 물로 세척하면 부품 변형이나 고장이 발생할 수 있으므로 물 세척을 하지 마세요.
- 충전 거치대를 청소할 때에는 반드시 전원 플러그를 빼세요.
- 사용설명서를 준수하지 않아 발생한 고장에 대해서는 무상 서비스가 불가하니 주의하세요.

〈이상 현상 발생에 따른 확인 및 조치사항〉

이상 현상	확인 및 조치
전원이 켜져 있으나 작동하지 않는 경우	• 배터리 잔량을 확인하여 충전해 주세요. • 다단식 연장관, 먼지통, 브러시가 막혀 있으면 손질해 주세요. • 모터 필터가 제대로 조립되어 있는지 확인해 주세요.
갑자기 흡입력이 약해지고 제품에서 떨리는 소리가 나는 경우	• 브러시, 먼지통 또는 다단식 연장관이 이물질로 막혀 있으면 제거해 주세요. • 필터가 더러우면 손질해 주세요.

충전이 안 되는 경우	• 사용전압을 확인하고, 충전 거치대는 반드시 100~240V/50~60Hz 전원에 연결하여 사용하세요. • 전원이 켜져 있는지 확인하고, 배터리 잔량 표시등에 LED가 켜지는지 확인해 주세요. • 충전 단자에 이물질(먼지)이 있으면 면봉이나 물기가 없는 부드러운 천을 사용하여 이물질을 제거해 주세요.
제품 배기구 및 필터에서 냄새가 나는 경우	• 먼지통에 이물질이 가득 차기 전에 비우고 필터류를 자주 손질해 주세요. 　– 새 제품은 구입 후 처음 3개월 가량 냄새가 날 수 있습니다. 　– 장시간 사용 시 먼지통에 쌓인 이물질 및 필터류에 낀 먼지 때문에 냄새가 날 수 있습니다. • 교체용 필터가 필요하면 가까운 서비스센터에 문의 후 구입하세요.
청소 완료 후 브러시에서 이물질이 나오는 경우	청소 완료 후 제자리에서 청소기를 10초 정도 작동하여 잔먼지를 빨아들이세요.
제품 사용 중에 작동이 멈춘 경우	• 이 제품에는 모터 과열 방지 장치가 있어 다음과 같은 경우 제품이 일시적으로 정지합니다. 잠시 후에는 다시 전원을 켜고 사용하세요. 　– 본체 먼지통이 가득 찼을 때 청소기를 작동시키는 경우 　– 흡입구나 브러시가 막혔을 때 청소기를 작동시키는 경우 　– 틈새 브러시를 장시간 작동시킨 경우

70. 다음 중 위 사용설명서에 따른 청소기 사용 시 주의사항에 대한 의견으로 옳지 않은 것은?

① 브러시는 물 세척을 하지 말아야겠군.

② 배터리가 얼마 남지 않은 상태를 장기간 유지하면 배터리 성능이 떨어질 수 있으니 가급적 사용 후에 충전을 해 두어야겠구나.

③ 갑자기 브러시가 작동하지 않으면 무작정 서비스센터에 연락하기보다 이물질을 제거한 후 전원을 껐다가 다시 켜 봐야겠군.

④ 물걸레 브러시의 걸레는 가급적이면 손빨래를 하되 가끔 한 번씩 삶아서 청결을 유지하는 게 좋겠군.

⑤ 기기 사용 중 정전기가 계속 발생하면 서비스센터로 문의해야겠군.

71. 다음 중 청소기의 이상 현상 발생에 대한 간단한 매뉴얼을 작성할 경우, 매뉴얼에 포함될 수 있는 내용이 아닌 것은?

① 제품이 충전되지 않는 경우, 배터리 잔량 표시등의 LED를 확인한다.

② 제품이 작동하지 않는 경우, 모터 필터의 조립 상태를 확인한다.

③ 제품에서 떨리는 소리가 나는 경우, 먼지통이 이물질 등으로 막혀 있는지 확인한다.

④ 제품이 사용 중에 작동을 멈춘 경우, 본체 먼지통, 흡입구, 브러시, 틈새 브러시를 확인한다.

⑤ 제품 배기구에서 냄새가 나는 경우, 다단식 연장관을 손질한다.

72. 다음 중 위 청소기를 구입하여 사용하던 중 발생한 고장에 대하여 무상 서비스를 받을 수 없는 경우는? (단, 모두 무상 서비스 기간에 해당한다고 가정한다)

① 걸레를 부착하고 물걸레 브러시를 사용하다가 고장이 난 경우

② 충전 거치대 청소를 위해 거치대를 100 ~ 240V/50 ~ 60Hz 전원에 연결한 후 청소하다가 고장이 난 경우

③ 물걸레 브러시 내부에 낀 큰 이물질 때문에 회전판이 멈춰 고장이 난 경우

④ 충전 단자에 이물질이 낀 것을 발견하고 부드러운 천으로 이물질을 제거하다가 고장이 난 경우

⑤ 제품을 오랫동안 사용하지 않다가 배터리를 충전하여 사용하려 했지만 작동이 되지 않는 경우

[73 ~ 74] 다음 글을 읽고 이어지는 질문에 답하시오.

〈제4차 산업혁명을 이끄는 기술과 미래도시〉

인류의 역사가 증명하듯이, 급격한 기술 발전은 필연적으로 도시의 변화를 가져온다. 그렇다면 제4차 산업혁명의 핵심기술 가운데 미래도시를 주도할 기술은 어떤 것일까? 또 도시는 어떠한 형태로 변화하게 될까? 현재 가장 주목되는 관련 기술로는 자율주행 자동차와 커넥티드카 (Connected Car)로 대별되는 미래자동차와 관련한 기술들, 신재생 에너지 보급의 확대와 전기자동차와 같은 에너지 관련 기술, IT 기술과 인터넷 기술의 발전으로 확대되고 있는 공유경제와 관련한 기술 그리고 빅데이터와 인공지능 기술 등이 접목되는 스마트 도시와 관련한 기술 등이다. 그 중에서 미래도시와 관련하여 가장 큰 영향을 끼칠 것으로 생각되는 기술은 자율주행 자동차와 전기자동차 분야다.

사실 전기자동차는 내연기관 자동차에 못지않은 긴 역사를 가지고 있다. 최초의 전기자동차는 1888년 독일의 발명가 안드레아스 플로켄이 만든 '플로켄 엘렉트로바겐'으로 알려져 있다. 1900년대 초반에 미국에서 운행하는 자동차의 약 38%는 전기자동차였으며, 그 주요 고객은 가솔린차에서 나는 소음과 냄새에 민감한 부잣집 여성들이었다. 다만 _____(가)_____ 단점을 가지고 있었는데, 이후 휘발유 엔진 자동차의 혁신적인 발전과 더불어 유가의 하락으로 전기자동차는 시장에서 자취를 감추게 되었다. 그러나 오늘날 전기자동차 본래의 특성인 정숙함과 이산화탄소 배출량이 적은 점에 다시금 주목하기 시작했고, 이에 더해 배터리 성능과 운용기술이 크게 향상되어 1회 충전에 500km까지 주행 가능한 자동차들이 속속 출시되고 있다. 이미 선진국에서는 충전 인프라가 크게 확대되면서 전기자동차 보급량도 늘고 있다.

자율주행 자동차 기술은 미래도시에 더욱 커다란 변화를 가져올 것으로 전망된다. 자율주행 자동차란 주변 환경을 인지하여 위험요소를 판단하고, 주행경로를 스스로 설정하여 스스로 안전주행을 하는 자동차를 뜻한다. 이러한 기능에 대해서는 오래 전부터 연구해 왔지만 현실에 적용될 가능성은 낮을 것으로 보였는데, 최근 구글의 자율주행 자동차 실험을 계기로 본격적인 양산이 전망되고 있다. 이제는 구글 외에도 여러 기업들이 기술 확보 및 상용화에 주력하고 있어서 2020년 전후에는 여러 업체에서 다양한 모델들을 출시할 것으로 예상되며, 이에 따라 미국의 여러 주에서는 가장 큰 장애물로 여겨졌던 법규 부분도 개정작업이 활발히 진행 중이다.

가장 눈길을 끄는 자율주행 자동차는 구글에서 제작 중인 '구글카'이다. 구글의 자율주행 자동차는 2007년 다르파 어번 챌린지(DARPA Urban Challenge, LA 교외 구공군기지에 만든 가상 시가지를 달리는 대회)에서 완주한 여섯 팀으로부터 그 역사가 시작되었다. 구글은 미군의 연구 프로젝트 성격의 챌린지였던 이 대회에서 완주한 팀의 연구진을 전원 고용, 2009년부터 실험을 진행하면서 기술력을 다듬어 왔다. 2012년에는 처음으로 네바다주에서 제한적이나마 자율주행 허가를 받아 공식적인 실험에 돌입했고, 2013년부터는 캘리포니아주의 공공도로에서도 실험을 진행하여 지금까지 수십만 킬로미터를 무리 없이 주행함으로써 그 안전성과 가능성을 널리 알렸다. 현재 미국의 네바다, 캘리포니아, 플로리다, 워싱턴, 미시건, 테네시주 등 여러 주에서는 자율주행차 관련 법안이 통과된 상태다.

자율주행 자동차의 보급이 확대되면 분명히 사회는 크게 변화할 것이다. '맥킨지 보고서'에 따르면 자율주행 자동차 시대에는 사람의 실수로 인한 교통사고가 현재보다 90% 가량 줄어들 것으로 전망하고 있다. 교통사고 건수가 줄어들면 그 피해액 역시 1,800 ~ 1,900억 달러(217조 ~ 229조 원) 정도 줄어들 것으로 추산된다. 또한 차량 안에서 운전만 할 필요가 없으므로 다양한 스마트 기기나 인터넷과 연결되어 다양한 서비스를 제공하는 커넥티드 카(Connected Car)가 활성화될 것이다. 지금까지 많은 사람들은 자동차를 비싼 값에 구입해서는 주로 집과 회사에 주차해 두고 있다. 또한 대부분의 경우에 자동차는 운전자 한 명만을 실어 나르고 운행 시간도 출퇴근 시간대에 몰리기 때문에 동시에 이동하고 동시에 주차되는 현상이 나타난다. 자율주행차의 등장으로 이러한 현상은 크게 변화할 것이다. 인공지능과 사물인터넷을 활용한 자율주행 자동차는 우리를 원하는 시간에 원하는 장소에서 픽업해 줄 수 있다. 언제 어디서나 안전하게 사용 가능하다면 우리는 더 이상 자동차를 소유할 필요가 없을 것이다. 자동차를 소유하지 않는다면 주차장도, 정비소도, 보험 도 필요 없어질지 모른다. 최적화된 알고리즘을 사용하는 자율주행 자동차가 상용화되면 현재 운 행되고 있는 자동차의 90% 이상은 불필요해진다고 한다. 그렇다면 향후 택시기사, 자동차 딜러, 자동차 정비사, 주차장 관리자 등의 관련 직업은 어떻게 변화될까? 자율주행 자동차들이 주류가 되었을 때의 도시는 어떤 풍경일까? 아마도 현재의 도시와는 상당히 다른 모습일 것이다.

73. 윗글의 (가)에 들어갈 내용에 대한 추론으로 적절한 것은?

① 배터리를 충전하는 데 다소 시간이 오래 걸린다는
② 배터리 기술의 한계로 주행 거리가 짧은
③ 상대적으로 이산화탄소 배출량이 많다는
④ 배터리의 원료가 되는 전기의 안정적인 공급이 어렵다는
⑤ 가솔린차와 비슷한 정도의 소음과 냄새를 가졌다는

74. 다음 중 윗글을 읽고 유추할 수 있는 내용으로 적절하지 않은 것은?

① 자율주행차가 상용화된다면 교통사고 건수뿐만 아니라 교통사고로 인한 피해액 또한 감소할 것 이다.
② 자율주행차가 보급화된다면 택시기사, 자동차 딜러 등 다양한 직업군은 큰 변화에 직면하게 될 것이다.
③ '구글카'는 캘리포니아에서 처음으로 자율주행 허가를 받아 공공도로에서 실험할 수 있게 되었다.
④ 전기자동차는 기존의 자동차와는 달리 소음이 적고 이산화탄소 배출량이 낮다는 점에서 주목을 받았다.
⑤ 네바다, 캘리포니아 등 미국의 몇 개 주에서는 이미 자율주행차에 대한 법적 제도가 마련되어 있다.

[75 ~ 77] 다음은 S 철도공사 규정의 일부 내용이다. 이를 읽고 이어지는 질문에 답하시오.

제○○조(이상기후의 경계) ① 열차 혹은 차량의 운전 또는 선로의 보수에 종사하는 직원은 폭풍우, 폭우, 폭설, 지진 등으로 인하여 재해가 발생될 우려가 있는 경우 또는 기상통보를 받았을 경우에는 열차 또는 차량의 운전보안에 각별히 주의하고 엄중한 경계를 하여야 한다.

② 기후 이상으로 인하여 열차 또는 차량의 운전에 위험이 발생하였을 때에는 상황을 파악하고 승객의 안전을 최우선으로 한 적절한 조치를 취하여야 한다.

제◇◇조(폭풍우의 경우에 조치) ① 운행관제사는 운행관제실에 설치된 풍향풍속계(이하 "풍속계"라 한다)의 풍속이 매초 15m일 경우에는 역장, 전기사업소장에게 해당역과 지상구간을 순회토록하고, 승무사업소장에게는 열차에 동승토록 통보하여야 한다. 이 경우 역장, 전기사업소장, 승무사업소장은 열차운행에 지장이 예상되는지 여부를 즉시 운행관제사에 통보하여야 한다.

② 제1항의 통보를 받은 운행관제사는 풍속계의 현시에 따라 지상구간을 운전하는 열차에 대하여 다음 각호의 조치를 하여야 한다.

1. 풍속이 매초 20m 이상 25m 미만일 때에는 40km/h 이하의 속도로 주의 운전할 것을 지시하여야 한다.

2. 풍속이 매초 25m 이상 30m 미만일 때에는 상황에 따라서 정차지시를 하고 역에 정차중인 열차는 일시 출발을 보류시켜야 한다.

3. 풍속이 매초 30m 이상일 때에는 일시 열차의 운전을 중지시키고 필요한 경우에는 열차 또는 차량을 안전한 장소로 대피시켜야 한다.

제△△조(폭풍우 시 기관사의 조치) 기관사는 지상구간을 운전 중 폭풍우를 만났을 때에는 다음 각호와 같이 조치하여야 한다.

1. 풍속이 심한 장소에서는 열차속도에 급격한 변화를 피하고 급제동을 걸지 않도록 하여야 한다.

2. 열차운전이 위험하다고 판단될 때에는 안전한 장소 또는 최근 역에 정차하여야 한다.

제□□조(침수 시 열차의 조치) ① 지하구간에 침수로 인하여 운전에 지장이 있다고 판단될 때에는 다음 각호와 같이 조치하여야 한다.

1. 기관사는 속히 그 상황을 운행관제사 또는 역장에게 보고하고 그 지시를 받아야 한다.

2. 역장은 운행관제사의 지시에 의하여 승객을 하차시키고 열차를 침수의 우려가 없는 장소로 회송하도록 지시하여야 한다.

② 역장 또는 기관사는 제1항에 따른 지시를 받을 수 없을 때에는 역에 승객을 하차시킨 후 속히 그 요지를 운행관제사에게 보고하여야 한다.

③ 선로 침수 시의 운전취급은 다음 각호에 따른다.

1. 수위가 레일면의 이하까지 침수된 때에는 그 전방지점에 일단 정지한 다음 선로상태를 확인하고 통과 가능하다고 인정될 때에는 15km 이하의 속도로 주의 운전하여 통과한다.

2. 수위가 레일면 위로 침수된 경우에는 열차운전을 중지하고 침수지점 전방에 정지하여 운행관제사에게 급보한 다음 운행관제사 지시에 의하여야 한다.

3. 수위의 한계치수 측정은 열차를 정지하여 레일면을 기준으로 하여 목측으로 파악한다.

75. 다음 중 위 규정에 대한 설명으로 적절하지 않은 것은?

① 차량을 운전하는 직원은 이상기후의 우려가 있을 경우 차량의 운전보안을 위한 경계를 강화해
야 한다.

② 풍속이 매초 15m 이상일 경우 열차의 운행 속도를 감속해야 한다.

③ 풍속이 매초 25m 이상일 경우 열차가 정차 또는 운전 중지될 수 있다.

④ 지상구간 운행 시 폭풍우를 만나 위험하다고 판단될 경우 이전 역 또는 다음 역 이외의 장소에
정차할 수 있다.

⑤ 침수 시의 운전취급 규정은 레일면의 침수 수위에 따라 결정된다.

76. 다음 (가)～(라) 중 운전취급규정에 부합하는 행위를 모두 고르면?

> (가) 기관사 A씨는 침수지점을 발견하고 목측으로 확인한 결과 침수수위가 레일면보다 낮아
> 통과가 가능하다고 판단한 후 12km의 속도로 침수지점을 통과하였다.
> (나) 운행관제사 B씨는 풍속계의 풍속이 매초 15m 이상을 현시하여 승무사업소장에게 열차
> 에 동승하도록 통보하였다.
> (다) 기관사 C씨는 운행 중 갑자기 풍속이 심한 장소에 진입하여 열차를 급격히 감속하여
> 안전한 장소에 정차하였다.
> (라) 기관사 D씨는 운행 중 전방에 운행에 지장이 있는 침수지점을 발견하고 열차에서 내려
> 수위를 별도의 측정 장비 없이 눈으로 확인하였다.

① (가), (다)　　　　　② (나), (다)　　　　　③ (나), (라)

④ (가), (나), (라)　　　　⑤ (나), (다), (라)

77. 다음 중 운행관제사의 의무사항으로 적절하지 않은 것은?

① 유사 시 역장, 전기사업소장, 승무사업소장에게 해당 지역 순회 또는 동승을 통보해야 한다.

② 풍속에 따라 필요한 경우 열차 또는 차량을 안전한 장소로 대피시켜야 한다.

③ 폭풍우에 의해 열차운전이 위험하다고 판단될 경우 열차를 안전한 장소로 정차시켜야 한다.

④ 침수 발생 시 승객을 하차시키고 열차를 침수의 우려가 없는 장소로 회송하도록 역장에게 지시
해야 한다.

⑤ 레일면 위까지 침수되어 운전이 중지된 열차의 재운행 여부를 판단하여 지시해야 한다.

[78 ~ 80] 다음은 '부정청탁 및 금품 등 수수의 금지에 관한 법률(청탁금지법)'의 일부 내용이다. 이를 읽고 이어지는 질문에 답하시오.

제3장 금품 등의 수수 금지 등

제8조(금품 등의 수수 금지) ① 공직자 등은 직무 관련 여부 및 기부 · 후원 · 증여 등 그 명목에 관계없이 동일인으로부터 1회에 100만 원 또는 매 회계연도에 300만 원을 초과하는 금품 등을 받거나 요구 또는 약속해서는 아니 된다.

② 공직자 등은 직무와 관련하여 대가성 여부를 불문하고 제1항에서 정한 금액 이하의 금품 등을 받거나 요구 또는 약속해서는 아니 된다.

③ 제10조의 외부강의 등에 관한 사례금 또는 다음 각호의 어느 하나에 해당하는 금품 등의 경우에는 제1항 또는 제2항에서 수수를 금지하는 금품 등에 해당하지 아니한다.

1. 공공기관이 소속 공직자 등이나 파견 공직자 등에게 지급하거나 상급 공직자 등이 위로 · 격려 · 포상 등의 목적으로 하급 공직자 등에게 제공하는 금품 등

2. 원활한 직무수행 또는 사교 · 의례 또는 부조의 목적으로 제공되는 음식물 · 경조사비 · 선물 등으로서 대통령령으로 정하는 가액 범위 안의 금품 등

3. 사적 거래(증여 제외)로 인한 채무의 이행 등 정당한 권원에 의하여 제공되는 금품 등

4. 공직자 등의 친족이 제공하는 금품 등

5. 공직자 등과 관련된 직원상조회 · 동호인회 · 동창회 · 향우회 · 친목회 · 종교단체 · 사회단체 등이 정하는 기준에 따라 구성원에게 제공하는 금품 등 및 그 소속 구성원 등 공직자 등과 특별히 장기적 · 지속적인 친분관계를 맺고 있는 자가 질병 · 재난 등으로 어려운 처지에 있는 공직자 등에게 제공하는 금품 등

6. 공직자 등의 직무와 관련된 공식적인 행사에서 주최자가 참석자에게 통상적인 범위에서 일률적으로 제공하는 교통, 숙박, 음식물 등의 금품 등

7. 불특정 다수인에게 배포하기 위한 기념품 또는 홍보용품 등이나 경연 · 추첨을 통하여 받는 보상 또는 상품 등

8. 그 밖에 다른 법령 · 기준 또는 사회상규에 따라 허용되는 금품 등

④ 공직자 등의 배우자는 공직자 등의 직무와 관련하여 제1항 또는 제2항에 따라 공직자 등이 받는 것이 금지되는 금품 등(이하 "수수 금지 금품 등"이라 한다)을 받거나 요구하거나 제공받기로 약속해서는 아니 된다.

⑤ 누구든지 공직자 등에게 또는 그 공직자 등의 배우자에게 수수 금지 금품 등을 제공하거나 그 제공의 약속 또는 의사표시를 해서는 아니 된다.

제10조(외부강의 등의 사례금 수수 제한) ① 공직자 등은 자신의 직무와 관련되거나 그 지위 · 직책 등에서 유래되는 사실상의 영향력을 통하여 요청받은 교육 · 홍보 · 토론회 · 세미나 · 공청회 또는 그 밖의 회의 등에서 한 강의 · 강연 · 기고 등(이하 "외부강의 등"이라 한다)의 대가로서 대통령령으로 정하는 금액을 초과하는 사례금을 받아서는 아니 된다.

② 공직자 등은 외부강의 등을 할 때에는 대통령령으로 정하는 바에 따라 외부강의 등의 요청

명세 등을 소속기관장에게 미리 서면으로 신고하여야 한다. 다만, 외부강의 등을 요청한 자가 국가나 지방자치단체인 경우에는 그러하지 아니하다.

③ 공직자 등은 제2항 본문에 따라 외부강의 등을 미리 신고하는 것이 곤란한 경우에는 그 외부강의 등을 마친 날부터 2일 이내에 서면으로 신고하여야 한다.

④ 소속기관장은 제2항에 따라 공직자 등이 신고한 외부강의 등이 공정한 직무수행을 저해할 수 있다고 판단하는 경우에는 그 외부강의 등을 제한할 수 있다.

⑤ 공직자 등은 제1항에 따른 금액을 초과하는 사례금을 받은 경우에는 대통령령으로 정하는 바에 따라 소속기관장에게 신고하고, 제공자에게 그 초과금액을 지체 없이 반환하여야 한다.

제11조(공무수행사인의 공무 수행과 관련된 행위제한 등) ① 다음 각호의 어느 하나에 해당하는 자(이하 "공무수행사인"이라 한다)의 공무 수행에 관하여는 제5조부터 제9조까지를 준용한다.

1. 「행정기관 소속 위원회의 설치 · 운영에 관한 법률」 또는 다른 법령에 따라 설치된 각종 위원회의 위원 중 공직자가 아닌 위원

2. 법령에 따라 공공기관의 권한을 위임 · 위탁받은 법인 · 단체 또는 그 기관이나 개인

3. 공무를 수행하기 위하여 민간부문에서 공공기관에 파견 나온 사람

4. 법령에 따라 공무상 심의 · 평가 등을 하는 개인 또는 법인 · 단체

---

78. 다음 중 위의 청탁금지법에 대한 설명으로 적절한 것은?

① 공직자 등의 배우자는 공직자 등의 직무와 관련되지 않은 금품의 수수가 가능하다.

② 공직자 등은 정해진 급여, 포상 등 사내에서 지급되는 금품 이외의 어떤 금품의 수수도 금지된다.

③ 공직자 등은 직무와 관련된 어떠한 경우에도 금품 수수가 금지된다.

④ 공직자 등이 외부강의에 대하여 규정된 사례금을 초과하여 수수한 경우 통상적인 범위 이내의 초과분은 수수가 가능하다.

⑤ 공직자 등이 A시의 시청으로부터 시정 운영과 관련한 강의를 요청받은 경우, 공직자 등은 이를 사전에 소속기관장에게 서면 신고해야 한다.

79. 다음 중 공무수행사인에 해당되지 않는 사람은?

① 공기관이 진행하는 프로젝트를 위탁받아 수행하는 업체의 대표자
② 업무 협조를 위해 전문 연구소로부터 공기관에 파견 나온 기술직 직원
③ 공기관의 회계 업무 평가를 의뢰받은 회계사무소 대표자
④ 법령에 따라 설치된 공기관의 입찰심사위원회 민간 심사위원의 배우자
⑤ 법률에 의해 설치된 공무 집행 심의위원회의 위원에 포함된 민간기업 사외이사

80. 다음 (가)~(라) 중 위의 청탁금지법에 위배되는 경우를 모두 고르면?

> (가) 공기관의 업무 협조를 위해 파견 나온 민간업체 직원이 수행하는 직무와 관련하여 대가성 없이 50만 원의 금품을 수수한 경우
>
> (나) 입찰 관련 평가에 있어 유리한 결과를 요청하며 민간업체 직원이 공직자 등의 배우자에게 사후 일정 금액의 금품 제공을 약속한 경우
>
> (다) 잦은 외부강의와 기고 등을 통해 공직자 등이 받은 사례금의 총액이 회계연도에 300만 원을 초과하는 경우
>
> (라) 공직자 등에게 금품을 제공하지는 않았으나, 해당 업무의 결과 향방에 따라 일정 금액의 금품을 제공할 의사를 표시한 경우

① (가)
② (가), (라)
③ (나), (다)
④ (가), (나), (다)
⑤ (가), (나), (라)

서울교통공사

실전모의고사

제5회

01. ○○기업에서는 최근 각광받고 있는 IoT에 대한 설명회를 준비하였다. 다음 중 설명회의 내용에 대한 이해로 적절하지 않은 것은?

> IoT는 'Internet of Things'을 뜻하며, 사물에 센서를 부착하여 인터넷을 통해 실시간으로 데이터를 주고받는 기술이나 환경을 일컫는다. 인터넷에 연결된 기기는 사람의 도움이 개입되지 않아도 서로 알아서 정보를 주고받으며 대화를 나눌 수 있다. 이를 돕기 위해서는 블루투스나 근거리무선통신(NFC), 센서데이터, 네트워크가 자율적인 소통의 핵심적인 기술이 된다. 사물인터넷은 사람과 사람 간의 통신을 넘어 사물에 IP 주소를 부여하고 사람과 사람 혹은 사물과 사물 간의 통신을 이끌어 내는 기술을 의미하기도 한다. 흔히 원격에서 조작을 하는 기기를 사물인터넷으로 생각하곤 하는데, 사물인터넷은 그 기기에 설정된 인터넷시스템까지도 포함하는 개념인 것이다.

① 우리가 사용하는 스마트폰은 인터넷 연결은 되지만 사람의 도움 없이는 작동하지 않기 때문에 IoT라고 볼 수 없다.

② 귀에 꽂으면 자동으로 연결되는 블루투스 이어폰도 IoT라고 할 수 있다.

③ 화분의 습도를 측정한 다음 알아서 물을 주는 화분은 IoT에 해당한다.

④ 최근에는 자동차에도 IoT를 도입해서 교통사고가 나면 알아서 구급차를 부르는 기능도 생겼다.

⑤ IoT 객실은 방에 비치된 물품이 부족하면 이를 알려 고객이 먼저 말하기 전에 채울 수 있게 한다.

[02 ~ 03] 다음은 워드프로세서로 문서를 출력하는 방법이다. 이어지는 질문에 답하시오.

- 〈return〉을 입력하면 1 page부터 문서 끝까지 순차적으로 출력을 시작한다.
- 1 page가 아닌 다른 page부터 출력하고자 할 때는 출력 시작 page의 번호를 입력 후 〈return〉을 입력하고 출력이 끝나는 page의 번호를 입력하고 〈return〉을 입력한다.
- 특정 page만 출력하고자 할 때는 그 page 번호를 입력하고 〈return〉을 입력한다.
- 작업이 잘못되어 중단하고자 할 때에는 P를 입력한다.
- 출력을 다시 계속하고자 하면 N을 입력하고, 그 상태에 머무르고 싶다면 U를 입력한다.
- 워드프로세서 출력작업을 완전히 끝내려면 Y를 입력한다.

02. 문서의 3 page만 출력할 때, 입력할 코드는?

① 〈return〉 3

② 3 〈return〉

③ 3

④ 〈return〉

⑤ 〈return〉 3 〈return〉

03. 문서의 2 page부터 6 page까지 출력할 때 입력할 코드는?

① 〈return〉 2 〈return〉

② 〈return〉 6 〈return〉 P

③ 〈return〉 6

④ 2 〈return〉 6 〈return〉

⑤ 2 〈return〉

04. 혼글 2010에서 다음과 같은 화면이 도출되게 하는 단축키는?

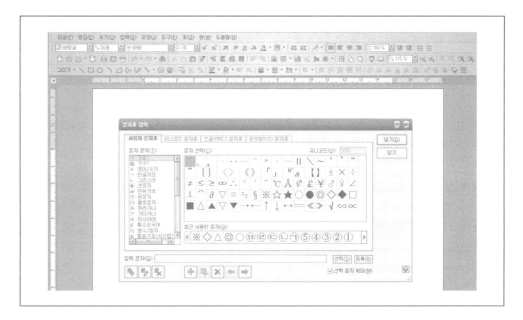

① Ctrl+F3

② Ctrl+F4

③ Ctrl+F9

④ Ctrl+F10

⑤ Ctrl+Z

[05 ~ 08] 다음은 ASCII 문자 코드에 대한 설명이다. 이어지는 질문에 답하시오.

〈ASCII 문자 코드〉

ASCII(American Standard Code for Information Interchange) 문자 코드는 컴퓨터에서 7비트의 2진 부호에 문자를 대응시킨 코드이다. 아래는 ASCII 문자 코드표의 일부이다.

2진 코드	문자	2진 코드	문자	2진 코드	문자
0100000	space	1000001	A	1100001	a
		1000010	B	1100010	b
0110000	0	1000011	C	1100011	c
0110001	1	1000100	D	1100100	d
0110010	2	1000101	E	1100101	e
0110011	3	1000110	F	1100110	f
0110100	4	⋮	⋮	⋮	⋮
0110101	5	1010110	V	1110110	v
0110110	6	1010111	W	1110111	w
0110111	7	1011000	X	1111000	x
0111000	8	1011001	Y	1111001	y
0111001	9	1011010	Z	1111010	z

ASCII 문자 코드로 표현할 수 있는 문자의 개수는 128개이며, 컴퓨터에서는 문자 정보를 담는 7비트 뒤에 패리티 비트 1비트를 추가하여 1바이트(8비트)로 주로 사용된다.

〈패리티 비트〉

패리티 비트는 정보의 전송 과정에서 오류가 발생하였는지를 검사하기 위해 추가되는 비트이다. 패리티 비트는 아래와 같은 규칙으로 쓰인다.

• 보내고자 하는 정보에서 1의 개수가 짝수 개이면 패리티 비트에 0을 추가한다. ⑩ 0110101 →01101010

• 보내고자 하는 정보에서 1의 개수가 홀수 개이면 패리티 비트에 1을 추가한다. ⑩ 1010111 →10101111

• 수신받은 정보에서 1의 개수가 짝수 개이면 오류가 없다고 판단하며, 1의 개수가 홀수 개이면 오류가 발생했다고 판단한다.
  ⑩ 01101010을 수신받을 경우 → 1의 개수가 짝수 개이므로 오류 없음. 맨 뒤의 패리티 비트를 제외하고 0110101로 해석
  ⑩ 01101011을 수신받을 경우 → 1의 개수가 홀수 개이므로 오류가 발생했다고 판단

만일 수신받는 측에서 정보에 오류가 발생했다고 판단하면 이를 전송하는 측에 알려 정보를 다시 전달받을 수 있다. 그러나 수신받는 측에서 직접 오류를 정정할 수는 없다.

05. 다음의 ASCII 코드 중 알파벳에 해당하지 않는 문자는 몇 개인가?

1110010	1101111	1110011	1100101	1000111	0100001	1110100	1100101
1010011	1011100	1000001	1011001	1000011	1001100	1001001	1010000
1101000	1100001	1101110	1100100	1001101	1000001	1011011	0000101
1010010	1100101	1100001	1100100	1101100	1101001	1100110	1100101

① 2개   ② 4개   ③ 6개

④ 8개   ⑤ 10개

06. "Do not use MINE"이라는 문장을 ASCII 코드로 올바르게 변환한 것은?

① 1000100 1101111 0100000 1101110 1101111 1110100 0100000 1110101 1110011
1100101 0100000 1001101 1001001 1001110 1000101

② 1100100 1101111 0100000 1101110 1101111 1110100 0100000 1110101 1110011
1100101 0100000 1101101 1101001 1101110 1100101

③ 1100100 1101111 0100000 1101110 1101111 1110101 0100000 1110101 1110011
1100101 0100000 1001101 1001001 1001110 1000101

④ 1000100 1101111 0100000 1101110 1101111 1110101 0100000 1110101 1110011
1100101 0100000 1101101 1101001 1101110 1100101

⑤ 1100100 1101111 0100000 1101110 1101111 1110100 0100000 1110101 1110111
1100101 0100000 1001101 1001001 1001110 1000101

07. 7비트의 ASCII 코드 뒤에 1비트의 패리티 비트를 붙여 어떤 정보를 보냈더니, 수신받는 측에서 다음과 같이 정보를 수신받았다. 정보를 송신하는 측에 재전송을 요구해야 하는 정보는 최소 몇 비트인가?

10101111 11001011 01000001 11000011 11100100 11001010 01000000 11000011
11011000 11011000 01000000 10011111 10011101 10001010 01000001 11101000
11001010 11000010 11011010

① 24비트   ② 40비트   ③ 56비트

④ 72비트   ⑤ 80비트

08. 7비트의 ASCII 코드 뒤에 1비트의 패리티 비트를 붙여 어떤 정보를 보냈더니, 수신받는 측에서 다음과 같이 정보를 수신받았다. 수신받은 24비트의 정보 중에서 4비트에 오류가 발생하였다고 할 때, 정보를 송신하는 측에서 원래 보내고자 했던 문자가 될 수 없는 것은? (단, 원래 보내고자 하는 문자는 숫자, 공백 또는 알파벳으로 이루어져 있다)

10001101 00111100 11101111 11010101

① F6Wk   ② M7wj   ③ FZgb

④ FVsJ   ⑤ FZWj

09. ○○공항은 최근 모든 보안검색대를 문형 검색대에서 멀티미터파 전신 검색대로 교체하였다. 다음의 〈멀리미터파 전신 검색대〉에 대한 설명과 〈○○공항 보안검색요원 지침〉을 참고할 때, 보안검색요원 K가 해야 할 행동으로 적절한 것은?

〈멀티미터파 전신 검색대〉

멀티미터파 전신 검색대는 X-ray를 사용하는 문형 검색대와 다르게 멀티미터파라는 초음파를 이용한다. 승객이 기계 내부에 서면 2개의 회전하는 송신기가 초음파를 만들어 옷은 통과하고 피부와 위험 물체들에 반사되면서 그 이미지가 화면에 표시된다.

멀티미터파는 스마트폰으로 10분 동안 통화했을 때 발생하는 전자파의 $\frac{1}{1,000}$만을 발생시키기 때문에 X-ray에 비해 신체에 가해지는 유해성이 낮다.

또한, 모니터에는 승객의 신체가 보이는 것이 아니라 신체 모양의 그림에 감지된 물품의 위치만 표시되어 사생활 침해 위험이 낮다. 자동 판독 기능도 있기 때문에 별도의 신체 접촉 없이도 판독이 가능하다.

....

〈○○공항 보안검색요원 지침〉

가. 승객에게 기계에 들어가서 2 ~ 3초간 손을 들고 서 있으라고 지시할 것
　　1) 손을 들기 어려운 승객(노인, 장애인, 유아 등)은 검색대에 들어가지 않고 별도로 검사할 것
나. 보안 검색대의 내용과 상관없이 3명 이상의 보안검색요원이 특정 승객에게 수상한 낌새가 느껴진다고 동의하면 폭발물 흔적탐지기(ETD) 검색 및 소지품 정밀 검사를 요청할 것
　　1) 검색대에 들어가기 전에 불안함을 보이는 사람
　　2) 검색대에 들어가기 전에 몸을 만지면서 무언가 숨기려고 시도하는 사람
　　3) 기타 눈에 띄는 행동을 하는 사람
다. 전자발찌를 한 경우 별도의 출국금지 요청이 없더라도 해당 기관과 연결 후 통과시킬 것

---

① 유아의 보호자에게 유아와 한께 검색대에 들어가도록 안내한다.

② 검색대를 통과하였으나 3명의 보안검색요원이 수상한 낌새가 있다고 판단한 승객은 검색대가 발견하지 못한 물품 확인을 위해 별도로 신체검사를 실시한다.

③ 눈에 띄게 땀을 흘리면서 몸을 웅크리는 승객을 보자마자 폭발물 흔적탐지기(ETD) 검색 및 소지품 정밀 개장을 요구한다.

④ 전자발찌를 착용한 승객의 경우 출국금지 요청 여부 확인을 통해서만 통과시킬 수 있다.

⑤ K와 다른 성별을 가진 승객이 검색대를 통과할 때는 승객과 성별이 같은 보안검색요원이 검사하도록 한다.

[10 ~ 11] 다음은 A 공사 선로정비규정의 일부 내용이다. 이를 읽고 이어지는 질문에 답하시오.

제23조(레일의 취급) 레일의 취급은 다음 각호에 의한다.

1. 레일을 궤간 내 또는 레일에 접근하여 두고 레일교환 작업을 할 때에는 유동되지 않도록 조치하여야 한다.

2. 레일을 내릴 때에는 손상되거나 변형되지 않도록 주의하여야 한다.

3. 레일은 레일톱 또는 절단기를 사용하여 반드시 직각되게 수직으로 절단하고 특별한 경우 외에는 레일에 열을 가하여서는 아니 된다.

4. 레일에 이음매볼트 구멍을 뚫을 때에는 레일제원에 맞는 정확한 위치에 천공하여야 하며, 볼트구멍 주위는 볼트구멍보다 3mm 큰 직경으로 면정리를 시행하여야 한다.

5. 레일을 쌓을 때에는 건조한 장소에 견고한 받침대를 설치하고 나란히 정리하여야 하며 <u>첨부한 표</u>에 따라 단면에 도색하여 레일종별, 길이 및 수량 등을 표시한 표찰을 세워야 한다.

제25조(레일의 이음방법) 레일의 이음방법은 다음 각호에 의한다.

1. 레일의 이음은 상대식으로 부설하여야 한다. 다만, 특별한 경우에는 상호식으로 부설할 수 있다.

2. 상대식 이음으로 레일을 부설할 때에는 직선궤도에 있어서는 양측 레일의 이음을 직각선 중에, 곡선궤도에서는 반경의 대소에 따라서 짧은 레일을 혼용하여 양측 레일의 이음을 원심선 상에 있도록 하여야 한다.

3. 상호식 이음으로 레일을 부설할 때에는 좌, 우 레일의 이음 간 최단거리는 5m 이상으로 하여야 한다.

4. 레일 이음부의 침목 배치는 현접법과 지접법을 사용하여야 한다. 다만, 측선의 경우 필요하다고 인정할 때는 그러하지 아니하다.

5. 레일의 이음부는 부득이한 경우를 제외하고는 교대, 교각부근, 거더 중앙 및 건널목 위치를 피하여야 한다.

제26조(레일 이음의 간격) ① 레일을 부설하거나 간격 정정을 할 때에는 밀려남을 감안하여야 한다. ② 레일의 간격 정정작업은 봄 또는 가을에 시행함을 원칙으로 한다. 다만, 터널 내 및 특별한 경우는 그러하지 아니하다.

제27조(레일의 마모방지) ① 본선의 곡선반경 300m 이하의 곡선 외측 레일에 레일 도유기를 설치하여야 한다. 다만, 차륜 도유기를 설치한 차량이 운행하는 구간에 레일 도유기를 설치하지 아니할 경우와 레일 도유기를 설치(이설) 또는 철거하고자 할 때에는 본부장의 승인을 받아야 한다. ② 레일 도유기 설치 곡선의 레일을 교환하였을 때에는 두부 내측에 적당히 기름을 칠하여 급격히 마모되지 않도록 조치하여야 한다. ③ 곡선에 부설된 레일로서 마모가 심하게 발생되는 개소는 열처리 레일을 설치하여 마모방지에 노력하여야 한다.

10. 다음 중 규정에 대한 설명으로 옳은 것은?

① 레일의 마모방지를 위하여 레일 도유기를 설치하는 경우에는 반드시 본부장의 승인을 받아야 한다.

② 레일의 이음방법에는 현접법과 지접법이 있다.

③ 터널 내 레일의 간격 정정작업은 여름과 겨울에 시행하는 것이 원칙이다.

④ 레일이 직선에 부설되었다면 어떠한 경우에도 열을 가할 수 없다.

⑤ 곡선궤도 연결에 사용되는 레일의 단면은 반경에 맞는 곡선으로 절단해야 한다.

11. 규정의 밑줄 친 '첨부한 표'가 다음과 같을 때, 레일의 단면 표시로 옳지 않은 것은?

구분	레일종별	단면 도색		선별기준
		보통 레일	열처리 레일	
신품	50kg, 60kg	흰색	–	신품 레일로 본선 사용이 가능한 것
	60kg 초과	파란색	분홍색	
중고품	50kg, 60kg	검정색	–	일단 사용하였다가 발생한 레일로 마모상태, 길이 등이 재사용이 가능한 것
	60kg 초과	노란색	녹색	
불용품	50kg, 60kg	빨강색	빨강색	훼손(균열, 파상마모, 탐상지적레일), 마모한도 초과, 단면적 감소, 단척, 누적통과톤수 등으로 교환되어 재사용 불가로 판정된 것
	60kg 초과			

① 사용 불가한 60kg 레일

② 신품인 50kg 레일

③ 재사용 가능한 60kg 직선용 레일

④ 재사용 가능한 65kg 직선용 레일

⑤ 신품 70kg 열처리 레일

[12 ~ 13] 다음 기사문을 읽고 이어지는 질문에 답하시오.

기존 의료급여 수급권자에게 의무적으로 발행되던 의료급여증 발급이 효율적인 업무를 위해 의료급여증 발급을 신청한 사람에게만 발급되는 방향으로 의료급여법이 일부 개정된다.

최근 보건복지부는 '의료급여법 일부 개정법률안'을 입법 예고했다. 이번 개정안은 의료급여기관의 의료급여 수급권자의 자격 확인 업무 등이 전산화돼 종이 의료급여증의 이용이 적음에도 불구하고, 현행은 의료급여증 발급을 의무화하고 있어 의료급여증 발급 업무에 많은 인력과 행정비용이 소요됨에 따라 효율적인 발급 업무를 위하여 발급을 신청하는 수급자에게만 의료급여증을 발급할 수 있도록 하는 등의 목적이 있다.

종이 의료급여증 발급 선택의 경우, 현행 수급자에게 의무적으로 의료급여증을 발급해야 한다는 규정이 수급권자가 의료급여증 발급을 신청했을 경우에만 의료급여증이 발급되도록 변경된다.

또한 의료급여증 · 의료급여증명서 · 신분증명서 등을 다른 사람에게 양도 · 대여하여 의료급여를 수령하는 행위에 대한 부당이익금 징수 근거를 마련했다. 수급권자 등의 거짓 보고 · 증명이나 의료급여기관이 의료급여를 받은 사람과 공모하여 거짓 진단 및 기타 부당한 방법에 따라 의료급여가 실시됐을 경우 시장 · 군수 · 구청장이 부당이득금을 납부하게 할 수 있도록 제정됐다.

현금으로 입금되는 의료급여에 대한 압류방지 전용통장도 도입되는데, 의료급여 중 현금으로 지급되는 요양비 등을 수급자 명의의 지정된 계좌로 입금 및 해당 수급계좌에 입금된 요양비 등은 압류할 수 없도록 했다. 이는 기초적인 생활조차 어려운 저소득층과 장애인 등의 수급권을 보호하기 위한 것으로, 요양비 등 수급계좌가 개설된 금융기관은 요양비 등 수급계좌에 요양비 등만이 입금되도록 관리해야만 하며, 정보통신장애 등 불가피한 사유 발생 시 요양비 등 수급계좌로 이체할 수 없을 때에는 직접 현금으로 지급하도록 제정됐다.

이와 더불어 의료급여기관에 대한 과징금 징수 및 사례관리 업무를 담당하는 시 · 도지사의 원활한 업무 수행 지원을 위해 시 · 도지사의 보고 및 질문, 자료의 요청 권한을 명시적으로 규정했으며, 속임수 등의 방법으로 부당이득을 취한 의료급여기관을 신고한 사람에게 신고포상금을 지급할 수 있도록 하였다. 이를 통해 의료급여 수급자가 적법하고 정당하게 의료급여를 이용하는 사회 분위기가 조성될 것으로 기대하고 있다.

한편 개정안에 대해 의견이 있는 기관 · 단체 또는 개인은 통합입법예고시스템이나 우편, 팩스 등을 통해 의견을 제출하면 되며, 개정안 관련 자세한 사항은 보건복지부 기초의료보장과에 문의하면 된다.

12. 다음 중 '의료급여법 일부 개정법률안'에 포함되는 사항이 아닌 것은?

① 종이 의료급여증 발급 선택
② 현금으로 입금 가능한 의료급여 전용통장 지정
③ 시·도지사의 질문 및 자료의 요청 권한 명시
④ 부당 수급자 신고포상금 지급 근거 신설
⑤ 의료급여 부정 수급자 처리 방안

13. 다음 중 위의 기사문을 토대로 한 추론으로 적절하지 않은 것은?

① 개정 법률안을 통해 불필요한 행정비용이 절약될 수 있다.
② 의료급여 수급권자는 요양비를 반드시 지정 계좌로만 이체받게 된다.
③ 의료급여기관의 부당한 급여 청구 행위를 줄일 수 있다.
④ 의료기관에 대한 과징금 징수 업무가 보다 원활해질 수 있다.
⑤ 의료급여법 개정안에 대한 의견이 있는 개인은 자신의 의견을 제출할 수 있다.

[14 ~ 16] 다음 글을 읽고 이어지는 질문에 답하시오.

병원 영안실에서 흔히 보듯 한국적인 장례식은 철저히 산 사람들의 질서를 재현하는 용도로 바뀌어 소비된다. 죽음을 기억하기 위해서가 아니라, 망각하기 위해서 장례라는 절차가 진행되는 것이다. 이것은 기왕의 죽음을 한 번 더 완벽하게 죽이는 것이다. 이제 죽음은 죽었다. 에리히 프롬이 말한 것처럼 우리들의 시대는 ㉠죽음을 삶을 위한 가장 굳센 동기로 인식하는 것이 아니라 개인으로 하여금 죽음에 대한 감정을 마치 무엇인가 흉측한 것이라도 되듯 밀쳐내도록 부추기거나 강요하고 있다.

그러나 죽음이 항상 이런 대접만을 받은 것은 아니었다. 원시 신앙 시대 이후 중세기에 이르기까지 어쩌면 ㉡죽음은 삶보다 더한 양지를 누려왔는지도 모른다. 송도와 기념비와 종교라는 제도 자체가 죽음의 성전에서 그 카리스마를 누려온 것을 전적으로 부인하기 어렵다. 더욱이 인간 구원이 영혼의 몫이 되고 덩달아서 ㉢죽음의 몫이 되었을 때, 영·육의 이원법에서 절대적 지배권을 향유한 것은 ㉣죽음이지 삶이 아니었다.

그러던 ㉤죽음이 이제 망각되어 가고 있다. 근대 이후, 종교의 퇴락과 문화 전반의 세속화와 물질주의를 전제한다면, 릴케가 한탄한 바와 같이 죽음은 정말 몰가치하고 개성이 없는 것이 되고 말았다. 현재 군중 사회에서 죽음은 가고 죽음이란 말만이 황당하게 남아 있을 뿐이다. 현대인의 죽음에 대한 사유의 부족과 또 막연한 공포와 부정이 죽음을 다시 죽게 하고 결국 우리의 삶에서 죽음을 소거해 간 것이다.

14. 윗글의 밑줄 친 ㉠~㉤ 중 문맥적 의미가 다른 하나는?

① ㉠   ② ㉡   ③ ㉢

④ ㉣   ⑤ ㉤

15. 다음 중 윗글을 이해한 내용으로 적절한 것은?

① 한국적인 장례식에서는 아직도 죽음을 기억하기 위해 장례 절차가 진행되고 있다.

② 중세시대 영·육의 이원법에서 절대적 지배권을 누린 것은 삶이 아닌 죽음이었다.

③ 중세의 죽음은 기념비와 종교에 의해 카리스마를 누려 왔다.

④ 중세인은 죽음을 전혀 무서워하거나 부정하지 않았으며 영혼이 소멸하는 일로 여겼다.

⑤ 현대인의 죽음에 대한 사유의 부족은 죽음을 삶을 위한 가장 굳센 동기로 인식하는 데서 기인한다.

16. 문맥의 흐름을 파악할 때, 마지막 문단에 이어질 내용으로 적절한 것은?

① 죽음의 진정한 목적
② 미래의 종교관과 신념의 변화
③ 삶과 죽음에 대한 다양한 인식의 출현
④ 죽음을 기억해야 할 이유와 필요성
⑤ 기독교와 불교 등과 같은 종교별 죽음에 대한 인식 차이

17. 분노의 감정은 직접적인 공격활동 외에도 다양한 방법으로 표현될 수 있다. 다음 중 공 대리의
행동과 관련 있는 방어기제는?

> 공 대리는 결재를 올린 기획서 건으로 상사인 박 과장에게 혼이 났다. 이런 저런 트집을
> 잡힌 공 대리는 박 과장 앞에서는 아무 말도 하지 못하고 자신보다 후배인 진 사원에게 화풀
> 이를 했다. 동료인 김 대리의 눈에는 박 과장에게 혼이 나고 자신보다 약한 진 사원에게 분풀
> 이한 공 대리가 한심스러워 보였다.

① 수동 공격(Passive Aggression)
② 치환(Displacement)
③ 내적 투사(Introjection)
④ 승화(Sublimation)
⑤ 용서(Forgiveness)

18. 다음은 고객서비스와 관련해서 고객의 특성을 이해하고 기업 경영의 성공을 거둔 사례이다. 해당 기업 경영에 적용된 고객의 특성은?

> 미국 기업 홈디포의 경우 목표로 한 고객층이었던 DIY(Do-It-Yourself)족이 나이를 먹어 감에 따라 이들의 욕구도 변할 것이라고 생각하였다. 이에 따라 점포에서 무료 상담 및 낮은 가격으로 카펫 또는 난방시스템 등을 설치해 주는 서비스를 시작하였고, 대성공을 거두었다.

① 고객의 접촉 중시　　　　　　　　② 고객의 가치 중시
③ 고객의 신뢰 중시　　　　　　　　④ 고객의 감성 중시
⑤ 고객의 민감한 변화 중시

19. 다음 사례에서 드러나는 효과적인 팀의 핵심적인 특징으로 옳지 않은 것은?

> A 부서장은 연초에 부서의 목표를 규정하는 과정에 부서원들이 관여하도록 하고 있으며, 부서원들이 실패에 대한 두려움 없이 새로운 프로세스를 도입하도록 격려한다. 부서원들은 열정적으로 협력하여 일하는 것을 선호하며, 부서원 간에 서로 직접적이고 솔직하게 대화한다. 또한 A 부서장은 모든 부서원이 감독자로서 능력을 발휘할 기회를 제공함으로써 해당 역할을 이해할 기회를 제공하고 있다.

① 팀의 풍토를 계속 발전시켜 나간다.
② 팀을 운영하는 방식이 창조적이다.
③ 명확하게 기술된 팀 목적 및 목표를 가진다.
④ 팀 내 구성원에게 리더십 역량이 공유된다.
⑤ 팀 내 구성원 간 불화 및 의견 불일치가 발생하지 않는다.

20. 다음 중 협상에서의 실수에 대한 대처를 적절하게 하지 못한 사람은?

① A 사원은 업무를 잘 모르는 직원과 협상을 하였다. 따라서 그 직원의 상급자와 다시 협상을 하기로 하였다.

② B 사원은 상대가 특정 입장만 고집하여 난관에 부딪히게 되었다. 따라서 한계를 설정하고 그 다음 단계를 대안으로 제시하였다.

③ C 사원은 상대방에 대해 지나치게 염려하고 있다. 따라서 협상을 타결하기 전에 협상 결과가 현실적으로 모두 만족할 상황인지를 확인하기로 하였다.

④ D 사원은 준비가 되기 전에 협상을 시작하였다. 따라서 아직 준비가 덜 되었다고 솔직하게 고백한 뒤, 상대방의 입장을 묻는 기회로 삼기로 하였다.

⑤ E 사원은 통제권을 잃을까 두려움에 빠졌다. 따라서 자신의 한계를 설정하고 그것을 고수하기로 하였다.

21. 다음 글에서 밑줄 친 ㉠과 가장 관련 있는 용어는?

> 노자는 중국 춘추시대 말기 ~ 전국시대 초기(기원전 570 ~ 479년)를 산 인물로 알려진다. 주나라가 쇠락해 생산수단, 세계관, 계급 질서가 밑바탕부터 흔들리던 혼란의 시대다. 노자는 무위(無爲)의 통치와 관련해 「도덕경(道德經)」에 이렇게 썼다.
>
> "㉠최고의 단계에서는 백성들이 지도자가 있다는 것만 안다. 그 다음 단계에선 백성이 통치자에게 친밀함을 느끼고 칭송한다. 그 아래에선 백성이 지도자를 두려워한다. 그보다 못한 것은 아랫사람이 통치자를 비웃는 것이다."
>
> 광복 70년 만에 가난을 극복하고 선진국 그룹 말석을 차지하는 성취를 이뤘는데도 왜 행복하지 않다고 느끼는 이가 많을까. 미래는 왜 불안할까. 채우지 못한 욕망에 목말라하고, 경쟁의 강박에 시달리는 까닭은 뭘까. 최 교수는 2500년 전 노자가 쓴 200자 원고지 25장 분량의 길지 않은 글(도덕경)에서 오늘날 한국 사회가 안은 문제를 완화하거나 풀어낼 해법을 찾을 수 있다고 여긴다.

① 팔로워십   ② 변혁적 리더십   ③ 임파워먼트

④ 퍼실리테이션   ⑤ 카리스마 리더십

22. [지문 A]는 멤버십의 의미에 대한 내용이고 [지문 B]는 각 멤버십 유형에 대한 설명을 정리한 표이다. 다음 중 [지문 B]의 ㉠, ㉡, ㉢, ㉣에 들어갈 멤버십 유형을 순서대로 바르게 나열한 것은?

[지문 A]

멤버십이란 조직의 구성원으로서 자격과 지위를 갖는 것으로 훌륭한 멤버십은 팔로워십의 역할을 충실하게 잘 수행하는 것이다. 결국 멤버십과 팔로워십은 같은 개념으로 볼 수 있다. 팔로워십이란 리더를 따르는 것으로, 따르는 사람들은 헌신, 전문성, 용기, 정직하고 현명한 평가 능력이 있어야 한다. 따르는 자는 융화력이 있어야 하고 겸손함이 있어야 하며 리더의 결점이 보일 때도 덮어 주는 아량이 있어야 한다. 따르는 자들이 제대로 서 있는 집단만이 어떤 일을 성취해 낼 수 있다. 미국에서 실시한 여론조사에서 리더에게 가장 원하는 것은 정직, 비전과 강화력, 추진력인데 비하여, 따르는 자들에게 가장 원하는 것은 정직, 나의 부족함을 보충해 주는 포용력, 성실, 협동심 등이었다.

한편 멤버십 유형을 나누는 두 가지 축은 마인드를 나타내는 독립적 사고 축과 행동을 나타내는 적극적 실천 축으로 나누어진다. 이에 따라 멤버십 유형은 실무형, 주도형, 순응형, 수동형, 소외형 등으로 구분할 수 있다.

[지문 B]

구분	㉠	㉡	㉢	㉣	주도형
자아상	• 자립적인 사람 • 일부러 반대의견 제시 • 조직의 양심	• 기쁜 마음으로 과업 수행 • 팀플레이를 함. • 리더나 조직을 믿고 헌신함.	• 조직의 운영방침에 민감 • 사건을 균형 잡힌 시각으로 봄. • 규정과 규칙에 따라 행동함.	• 판단, 사고를 리더에 의존 • 지시가 있어야 행동	• 모범형이라고도 함. • 조직과 팀의 목적 달성을 위해 독립적·혁신적으로 사고하는 사람
동료/리더의 시각	• 냉소적 • 부정적 • 고집이 셈.	• 아이디어가 없음. • 인기 없는 일은 하지 않음. • 조직을 위해 자신과 가족의 요구를 양보함.	• 개인의 이익을 극대화하기 위한 흥정에 능함. • 적당한 열의와 평범한 수완으로 업무 수행	• 하는 일이 없음. • 제 몫을 하지 못함. • 업무 수행에는 감독이 반드시 필요	• 역할을 적극적으로 실천하는 사람 • 건설적 비판을 함. • 자기 나름의 개성이 있고 혁신적이며 창조적

조직에 대한 자신의 느낌	• 자신을 인정 안 해 줌. • 적절한 보상이 없음. • 불공정하고 문제가 있음.	• 기존 질서를 따르는 것이 중요 • 리더의 의견을 거스르는 것은 어려운 일임. • 획일적인 태도 행동에 익숙함.	• 규정준수를 강조 • 명령과 계획의 번번한 변경 • 리더와 부하 간의 비인간적 풍토	• 조직이 나의 아이디어를 원치 않음. • 노력과 공헌을 해도 아무 소용이 없음. • 리더는 항상 자기 마음대로 함.	• 적극적 참여와 실천 측면에서 솔선수범 • 주인의식을 가짐. • 기대 이상의 성과를 내기 위해 노력함.

① 소외형, 순응형, 실무형, 수동형 　② 수동형, 순응형, 실무형, 소외형

③ 순응형, 소외형, 실무형, 수동형 　④ 소외형, 수동형, 실무형, 순응형

⑤ 수동형, 소외형, 실무형, 순응형

23. 스티븐 코비는 성공하는 사람들은 7가지의 습관을 가지고 있다고 주장한다. 다음 (가) ~ (마)에 들어갈 말이 잘못 연결된 것은? (단, 빈칸은 고려하지 않는다)

(가)	위험을 감수할 용기를 길러 주고, 새로운 도전을 주도적으로 수용하게 한다.
(나)	비전, 사명, 목적을 공유하여 팀과 조직을 연대시키고, 프로젝트를 완성하게 한다.
(다)	가장 소중한 일부터 먼저 하게 하여 일생을 성공적으로 살아가게 해 준다.
	갈등을 해결해 주고, 상호 이익을 모색하게 하여 집단의 응집력을 증대시킨다.
(라)	– 문제를 근본적으로 이해하게 하여, 적절한 해결책을 찾게 한다. – 활발한 의사소통을 통해 성공적인 문제해결로 인도한다.
(마)	특성이 다양한 팀원들의 역할과 능력을 살 활용하고 싱호 보완히게 하어 더 높은 수준의 결과를 얻게 해 준다.
	심신의 피로 때문에 생산성이 고갈되지 않도록 막고, 지속적으로 자기개발을 하게 한다.

① (가)-자신의 삶을 주도하라. 　② (나)-끊임없이 쇄신하라.

③ (다)-소중한 것을 먼저 하라. 　④ (라)-내가 먼저 이해한 다음에 이해시켜라.

⑤ (마)-시너지 효과를 내라.

24. A 부장은 다음과 같은 역사적 사례를 통하여 협상전략을 배우고자 한다. 서희와 소손녕 간의 협상 과정에서 서희가 사용한 협상전략으로 적절한 것을 ㉠~㉤에서 모두 고르면?

서희의 외교 능력은 일찍부터 인정받았다. 그는 982년에 송에 사신으로 갔는데, 당시 송은 10여 년간 고려와 외교 관계가 끊어져 불만이 커진 상태였다. 서희는 거란과 여진에 의해 길이 막혀 사신을 보낼 수 없었다고 설명하면서 송과 고려가 정식으로 외교 관계를 맺도록 했다.

하지만 서희의 가장 큰 업적은 거란(요)과 담판을 벌여 강동 6주를 얻어낸 일이다. 당시 중국에서는 거란과 송이 힘을 겨루고 있었는데, 거란은 송과 싸울 때 위협이 될 수 있는 고려를 껄끄러워했다. 이에 거란은 993년에 80만 대군을 이끌고 고려에 쳐들어왔다. 당시 고려 조정에서는 서경(평양)의 북쪽 지역을 넘겨주고 거란을 달래자는 의견이 많았지만, 서희는 이에 반대하며 자신이 거란의 장수 소손녕을 만나 담판을 짓겠다고 나섰다.

소손녕은 서희에게 "옛 신라 영토에 나라를 세운 고려가 거란의 땅을 침범하고 송과 외교를 맺는 까닭이 무엇인가?"하고 물었다. 서희는 소손녕의 질문을 듣고 거란이 원하는 것은 전쟁이 아니라 고려와 국교를 맺는 것임을 알아채고 "고려는 이름에서 알 수 있듯이 고구려의 후계자이고, 거란과 외교 관계를 맺지 못하는 까닭은 여진이 막고 있기 때문"이라고 설명했다. 따라서 거란으로 가는 길목인 압록강 유역을 돌려달라고 요청했다. 이에 소손녕은 거란의 임금에게 고려의 뜻을 보고한 뒤 군대를 돌려 되돌아갔다.

서희의 담판으로 고려는 전쟁을 피했을 뿐 아니라 압록강 유역의 여진까지 몰아낼 수 있었다. 그리고 압록강 유역에 6개의 성을 쌓았는데, 이것이 바로 강동 6주이다.

〈협상전략〉

㉠ 상대방과 합의된 사항을 확인한다.
㉡ 서로가 만족할 만한 대안을 제시한다.
㉢ 질문 속에 담긴 상대방의 숨은 의도를 확인한다.
㉣ 상대의 양보를 유도하기 위해 새로운 제안을 한다.
㉤ 자신의 요구 사항을 분명하게 밝히고 더 이상 양보할 수 없는 선을 분명히 밝혀 둔다.

---

① ㉠, ㉡   ② ㉡, ㉢   ③ ㉠, ㉡, ㉢
④ ㉡, ㉢, ㉣   ⑤ ㉢, ㉣, ㉤

25. 김정식, 김병연, 허초희, 백기행, 정지용은 이번에 최종합격한 신입사원들이다. 다음에 나열된 조건이 모두 거짓일 경우, 자신이 배정받은 팀을 정확히 알 수 있는 신입직원은 누구인가? (단, 신입사원은 모두 다른 팀에 배정되며, 팀은 제시된 다섯 개만 고려한다)

- 김병연은 영업팀 또는 홍보팀이다.
- 백기행은 재무팀 또는 개발팀이다.
- 허초희는 홍보팀이다.
- 김병연은 설계팀이다.
- 정지용, 백기행 중에 한 명만 영업팀이다.
- 김정식, 정지용 중에 한 명이 재무팀이다.
- 허초희, 백기행 중에 한 명이 설계팀이다.

① 김정식　　　　　② 김병연　　　　　③ 허초희
④ 백기행　　　　　⑤ 정지용

26. 다음 내용이 모두 참일 때, 반드시 참이라고 추론할 수 없는 것은?

- 클라이밍을 좋아하는 사람은 고양이를 좋아하지 않는다.
- 루지를 좋아하는 사람은 달리기를 잘한다.
- 달리기를 잘하는 사람은 클라이밍을 좋아한다.
- 고양이를 좋아하는 사람은 서핑을 할 수 있다.

① 고양이를 좋아하는 사람은 클라이밍을 좋아하지 않는다.
② 서핑을 할 수 없는 사람은 달리기를 잘하지 않는다.
③ 달리기를 잘하지 않는 사람은 루지를 좋아하지 않는다.
④ 루지를 좋아하는 사람은 고양이를 좋아하지 않는다.
⑤ 달리기를 잘하는 사람은 고양이를 좋아하지 않는다.

[27 ~ 29] 다음 자료를 보고 이어지는 질문에 답하시오.

실업이란 일할 의사와 능력이 있음에도 불구하고 일자리를 찾지 못하고 있는 상태를 의미한다. 그런데 실업은 개인이 스스로 선택한 경우도 있고, 사회·경제적인 외부 환경에 의해서도 발생할 수 있다. 전자를 자발적 실업이라 하고, 후자를 비자발적 실업이라 한다. 문제가 되는 것은 본인의 의지에 상관없이 발생하는 비자발적 실업이다.

일반적으로 만 15세 이상의 사람들을 노동가능인구라 하는데(단, 전투경찰과 군인, 수감자는 15세 이상이라도 노동가능인구에서 제외), 이 중 일할 능력과 의지를 가진 사람들을 경제활동인구, 그렇지 않은 사람들을 비경제활동인구라 한다. 일할 의사가 없는 전업주부나 학생, 일할 능력이 없는 노약자, 환자 등은 비경제활동인구에 속한다. 경제활동인구 중 실제로 일자리를 얻은 사람들을 취업자, 그렇지 못한 사람들을 실업자로 분류한다.

경제활동인구 중 실업자가 차지하는 비중을 실업률이라고 하며, 15세 이상 인구 중 취업자가 차지하는 비중을 고용률이라고 한다. 또한 15세 이상의 노동가능인구 중 경제활동인구가 차지하는 비중을 경제활동참가율이라고 한다. 실업률은 가장 많이 쓰이고 있는 지표지만, 이는 경제활동인구를 근간으로 하기 때문에 취업준비자나 구직 포기자 등 실질적으로 실업자임에도 비경제활동인구로 분류된 이들을 통계에서 제외하고 있어 체감 실업과 괴리가 있다는 지적이 있다. 따라서 실제적이고 체감적인 실업자도 모두 포괄한 고용률을 관찰하는 것이 한 사회의 실업상태를 더 정확히 파악할 수 있다는 주장도 있다. 이에 따라 최근에는 OECD를 비롯한 많은 나라에서 고용률을 주요 실업 지표로 사용하는 경우가 늘고 있다.

27. 위 자료에 대한 설명으로 올바르지 않은 것은?

① 일시 휴직 중인 사람은 취업자로 분류한다.

② 비경제활동인구란 취업도 실업도 아닌 상태에 있는 사람을 말한다.

③ 일정 기간 구직활동을 한 사람은 실업자로 분류된다.

④ 경제활동인구란 전체 인구 중 취업자와 구직활동을 한 실업자를 더한 숫자이다.

⑤ '노동가능인구＋군인＋재소자＋전투경찰＝15세 이상 인구'가 성립한다.

28. 다음 중 윗글의 밑줄 친 부분과 같이 취업준비자나 구직 포기자를 비경제활동인구가 아닌 실업자로 간주할 경우 나타나는 변화로 올바른 것은?

① 실업률은 상승하지만, 고용률은 변하지 않는다.
② 실업률은 상승하지만, 고용률은 하락한다.
③ 실업률은 하락하지만, 고용률은 변하지 않는다.
④ 실업률과 고용률이 모두 상승한다.
⑤ 실업률과 고용률이 모두 하락한다.

29. 위의 자료를 참고할 때 다음과 같은 변화에 대한 설명으로 올바른 것은?

구분	2015년	2020년
경제활동참가율	50%	40%
실업률	5%	4%
노동가능인구	1,000명	1,000명

① 2020년에 고용률은 상승했다.
② 2020년에 실업자 수는 상승했다.
③ 2020년에 취업자 수는 감소했다.
④ 2015년과 2020년이 경제활동인구 수는 변함이 없다.
⑤ 2015년과 2020년 모두 고용률이 50% 이상이다.

[30 ~ 32] 다음은 '갑'시의 지하철 노선 안내 자료이다. 이를 보고 이어지는 질문에 답하시오.

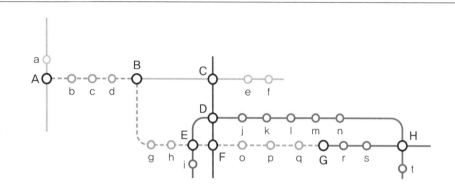

〈요금표〉

구분	교통카드			종이승차권		
	어른	청소년	어린이	어른	청소년	다자녀가정, 어린이
1구간	1,030원	1,050원	650원	1,400원	1,150원	700원
2구간	1,500원	1,200원	750원	1,600원	1,300원	800원

※ 출발역에서 10km까지는 1구간, 출발역에서 10km 초과는 2구간임.

※ 모든 일반 역간 거리는 2km, 환승역과 환승역의 인접 역간 거리는 2.5km임.

※ 모든 일반 역간 이동 시간은 2분, 환승역과 환승역의 인접 역간 이동 시간은 2분 20초임.

※ 'O' 표시 역은 환승역이며, 환승에 필요한 시간은 7분임(호선을 갈아탈 경우에만 환승 시간이 소요됨).

※ 각 호선마다 색깔이 다름.

30. 다음 중 a역에서 e역까지 최단거리로 이동하는 데 걸리는 시간은 얼마인가?

① 28분 20초   ② 28분 40초   ③ 29분

④ 29분 20초   ⑤ 29분 40초

31. 다음 중 환승역인 B역에서 p역까지 최단거리로 이동할 경우, 총 이동거리는 얼마인가?

① 8km   ② 10km   ③ 12km

④ 14km   ⑤ 16km

32. 선희는 H역에서 오후 4시 정각에 친구를 만나기로 하였다. g역에서 전철을 이용할 예정인 선희가 이동 시간이 더 적게 걸리는 경로를 선택하여 약속 시간에 늦지 않게 목적지에 도착하려면 늦어도 몇 시에는 출발해야 하는가?

① 오후 3시 32분 50초   ② 오후 3시 33분 정각

③ 오후 3시 33분 40초   ④ 오후 3시 34분 20초

⑤ 오후 3시 34분 50초

33. 다음 글에서 기술적용 시 고려해야 할 사항을 잘못 지적한 사람은?

복합개발처 박 부장은 선로 이탈 방지 장치를 개선하기 위해 팀원들과 회의를 진행 중이며 팀원들로부터 다음과 같은 의견이 도출되었다.

최 과장 : 유럽에서 활용되는 방식은 효율 대비 유지 비용에서 과다한 면이 있다는 보고가 있습니다. 무조건 K사의 기술을 적용한다는 것은 문제가 있어 보입니다.

남 대리 : 저희가 유지하고 있는 기존 방식은 핵심 자재의 소모가 너무 심해서 교체 주기가 지나치게 빠르다는 단점이 있어요. 새로운 방식의 기술이 도입될 필요는 있는 것 같습니다.

차 대리 : 제가 접한 정보에 따르면 K사 방식을 적용한 제조사의 차기 개발품에 대한 내부자료 일부를 공유할 수 있어 전략적 차원에서의 메리트도 무시할 수 없을 것 같습니다.

김 사원 : 맞습니다. 이번에 저희가 유럽 방식을 도입한다면 차세대 기술과의 응용뿐만 아니라 다른 제어시스템에도 핵심 기술을 응용할 수 있어 부가적인 시너지 효과도 기대됩니다.

이 차장 : 다들 좋은 의견들인 것 같군. 우리 회사 경영진도 타사보다 K사에 믿음을 갖고 있고, 유럽의 기술 방식은 세계적으로도 가장 널리 사용되고 있으니 말일세.

---

① 최 과장   ② 남 대리   ③ 차 대리
④ 김 사원   ⑤ 이 차장

34. 다음 글을 읽고 〈보기〉의 사례에 해당하는 자율 주행 기술을 단계가 낮은 순서대로 올바르게 나열한 것은?

〈자율 주행 기술의 6단계〉

　자율 주행 기술은 6단계로 나누어져 있으며 레벨 0부터 레벨 5까지 완성도가 각각 다르다. 레벨 0는 온전히 인간이 하는 운전을 뜻하고 레벨 1은 현재 일반 차량에도 쉽게 적용되는 고속도로에서 앞 차량과의 자동 조절 기능이나 차선 이탈 경보장치 등을 생각하면 된다. 현재 고급 차량 중심으로 적용되는 반자율 주행 기능, 운전자 안전 보조 시스템(ADAS)은 레벨 2를 의미한다. 한산한 고속도로나 자동차 전용도로에서 잠시 운전대에서 손을 놓고 병따개를 딴 다든지, 뒷좌석 등에서 물건을 집는 정도라 판단하면 된다.

　우리가 여기서 언급하는 실질적인 자율주행차는 레벨 4 이상을 지칭하며 이 경우에는 사고가 발생해도 차량에 책임을 물을 수 있는 보험이 가능한, 거의 완벽한 자율 주행을 지칭한다. 레벨 4는 특별히 비상시에만 사람이 개입하고 모든 과정을 차량 내 컴퓨터가 해결한다는 뜻이며, 향후 5 ～ 6년 이후부터 적용될 가능성이 높다. 레벨 5는 완벽한 자율 주행 기능으로 핑크빛 꿈으로 생각할 수 있다. 언제 적용될 것인지는 가늠하기 어렵지만 모든 과학기술이 총합되어 구현될 것으로 판단된다. 문제는 어떠한 상황에서도 사고가 발생하지 않아야 한다는 것이다.

　자율 주행 레벨 3은 올해부터 본격화된다. 자동차 제작사에서는 상대적으로 한산하고 안전한 대낮의 고속도로 등에서 손을 운전대에서 놓고 자동으로 운전하는 것을 만끽할 수 있다고 광고하고 있다. 그러나 도로교통법에는 운전자는 운전대를 잡고 전방 주시를 해야 한다는 항목이 있다. 문제가 발생하면 모든 책임은 운전자에게 있다는 뜻이다. 실제로 사고가 발생하면 모든 책임은 운전자에게 있다. 아직 이 문제와 관련한 보험도 없고 관련법도 정비가 되어 있지 않은 상태다.

　완벽한 자율 주행 기능은 시간이 많이 소요될 것으로 판단되지만 이러한 기술 개발 과정에서 많은 자율 주행 기술이 이미 활용되기 시작했다. 고령 운전자에 대한 사고예방도 하나의 예다. 고령자의 경우 기기 조작이나 판단 능력이 떨어져 사고가 지속적으로 급증하고 있는데 자율 주행 기술은 미리 센서로 상황을 인지하여 속도를 줄이고 방향을 틀어서 사고를 미리 예방할 수 있다.

보기

㉠ 차선 변경 시 뒤의 차와 간격이 가까우면 경보가 울린다.
㉡ 운전자가 없이도 차가 자동으로 목적지까지 이동한다.
㉢ 운전자는 전방만을 주시하고 차량의 운행은 자동으로 이루어진다.
㉣ 차가 적은 자동차 전용도로에서 운전자가 운전대에서 손을 잠시 놓을 수 있다.
㉤ 비상시를 제외한 상황에서는 운전자의 개입 없이 차가 자동으로 운행된다.

---

① ㉠, ㉢, ㉣, ㉡, ㉤ 　　② ㉠, ㉢, ㉤, ㉣, ㉡ 　　③ ㉠, ㉣, ㉢, ㉤, ㉡
④ ㉣, ㉠, ㉢, ㉤, ㉡ 　　⑤ ㉣, ㉠, ㉤, ㉢, ㉡

[35 ~ 39] 다음은 K사에서 생산한 EJ-W0301 복합기의 사용설명서 일부이다. 이를 보고 이어지는 질문에 답하시오.

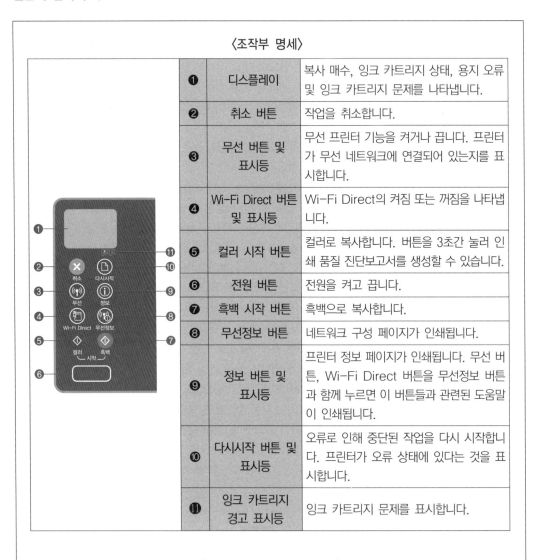

〈조작부 명세〉

❶	디스플레이	복사 매수, 잉크 카트리지 상태, 용지 오류 및 잉크 카트리지 문제를 나타냅니다.
❷	취소 버튼	작업을 취소합니다.
❸	무선 버튼 및 표시등	무선 프린터 기능을 켜거나 끕니다. 프린터가 무선 네트워크에 연결되어 있는지를 표시합니다.
❹	Wi-Fi Direct 버튼 및 표시등	Wi-Fi Direct의 켜짐 또는 꺼짐을 나타냅니다.
❺	컬러 시작 버튼	컬러로 복사합니다. 버튼을 3초간 눌러 인쇄 품질 진단보고서를 생성할 수 있습니다.
❻	전원 버튼	전원을 켜고 끕니다.
❼	흑백 시작 버튼	흑백으로 복사합니다.
❽	무선정보 버튼	네트워크 구성 페이지가 인쇄됩니다.
❾	정보 버튼 및 표시등	프린터 정보 페이지가 인쇄됩니다. 무선 버튼, Wi-Fi Direct 버튼을 무선정보 버튼과 함께 누르면 이 버튼들과 관련된 도움말이 인쇄됩니다.
❿	다시시작 버튼 및 표시등	오류로 인해 중단된 작업을 다시 시작합니다. 프린터가 오류 상태에 있다는 것을 표시합니다.
⓫	잉크 카트리지 경고 표시등	잉크 카트리지 문제를 표시합니다.

〈복사 및 스캔 작업 사용법〉
• 스캐너 유리와 덮개 안쪽을 깨끗하게 관리하세요. 스캐너 유리에서 감지되는 모든 것을 이미지의 일부로 해석합니다.
• 인쇄면을 아래로 하여 원본을 스캐너 유리 위에 놓습니다.
• 작은 원본에 대한 확대 복사본을 만들려면, 원본을 컴퓨터로 스캔하여 스캔 소프트웨어에서 이미지 크기를 조정한 다음, 확대된 이미지의 복사본을 인쇄하세요.
• 스캔 크기, 출력 유형, 스캔 해상도 또는 파일 유형 등을 조절하려는 경우 프린터 소프트웨어에서 조절하세요.

- 소프트웨어에서 밝기를 적절히 설정해야만 텍스트가 누락되거나 잘못 스캔되는 것을 방지할 수 있습니다.
- 여러 페이지 스캔 시 프린터 소프트웨어에서 해상도를 300dpi 이하로 설정하세요.
- 원본을 스캐너 유리에 올려놓고 복사할 경우, 조작부에서 흑백 시작 버튼 또는 컬러 시작 버튼을 누르세요.

〈문제 해결하기〉

구분	상태	해결방법
용지 공급	용지가 잘 들어가지 않아요.	• 용지함에 권장하는 용지가 제대로 넣어져 있는지 확인합니다. • 각 용지에 잘 맞도록 용지함의 용지 너비 조절 가이드를 정렬하세요. 용지 너비 조절 가이드로 인해 용지함의 용지가 휘지 않도록 하세요. • 용지함의 용지가 말리거나 휘어 있지 않은지 확인합니다.
	용지가 비뚤어져요.	• 용지함에 넣은 용지가 용지 너비 조절 가이드에 맞게 정렬되어 있는지 확인하세요. • 프린터가 인쇄하는 동안에는 용지를 넣지 마세요.
	용지가 겹쳐서 들어가요.	• 각 용지에 잘 맞도록 용지함의 용지 너비 조절 가이드를 정렬하세요. • 용지함에 용지가 과다 적재되어 있거나 적재된 용지가 서로 붙어 있는지 확인하세요. • 권장 용지만을 사용하세요.
전원 버튼 표시	희미함	프린터가 절전 모드에 있음을 나타냅니다. 프린터는 아무런 작동 없이 5분이 지나면 자동으로 절전 모드에 들어갑니다. 절전 모드에 들어간 지 2시간이 지나면 자동으로 전원이 꺼집니다.
	깜빡임	프린터에서 작업이 진행 중입니다. 작업을 취소하려면 취소 버튼을 누르세요.
	빠르게 깜빡임	잉크 기트리지 액세스 덮개가 열려 있으면 닫으세요. 잉크 카트리지 액세스 덮개가 닫혀 있고 표시등이 빠르게 깜박이는 경우, 프린터는 컴퓨터 화면에 표시되는 메시지에 따라 해결이 가능한 오류 상태에 있다는 것을 나타냅니다. 화면 메시지가 나타나지 않을 경우, 문서를 인쇄하면 나타납니다.

	Wi-Fi Direct 표시등이 깜빡입니다.	Wi-Fi 보호 설치(WPS) 푸시 모드 상태에서 프린터를 모바일 장치에 연결 중입니다. Wi-Fi Direct 버튼을 눌러 연결을 완료합니다.
Wi-Fi Direct 표시	Wi-Fi Direct 표시등이 3초 동안 깜빡인 다음 계속 켜져 있습니다.	프린터가 이미 최대 Wi-Fi Direct 연결 개수에 도달했음을 나타냅니다.
	Wi-Fi Direct 표시등이 3초 동안 빠르게 깜빡인 다음 꺼집니다.	Wi-Fi Direct가 비활성화된 상태입니다. 자세한 내용은 프린터를 설정한 사람에게 문의하십시오.

35. 다음은 K사의 복합기를 구매한 소비자의 문의사항이다. 이를 본 서비스 센터 직원의 응답 내용으로 올바른 것은?

> 안녕하세요? 얼마 전 EJ-W0301 복합기를 구매한 사람입니다. 설명서대로 설치를 완료해서 문서를 스캔하려고 하는데요, 시험 삼아 몇 장 해 보았더니 계속 JPG 파일로만 저장이 됩니다. 저는 여러 장을 하나의 PDF 파일로 만들어야 하는데요, 뭐가 잘못된 건가요? 그리고 전원 버튼 표시등이 계속 빠르게 깜빡거려서 전원을 꺼 두었는데요, 원래 전원 버튼 표시등은 빠르게 깜빡거리는 게 정상인가요?

① "제품 설명서에 안내되어 있는 바와 같이 저희 제품은 JPG 파일로만 저장이 됩니다. 전원 버튼 표시등이 빠르게 깜빡거리는 것은 정상적인 현상이고요."

② "컴퓨터에 설치한 프린터 소프트웨어에서 파일 형식을 바꾸실 수 있고요, 잉크 카트리지 액세스 덮개가 열려 있는지 확인해 보시겠어요?"

③ "제품 설명서에 안내되어 있는 바와 같이 저희 제품은 JPG 파일로만 저장이 됩니다. 전원 버튼 표시등은 약 5분 정도 후에 깜빡거림이 멈출 겁니다."

④ "컴퓨터에 설치한 프린터 소프트웨어에서 파일 형식을 바꾸실 수 있고요, Wi-Fi Direct가 비활성화된 상태여서 전원 버튼 표시등이 깜빡거리는 것이므로 곧 깜빡거림이 멈출 겁니다."

⑤ "컴퓨터에 설치한 프린터 소프트웨어에서 파일 형식을 바꾸실 수 있고요, 용지함에 용지가 과다 적재되어 있는지 확인해 보시겠어요?"

36. 다음 중 위의 복합기 조작부 명세에 대한 설명으로 올바르지 않은 것은?

① 잉크 카트리지에 문제가 있을 경우, 조작부 명세 1번과 11번을 통해 알 수 있다.

② 복합기 조작과 관련한 정보를 인쇄할 수 있는 버튼은 조작부 명세 3, 4, 8, 9번 버튼이다.

③ '다시시작' 버튼은 복사나 스캔 작업 중 다른 일을 처리하고 다시 재개할 때 사용한다.

④ 복사 시작 전 조작부 명세 5번 또는 7번 버튼 중 하나는 반드시 눌러야 한다.

⑤ 디스플레이 화면에는 복사 상황 및 오류 상태 등이 표시된다.

37. 다음 중 위 복합기의 복사 및 스캔 작업 사용법과 문제 해결방법에 대한 설명으로 올바른 것은?

① 덮개 안쪽에 붙은 이물질은 함께 스캔되지 않지만 유리 위에 붙은 이물질은 함께 스캔되므로 깨끗이 제거해야 한다.

② 작은 원본을 크게 스캔하려면 스캔한 원본을 인쇄하여 확대 복사한 후 이를 다시 스캔한다.

③ 프린트를 해야 할 페이지 수가 많을 경우, 인쇄 도중 천천히 종이를 추가한다.

④ 여러 페이지 스캔 시 스캔 해상도를 높게 유지하는 것은 바람직하지 않다.

⑤ Wi-Fi Direct 표시등이 3초 동안 깜박인 다음 계속 켜져 있다면, Wi-Fi Direct가 비활성화된 것을 의미한다.

38. 다음 중 복합기가 고장 또는 오류 상태인 경우에 해당하는 것은?

① 소프트웨어에서 밝기를 적절히 설정하지 않았을 경우

② 잉크 카트리지 액세스 덮개가 닫혀 있고 표시등이 빠르게 삼박이시만, 컴퓨터 화면에 별다른 오류 메시지가 표시되지 않는 경우

③ Wi-Fi Direct 표시등이 깜박이는 경우

④ 프린터가 절전 모드에 들어간 후 1시간 반이 지나도 전원이 꺼지지 않는 경우

⑤ 전원 버튼 표시등이 깜빡이는 경우

39. 위의 복합기를 사용하면서 조작부 명세의 6번 버튼, 4번+8번 버튼, 5번 버튼을 순서대로 눌렀다. 사용자가 수행하고자 하는 명령으로 적절한 것은?

① 무선 연결과 관련된 정보를 인쇄한 후 컬러 복사(또는 스캔)를 하고자 한다.

② 잉크 카트리지 오류에 대한 정보를 인쇄한 후 컬러 복사(또는 스캔)를 하고자 한다.

③ 확인된 오류를 조치한 후 진행하던 컬러 복사(또는 스캔)를 계속하고자 한다.

④ 확인된 오류를 조치한 후 진행하던 흑백 복사(또는 스캔)를 하고자 한다.

⑤ 용지를 공급한 후 흑백 복사(또는 스캔)를 하고자 한다.

40. ○○기업에서 근무하는 김 사원은 성공한 기술경영자의 사례를 통해 기술경영자의 능력을 배우기로 했다. 다음 사례에서 배울 수 있는 기술경영자의 능력으로 적절한 것은?

> 2012년 AMD의 부사장으로 취임한 리사 수는 적자에 시달리는 회사를 구해 내기 위해 새로운 비즈니스 전략을 고민했다. 가장 먼저 꺼내든 전략은 시장다각화였다. PC 시장에선 반등이 어렵다고 판단한 리사 수는 마이크로소프트(MS)와 소니의 문을 두드렸다. 마이크로소프트와 소니가 개발 중인 차세대 비디오 게임기에 AMD의 CPU와 GPU를 공급하겠다고 제안했다.
>
> 단순히 CPU와 GPU만 공급하는 것으로는 경쟁력이 없다고 판단한 리사 수는 과거 AMD가 실패했던, CPU와 GPU를 통합하여 하나의 칩셋으로 개발한 APU를 제안했다. APU는 성능은 어정쩡했지만 비디오 게임기에는 충분했으며 오히려 비디오 게임기를 작게 만드는 데는 최적의 제품이었다. 결국 MS와 SONY 모두 AMD의 APU를 채택했고, 비디오 게임기가 출시되자마자 불티나게 팔리며, 2013년 AMD는 5분기만에 흑자 전환에 성공하였다.

① 새로운 제품의 개발 시간을 단축할 수 있는 능력

② 기업의 전반적인 전략 목표에 기술을 통합시키는 능력

③ 기술 전문 인력을 운용할 수 있는 능력

④ 크고 복잡하며 서로 다른 분야에 걸쳐 있는 프로젝트를 수행할 수 있는 능력

⑤ 새로운 기술을 빠르고 효과적으로 습득하고 기존의 기술에서 탈피하는 능력

41. 다음 [지문 A]의 내용을 고려할 때, [지문 B]와 가장 관련성이 큰 경영의 구성 요소는?

[지문 A]

　'경영'이란 조직의 목적을 달성하기 위한 전략, 관리, 운영 활동을 의미한다. 조직의 성공적인 경영을 위해서는 경영의 필수요소가 무엇인지 파악하여 각 요소에 적합한 계획을 수립하고 관리해야 한다. 경영의 구성요소에는 일반적으로 경영목적, 인적자원, 자금, 전략의 4요소가 있다.

　경영목적은 조직의 목적을 어떤 과정과 방법을 택하여 수행할 것인가를 구체적으로 제시해 준다. 조직의 목적을 달성하기 위해 조직을 이끌어 나가는 경영자는 조직의 목적이 어느 정도 달성되었는지 그리고 얼마나 효율적으로 달성되었는지에 대해 평가를 받게 된다.

　인적자원은 조직에서 일하고 있는 구성원들로 이들이 어떠한 역량을 가지고 어떻게 직무를 수행하는지에 따라 경영성과가 달라진다. 경영자는 조직의 목적과 필요에 부합하는 인적자원을 채용하고 이를 적재적소에 배치, 활용할 수 있어야 한다.

　자금은 경영활동에 사용할 수 있는 돈을 의미한다. 자금이 부족할 경우 원하는 경영목표를 달성하는 데 어려움을 겪게 된다. 특히, 이윤추구를 목적으로 하는 사기업에서 자금은 이를 통해 새로운 이윤을 창출하는 기초가 된다.

　전략은 조직이 가지고 있는 자원을 효과적으로 운영하여 무엇을 해야 하며, 어떤 것을 달성해야 하는가를 알려 준다. 즉, 경영전략이란 기업 내 모든 인적 물적 자원을 경영목적을 달성하기 위해 조직화하고, 이를 실행에 옮겨 경쟁우위를 달성하는 일련의 방침 및 활동이다.

[지문 B]

　철도안전법 제1조 규정은 다음과 같다. "이 법은 철도안전을 확보하기 위하여 필요한 사항을 규정하고 철도안전 관리체계를 확립함으로써 공공복리의 증진에 이바지함을 목적으로 한다."

　한편, 철도안전법은 다음과 같은 제9장 81개 조항과 부칙으로 구성되어 있다.

　제1장 총칙
　제2장 철도안전 관리체계
　제3장 철도종사자의 안전관리
　제4장 철도시설 및 철도차량의 안전관리
　제5장 철도차량 운행안전 및 철도 보호
　제6장 철도사고 조사·처리
　제7장 철도안전기반 구축
　제8장 보칙
　제9장 벌칙
　부 칙

① 전략　　　　　　　② 자금　　　　　　　③ 경영목적
④ 인적자원　　　　　⑤ 조직구조

[42 ~ 43] 다음 자료를 참고하여 이어지는 질문에 답하시오.

〈지방자치단체 조직관리지침 목표와 추진과제〉

목표	"급변하는 행정환경에 대응하는 경쟁력 있는 자치단체"	
추진 방향	• 다양한 행정수요에 다양하고 탄력 있게 대응할 수 있는 조직설계 • 적절한 수준의 기구와 인력을 배치하는 효율적인 조직관리 • 원칙과 규칙을 준수하는 책임 있는 조직운영	
	구분	**주요 내용**
세부 추진 과제	행정수요에 탄력적인 조직설계	1. 행정수요 변화율에 따른 기구 수 조정
		2. 전문임기제 운영방안
		3. 지역본부 운영방안
		4. 협업조직 설치 및 운영
	효율적인 조직관리	1. 20XX년 조직 분석 · 진단 추진
		2. 인력증원수요 수시반영제도 운영
		3. 조직 분석 · 진단을 통한 기능 · 인력 재배치 추진
	규칙을 준수하는 조직운영	1. 조직관리 원칙과 규칙 준수 − 기구직급, 기준인건비 등 − 한시기구 성과평가 강화 − 위원회 및 소속 행정기관 정비
		2. 조직 및 정원관리 감사 계획

42. 위 자료를 읽고 조직관리지침 목표의 핵심을 적절하게 이해한 사람은?

① 기쁨 : 결국 지방자치단체 스스로가 변화를 선도해 나가야 한다는 것입니다.

② 소망 : 지방자치단체가 변화의 원인을 분석하고 그 원인을 해결해야 한다는 것입니다.

③ 다솜 : 지방자치단체가 중앙정부만큼이나 경쟁력 있는 구성원들로 거듭나야 한다는 것입니다.

④ 희노 : 지방자치단체가 변화에 신속하게 반응하기 위하여 내부 역량을 제고해야 한다는 것입니다.

⑤ 조이 : 지방자치단체는 공무원들의 역량을 증진시키기 위한 노력에 선택과 집중해야 한다는 것입니다.

43. 위 자료에 나타난 지방자치단체의 추진방향과 추진과제를 잘못 이해한 사람은?

① 준성 : 기능과 인력의 재배치를 위하여 선행되어야 하는 절차가 제시되어 있어.

② 지예 : 준수해야 할 조직관리의 원칙과 규칙을 비교적 구체적으로 기술하고 있어.

③ 영진 : 추진방향을 통해 알 수 있는 것은 행정수요가 다양한 변수를 포함하고 있다는 거야.

④ 미영 : 조직 및 정원관리를 위해 외부 전문 감사기관에 의뢰하여 감사를 실시할 계획을 가지고 있어.

⑤ 현지 : 세부추진과제의 '협업조직 설치 및 운영'은 변화되는 요구에 즉시 대응할 수 있도록 편성될 가능성이 높아.

[44 ~ 46] 다음은 '외국인 및 재외동포 장애인등록'에 관한 규정이다. 이를 보고 이어지는 질문에 답하시오.

○ 장애인 등록허용 자격 : 재외국민, F-4, F-5, F-6, 난민인정자

구분		정의	확인 자료
재한외국인	한국영주권자 (F-5)	대한민국에 영구적으로 거주할 수 있는 법적 지위를 가진 외국인	외국인등록증, 사증
	결혼이민자 (F-6)	대한민국 국민과 혼인한 적이 있거나 혼인관계에 있는 재한외국인	외국인등록증, 사증, 기타 혼인증빙서류
	난민인정자 (F-2)	난민법 제2조 제2호에 따른 난민인정자	난민인정증명서, 사증
재외동포	외국국적동포 (F-4)	'대한민국 국적을 보유하였던 자(대한민국 정부 수립 전에 국외로 이주한 동포 포함)' 또는 '그 직계비속(直系卑屬)으로서 외국국적을 취득한 자 중 대통령령으로 정하는 자' 중 거소신고를 한 사람	국내거소신고증, 사증
	재외국민 (국적자)	대한민국 국민으로서 외국의 영주권을 취득한 자 또는 영주할 목적으로 외국에 거주하고 있는 자 중 재외국민으로 주민등록이 된 사람	재외국민등록부등본 및 주민등록증(재외국민용)

○ 장애인등록 상담 및 신청 : 시장 · 군수 · 구청장은 외국인 등이 장애인으로 등록하고자 하는 경우 관할 읍 · 면 · 동장을 통하여 「장애인 등록 및 서비스 신청서」에 의하여 장애인 등록신청을 받음.

※ 장애인등록 신청 관할 읍 · 면 · 동
   – 한국영주권자 및 국민 배우자는 체류지 관할 읍 · 면 · 동
   – 외국국적동포는 신고 거소지 관할 읍 · 면 · 동
   – 재외국민으로 주민등록이 된 사람은 주민등록지 관할 읍 · 면 · 동
   – 난민인정자는 체류지 관할 읍 · 면 · 동

※ 자격관련 주의사항 : 주민등록이 된 재외국민, 외국인 등록번호 · 국내거소신고번호를 가진 외국인 등이 장애인 등록을 위하여 제출한 서류에 대하여는 '새올시스템'에서 행정정보 공동이용을 통해 자격 유무를 확인한 후 등록 업무를 시작하여야 함.
   – 읍 · 면 · 동 장애인복지담당자는 행정정보 공동이용을 위하여 시 · 군 · 구 행정정보 공동이용 권한 담당 부서에 「행정정보 공동이용 신청서」를 작성한 후 권한 승인요청이 필요함.
   – 민원사무처리기준표 '장애인 등록' 민원사무에 대하여 국내거소신고사실증명 또는 외국인등록사실증명을 확인할 수 있도록 하고 있음.

○ 외국인 등의 장애인등록 신청은 본인이 하는 것을 원칙으로 하되, 법정대리인(19세 미만의 미성년자 경우)과 보호자가 신청을 대행할 수 있음.
　– 대리 신청이 가능한 보호자의 범위 : 장애인을 사실상 보호하고 있는 자(장애인의 배우자, 직계존·비속, 직계존·비속의 배우자, 형제·자매, 형제·자매의 배우자 등), 장애인을 보호하고 있는 사회복지시설의 장
　– 다만, 거소신고만 하는 등 가족관계가 명확하지 않은 경우에 장애인등록은 보호자가 신청을 대행할 수 없음.
○ 장애인등록 담당자는 장애인등록 신청 전에 장애정도 판정기준에서 규정한 장애범주(장애분류 및 정도)에 포함되는지 여부, 진단비용, 필수 구비서류 등에 대하여 충분히 확인 및 상담하여야 함.

44. 다음 중 위 규정에 대한 설명으로 적절하지 않은 것은?

① 대한민국 국민과 혼인관계에 있는 결혼이민자는 장애인 등록이 가능하다.
② 외국에 거주하고 있는 재외동포라도 대한민국 국적자인 경우 장애인 등록이 가능하다.
③ F-4 자격을 가진 사람과 F-5 자격을 가진 사람의 장애인등록 신청 관할 행정관청은 서로 다르다.
④ 장애인등록 신청을 대행하는 사람은 반드시 거소신고 및 명확한 가족관계가 입증되어야 한다.
⑤ F-5 자격을 가진 미성년자는 반드시 법정대리인 또는 보호자와 함께 장애인등록 신청을 해야 한다.

45. 다음 중 장애인등록이 불가한 경우는?

① 대한민국 국민과 혼인한 외국인으로, 거주지와 다른 주민등록지 관할 읍·면·동에서 장애인등록을 하고자 하는 A 씨
② 외국인등록증이 확인되지 않은 난민인정자 B 씨
③ 신고 거소지 관할 읍·면·동에서 장애인등록을 하고자 하는 F-4 자격 보유자 C 씨
④ 장애인보호시설에 등록되어 있는 자를 대리 신청하고자 하는 혈연관계가 아닌 시설의 장(長) D 씨
⑤ 한국에 혼자 거주하고 있으나, 과거 대한민국 국민과 혼인한 적이 있는 외국인 E 씨

46. 다음 중 위의 장애인등록 규정을 올바르게 이해한 사람을 모두 고른 것은?

> A 씨 : 한국영주권자이며, 외국인등록증과 사증을 구비하여 체류지 관할 읍·면·동에서 장
> 애인등록을 신청하고자 함.
>
> B 씨 : 거소신고가 되어 있으며 과거 대한민국 국적을 보유하였던 자로, 국내거소신고증과 사
> 증을 구비하여 신고 거소지 관할 읍·면·동에서 장애인등록을 신청하고자 함.
>
> C 씨 : 대한민국 국민과 혼인하여 외국인등록증과 혼인증빙서류를 구비하고 주민등록지 관할
> 읍·면·동을 찾아 장애인등록을 신청하고자 함.
>
> D 씨 : 외국의 영주권을 취득한 대한민국 국민으로, 재외국민등록부등본과 주민등록증을 구
> 비하여 주민등록지 관할 읍·면·동에서 장애인등록을 신청하고자 함.

① A 씨, B 씨
② B 씨, C 씨
③ A 씨, B 씨, D 씨
④ A 씨, C 씨, D 씨
⑤ B 씨, C 씨, D 씨

[47 ~ 48] 다음 글을 읽고 이어지는 질문에 답하시오.

> (가) 클래식 기타 애호가인 A는 유명 기타리스트인 K의 독주회 일반석 표를 30,000원에 예매했다.
> 그런데 뒤늦게 A는 그날 B와 약속이 있다는 것을 깨달았다. 예매는 취소가 가능한데 규정상
> 5,000원의 수수료를 물고 25,000원만 돌려받을 수 있다. A는 약속을 뒤로 미룰 수도 있었지
> 만, B와 만나기로 하고 예매를 취소했다. A가 일반석에서 독주회를 볼 때 얻을 수 있는 효용은
> ⊙, B와의 약속을 지킬 때의 효용은 ⓒ이다.
>
> (나) 그런데 A가 예매를 취소한 후 C가 그 독주회의 70,000원짜리 로열석 표를 공짜로 두 장 얻었
> 다며 보러 가자고 제의했다. 이에 A는 B와의 약속을 깨고 C와 독주회를 보러 가기로 했다.

47. 윗글의 ㉠, ㉡에 대한 추론으로 적절한 것을 모두 고르면?

---

1) 25,000원≤㉠≤30,000원

2) ㉠≥30,000원

3) ㉡≥㉠−25,000원

4) ㉡≥25,000원

---

① 1), 3)　　　　　　② 1), 4)　　　　　　③ 2), 3)

④ 2), 4)　　　　　　⑤ 3), 4)

48. 다음 중 위 자료에 대한 설명으로 적절한 것은?

① A가 로열석에서 독주회를 볼 때 느끼는 효용은 ㉡ 이상이다.

② A가 로열석에서 독주회를 볼 때 느끼는 효용은 70,000원 이상이다.

③ 로열석의 가격이 45,000원이었다면 A는 일반석이 아닌 로열석을 예매했을 것이다.

④ (가)에서 A는 이미 예매를 취소하고 B와의 약속을 지키기로 하였으므로 (나)에서 약속을 깬 A의 행동은 합리적이지 않다.

⑤ A가 일반석을 예매할 때 지불한 돈 30,000원은 매몰비용이므로 (가)에서 B와의 약속을 지킬지를 결정할 때에는 고려할 필요가 없다.

49. S시의 지역화폐 1만 원권은 10%를 할인받아 현금 9천 원에 살 수 있고, 지역화폐 액면가의 80% 이상을 사용하면 현금으로 거스름돈을 받을 수 있다. 매일 한 번씩 지역화폐를 사용할 수 있는 음식점에서 8천 원짜리 백반을 사 먹는다고 할 때, 현금 20만 원으로 지역화폐와 현금을 이용하여 백반을 사 먹을 수 있는 날은 최대 며칠인가?

① 25일 ② 26일 ③ 27일
④ 28일 ⑤ 29일

[50 ~ 51] 다음은 H 대학 경영학과 학생들의 학년과 성별에 따른 학생 수와 각 학년별 교양수업 신청 현황에 대하여 조사한 결과이다. 이어지는 질문에 답하시오.

〈H 대학 경영학과 학생 수〉

(단위 : 명)

성별 / 학년	남자	여자
1학년	127	104
2학년	104	( )
3학년	79	91
4학년	80	89
합계	390	380
총 인원	770	

〈H 대학 경영학과 학년별 교양수업 신청 현황〉

(단위 : %)

학년 / 교양수업	1학년	2학년	3학년	4학년
골프	10	15	30	20
농구	30	35	20	30
수영	20	15	40	10
볼링	40	35	10	40

50. 위 자료에 대한 설명으로 옳은 것은?

① 학생 수는 매년 감소하고 있다.

② 남학생 수는 매년 감소하고 있다.

③ 4학년 중 골프 수업을 듣는 학생 수는 40명이다.

④ 수영 수업을 듣는 학생 수가 가장 많은 학년은 3학년이다.

⑤ 학년별 남학생 수는 여학생 수보다 항상 많다.

51. 1, 2학년 여학생 수는 3, 4학년 남학생 수에 비해 약 몇 %가 더 많은가? (단, 소수점 아래 첫째 자리에서 반올림한다)

① 23%   ② 24%   ③ 25%

④ 26%   ⑤ 27%

[52 ~ 53] 다음 자료를 보고 이어지는 질문에 답하시오.

〈철도운임 원가정보〉

(단위 : 억 원)

항목	결산					예산
	2015년	2016년	2017년	2018년	2019년	2020년
Ⅰ. 총괄원가	26,451	29,562	28,111	28,801	28,183	28,865
1. 적정원가	23,627	24,958	23,625	25,229	25,576	26,255
영업비용	22,536	23,380	22,055	23,998	24,538	25,422
ⓐ 인건비	7,380	7,544	7,827	8,732	9,607	9,970
ⓑ 판매비 및 일반관리비	355	432	476	521	496	564
– 간접부서 경비	329	408	447	463	455	515
– 연구관련 경비	4	3	5	7	11	16
– 판매촉진비 등	22	21	24	51	29	32
ⓒ 기타 경비	14,801	15,404	13,752	14,745	14,436	14,889
– 감가상각비	2,485	2,698	3,190	2,987	2,789	2,584
– 동력비	2,533	2,371	2,308	2,642	2,494	2,620
– 시설사용료	6,574	6,945	5,914	6,329	6,561	6,892
– 수선유지비 등 기타	3,209	3,390	2,342	2,788	2,592	2,793
영업외비용/수익	1,091	1,578	1,570	1,231	1,038	833
2. 적정투자보수(①×②)	2,824	4,604	4,486	3,572	2,607	2,610
① 운임기저	72,304	75,413	79,643	69,711	67,283	67,701
② 적정투자보수율	3.91%	6.11%	5.63%	5.12%	3.87%	3.85%
Ⅱ. 총수입(1×2)	25,837	26,854	23,886	25,356	26,422	27,896
1. 수요량(1억 인km)	234	237	220	230	236	252
2. 적용단가(원/인km)	110.2	113.1	108.8	110.2	112.0	110.8

* 적정투자보수와 총수입은 소수점 계산 수치에 따라 다소 차이가 날 수 있음.

52. 다음 중 위 자료에 대한 설명으로 적절한 것은?

① 전년 대비 총괄원가가 가장 크게 변동된 해는 2017년이다.

② 동력비는 매년 기타 경비 중 가장 적은 비용을 차지한다.

③ 인건비, 판매비 및 일반관리비, 기타 경비는 모두 매년 증가하였다.

④ 운임기저가 증가 또는 감소한 해에는 적정투자보수율도 증가 또는 감소하였다.

⑤ 전년 대비 수요량이 증가하였지만 적용단가가 감소한 해는 2020년이 유일하다.

53. 다음은 위 자료를 참고하여 작성한 그래프이다. (가)와 (나)에 들어갈 수치가 올바르게 짝지어진 것은? (단, 소수점 아래 둘째 자리에서 반올림한다)

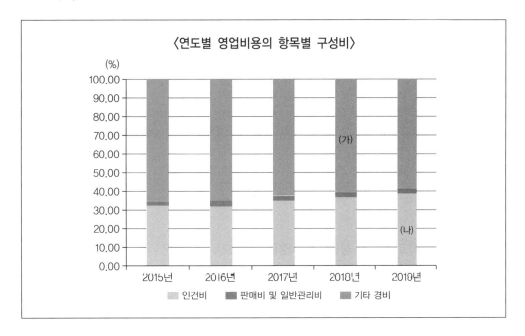

	(가)	(나)		(가)	(나)
①	61.4	39.2	②	62.2	39.2
③	61.4	40.5	④	62.2	40.5
⑤	62.2	41.3			

[54 ~ 56] 다음 자료를 보고 이어지는 질문에 답하시오.

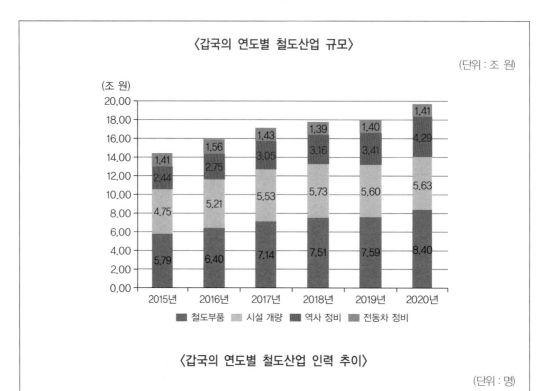

〈갑국의 연도별 철도산업 규모〉

(단위 : 조 원)

〈갑국의 연도별 철도산업 인력 추이〉

(단위 : 명)

구분	2015년	2016년	2017년	2018년	2019년	2020년
엔지니어	10,806	11,449	11,856	12,790	12,868	13,564
행정인력	10,228	10,652	11,120	11,958	12,110	12,782

54. 다음 중 위 자료에 대한 설명으로 적절한 것을 모두 고르면?

ⓐ 철도산업 규모의 2015년 대비 2020년의 증가율이 50% 이상인 지표는 역사 정비가 유일
하다.
ⓑ 철도산업의 행정인력이 가장 크게 증가한 해에는 엔지니어도 가장 크게 증가하였다.
ⓒ 철도산업 중 역사 정비와 전동차 정비 규모의 차이는 매년 증가하였다.
ⓓ 2020년 철도산업의 엔지니어는 전체 철도산업 인력의 60%를 넘었다.

① ㉠, ㉡   ② ㉡, ㉢   ③ ㉢, ㉣

④ ㉠, ㉡, ㉢   ⑤ ㉡, ㉢, ㉣

55. 다음 중 갑국의 철도산업의 엔지니어와 행정인력의 합이 가장 크게 증가한 해는?

① 2016년   ② 2017년   ③ 2018년
④ 2019년   ⑤ 2020년

56. 다음 중 전체 철도산업에서 철도부품의 규모가 차지하는 비중을 그래프로 올바르게 작성한 것은?

①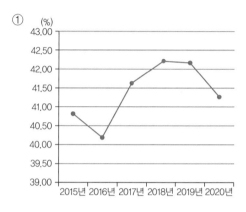

②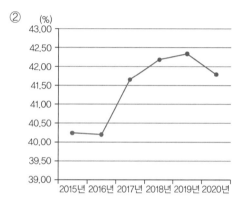

③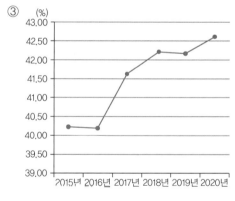

④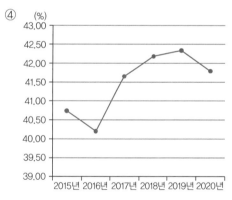

⑤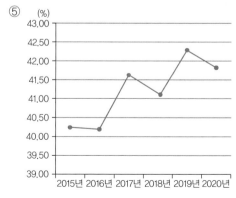

57. 다음 중 자기개발의 방법과 특징으로 적절하지 않은 것은?

① 자신의 능력, 적성 및 특성 등에 있어서 강점과 약점을 찾아 강점은 강화시키고 약점은 관리하여 성장을 위한 기회로 활용하는 것이다.

② 직업인으로서 자신의 능력, 적성, 특성 등의 이해를 기초로 자기 발전 목표를 스스로 수립하고 성취해 나가는 능력이다.

③ 자기개발은 직장 생활을 시작하면서부터 시작되어 은퇴하는 날까지 지속된다.

④ 자기개발은 개별적인 과정으로서 자기개발을 통해 지향하는 바와 선호하는 방법 등이 사람마다 다르다.

⑤ 자기개발은 생활 가운데 이루어져야 한다.

58. 다음 사례를 읽고 S 씨가 자아를 인식하기 위해 시행했던 ㉠남다른 노력으로 적절한 것은?

> 화장품 판매원인 S 씨는 처음 이 일을 시작할 때 매우 망설였다. 한 번도 경험해 보지 못했던 일임은 물론, 다른 사람 앞에 나서서 타인을 설득하고 그들이 아름답게 보일 수 있는 방법을 제시하여 자신의 말에 수긍하고 공감하게 만들 수 있는 능력이 자신에게 있을 거라고는 조금도 상상하지 못했기 때문이다. 늘 자신에게 제시된 결론을 판단하여 원하는 것만 선택해 왔던 그녀는 누군가에게 그들이 원하는 결론을 제시해 주는 일은 자신이 할 수 있는 일이 아니라고 생각했었다. 지금은 다니는 회사에서 가장 우수한 성과를 내고 있는 모범 직원으로 성장한 S 씨지만 지금의 그녀가 있기까지 스스로를 알기 위한 ㉠남다른 노력이 있었음을 부인할 수 없다.

① 자사에서 판매하는 화장품에 대한 깊은 연구를 통하여 제품 자체에 대한 장단점과 특징을 누구보다 열심히 습득하였다.

② 효과적인 대인 관계를 유지하기 위하여 발표력, 표현 능력, 화술, 보디랭귀지 기술, 설득 방법 등 다양한 실질적 기술들을 익혀 왔다.

③ 화장품 판매에 일가견이 있는 영업 사원을 찾아가 타인을 설득하는 방법과 남들이 듣고 좋아할 수 있는 화술 등에 대하여 집중 연구하였다.

④ 다른 사람과의 대화를 통해 내가 간과하고 넘어갔던 부분을 파악하고, 다른 사람들은 나의 행동을 어떻게 판단하고 있는지 보다 객관적으로 알아보았다.

⑤ 다른 일자리에 대한 세밀한 분석을 통하여 결국 화장품 판매원으로 가장 많은 수입을 낼 수 있다는 사실을 알고 맡은 바 임무 수행에 매진하였다.

59. 다음 중 흥미와 적성을 개발하는 방법에 대한 설명으로 적절하지 않은 것은?

① 기업의 문화와 풍토를 고려한다.

② 일을 할 때 너무 큰 단위로 하지 않고 작은 단위로 나누어 수행한다.

③ 하루의 일과가 끝나면 자신이 수행한 결과물을 점검해 본다.

④ 지속적인 마인드컨트롤을 통해 자신도 모르는 사이 흥미나 적성을 얻게 될 수 있다.

⑤ 흥미나 적성검사를 통한 직업 도출은 그 직업에서의 성공을 보장한다.

60. 자기개발 목표를 성취하기 위해서는 장·단기 목표를 알맞게 수립해야 한다. 다음 〈보기〉의 고려 사항들을 장기목표와 단기목표로 알맞게 구분한 것은?

보기

ㄱ. 자신의 욕구와 가치
ㄴ. 자격증
ㄷ. 흥미와 적성
ㄹ. 직무관련 경험
ㅁ. 타인과의 관계
ㅂ. 쌓아 두어야 할 인간관계

	장기목표	단기목표		장기목표	단기목표
①	ㄱ, ㄴ, ㄷ	ㄹ, ㅁ, ㅂ	②	ㄱ, ㄴ, ㅂ	ㄷ, ㄹ, ㅁ
③	ㄱ, ㄷ, ㅁ	ㄴ, ㄹ, ㅂ	④	ㄴ, ㅁ, ㅂ	ㄱ, ㄷ, ㄹ
⑤	ㄷ, ㄹ, ㅁ	ㄱ, ㄴ, ㅂ			

61. 다음 중 자기 브랜드를 PR하는 전략으로 적절하지 않은 것은?

① 개인 블로그 이용

② 인적 네트워크 활용

③ 자신만의 명함 제작

④ 업무 능력 향상에 몰두

⑤ 경력 포트폴리오를 작성하여 지속적인 업데이트

62. 다음은 A 씨의 경력개발에 관한 글이다. 이를 읽고 추론할 수 있는 A 씨의 문제점은?

> 어린 시절부터 A 씨의 목표는 K 호텔에 취업하여 멋진 호텔리어가 되는 것이었다. A 씨는 제복을 입고 손님들에게 궁궐 같은 호텔의 객실을 안내하는 업무가 마치 내 집을 찾는 손님들에게 우아한 서비스를 제공하는 것같이 느껴져 아주 화려하고 매력적으로 보였다. 뿐만 아니라 연봉은 물론 부수입도 짭짤하다는 정보를 지인으로부터 들어 온 터라 A 씨는 K 호텔이 더없이 좋은 직장이 될 것이라 기대하였다.
>
> 학업 성적이 변변치 않던 A 씨는 고등학교를 졸업한 후 돈을 벌며 자신의 목표를 이루기 위해 대학 진학을 포기한 채 호텔업과 유사한 숙박업소로 뛰어들었다. 호텔처럼 휘황찬란한 곳에서의 업무는 아니었지만 힘든 과정을 거치며 숙박업소에서 5년간 경험을 쌓은 그는 자신의 흥미와 적성은 역시 손님을 맞아 서비스 정신을 발휘하는 일임을 확인할 수 있었다.
>
> 숙박업소에서의 경력과 어릴 적부터 품어 온 장래 목표에 대한 포부를 무기로 '준비된 직원'임을 자처하고 당당히 K 호텔에 입사 지원서를 낸 A 씨는 보기 좋게 1차 서류심사에서 탈락하고 말았다. 다른 호텔에서도 같은 결과를 얻은 A 씨는 자신의 경력 개발에 있어 무엇이 문제였는지 알아내는 데 그리 많은 시간이 필요하지 않았다.

① 호텔업계의 인맥 쌓기를 게을리 하였을 것이다.

② 성인이 되기 전에 가졌던 섣부른 목표를 이루려고 하였다.

③ 호텔업 관련 전공을 이수하거나 대학을 졸업하지 못하였다.

④ 자신의 적성만 믿고 직무에서 요구하는 능력이 무엇인지 알지 못하였다.

⑤ 연봉과 부수입에만 집중한 A 씨의 태도가 서류 심사에 그대로 드러났을 것이다.

63. 다음은 한 방송에서 앵커가 브리핑한 내용이다. 매슬로우의 욕구 이론과 관련된 다음 내용에서 빈칸에 들어갈 말로 적절한 것은?

○○○ 뉴스룸 2부의 문을 열었습니다.

"태극기 사랑 70일 운동", 혹시 들어 보셨는지요? 정부가 광복 70주년을 맞아 지난 7일부터 광복절인 8월까지 70일간 진행 중인 나라 사랑 운동입니다.

'나라 사랑을 운동으로 해결할 수 있는가' 오늘 앵커 브리핑이 던지는 질문입니다.

며칠 전 이메일을 한 통 받았습니다. "평범 주부 조미송이라고 합니다."

뉴스룸 시청자 조미송 씨. 오늘 앵커 브리핑이 주목한 분입니다. 이번 메르스 정국을 겪으며 느꼈던 단상을 저에게 보내 주셨습니다. 그러니까 오늘 앵커 브리핑은 시청자 조미송 씨와 함께하는 셈입니다. 지금부터 전해 드리겠습니다.

들숨 하나, 날숨 하나에도 신경을 곤두세워야 하는 날들이 이어지고 있는 가운데 조미송 씨는 심리학자 매슬로우의 5단계 욕구 이론을 떠올렸습니다. 복잡한 얘기는 아닙니다. 인간의 심리는 가장 아래의 욕구가 먼저 충족되어야 그 다음 위 단계로 이어진다는 것이 매슬로우 이론의 얼개입니다.

안전의 욕구. 이런 인간의 가장 기본적인 욕구가 채워진 이후에야 그것이 사회적 욕구로 이어지고 위 단계로 차근차근 밟아 올라가게 된다는 이야기. 조미송 씨의 눈엔 이번 메르스 사태와 이 매슬로우 이론이 다르지 않아 보였던 것 같습니다. 즉 정부의 대처 방안이 앞뒤 순서가 뒤바뀌었다는 지적이었습니다. 시민이 느끼는 (   )가 충족되지 않았는데 국가는 시민에게 믿음부터 강요했고, 오히려 잔뜩 으름장만 놓았다는 것이지요. 아시다시피 초기 정부 대응은 '유언비어 단속'이었습니다. 한 달이 넘는 이 황당한 사태를 겪어 낸 이 시대의 '평범 주부' 조미송 씨가 겪은 국가의 모습이었습니다. 이렇게 평범한 사람들에게 동의를 구하지 못할 때 국가는 과잉의 존재로 다가올 수도 있습니다.

조미송 씨는 이렇게 말합니다. "소위 선진국이라고 하는 사회는 아래 단계의 기본 욕구들을 크게 걱정하지 않는 사회. 애국심을 강요할 것이 아니라 아래 단계의 욕구부터 채워 주는 것이 정부가 할 일이 아닐까…" 이런 그녀에게 아마도 태극기 사랑 70일 운동은 국가 과잉으로 보이지 않을까 염려됩니다. 오늘의 앵커 브리핑이었습니다.

① 안전의 욕구
② 존경의 욕구
③ 무소유의 욕구
④ 자아실현의 욕구
⑤ 애정 소속감의 욕구

64. [지문 B]의 (가), (나), (다), (라)는 [지문 A]의 '조해리의 창'에 제시된 네 가지 자아 중 각각 무엇에 대한 설명인가?

[지문 A]

미국의 심리학자 조셉 루프트(Joseph Luft)와 해리 잉햄(Harry Ingham)은 1955년 대인관계에 있어서 자신이 어떻게 보이고 또 어떤 성향을 가지고 있는지를 파악할 수 있도록 한 심리학 이론인 '조해리의 창'을 발표하였다. 조해리는 두 학자의 이름을 합친 것이며 조해리의 창은 4개의 영역으로 구분되며 4가지로 구분된 창문에는 생각(Thought), 감정(Feeling), 경험(Experience), 행동(Behavior), 동기(Motivation) 등이 담겨 있다. 여기에는 세로와 가로축이 있는데, 가로축은 '자신이 아는 것과 모르는 것'이며, 세로축은 '타인이 아는 것과 모르는 것'이다. 모든 사람은 창문의 네 가지 영역을 다 가지고 있지만, 그 성향은 개인마다 다르기 때문에 각 영역의 크기가 조금씩 다르게 나타난다. 이때 어떤 영역이 가장 넓은지에 따라 자신의 성향을 파악할 수 있다.

	내가 아는 나	내가 모르는 나
타인이 아는 나	공개된 자아 Open Self	눈먼 자아 Blind Self
타인이 모르는 나	숨겨진 자아 Hidden Self	아무도 모르는 자아 Unknown Self

[지문 B]

(가) 이 영역이 크게 나타난다면 자신의 감정이나 의견을 잘 표현하며 자기주장이 강한 사람일 확률이 높다. 하지만 자신이 남들에게 어떻게 비치는지 잘 알지 못하기 때문에 독단적이라는 지적을 받기 쉽다. 또, 남을 '보지 못하는' 성향이기 때문에 경청을 잘하지 않아 배타적인 사람으로 보일 수 있다.

(나) 이 영역이 크게 나타나는 사람은 자신도 알고 타인도 잘 아는 타입이다. 다른 이들에게 쉽게 호감과 친밀감을 줄 수 있어 인기가 많고 인간관계에서 매우 개방적인 성향을 띤다. 누가 묻지 않아도 스스로 자신에 대해 이야기를 많이 하는 자기노출을 잘하며 남의 이야기도 잘 듣는 편이다. 이 유형은 적극적이고 민주적인 의사소통을 한다는 장점이 있다. 그러나 지나치게 말이 많으면 주책으로 보일 가능성도 있다는 단점도 존재한다.

(다) 이 영역의 비중이 큰 사람은 고립형으로 혼자 있는 것을 좋아하며 타인과의 접촉을 불편해 하거나 의사소통에도 참여하지 않는 폐쇄적인 성향을 띤다. 때때로는 고집이 세고 주관이 지나치게 강한 사람도 있다. 사회부적응으로 인해 소외된 채 실생활에 어려움을 겪으며 살아가는 사람들도 이 영역에 해당한다.

(라) 이 영역이 큰 사람은 신중한 타입으로 속이 깊은 성향과 동시에 계산적이고 실리적인 면도 가지고 있다. 또, 자신만의 세계 속에서 산다든지 남들에게 자신이 노출되지 않기를 바라며 과묵한 편이다. 이로 인해 인간관계에서는 대체로 수동적인 성향을 띠며 타인의 정보만을 알고자 하는 성향인 경우가 많다. 이 유형의 사람은 내면적으로 고독감을 느끼는 경우가 많고 특히 현대인에게 가장 많이 나타나는데, 고독감을 개선하기 위해서는 좀 더 개방적이고 깊이 있는 교류가 필요하다.

	공개된 자아	눈먼 자아	숨겨진 자아	아무도 모르는 자아
①	(가)	(나)	(다)	(라)
②	(나)	(가)	(다)	(라)
③	(나)	(라)	(다)	(가)
④	(다)	(라)	(가)	(나)
⑤	(다)	(라)	(나)	(가)

65. K는 ○○전자에 입사하여 신입생 교육 훈련을 받고 있다. K가 속한 팀의 과장은 다음과 같은 상황에서의 적절한 행동 방안을 물어보았다. 이에 대한 답변으로 적절한 것은?

곧 결혼할 딸이 어머니와 혼수 가전을 보고자 매장에 들어왔다. 제품을 둘러보다가 딸이 마음에 든다며 고른 텔레비전이 있었는데, 그 제품은 판매율이 높지 않아 회사에서 더는 생산하지 않기로 결정된 모델이다. 그리고 내일부터 가격을 30% 인하하기로 결정한 상태였다. 또한, 제품의 부속품도 더 이상 생산되지 않아 A/S가 필요할 때 부품 문제로 수리가 불가할 수도 있다.

① 물품을 구매하면 환불이나 교환이 어렵다는 약관을 설명하지 않아도 된다.

② 고객이 생산중단에 대해서 항의할 수 있으므로, 아직 결정된 것은 아니나 생산이 중단될 수도 있다고 언급한다.

③ 내일부터 30% 인하될 예정이지만 매출 목표액을 달성해야 하므로 할인 예정 사실을 안내하지 않고 구매 욕구를 자극한다.

④ 단종이 결정된 모델인 것을 말하고 이후에 부품이 없어 수리가 불가할 수도 있음을 안내한다.

⑤ 고객이 스스로 보고 선택한 제품이므로 단종 관련 사항을 따로 설명할 필요는 없다.

66. 다음 제시된 윤리 덕목의 의미를 순서대로 알맞게 나열한 것은?

> ㉠ 성공을 이룰 수 있는 기본 조건은 게으르지 않고 부지런한 것이다.
> ㉡ 민주 시민으로서 기본적으로 지켜야 할 의무이자 생활 자세이다.
> ㉢ 신뢰를 형성하고 유지하는 데 가장 기본적이고 필수적인 규범이다.
> ㉣ 일정한 생활문화권에서 오랜 생활습관을 통해 정립되어 관습적으로 행해지는 사회계약적인 생활규범이다.

① 책임, 예절, 성실, 도덕　　　　　② 수용, 준법, 근면, 예절
③ 겸손, 예절, 근면, 도덕　　　　　④ 근면, 준법, 정직, 예절
⑤ 정직, 봉사, 신뢰, 도덕

67. 다음 밑줄 친 '관련법'의 개정 내용과 관련 없는 것은?

> 　직장 내 성희롱이란 사용자, 직장 상사 또는 동료가 직장 내 지위를 이용하거나 업무와 관련하여 다른 노동자에게 성적인 언동 등으로 굴욕감 또는 혐오감을 느끼게 하는 것을 말한다. 최근 미투(ME TOO), 위드유(WITH YOU) 운동을 필두로 우리 사회 각계각층에 성희롱, 성폭력 문제가 불거졌고, 직장 내 성희롱 역시 근본적인 대책이 필요하다는 사회적 합의로 관련법이 일부 개정되었다.

① 직장 내 성희롱의 범위 확대
② 직장 내 성희롱 발생 시 조치 강화
③ 신고자 및 피해자 보호 대책 강화
④ 성희롱의 원인으로 작용할 만한 행위 및 관습의 규제 강화
⑤ 고객 등 업무 관련자로부터의 성희롱에 대한 규정 강화

68. 다음 〈보기〉는 한국인들이 일반적으로 갖추어야 한다고 강조되는 직업윤리이다. 각각의 설명이 바르게 연결된 것을 모두 고르면?

> **보기**
>
> ㉠ 책임감 – 맡아서 해야 할 업무를 중요하게 여기는 태도
> ㉡ 정직함 – 성품과 행실이 높고 맑으며 탐욕을 부리지 않는 태도
> ㉢ 창의성 – 전통적인 사고방식을 벗어나서 새롭고 독창적이고 유용한 것을 만들어 내는 능력과 태도
> ㉣ 협조성 – 단체나 조직에 협조적으로 응할 수 있는 능력치
> ㉤ 청렴함 – 거짓이나 꾸밈이 없이 바르고 올곧은 태도

① ㉠, ㉡, ㉢
② ㉠, ㉢, ㉣
③ ㉡, ㉢, ㉣
④ ㉡, ㉣, ㉤
⑤ ㉢, ㉣, ㉤

69. 다음 중 식사 예절로 적절하지 않은 것은?

① 식탁에서는 턱을 괴지 않는다.
② 밥그릇과 국그릇은 손으로 들고 먹지 않는다.
③ 어른이 수저를 든 다음 아랫사람이 수저를 든다.
④ 숟가락을 사용할 때 젓가락과 함께 한 손에 쥐고 사용한다.
⑤ 음식을 씹을 때에는 입을 다물고 씹으며, 소리를 내지 않는다.

70. 다음 중 직업에 대한 설명으로 적절한 것은?

① 봉사 활동 및 취미 생활도 크게는 직업에 포함된다.
② 일은 경제적 욕구와 자아실현을 동시에 충족해야 한다.
③ 직업윤리는 직업의 성격에 따라 변하지 않는 공통된 윤리 기준이다.
④ 현대 사회에서는 입신출세(立身出世)보다는 입신양명(立身揚名)이 중시되고 있다.
⑤ 직업의 조건으로는 경제적 보상과 자발적 의사가 있으며, 지속성은 큰 상관이 없다.

71. A 공사는 신입사원들의 이메일 업무 상식을 파악하기 위해 OX퀴즈를 진행하여 3개 이상 틀린 사원들을 대상으로 업무교육을 실시하려고 한다. 다음 중 업무교육을 받을 대상은 모두 몇 명인가?

이메일 업무 상식

※ 다음 문제를 읽고 (　　) 안에 ○ 또는 X를 표시하시오.
　(3개 이상 틀린 사원을 대상으로 다음 주 화요일 업무교육 실시 예정)

1. 이름이 '김민호'인 경우 이메일 아이디는 'mhkim'이 적절하다. (　　)
2. 참조(CC)에 입력한 메일 주소는 수신자에게 보이지 않는다. (　　)
3. 문서를 첨부하여 보낼 때는 문서에 반드시 비밀번호를 걸어둔다. (　　)
4. 긴급하거나 중요한 메일은 제목 앞에 [Important], [Urgent] 등의 표기를 한다. (　　)
5. 본문 하단에 자신의 연락처보다 회사 대표번호를 남기는 것이 바람직하다. (　　)
6. 첨부파일을 보낼 때에는 용량에 관계없이 그대로 첨부하여 보낸다. (　　)
7. 비즈니스 관계로 이메일을 주고받는 것이므로 본문에 안부 인사는 생략한다. (　　)

〈OX퀴즈 결과〉

이름 ＼ 문제번호	1	2	3	4	5	6	7
김○○	O	O	O	O	X	X	X
박○○	O	X	X	O	O	X	X
성○○	O	O	X	O	X	X	O
이○○	X	X	O	X	O	O	X
최○○	O	X	O	O	X	X	X
황○○	X	O	O	O	X	O	X

① 1명
② 2명
③ 3명
④ 4명
⑤ 5명

72. 다음 중 일반적인 직장 예절에 대한 설명으로 옳지 않은 것을 모두 고르면?

> ㉠ 윗사람과 악수를 할 때에는 윗사람에게 먼저 목례를 한 후 악수를 한다.
>
> ㉡ 첫인사를 할 때에는 밝고 활기차게 해야 하며, 상대방의 직위에 따라 인사법을 다르게 해야 한다.
>
> ㉢ 명함은 지위가 낮은 사람이 먼저 꺼내며, 명함을 받으면 바로 넣지 않고 명함에 대해 간단하게 이야기한다.
>
> ㉣ 정부 고관의 직급명은 그 사람이 퇴직한 경우라도 항상 사용한다.
>
> ㉤ 상대방에게 서로를 소개할 때는 반드시 성과 이름을 함께 말해야 하며, 소속 회사 관계자를 타 회사 관계자에게 먼저 소개한다.
>
> ㉥ 전화를 받을 때는 벨이 3 ~ 4번 울리기 전에 받아야 하며, 전화를 받아야 하는 당사자가 부재중인 경우 그 이유를 자세하게 밝힌다.

① ㉠, ㉣
② ㉠, ㉤, ㉥
③ ㉡, ㉢, ㉥
④ ㉡, ㉥
⑤ ㉢, ㉣, ㉤, ㉥

73. 4차 산업혁명에 따른 일자리 변화에 대한 설명으로 적절하지 않은 것은?

① 기존 직업에 종사하는 근로자의 총 노동시간 중 약 50%를 자동화로 대체 가능할 것이라는 예측이 존재하는 만큼 인공지능, 빅데이터 등을 기반으로 하여 기존 일자리의 일부는 기계 자동화로 대체될 수 있다.

② 데이터과학자, SW엔지니어 등 지능정보기술과 관련하여 새로운 일자리가 생길 수 있다.

③ 생산성 유지를 위해 인공시능을 보조 수단으로 적극 활용하는 등 인공지능과 근로자 간의 협업을 피할 수 없을 것이다.

④ 인공지능이 대체할 수 없는 일자리의 노동환경도 생산성을 더욱 강화하기 위해 변화할 것이다.

⑤ 새로운 시스템에 맞는 교육, 인프라, 제도 등의 재편 비용이 막대할 것이므로 일자리 변화를 최대한 억제해야 할 것이다.

[74 ~ 75] 다음 글을 읽고 이어지는 질문에 답하시오.

A 기업 인사팀장 김 부장은 몇 년 전 가을 하반기 채용을 위하여 서울에 있는 모 대학에 채용설명회를 하러 방문하게 되었다. 경영대학의 소강당을 찾고 있던 중 학교 정문 주변에서 낙엽을 쓸고 있던 청년에게 길을 묻자 자신이 경영학과 졸업을 앞둔 4학년 학생이고 정문에서 좀 멀리 떨어진 곳에 위치해 있으니 직접 안내를 해 주겠다며 앞장을 섰다. 김 부장은 자신의 신분을 밝히지 않은 터라 그 학생에게 왜 정문에서 낙엽을 쓸고 있었는지 물었다. 그러자 그 학생의 답은 다음과 같았다.

"저는 어려서부터 가정형편이 어려워서 늘 부모님께 열심히 공부해서 훌륭한 사람이 되어야 부모님처럼 고생하지 않는다는 말씀을 귀가 아프게 듣고 자랐습니다. 그리고 주변에서 우리가 어렵다고 많이 도와주고 계시니 그것을 잊지 말고 늘 감사하며, 보답하며 살 방법을 생각하며 살아야 한다는 말씀도 함께 해 주셨습니다. 어려서부터 공부만이 살길이다 생각하고 열심히 공부를 했고, 그러다 보니 늘 장학금을 받으며 학교생활을 할 수 있었습니다. 특히, 대학교 입시에서는 사회배려자 전형이 있어서 남들보다는 조금은 쉽게 어려운 대학의 인기 학과에 입학할 수 있었지요. 제 어려운 환경을 아신 지도교수님께서 성적 장학금 이외의 근로장학생 추천도 해 주시고 여러 외부 장학금과 연수의 기회를 만들어 주셔서 이제 저는 곧 무사히 졸업을 앞두게 되었답니다.

졸업을 앞두고 나니 부모님 말씀처럼 재학 중 학교에서 받고만 다닌 것 같아 학교를 위해 무언가 하고 졸업해야겠다는 생각이 들었는데 취업도 확정되지 않은 입장에서 할 수 있는 일이 마땅하지 않더라고요. 그래서 2학기부터는 수업도 적고 취업준비로 학교는 매일 나와야 하고 해서 아침 일찍 나와 정문 주변을 청소하는 봉사를 한 달째 하고 있습니다. 처음엔 사람들 시선이 좀 불편도 했지만 이제는 그냥 그러려니 하며 제 할 일이라 생각하고 하고 있답니다. 뭔가 보답하는 것 같아 마음도 편하고, 그래서 그런지 취업준비도 더 잘 되는 것 같더라고요."

학생의 이야기에 푹 빠진 채로 걷다 보니 어느덧 경영대학 소강당 앞에 도착해 있었다. 김 부장은 학생에게 고맙다는 말을 전하고 학생의 이름과 연락처를 알려 달라 하여 받게 되었고, 자신의 명함을 학생에게 전해 주고 강단에 올랐다. 회사로 돌아온 그는 오늘 만난 학생에 대한 내용을 보고서로 작성하여, 그 학생을 채용하기 위한 면접 통보를 하기로 결정하였다. 현재 그 학생은 A 기업 인사팀의 김 부장과 함께 일하고 있다.

74. 위 사례 이후 대학 캠퍼스에 학생들의 자발적인 정문 앞 청소 봉사활동이 급속도로 늘었다는 소식이 뉴스에 나오게 되었다. 하지만 해당 방식으로 채용된 사례는 늘어나지 않았다. 이 현상에 대해 바르게 이해한 사람은?

① 아무리 열심히 살아도 결국 운이 나쁘면 모든 것이 허사로 돌아갈 뿐이군. 시대를 잘 타고 나야 해.

② 남들과는 다른 창의적인 봉사를 해야 하는데, 사례 속 학생과 똑같이 청소만 하려 했으니 성공할 수 없는 게 당연하지.

③ 전공도 스펙도 필요 없군. 언제 어디서 인사담당자를 만날지 모르니 남들 눈에 보일만한 봉사를 찾아야겠어.

④ 이제는 올바른 인성도 하나의 스펙이 되는 시대이군. 누가 보고 안 보고를 떠나서 언제나 올바른 삶을 살아가는 바른 인성을 키우며 삶을 준비해 가야지.

⑤ 어차피 될 놈은 되고 안될 놈은 안돼. 헛된 희망을 품고사는 사람들이 많군.

75. 위 사례를 참고할 때, 인적자원관리에 대한 설명으로 적절하지 않은 것은?

① 능동적이고 자기주도적인 인적자원을 확보하고 관리하는 것은 매우 중요하다.

② 인적자원은 자연적인 성장과 성숙은 물론, 오랜 기간에 걸쳐서 개발되는 요소이므로 올바르게 형성된 인적자원의 확보가 중요하다.

③ 인적자원은 이직의 우려가 있으므로 인적자원관리에 지나친 집중은 예산 낭비로 이어질 수 있다.

④ 규정과 설차에 의해 선발하는 인적자원을 선발하는 방법이 있으나. 불특정한 시간과 장소에서 만나게 되는 우수한 인적자원을 알아보고 선발할 수 있는 유연함도 필요하다.

⑤ 인적자원을 평가하는 데에는 자격증 점수 등과 더불어 인성 또한 중요한 요소가 될 수 있다.

[76 ~ 80] 다음은 S 전철역에 입점한 매장별 매출액과 시너지 효과를 매장 구획 변경 전과 후로 나누어 나타낸 자료이다. 이를 참고하여 이어지는 질문에 답하시오.

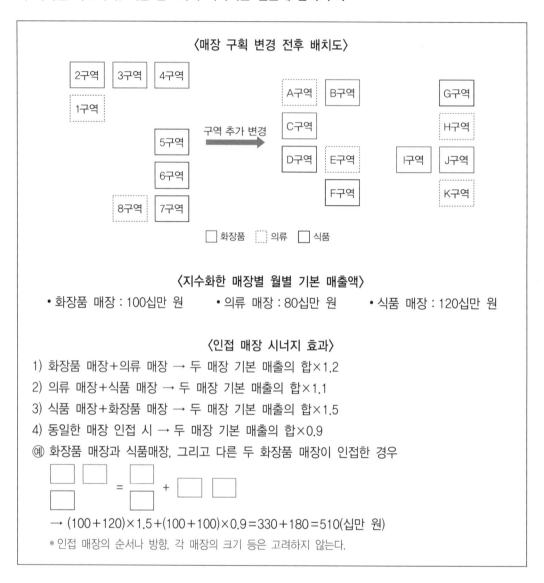

〈매장 구획 변경 전후 배치도〉

구역 추가 변경

□ 화장품   ┆ ┆ 의류   □ 식품

〈지수화한 매장별 월별 기본 매출액〉

- 화장품 매장 : 100십만 원   • 의류 매장 : 80십만 원   • 식품 매장 : 120십만 원

〈인접 매장 시너지 효과〉

1) 화장품 매장+의류 매장 → 두 매장 기본 매출의 합×1.2
2) 의류 매장+식품 매장 → 두 매장 기본 매출의 합×1.1
3) 식품 매장+화장품 매장 → 두 매장 기본 매출의 합×1.5
4) 동일한 매장 인접 시 → 두 매장 기본 매출의 합×0.9
예) 화장품 매장과 식품매장, 그리고 다른 두 화장품 매장이 인접한 경우

$$\boxed{}\ \boxed{} \atop \boxed{} = \boxed{} \atop \boxed{} + \boxed{}\ \boxed{}$$

→ (100+120)×1.5+(100+100)×0.9=330+180=510(십만 원)

* 인접 매장의 순서나 방향, 각 매장의 크기 등은 고려하지 않는다.

76. 다음 중 매장 구획 변경 전 1 ~ 3구역 매장의 시너지 효과를 감안한 합계 매출액은?

① 396십만 원   ② 400십만 원   ③ 412십만 원
④ 418십만 원   ⑤ 426십만 원

77. 다음 중 매장 구획 변경 전 5 ~ 8구역 매장의 시너지 효과를 감안한 합계 매출액은?

① 646십만 원   ② 652십만 원   ③ 662십만 원

④ 670십만 원   ⑤ 675십만 원

78. 매장 구획 변경 전후의 5 ~ 8구역 매장과 G ~ J구역 매장의 시너지 효과를 감안한 합계 매출액
차이에 대한 설명으로 옳은 것은? (단, K구역 매장과의 인접은 고려하지 않는다)

① 변경 후 32십만 원의 매출액 증가가 발생한다.
② 변경 후 32십만 원의 매출액 감소가 발생한다.
③ 변경 후 36십만 원의 매출액 증가가 발생한다.
④ 변경 후 36십만 원의 매출액 감소가 발생한다.
⑤ 변경 전과 후의 매출액은 동일하다.

79. 매장 구획 변경 후의 D ~ F구역 매장과 I ~ K구역 매장의 합계 매출액을 각각 순서대로 나열한
것은? (단, C구역, H구역과의 인접은 고려하지 않는다)

① 512십만 원, 440십만 원   ② 440십만 원, 512십만 원
③ 440십만 원, 396십만 원   ④ 396십만 원, 440십만 원
⑤ 396십만 원, 442십만 원

80. S 전철역에서는 매장 위치 변경 후의 전체 매출이 예상보다 적어 판매 품목을 조정하고자 한다.
다음 중 A ~ E구역 매장의 합계 매출액이 1,050십만 원 이상이 되도록 A ~ E구역 매장의 판매
품목을 조정하는 방법으로 적절한 것은? (단, F구역 매장의 인접은 고려하지 않는다)

① B구역 매장을 식품 매장으로 바꾼다.
② A구역 매장을 화장품 매장으로 바꾼다.
③ C구역 매장을 식품 매장으로 바꾼다.
④ E구역 매장을 화장품 매장으로 바꾼다.
⑤ D구역 매장을 의류 매장으로 바꾼다.

기출문제로 통합전공 완전정복

공기업 통합전공

최 신 기 출 문 제 집

– 전공 실제시험을 경험하다 –

수록과목   경영학, 경제학, 행정학, 정책학, 민법, 행정법,
회계학, 기초통계, 금융(경영)경제 상식

수록기업   KOGAS한국가스공사, HUG주택도시보증공사,
HF한국주택금융공사, 경기도공공기관통합채용,
KODIT신용보증기금, LX한국국토정보공사,
한국지역난방공사, EX한국도로공사, 인천교통공사,
코레일, 한국동서발전, 한국서부발전, 한국남부발전,
한국중부발전, 서울시설공단, 서울시농수산식품공사,
우리은행, 항만공사통합채용, 한국가스기술공사,
한국자산관리공사

서울교통공사
Seoul Metro

1회 실전모의고사

성명표기란

수험번호

(주민등록 앞자리 생년제외)월일

문번	답란	문번	답란	문번	답란	문번	답란
1	① ② ③ ④ ⑤	21	① ② ③ ④ ⑤	41	① ② ③ ④ ⑤	61	① ② ③ ④ ⑤
2	① ② ③ ④ ⑤	22	① ② ③ ④ ⑤	42	① ② ③ ④ ⑤	62	① ② ③ ④ ⑤
3	① ② ③ ④ ⑤	23	① ② ③ ④ ⑤	43	① ② ③ ④ ⑤	63	① ② ③ ④ ⑤
4	① ② ③ ④ ⑤	24	① ② ③ ④ ⑤	44	① ② ③ ④ ⑤	64	① ② ③ ④ ⑤
5	① ② ③ ④ ⑤	25	① ② ③ ④ ⑤	45	① ② ③ ④ ⑤	65	① ② ③ ④ ⑤
6	① ② ③ ④ ⑤	26	① ② ③ ④ ⑤	46	① ② ③ ④ ⑤	66	① ② ③ ④ ⑤
7	① ② ③ ④ ⑤	27	① ② ③ ④ ⑤	47	① ② ③ ④ ⑤	67	① ② ③ ④ ⑤
8	① ② ③ ④ ⑤	28	① ② ③ ④ ⑤	48	① ② ③ ④ ⑤	68	① ② ③ ④ ⑤
9	① ② ③ ④ ⑤	29	① ② ③ ④ ⑤	49	① ② ③ ④ ⑤	69	① ② ③ ④ ⑤
10	① ② ③ ④ ⑤	30	① ② ③ ④ ⑤	50	① ② ③ ④ ⑤	70	① ② ③ ④ ⑤
11	① ② ③ ④ ⑤	31	① ② ③ ④ ⑤	51	① ② ③ ④ ⑤	71	① ② ③ ④ ⑤
12	① ② ③ ④ ⑤	32	① ② ③ ④ ⑤	52	① ② ③ ④ ⑤	72	① ② ③ ④ ⑤
13	① ② ③ ④ ⑤	33	① ② ③ ④ ⑤	53	① ② ③ ④ ⑤	73	① ② ③ ④ ⑤
14	① ② ③ ④ ⑤	34	① ② ③ ④ ⑤	54	① ② ③ ④ ⑤	74	① ② ③ ④ ⑤
15	① ② ③ ④ ⑤	35	① ② ③ ④ ⑤	55	① ② ③ ④ ⑤	75	① ② ③ ④ ⑤
16	① ② ③ ④ ⑤	36	① ② ③ ④ ⑤	56	① ② ③ ④ ⑤	76	① ② ③ ④ ⑤
17	① ② ③ ④ ⑤	37	① ② ③ ④ ⑤	57	① ② ③ ④ ⑤	77	① ② ③ ④ ⑤
18	① ② ③ ④ ⑤	38	① ② ③ ④ ⑤	58	① ② ③ ④ ⑤	78	① ② ③ ④ ⑤
19	① ② ③ ④ ⑤	39	① ② ③ ④ ⑤	59	① ② ③ ④ ⑤	79	① ② ③ ④ ⑤
20	① ② ③ ④ ⑤	40	① ② ③ ④ ⑤	60	① ② ③ ④ ⑤	80	① ② ③ ④ ⑤

서울교통공사
Seoul Metro

2회 실전모의고사

감독관
확인란

수험번호

성명표기란

생년월일
(주민등록 앞자리 생년제외) 월일

수험생 유의사항

※ 답안은 반드시 컴퓨터용 수성사인펜으로 보기와 같이 바르게 표기해야 합니다.
   〈보기〉 ① ② ③ ❹ ⑤
※ 성명표기란 위 칸에는 성명을 한글로 쓰고 아래 칸에는 성명을 정확하게 ● 표기하십시오.
   (단, 성과 이름은 붙여 씁니다)
※ 수험번호 표기란 위 칸에는 아라비아 숫자로 쓰고 아래 칸에는 숫자와 일치하게 ● 표기하십시오.
※ 출생월일은 반드시 본인 주민등록번호의 생년월일을 제외한 월 두 자리, 일 두 자리를 표기하십시오.
   오. (예) 1994년 1월 12일→0112

문번	답란	문번	답란	문번	답란	문번	답란
1	① ② ③ ④ ⑤	21	① ② ③ ④ ⑤	41	① ② ③ ④ ⑤	61	① ② ③ ④ ⑤
2	① ② ③ ④ ⑤	22	① ② ③ ④ ⑤	42	① ② ③ ④ ⑤	62	① ② ③ ④ ⑤
3	① ② ③ ④ ⑤	23	① ② ③ ④ ⑤	43	① ② ③ ④ ⑤	63	① ② ③ ④ ⑤
4	① ② ③ ④ ⑤	24	① ② ③ ④ ⑤	44	① ② ③ ④ ⑤	64	① ② ③ ④ ⑤
5	① ② ③ ④ ⑤	25	① ② ③ ④ ⑤	45	① ② ③ ④ ⑤	65	① ② ③ ④ ⑤
6	① ② ③ ④ ⑤	26	① ② ③ ④ ⑤	46	① ② ③ ④ ⑤	66	① ② ③ ④ ⑤
7	① ② ③ ④ ⑤	27	① ② ③ ④ ⑤	47	① ② ③ ④ ⑤	67	① ② ③ ④ ⑤
8	① ② ③ ④ ⑤	28	① ② ③ ④ ⑤	48	① ② ③ ④ ⑤	68	① ② ③ ④ ⑤
9	① ② ③ ④ ⑤	29	① ② ③ ④ ⑤	49	① ② ③ ④ ⑤	69	① ② ③ ④ ⑤
10	① ② ③ ④ ⑤	30	① ② ③ ④ ⑤	50	① ② ③ ④ ⑤	70	① ② ③ ④ ⑤
11	① ② ③ ④ ⑤	31	① ② ③ ④ ⑤	51	① ② ③ ④ ⑤	71	① ② ③ ④ ⑤
12	① ② ③ ④ ⑤	32	① ② ③ ④ ⑤	52	① ② ③ ④ ⑤	72	① ② ③ ④ ⑤
13	① ② ③ ④ ⑤	33	① ② ③ ④ ⑤	53	① ② ③ ④ ⑤	73	① ② ③ ④ ⑤
14	① ② ③ ④ ⑤	34	① ② ③ ④ ⑤	54	① ② ③ ④ ⑤	74	① ② ③ ④ ⑤
15	① ② ③ ④ ⑤	35	① ② ③ ④ ⑤	55	① ② ③ ④ ⑤	75	① ② ③ ④ ⑤
16	① ② ③ ④ ⑤	36	① ② ③ ④ ⑤	56	① ② ③ ④ ⑤	76	① ② ③ ④ ⑤
17	① ② ③ ④ ⑤	37	① ② ③ ④ ⑤	57	① ② ③ ④ ⑤	77	① ② ③ ④ ⑤
18	① ② ③ ④ ⑤	38	① ② ③ ④ ⑤	58	① ② ③ ④ ⑤	78	① ② ③ ④ ⑤
19	① ② ③ ④ ⑤	39	① ② ③ ④ ⑤	59	① ② ③ ④ ⑤	79	① ② ③ ④ ⑤
20	① ② ③ ④ ⑤	40	① ② ③ ④ ⑤	60	① ② ③ ④ ⑤	80	① ② ③ ④ ⑤

서울교통공사
Seoul Metro

3회 실전모의고사

감독관
확인란

성명표기란

수험번호

(주민등록 앞자리 생년제외) 월일

수험생 유의사항

※ 답안은 반드시 컴퓨터용 수성사인펜으로 보기와 같이 바르게 표기해야 합니다.
〈보기〉 ① ② ③ ❹ ⑤

※ 성명표기란 위 칸에는 성명을 한글로 쓰고 아래 칸에는 성명을 정확하게 ● 표기하십시오.
(단, 성과 이름은 붙여 씁니다)

※ 수험번호 표기란 위 칸에는 아라비아 숫자로 쓰고 아래 칸에는 숫자와 일치하게 ● 표기하십시오.

※ 출생월일은 반드시 본인 주민등록번호의 생년월일 제외한 월 두 자리, 일 두 자리를 표기하십시오.
(예) 1994년 1월 12일 → 0112

문번	답란
1	① ② ③ ④ ⑤
2	① ② ③ ④ ⑤
3	① ② ③ ④ ⑤
4	① ② ③ ④ ⑤
5	① ② ③ ④ ⑤
6	① ② ③ ④ ⑤
7	① ② ③ ④ ⑤
8	① ② ③ ④ ⑤
9	① ② ③ ④ ⑤
10	① ② ③ ④ ⑤
11	① ② ③ ④ ⑤
12	① ② ③ ④ ⑤
13	① ② ③ ④ ⑤
14	① ② ③ ④ ⑤
15	① ② ③ ④ ⑤
16	① ② ③ ④ ⑤
17	① ② ③ ④ ⑤
18	① ② ③ ④ ⑤
19	① ② ③ ④ ⑤
20	① ② ③ ④ ⑤

문번	답란
21	① ② ③ ④ ⑤
22	① ② ③ ④ ⑤
23	① ② ③ ④ ⑤
24	① ② ③ ④ ⑤
25	① ② ③ ④ ⑤
26	① ② ③ ④ ⑤
27	① ② ③ ④ ⑤
28	① ② ③ ④ ⑤
29	① ② ③ ④ ⑤
30	① ② ③ ④ ⑤
31	① ② ③ ④ ⑤
32	① ② ③ ④ ⑤
33	① ② ③ ④ ⑤
34	① ② ③ ④ ⑤
35	① ② ③ ④ ⑤
36	① ② ③ ④ ⑤
37	① ② ③ ④ ⑤
38	① ② ③ ④ ⑤
39	① ② ③ ④ ⑤
40	① ② ③ ④ ⑤

문번	답란
41	① ② ③ ④ ⑤
42	① ② ③ ④ ⑤
43	① ② ③ ④ ⑤
44	① ② ③ ④ ⑤
45	① ② ③ ④ ⑤
46	① ② ③ ④ ⑤
47	① ② ③ ④ ⑤
48	① ② ③ ④ ⑤
49	① ② ③ ④ ⑤
50	① ② ③ ④ ⑤
51	① ② ③ ④ ⑤
52	① ② ③ ④ ⑤
53	① ② ③ ④ ⑤
54	① ② ③ ④ ⑤
55	① ② ③ ④ ⑤
56	① ② ③ ④ ⑤
57	① ② ③ ④ ⑤
58	① ② ③ ④ ⑤
59	① ② ③ ④ ⑤
60	① ② ③ ④ ⑤

문번	답란
61	① ② ③ ④ ⑤
62	① ② ③ ④ ⑤
63	① ② ③ ④ ⑤
64	① ② ③ ④ ⑤
65	① ② ③ ④ ⑤
66	① ② ③ ④ ⑤
67	① ② ③ ④ ⑤
68	① ② ③ ④ ⑤
69	① ② ③ ④ ⑤
70	① ② ③ ④ ⑤
71	① ② ③ ④ ⑤
72	① ② ③ ④ ⑤
73	① ② ③ ④ ⑤
74	① ② ③ ④ ⑤
75	① ② ③ ④ ⑤
76	① ② ③ ④ ⑤
77	① ② ③ ④ ⑤
78	① ② ③ ④ ⑤
79	① ② ③ ④ ⑤
80	① ② ③ ④ ⑤

잘라서 활용하세요.

서울교통공사
Seoul Metro

4회 실전모의고사

감독관 확인란

성명표기란

수험번호

(주민등록 앞자리 생년제외) 월일

수험생 유의사항

※ 답안은 반드시 컴퓨터용 수성사인펜으로 보기와 같이 바르게 표기해야 합니다.
　〈보기〉 ① ② ③ ● ⑤

※ 성명표기란 위 칸에는 성명을 한글로 쓰고 아래 칸에는 성명을 정확하게 ● 표기하십시오.
　(단, 성과 이름은 붙여 씁니다)

※ 수험번호 표기란 위 칸에는 아라비아 숫자로 쓰고 아래 칸에는 숫자와 일치하게 ● 표기하십시오.

※ 출생월일은 반드시 본인 주민등록번호의 생년을 제외한 월 두 자리, 일 두 자리를 표기하십시오.
　오. (예) 1994년 1월 12일 → 0112

문번	답란	문번	답란	문번	답란	문번	답란
1	① ② ③ ④ ⑤	21	① ② ③ ④ ⑤	41	① ② ③ ④ ⑤	61	① ② ③ ④ ⑤
2	① ② ③ ④ ⑤	22	① ② ③ ④ ⑤	42	① ② ③ ④ ⑤	62	① ② ③ ④ ⑤
3	① ② ③ ④ ⑤	23	① ② ③ ④ ⑤	43	① ② ③ ④ ⑤	63	① ② ③ ④ ⑤
4	① ② ③ ④ ⑤	24	① ② ③ ④ ⑤	44	① ② ③ ④ ⑤	64	① ② ③ ④ ⑤
5	① ② ③ ④ ⑤	25	① ② ③ ④ ⑤	45	① ② ③ ④ ⑤	65	① ② ③ ④ ⑤
6	① ② ③ ④ ⑤	26	① ② ③ ④ ⑤	46	① ② ③ ④ ⑤	66	① ② ③ ④ ⑤
7	① ② ③ ④ ⑤	27	① ② ③ ④ ⑤	47	① ② ③ ④ ⑤	67	① ② ③ ④ ⑤
8	① ② ③ ④ ⑤	28	① ② ③ ④ ⑤	48	① ② ③ ④ ⑤	68	① ② ③ ④ ⑤
9	① ② ③ ④ ⑤	29	① ② ③ ④ ⑤	49	① ② ③ ④ ⑤	69	① ② ③ ④ ⑤
10	① ② ③ ④ ⑤	30	① ② ③ ④ ⑤	50	① ② ③ ④ ⑤	70	① ② ③ ④ ⑤
11	① ② ③ ④ ⑤	31	① ② ③ ④ ⑤	51	① ② ③ ④ ⑤	71	① ② ③ ④ ⑤
12	① ② ③ ④ ⑤	32	① ② ③ ④ ⑤	52	① ② ③ ④ ⑤	72	① ② ③ ④ ⑤
13	① ② ③ ④ ⑤	33	① ② ③ ④ ⑤	53	① ② ③ ④ ⑤	73	① ② ③ ④ ⑤
14	① ② ③ ④ ⑤	34	① ② ③ ④ ⑤	54	① ② ③ ④ ⑤	74	① ② ③ ④ ⑤
15	① ② ③ ④ ⑤	35	① ② ③ ④ ⑤	55	① ② ③ ④ ⑤	75	① ② ③ ④ ⑤
16	① ② ③ ④ ⑤	36	① ② ③ ④ ⑤	56	① ② ③ ④ ⑤	76	① ② ③ ④ ⑤
17	① ② ③ ④ ⑤	37	① ② ③ ④ ⑤	57	① ② ③ ④ ⑤	77	① ② ③ ④ ⑤
18	① ② ③ ④ ⑤	38	① ② ③ ④ ⑤	58	① ② ③ ④ ⑤	78	① ② ③ ④ ⑤
19	① ② ③ ④ ⑤	39	① ② ③ ④ ⑤	59	① ② ③ ④ ⑤	79	① ② ③ ④ ⑤
20	① ② ③ ④ ⑤	40	① ② ③ ④ ⑤	60	① ② ③ ④ ⑤	80	① ② ③ ④ ⑤

서울교통공사
Seoul Metro

5회 실전모의고사

성명표기란

수험번호

감독관 확인란

문번	답란	문번	답란	문번	답란	문번	답란
1	① ② ③ ④ ⑤	21	① ② ③ ④ ⑤	41	① ② ③ ④ ⑤	61	① ② ③ ④ ⑤
2	① ② ③ ④ ⑤	22	① ② ③ ④ ⑤	42	① ② ③ ④ ⑤	62	① ② ③ ④ ⑤
3	① ② ③ ④ ⑤	23	① ② ③ ④ ⑤	43	① ② ③ ④ ⑤	63	① ② ③ ④ ⑤
4	① ② ③ ④ ⑤	24	① ② ③ ④ ⑤	44	① ② ③ ④ ⑤	64	① ② ③ ④ ⑤
5	① ② ③ ④ ⑤	25	① ② ③ ④ ⑤	45	① ② ③ ④ ⑤	65	① ② ③ ④ ⑤
6	① ② ③ ④ ⑤	26	① ② ③ ④ ⑤	46	① ② ③ ④ ⑤	66	① ② ③ ④ ⑤
7	① ② ③ ④ ⑤	27	① ② ③ ④ ⑤	47	① ② ③ ④ ⑤	67	① ② ③ ④ ⑤
8	① ② ③ ④ ⑤	28	① ② ③ ④ ⑤	48	① ② ③ ④ ⑤	68	① ② ③ ④ ⑤
9	① ② ③ ④ ⑤	29	① ② ③ ④ ⑤	49	① ② ③ ④ ⑤	69	① ② ③ ④ ⑤
10	① ② ③ ④ ⑤	30	① ② ③ ④ ⑤	50	① ② ③ ④ ⑤	70	① ② ③ ④ ⑤
11	① ② ③ ④ ⑤	31	① ② ③ ④ ⑤	51	① ② ③ ④ ⑤	71	① ② ③ ④ ⑤
12	① ② ③ ④ ⑤	32	① ② ③ ④ ⑤	52	① ② ③ ④ ⑤	72	① ② ③ ④ ⑤
13	① ② ③ ④ ⑤	33	① ② ③ ④ ⑤	53	① ② ③ ④ ⑤	73	① ② ③ ④ ⑤
14	① ② ③ ④ ⑤	34	① ② ③ ④ ⑤	54	① ② ③ ④ ⑤	74	① ② ③ ④ ⑤
15	① ② ③ ④ ⑤	35	① ② ③ ④ ⑤	55	① ② ③ ④ ⑤	75	① ② ③ ④ ⑤
16	① ② ③ ④ ⑤	36	① ② ③ ④ ⑤	56	① ② ③ ④ ⑤	76	① ② ③ ④ ⑤
17	① ② ③ ④ ⑤	37	① ② ③ ④ ⑤	57	① ② ③ ④ ⑤	77	① ② ③ ④ ⑤
18	① ② ③ ④ ⑤	38	① ② ③ ④ ⑤	58	① ② ③ ④ ⑤	78	① ② ③ ④ ⑤
19	① ② ③ ④ ⑤	39	① ② ③ ④ ⑤	59	① ② ③ ④ ⑤	79	① ② ③ ④ ⑤
20	① ② ③ ④ ⑤	40	① ② ③ ④ ⑤	60	① ② ③ ④ ⑤	80	① ② ③ ④ ⑤

gosinet (주)고시넷

서울교통공사
Seoul Metro

실전모의고사_연습용

성명표기란

수험번호

(주민등록 앞자리 생년제외) 월일

문번	답란	문번	답란	문번	답란	문번	답란
1	① ② ③ ④ ⑤	21	① ② ③ ④ ⑤	41	① ② ③ ④ ⑤	61	① ② ③ ④ ⑤
2	① ② ③ ④ ⑤	22	① ② ③ ④ ⑤	42	① ② ③ ④ ⑤	62	① ② ③ ④ ⑤
3	① ② ③ ④ ⑤	23	① ② ③ ④ ⑤	43	① ② ③ ④ ⑤	63	① ② ③ ④ ⑤
4	① ② ③ ④ ⑤	24	① ② ③ ④ ⑤	44	① ② ③ ④ ⑤	64	① ② ③ ④ ⑤
5	① ② ③ ④ ⑤	25	① ② ③ ④ ⑤	45	① ② ③ ④ ⑤	65	① ② ③ ④ ⑤
6	① ② ③ ④ ⑤	26	① ② ③ ④ ⑤	46	① ② ③ ④ ⑤	66	① ② ③ ④ ⑤
7	① ② ③ ④ ⑤	27	① ② ③ ④ ⑤	47	① ② ③ ④ ⑤	67	① ② ③ ④ ⑤
8	① ② ③ ④ ⑤	28	① ② ③ ④ ⑤	48	① ② ③ ④ ⑤	68	① ② ③ ④ ⑤
9	① ② ③ ④ ⑤	29	① ② ③ ④ ⑤	49	① ② ③ ④ ⑤	69	① ② ③ ④ ⑤
10	① ② ③ ④ ⑤	30	① ② ③ ④ ⑤	50	① ② ③ ④ ⑤	70	① ② ③ ④ ⑤
11	① ② ③ ④ ⑤	31	① ② ③ ④ ⑤	51	① ② ③ ④ ⑤	71	① ② ③ ④ ⑤
12	① ② ③ ④ ⑤	32	① ② ③ ④ ⑤	52	① ② ③ ④ ⑤	72	① ② ③ ④ ⑤
13	① ② ③ ④ ⑤	33	① ② ③ ④ ⑤	53	① ② ③ ④ ⑤	73	① ② ③ ④ ⑤
14	① ② ③ ④ ⑤	34	① ② ③ ④ ⑤	54	① ② ③ ④ ⑤	74	① ② ③ ④ ⑤
15	① ② ③ ④ ⑤	35	① ② ③ ④ ⑤	55	① ② ③ ④ ⑤	75	① ② ③ ④ ⑤
16	① ② ③ ④ ⑤	36	① ② ③ ④ ⑤	56	① ② ③ ④ ⑤	76	① ② ③ ④ ⑤
17	① ② ③ ④ ⑤	37	① ② ③ ④ ⑤	57	① ② ③ ④ ⑤	77	① ② ③ ④ ⑤
18	① ② ③ ④ ⑤	38	① ② ③ ④ ⑤	58	① ② ③ ④ ⑤	78	① ② ③ ④ ⑤
19	① ② ③ ④ ⑤	39	① ② ③ ④ ⑤	59	① ② ③ ④ ⑤	79	① ② ③ ④ ⑤
20	① ② ③ ④ ⑤	40	① ② ③ ④ ⑤	60	① ② ③ ④ ⑤	80	① ② ③ ④ ⑤

고시넷 NCS 2021

서울교통공사

{ 사무 승무 차량 }
{ 전기 궤도 기계 }
{ 건축 승강장안전문 }

오픈 봉투모의고사

[실전모의고사]
[10개영역_80문항/100분_5회 400문항 수록]

정답과 해설

gosinet
(주)고시넷

1회 실전모의고사

문제 | 24쪽

01	⑤	02	③	03	①	04	⑤	05	④
06	①	07	②	08	④	09	③	10	②
11	⑤	12	④	13	③	14	③	15	①
16	①	17	⑤	18	④	19	⑤	20	④
21	⑤	22	①	23	②	24	①	25	④
26	②	27	④	28	⑤	29	②	30	④
31	①	32	③	33	①	34	①	35	⑤
36	②	37	②	38	②	39	③	40	①
41	③	42	①	43	⑤	44	④	45	④
46	④	47	③	48	①	49	⑤	50	③
51	②	52	②	53	④	54	④	55	①
56	⑤	57	④	58	③	59	⑤	60	⑤
61	①	62	②	63	②	64	①	65	④
66	④	67	⑤	68	⑤	69	③	70	③
71	⑤	72	④	73	①	74	②	75	④
76	⑤	77	③	78	④	79	①	80	④

01 문서이해능력 세부 내용 이해하기

|정답| ⑤

|해설| 헬멧캠으로 사고 현장을 영상 중계하는 것은 헬멧이라는 사물에 인터넷 기술이 적용된 사물인터넷(IoT)으로 볼 수 있으며, 화재 상황을 체험할 수 있는 안전체험 콘텐츠는 가상현실(VR)을 기반으로 한 기술 서비스의 사례로 볼 수 있다.

02 문서작성능력 글의 제목 작성하기

|정답| ③

|해설| 기사문의 제목을 작성할 때는 내용을 가장 잘 요약하며, 해당 기업의 홍보 효과도 누릴 수 있는 것이 무엇인지를 살펴보아야 한다. 첫째 문단에서는 조금 더 강화된 안전관리에 대한 내용을, 둘째 문단에서는 사고현장 영상중계와 안전체험에 관한 내용을 서술하고 있으며 마지막 문단에서 회사 사장의 말을 통해 IT 시스템 통합에 관해 언급하고 있다. 이를 통해 첨단 기술을 활용하여 안전관리를 강화하고 있다는 내용이 핵심 내용임을 알 수 있으며, 이를 포괄할 수 있는 적절한 제목은 '서울교통공사, 첨단 기술로 안전관리 강화에 박차를 가하다.'이다.

03 문서작성능력 빈칸 작성하기

|정답| ①

|해설| 필자가 주장하는 핵심 논지는 젊은 시절의 청년 취업은 30대 이후 안정적인 일자리를 찾기 위한 탐색의 의미가 크다고 보는 것이다. 따라서 청년 취업의 특성은 임시적(또는 단기적), 탐색적인 경향이 있다고 판단하는 것이 가장 적절하다.

|오답풀이|

② 학업과 연계되거나 학업을 위한 방편으로서의 취업에 관한 논지는 아니다.

③ 단기적이긴 하나 비정규직의 비중이 큰 임시적 경향이 있는 것이다.

④ 업종별 편중되어 있다는 자료를 제시하고 있지는 않다.

⑤ 주어진 글의 내용과 관계없다.

04 문서작성능력 글의 내용 요약하기

|정답| ⑤

|해설| 글의 전반부에서는 청년 남성과 여성의 취업 관련 각종 지표를 소개하고 있으며, 후반부에서는 그에 따른 분석을 통하여 그러한 지표가 의미하는 바가 무엇인지를 설명하고 있다. 따라서 필자가 주장하는 핵심 논점은 후반부에 나타난 여성 노동시장의 취약성과 그 원인을 분석한 것이라고 할 수 있다. ⑩은 전반부에 소개한 각종 취업 지표상의 남녀 차이에 대한 원인을 가장 단적으로 보여주는 문장이 된다.

05 문서작성능력 글의 서론 작성하기

|정답| ④

|해설| 전체 글의 논점은 청년 니트의 현상을 통해 여성 노동시장의 취약성과 그 원인을 분석해 내는 것이라고 할 수 있다. 따라서 그러한 본론의 논의가 시작되기에 앞서 논의

의 필요성과 어떤 방식으로 논의를 전개해 갈 것인지를 언급하고 있는 ④가 서론으로 가장 적절하다.

| 오답풀이 |

① 단순히 니트의 의미를 설명하고 있으며, 본론에 제시된 논의와의 연관성을 찾아보기 어렵다.

② 청년 니트의 공통적인 문제점을 언급한 것으로 여성 청년 니트가 가진 문제점과 차별성을 논하는 본론을 이끌어 내기에 적절하지 않다.

③ 서론이라기보다 본론의 논점을 이미 언급하며 그에 대한 부연 설명을 하고 있으므로 본론에 속한 한 단락으로 보는 것이 더 적절하다.

⑤ 청년 니트의 개념적인 의미를 언급한 것으로 주어진 본론의 내용을 유도할 수 있는 내용으로 적절하지 않다.

06 문서이해능력 법조문 이해하기

| 정답 | ①

| 해설 | 제9조 제1항 제3호에서 '중대한 지장을 초래한 경우'로 규정하고 있으므로 경미한 지장을 초래한 경우에는 해당 행정처분을 면할 수도 있다.

| 오답풀이 |

② 제9조의3 제2항에서 '검사를 시행하거나 시정조치 등 개선을 위하여 필요한 조치를 명할 수 있다'고 규정하고 있으나, 과징금은 승인 취소나 업무 제한을 갈음하여 부과되는 것이다.

③ 제9조의4 제4항에서 '해당 표시를 제거하게 하는 등 필요한 시정조치를 명할 수 있다.'고 규정하고 있을 뿐, 안전관리체계의 승인 취소가 포함된다고 볼 수 없다.

④ 제9조 제1항 제1호에 해당되어 과징금이 아닌 승인 취소 처분을 받게 된다.

⑤ 제9조의5 제2호에 따라 안전관리체계의 승인이 취소된 자는 철도안전 우수운영자 지정 취소가 되며, 이에 따라 철도안전 우수운영자 표시를 유지할 수 없게 된다.

07 문서이해능력 법조문 적용하기

| 정답 | ②

| 해설 | 제9조의2 제2항에서 '과징금을 부과하는 위반행위의 종류, 과징금의 부과기준 및 징수방법, 그 밖에 필요한

사항은 대통령령으로 정한다.'고 규정하고 있으므로 이는 국토교통부장관의 권한으로 처리할 수 있는 사항이 아니다.

| 오답풀이 |

나머지 선택지는 다음 규정에 의해 국토교통부장관의 권한으로 처리할 수 있다.

① 제9조 제1항 제4호, 제2항

③ 제9조의3 제3항

④ 제9조의4 제3항, 제4항

⑤ 제9조의5 제1항

08 문서이해능력 법조문 적용하기

| 정답 | ④

| 해설 | ㉠ 제9조의3 제2항에서 '제1항에 따른 안전관리 수준평가를 실시한 결과 그 평가결과가 미흡한 철도운영자등에 대하여 시정조치를 명할 수 있다.'고 규정하고 있다.

㉡ 제9조의5 제3호에서 '제9조의4 제5항에 따른 지정기준에 부적합하게 되는 등 그 밖에 국토교통부령으로 정하는 사유가 발생한 경우에는 지정 취소를 할 수 있다.'고 규정하고 있다.

㉢ 제9조의2 제1항에서 '업무의 제한이나 정지가 철도 이용자 등에게 심한 불편을 주거나 그 밖에 공익을 해할 우려가 있는 경우에 업무 제한에 갈음하여 과징금을 부과할 수 있다.'고 규정하고 있다.

㉣ 제9조 제1항에서 언급된 바와 같은 경우에 '승인을 취소하거나 6개월 이내의 기간을 정하여 업무의 제한이나 정지를 명할 수 있다.'고 규정하고 있다.

따라서 순서대로 시정조치, 지정 취소, 과징금 부과, 업무 정지의 행정조치가 취해질 수 있으므로 ④가 적절하다.

09 도표분석능력 최솟값 계산하기

| 정답 | ③

| 해설 | 두 번째 자료를 통해 2020년 1 ～ 6월 누계의 차량 결함에 의한 지연운행 총 건수 76건 중 부품결함이 원인인

건수는 68건인 것을 알 수 있다. 첫 번째 자료에서 만일 일반철도와 도시철도 각각의 차량결함에 의한 지연운행인 29건과 19건이 모두 부품결함이 원인인 것이라고 하더라도 68건 중 나머지인 68−29−19=20(건)은 적어도 고속철도의 부품결함이 원인인 건수가 된다. 따라서 고속철도의 부품결함 최솟값은 20건이다.

10 도표분석능력 자료 이해하기

|정답| ②

|해설| 지연운행의 원인 중 기타를 제외한 세 가지 원인은 차량결함, 시설결함, 인적과실이다. 이 중 1~4월의 발생 건수는 1~6월 누계에서 5월과 6월의 건수를 빼면 알 수 있다. 순서대로 2020년에는 76−15−17=44(건), 21−4−4=13(건), 8−0−1=7(건)이며, 2019년에는 68−23−12=33(건), 33−11−5=17(건), 14−5−5=4(건)이다. 따라서 차량결함과 인적과실의 발생 건수는 2020년이 더 많지만 시설결함은 2019년이 더 많은 것을 알 수 있다.

|오답풀이|

① 2020년 상반기에는 $\frac{28}{45} \times 100 ≒ 62.2(\%)$이며, 2019년 상반기에는 $\frac{31}{47} \times 100 ≒ 66.0(\%)$로 두 해의 상반기 모두 60% 이상이다.

③ 2020년과 2019년의 상반기에 차량결함에 의한 지연운행은 도시철도가 각각 19건, 16건으로 28건, 31건인 고속철도보다 적은 반면, 시설결함에 의한 지연운행은 도시철도가 각각 9건, 18건으로 6건, 8건인 고속철도보다 많은 것을 알 수 있다.

④ 2019년 상반기 차량결함의 원인 68건 중 부품결함이 45건으로 설계/제작결함과 정비소홀을 합한 23건보다 가장 많은 원인이지만, 시설결함의 경우에는 전체 33건 중 부품결함이 14건으로 설계/시공결함과 유지보수미흡을 합한 19건보다 적은 것을 알 수 있다.

⑤ 2020년 6월의 부품결함에 의한 시설결함 건수는 2건으로 같은 기간 전체 운행장애 건수의 $\frac{2}{26} \times 100 ≒ 7.7(\%)$이다.

11 도표작성능력 그래프 작성하기

|정답| ⑤

|해설| 지연운행의 세부 원인별 각 철도의 구성비를 나타내면 다음과 같다.

구분	고속	일반	도시
차량결함	$\frac{28}{76} \times 100$ ≒36.8(%)	$\frac{29}{76} \times 100$ ≒38.2(%)	$\frac{19}{76} \times 100$ =25.0(%)
시설결함	$\frac{6}{21} \times 100$ ≒28.6(%)	$\frac{6}{21} \times 100$ ≒28.6(%)	$\frac{9}{21} \times 100$ ≒42.9(%)
인적과실	$\frac{5}{8} \times 100$ =62.5(%)	$\frac{2}{8} \times 100$ =25.0(%)	$\frac{1}{8} \times 100$ =12.5(%)
기타 (날씨 등)	$\frac{6}{18} \times 100$ ≒33.3(%)	$\frac{2}{18} \times 100$ ≒11.1(%)	$\frac{10}{18} \times 100$ ≒55.6(%)

|오답풀이|

① 고속철도와 일반철도의 수치가 뒤바뀌어 있다.

② '지연운행 세부 원인별 각 철도의 구성비'가 아닌 '철도별 지연운행 세부 원인의 구성비'를 나타낸 그래프이다.

③ 차량결함의 수치와 시설결함의 수치가 뒤바뀌어 있다.

④ 층별 그래프는 대부분 비교 항목의 전체에 해당하는 수치가 동일한 자료를 비교할 때 사용된다. 따라서 가로축과 세로축의 데이터를 바꾸게 되면 각 철도별 네 가지 지연운행 원인 구성비의 합계 수치를 막대의 높낮이 차이로 나타내는 것이 무의미해진다.

12 도표작성능력 빈칸에 들어갈 수치 작성하기

|정답| ④

|해설| 〈연도별 철도차량 정비, 조달 인력현황〉에 나타난 모든 수치는 전년도 인원에서 해당 연도의 추가, 교체, 감축을 반영한 이후의 수치이다. ㉠은 20X2년의 정비 인력에 20X3년의 추가, 교체, 감축 인원을 반영한 값이므로 477+37−3=511(명)이 된다. ㉡은 20X2년의 추가 인원에 해당하므로 451+㉡−13=477이 성립하며, 따라서 ㉡은 39명이 된다.

13 도표분석능력 자료 이해하기

|정답| ③

|해설| 조달의 교체 인력은 20X4년까지 매년 증가하다가 20X5년과 20X7년에 전년보다 감소하였다.

|오답풀이|

① 67−6=61(명)으로 20X7년의 값이 가장 크다.

② 20X6년의 정비 인력 중 교체된 정비 인력의 비중은 $\frac{315}{631} \times 100 ≒ 49.9(\%)$로 20X0~20X7년 중 그 비중이 가장 크다.

④ 정비와 조달 모두에서 추가보다 감축 인력이 더 많은 해는 없는 것을 알 수 있다.

⑤ $\frac{692-417}{417} \times 100 ≒ 65.9(\%)$이다.

14 도표분석능력 수치 계산하기

|정답| ③

|해설| 서울시 전체가 아닌 자료에 제시된 10개의 행정구에 대한 1개 구당 평균 행정동의 개수를 묻고 있으므로 주어진 10개 구의 행정동 수를 모두 더하여 10으로 나누면 199÷10=19.9(개)이다.

15 도표분석능력 자료 이해하기

|정답| ①

|해설| 세대수 상위 3개 지역은 P구, G구, S구이며, 행정동 수 상위 3개 지역은 P구, N구, G구이다. 따라서 서로 동일하지 않다.

|오답풀이|

② P구가 S구보다 인구수는 더 많은 데 비해 면적이 더 좁으므로 인구밀도가 더 높다.

③ G구를 제외한 나머지 지역에서는 모두 여자 인구가 남자 인구보다 더 많다.

④ 9,729,107÷605.24≒16,075(명)이므로 서울시에는 km² 당 16,000명 이상이 거주한다.

⑤ 세대수를 행정동 수로 나누어 계산할 수 있으며, 세대수의 앞 두세 자리 수치만을 행정동 수치와 비교해도

1만 세대 이하인 구는 Y구, B구, C구인 것을 알 수 있다. 따라서 세 개 구에 대한 수치만 확인하면 되며, 이때 C구는 Y구와 동일한 행정동 수를 가졌으나 세대수가 Y구보다 적으므로 결국 B구와 C구만 비교하는 것으로 정답을 찾을 수 있다. B구의 1개 행정동당 평균 세대수는 $\frac{192,592}{20}=9629.6$(세대)이고, C구의 1개 행정동당 평균 세대수는 $\frac{173,199}{18} ≒ 9622.2$(세대)이므로 C구가 가장 적다.

16 도표작성능력 그래프 작성하기

|정답| ①

|해설| 선택지를 보면 수치가 주어져 있지 않은 그래프이므로 그래프를 통하여 각 구별 대소 관계를 올바르게 비교할 수만 있으면 된다. 각 구별 인구밀도는 다음과 같다.

P구	S구	N구	W구	G구
19,958	14,281	13,802	15,037	16,912
E구	Y구	B구	K구	C구
16,157	26,316	18,016	17,734	9,170

따라서 적절한 그래프는 ①이다.

17 사고력 진위 추론하기

|정답| ⑤

|해설| 진술 두 개 중 하나는 진실, 하나는 거짓이므로 우선 유정이의 진술 하나를 진실이나 거짓인 경우로 나누어 결과를 도출한다.

1) 유정이가 보를 낸 경우

유정이가 보를 낸 경우 수연이는 가위는 내지 않았고, 수연이가 가위를 내지 않았다면 세아는 보를 냈다. 하지만 이 경우 세아의 진술에 따라 수연이는 가위를 낸 것이 되므로 진술이 상충한다.

2) 유정이가 보를 내지 않은 경우

수연이는 가위, 세아는 보도 가위도 내지 않아 바위를 내게 된다. 도연과 루아의 진술에 따라 다음의 세 가지 경우가 도출된다.

ⅰ) 도연이가 가위를 낸 경우

구분	첫 번째 진술	두 번째 진술	결과
유정	나는 보를 냈다. 거짓	수연이는 가위를 냈다. 진실	가위
수연	나는 가위를 냈다. 진실	세이는 보를 냈다. 거짓	가위
도연	나는 가위를 냈다. 진실	유정이는 바위를 냈다. 거짓	가위
세이	나는 가위를 냈다. 거짓	수연이는 가위를 냈다. 진실	바위
루아	나는 보를 냈다. 진실	도연이는 바위를 냈다. 거짓	보

ⅱ) 도연이가 가위를 내지 않고, 루아가 보를 낸 경우

구분	첫 번째 진술	두 번째 진술	결과
유정	나는 보를 냈다. 거짓	수연이는 가위를 냈다. 진실	바위
수연	나는 가위를 냈다. 진실	세이는 보를 냈다. 거짓	가위
도연	나는 가위를 냈다. 거짓	유정이는 바위를 냈다. 진실	보
세이	나는 가위를 냈다. 거짓	수연이는 가위를 냈다. 진실	바위
루아	나는 보를 냈다. 진실	도연이는 바위를 냈다. 거짓	보

ⅲ) 도연이가 가위를 내지 않고, 루아가 보를 내지 않은 경우

구분	첫 번째 진술	두 번째 진술	결과
유정	나는 보를 냈다. 거짓	수연이는 가위를 냈다. 진실	바위
수연	나는 가위를 냈다. 진실	세이는 보를 냈다. 거짓	가위
도연	나는 가위를 냈다. 거짓	유정이는 바위를 냈다. 진실	바위
세이	나는 가위를 냈다. 거짓	수연이는 가위를 냈다. 진실	바위
루아	나는 보를 냈다. 거짓	도연이는 바위를 냈다. 진실	가위 또는 바위

따라서 어떠한 경우에도 수연이는 가위, 세이는 바위이므로 반드시 진실인 것은 ⑤이다.

---

18 문제처리능력 연구개발사업 이해하기

| 정답 | ④

| 해설 | 2세부과제는 철도인프라 BIM 설계 생산성 향상 및 품질관리 기술 개발을 위하여 정보관리 시스템, 전자납품 체계, 품질관리 자동화 기술 등의 개발을 과제로 삼고 있으므로 이는 철도인프라 BIM 기술의 고도화를 목표로 하는 것으로 판단할 수 있다.

| 오답풀이 |

① 3차 사업 이후로는 배정된 연구비가 증가하지 않는 것을 알 수 있다.

② 정부의 사업비용은 명시되어 있으나, 민간의 사업비용은 정해지지 않았으므로 정부가 민간보다 더 많이 부담한다고 단정할 수는 없다.

③ '기대효과'에서는 사업에 따른 성과물의 수출과 철도 수주 경쟁력을 증대하는 것을 예상하고 있으므로 해외로부터 부품을 발굴하거나 국내 도입 효과를 기대하는 사업은 아니다.

⑤ 3세부과제는 철도인프라 BIM 기반 지능형 안전 시공 및 준공 기술, 유지관리 연계 기술 개발 등 안전 및 유지관리 기술을 주 내용으로 하고 있으므로 발주 및 계획 절차의 개선을 목표로 하는 것은 아니다.

19 문제처리능력 사업의 세부과제 이해하기

| 정답 | ⑤

| 해설 | 유관기관 간 유사 시스템 중복성 검토 및 연계 방안을 모색하는 것은 정보관리 시스템 개발을 통해 이루어질 수 있는 과제이므로 2세부과제(2−1)에 해당하는 내용이 된다.

| 오답풀이 |

① 1세부과제는 통합관리 시스템 구축 및 운영기술 개발을 골자로 하고 있으므로 계획, 설계, 시공 등에 관한 표준 과업지시서 제작은 전체 사업운영에 필요한 내용이라고 볼 수 있다.

② 디지털모델 전자납품체계 기술 개발에 관한 것이므로 2세부과제의 적절한 내용이라고 볼 수 있다.

③ 품질관리 자동화 기술 개발에 관한 것이므로 2세부과제의 적절한 내용이라고 볼 수 있다.

④ IT 기술 기반의 철도인프라 BIM 시공단계 작업 안전성 확보 기술에 관한 것이므로 3세부과제의 적절한 내용이라고 볼 수 있다.

20 문제처리능력 **사업 구조도 그리기**

| 정답 | ④

| 해설 | 주어진 개발 사업을 요약한 내용은 개요를 통해 이해할 수 있다.

발주(계획) 단계부터 설계, 시공, 운영, 유지관리까지를 통합 운영하는 체계를 구축하여 현장 실증을 하고자 하는 것이 사업의 목적이다. 또한 발주, 설계, 시공은 선행과제에서 개발이 되었으며, 본 사업에서는 이를 고도화하고 운영 및 유지보수 단계까지 연계되도록 하는 것이 전체 사업을 요약한 내용이다.

따라서 이에 맞는 적절한 그림은 선택지 ④와 같은 것을 알 수 있다.

21 문제처리능력 **자료 보고 이해하기**

| 정답 | ⑤

| 해설 | 〈경력환산표〉에 따른 경력환산율 적용은 경력 기간을 환산할 때의 구분 기준이며, 관련 또는 유사 업무분야 박사학위소지자에 대하여는 일괄적으로 5점이 부여된다.

| 오답풀이 |

① 제23조 제1항에 따라 경력환산표 적용이 부적합한 경우 인사위원회 심의로 적용 기준이 달라질 수도 있다.

② 2년 군 복무자와 동일 직종에서 2년 근무한 군 면제자는 모두 2점을 부여받는다.

③ 1년당 1점이 부여되어 총 3점이 된다.

④ 시간강사의 경우 1년당 1점의 최대 80%가 적용되므로 2년이면 최대 1.6점을 부여받는다.

22 문제처리능력 **자료를 참고하여 점수 산정하기**

| 정답 | ①

| 해설 | • A : 석사 3점, 8시간 시간강사 3년 1.5점, 군 복무 2점, 유사업무 근무 0.8점 → 총 7.3점

• B : 박사 5점, 동일업무 2년 2점, 업무 무관 분야 2년 1점 → 총 8점

23 문제처리능력 **일자리 안정자금 지원 기준 이해하기**

| 정답 | ②

| 해설 | A : 30인 미만 고용사업주는 아니지만 업종이 공동주택 경비이므로 20X8년, 20X9년 모두 지원대상이다.

B : 30인 미만 고용사업주가 아니므로 20X8년, 20X9년 모두 지원대상이 아니다.

C : 30인 미만 고용사업주가 아니므로 20X8년엔 지원대상이 아니지만, 20X9년엔 노인돌봄서비스제공기관에 해당되어 지원대상이다.

D : 30인 미만 고용사업주가 아니므로 20X8년엔 지원대상이 아니지만, 20X9년엔 55세 이상 고령자를 고용하고 있는 경우에 해당되어 지원대상이다.

E, I : 30인 미만 고용사업주이므로 20X8년, 20X9년 모두 지원대상이다.

F : 30인 미만 고용사업주이지만 국가로부터 인건비 재정 지원을 받고 있으므로 20X8년, 20X9년 모두 지원대상이 아니다.

G : 30인 미만 고용사업주가 아니므로 20X8년엔 지원대상이 아니지만, 20X9년엔 사회적기업에 해당되어 지원대상이다.

H : 30인 미만 고용사업주이지만 고소득 사업주이므로 20X8년, 20X9년 모두 지원대상이 아니다.

J : 30인 미만 고용사업주이지만 임금체불 명단 공개 중인 사업주이므로 20X8년, 20X9년 모두 지원대상이 아니다.

K : 30인 미만 고용사업주는 아니지만 업종이 공동주택 청소이므로 20X8년, 20X9년 모두 지원대상이다.

따라서 20X8년 대비 20X9년에 새롭게 지원대상 기업이 될 수 있는 사업주는 C, D, G로 3개이다.

24 문제처리능력 **지원금 계산하기**

| 정답 | ①

| 해설 | 〈자료 2〉에서 월평균 보수액을 월평균 근로시간으로 나눈 금액이 20X9년 최저임금(8,350원)보다 적은 근로

자가 있는 사업장은 지원이 불가능하다고 명시되어 있다. 최○○의 20X9년 월평균 보수액은 1,650,000원, 월평균 근로시간은 209시간이므로 $\frac{1,650,000}{209} ≒ 7,895$(원)이 되어 지원이 불가능하다.

25 경력개발능력 진로탄력성 이해하기

| 정답 | ④

| 해설 | 진로탄력적인 사람은 진로 장애물을 경험하거나 자신의 진로에서 부정적인 사건을 겪을 때 보다 효과적으로 대처한다.

26 자아인식능력 조해리의 창 이해하기

| 정답 | ②

| 해설 | 조해리의 창은 자신과 다른 사람이 바라보는 두 가지 관점을 통해 파악하는 자기 인식 모델이다. ㉠은 공개된 자아, ㉡은 눈먼 자아, ㉢은 숨겨진 자아, ㉣은 아무도 모르는 자아에 해당한다. 자료에서 상대방이 깨닫지 못한 장점을 말해 준다 했으므로 나는 모르지만 타인이 아는 나에 속하는 ㉡ 눈먼 자아가 가장 적합하다.

27 경력개발능력 경력개발계획 수립하기

| 정답 | ④

| 해설 | 입사 3년 차 사원이 승진누락의 이유를 이제서야 알았다는 것은 그의 경력개발 계획이 잘못됐거나 지금껏 계획을 세우지 않았다는 것이 된다. 따라서 경력개발 성취도가 가장 낮은 사람은 D 사원이다.

28 자기관리능력 자기개발의 방해요인 찾기

| 정답 | ⑤

| 해설 | 생활비도 빠듯하다는 정 대리의 말을 통해 재정적인 문제가 자기개발을 방해하고 있음을 알 수 있다.

29 자기관리능력 워라밸로 인한 변화 파악하기

| 정답 | ②

| 해설 | 채용절차에서 AI 기술을 도입한 것은 채용 업무 처리의 효율성을 높이고 채용 과정에서 발생할 수 있는 불공정성·비리 문제를 방지하기 위한 것으로 워라밸과는 관련이 없다.

30 자기개발능력 자기개발 구성요소 이해하기

| 정답 | ④

| 해설 | 자기개발을 이루는 구성요소와 이를 실행하기 위해 자신이 해야 될 일이나 궁금한 사항은 다음과 같다.

ㄱ. 자아인식은 직업생활과 관련하여 자신의 가치, 신념, 흥미, 적성, 성격 등 자신이 누구인지를 아는 것으로, 이 과정에서는 '업무수행에서 나의 장·단점은?', '나의 직업흥미는?', '나의 적성은?' 등의 질문을 제시할 수 있다.

ㄴ. 자기관리는 자신을 이해하고, 목표성취를 위해 자신의 행동 및 업무수행을 관리하고 조정하는 것으로, 이 과정에서는 '업무의 생산성을 높이기 위해서는 어떻게 해야 할까?', '다른 사람과의 대인관계를 향상시키기 위한 방법은?', '자기관리 계획은 어떻게 수립하는 것일까?' 등의 질문을 제시할 수 있다.

ㄷ. 경력개발은 개인의 일과 관련된 경험에서 목표와 전략을 수립하고 실행하며 피드백하는 과정으로, 이 과정에서는 '내가 설계하는 나의 경력은?', '나는 언제쯤 승진을 하고, 퇴직을 하게 될까?', '경력개발과 관련된 최근 이슈는 어떤 것이 있을까?' 등의 질문을 제시할 수 있다.

따라서 올바르게 짝지어지지 않은 것은 ④이다.

31 자기관리능력 직무 스트레스 대응 전략 이해하기

| 정답 | ①

| 해설 | 직장환경 개선을 통해 스트레스를 줄이는 것은 조직 차원의 관리 전략이다.

보충 플러스+

직무 스트레스 대응 전략
(1) 조직 차원의 관리
　① 관리감독자의 부하직원 대하기
　　• 평상시와는 다른 부하직원에 대한 파악과 대응
　　• 부하직원과의 상담에 대한 대응
　　• 정신적 불건강에 빠진 부하직원의 직장복귀 지원
　② 직장환경 개선을 통한 스트레스 줄이기
(2) 개인 차원의 관리
　① 스트레스 인지하기
　② 스트레스와 친해지기
　　• 자신에게 맞는 이완방법 익히기(스트레칭 등)
　　• 규칙적인 생활을 하고 수면을 충분히 취하기
　　• 가능한 한 편안한 환경 만들기
　　• 일과 관계없는 취미 가지기
　　• 친한 사람들과 교류하는 시간 가지기 등
　③ 자발적인 건강 상담하기

32 　자아인식능력　 매슬로우의 욕구 5단계 이론 이해하기

| 정답 | ③

| 해설 | ㉠, (라)는 생리적 욕구, ㉡, (나)는 안전 욕구, ㉢, (가)는 사회적 욕구, ㉣, (다)는 존경 욕구, ㉤, (마)는 자아실현 욕구이다.

33 　리더십능력　 코칭 과정 파악하기

| 정답 | ①

| 해설 | 코칭의 과정은 다음과 같다.

소요시간, 목표를 밝힘 → 핵심적 질문 → 적극적 경청 → 반응을 이해, 인정 → 스스로 해결책을 찾도록 유도 → 코칭 과정을 반복 → 인정할 일에 대한 인정 → 결과에 대한 후속작업

따라서 ①이 가장 적절한 순서이다.

34 　팀워크능력　 효과적인 팀의 특징 파악하기

| 정답 | ①

| 해설 | ㉠ 효과적인 팀은 '최적 생산성'이라는 목표를 공유하고 결과에 초점을 맞춘다.

㉡ 팀원들은 명확하게 기술된 사명과 목표를 공유함으로써 팀에 헌신하게 된다.

| 오답풀이 |

㉢ 효과적인 팀은 역할과 책임을 명료화하여 시대에 따라 계속 변화하는 요구와 목표, 첨단 기술에 뒤처지지 않도록 노력한다.

㉣ 효과적인 팀은 팀원 간에 리더십 역할을 공유하여 팀원 모두에게 리더로서 능력을 발휘할 기회를 제공한다.

35 　대인관계능력　 대인관계 향상방법 이해하기

| 정답 | ⑤

| 해설 | 대인관계 능력을 향상시키기 위해서는 상대방의 말에 대한 경청을 넘어 이해와 사소한 일에 대해 관심을 갖도록 노력해야 한다.

| 오답풀이 |

④ 일의 결과, 혹은 상대방이나 자기 자신에 대한 기대를 명확히 하고 기대하는 정도를 서로 공유함으로서 대인관계능력을 향상시킬 수 있다.

36 　협상능력　 사례의 협상전략 파악하기

| 정답 | ②

| 해설 | 유화전략은 자신이 손해를 보더라도 상대방의 의견을 일방적으로 수용하여 협상의 가능성을 높이는 전략이다. 이는 인간관계 유지를 선호할 때 사용하는 전략으로 이후의 협상이 수월해지는 장점이 있다.

37 　리더십능력　 관리자의 특징 파악하기

| 정답 | ②

| 해설 | 관리자(manager)는 리더(leader)와는 상반되게 기계적·유지지향적이고 상황에 수동적이다. 위험을 회피하고 오늘에 초점을 맞추며 '무엇을 할까'보다는 '어떻게 할까'를 생각한다.

38 팀워크능력 감정은행 계좌 저축하기

| 정답 | ②

| 해설 | ㄱ. '약속의 이행'에 따라 적절한 저축 방법이다.

ㄹ. '언행일치'에 따라 적절한 저축 방법이다.

| 오답풀이 |

ㄴ. '진지한 사과'에 반하는 행동이다.

ㄷ. '상대방에 대한 이해와 관심'에 반하는 행동이다.

ㅁ. '기대의 명확화'에 반하는 행동이다.

39 리더십능력 리더십의 의미와 유형 파악하기

| 정답 | ③

| 해설 | 직원회의에서 팀장은 그 날의 협의내용에 대한 개요 자료를 부하직원들에게 나누어 주고, 직원들은 자신의 의견을 자유롭게 제시하고 그 과정에서 완전히 새로운 안을 제시할 수도 있다는 점에서 민주주의에 근접한 유형이라고 볼 수 있다. 이러한 부하직원들의 생각에 리더가 동의하거나 거부할 권한이 있다는 점은 독재자 유형과 비슷하나, 리더는 그룹에 정보를 잘 전달하려고 노력하고 전체 그룹의 구성원 모두를 목표방향 설정에 참여하게 한다는 점에서 독재자 유형의 리더십보다 관대한 편이다.

40 리더십능력 리더십의 유형 파악하기

| 정답 | ①

| 해설 | ㉠과 같이 집단이 통제 없이 방만한 상태에 있을 때 혹은 가시적인 성과물이 보이지 않는 경우에는 대부분의 정보와 그에 따른 권한 역시 리더에게 집중되어 있는 독재자 유형이 적절하다. 파트너십 유형의 리더십은 리더와 집단 구성원 사이에 명확한 구분이 희미하고, 리더가 조직의 한 구성원이 되기도 하므로 소규모 조직 내에 적합하다. 따라서 ㉡에는 파트너십 유형이 들어가야 한다. 민주주의에 근접한 유형의 리더는 리더와 구성원 간 구분이 있되, 독재자 유형의 경우보다는 관대한 유형에 속하고, 그룹에 정보를 잘 전달하려고 노력하며 전체 그룹의 구성원 모두를 목표방향 설정에 참여하게 함으로써 구성원들에게 확신을 심어 주려고 노력하므로 ㉢에 적절하다.

41 물적자원관리능력 제품 블라인드 테스트 분석하기

| 정답 | ③

| 해설 | 각 테스트의 합계 인원수를 구해 보면 다음과 같다.

〈첫째 날〉

2차 선택 1차 선택	A	B	C	D	E	합계
A	25	20	15	42	15	117
B	14	24	45	35	26	144
C	15	25	16	25	20	101
D	22	26	32	16	46	142
E	25	15	28	18	10	96
합계	101	110	136	136	117	600

〈둘째 날〉

2차 선택 1차 선택	A	B	C	D	E	합계
A	12	10	62	18	18	120
B	44	8	10	45	22	129
C	52	14	12	25	16	119
D	10	48	10	18	8	94
E	24	20	22	14	58	138
합계	142	100	116	120	122	600

따라서 둘째 날 1차 선택에서 D 샘플을 선호한 사람은 94명으로 100명 이하이다.

| 오답풀이 |

① 첫째 날 1차 선택 시의 B 샘플이 144명이 선택하여 가장 많은 사람들이 선호한 샘플이다.

② 첫째 날 C, E 샘플은 101 → 136명, 96 → 117명으로 선호도가 높아졌다.

④ 둘째 날 A, D 샘플은 120 → 142명, 94 → 120명으로 선호도가 높아졌다.

⑤ 첫째 날 1, 2차 선택에서 동일한 샘플을 선택한 사람은 25명인 A 샘플이 가장 많으며, 둘째 날은 58명인 E 샘플이 가장 많다.

42 물적자원관리능력 제품 블라인드 테스트 분석하기

| 정답 | ③

| 해설 | **41**의 해설을 참고하면 C 샘플은 1차 선택에서 101 명이었으나, 2차 선택에서 136명으로 35명이 증가하여 가 장 많은 선호 인원 변동을 보인다.

43 물적자원관리능력 제품 블라인드 테스트 분석하기

| 정답 | ⑤

| 해설 | **41**의 해설을 참고하면 1차 선택 시 특정 샘플을 선 호했던 사람 중 2차 선택에서도 동일 샘플을 선호한 사람의 비중은 특정 샘플의 1차 선택 시 전체 선호 인원수에 대한 2차 선택 시의 선호 인원수의 비중이므로 각 샘플별로 다음 과 같이 계산할 수 있다.

- A 샘플 : $\dfrac{12}{120} \times 100 = 10.0(\%)$

- B 샘플 : $\dfrac{8}{129} \times 100 \fallingdotseq 6.2(\%)$

- C 샘플 : $\dfrac{12}{119} \times 100 \fallingdotseq 10.1(\%)$

- D 샘플 : $\dfrac{18}{94} \times 100 \fallingdotseq 19.1(\%)$

- E 샘플 : $\dfrac{58}{138} \times 100 \fallingdotseq 42.0(\%)$

따라서 동일 샘플을 선호한 사람의 비중이 가장 큰 샘플은 E 샘플이다.

44 물적자원관리능력 제품 블라인드 테스트 분석하기

| 정답 | ④

| 해설 | **41**의 해설을 참고하면 첫째 날 2차 선택에서 A ~ E 샘플 순서대로 101명, 110명, 136명, 136명, 117명이 선 호를 나타냈으며, 둘째 날 1차 선택에서 각각 120명, 129 명, 119명, 94명, 138명으로 바뀌어 A, B, E 샘플에서 인 원이 더 많아진 것을 확인할 수 있다.

45 물적자원관리능력 제품 블라인드 테스트 분석하기

| 정답 | ④

| 해설 | **41**의 해설을 참고하면 각 샘플별로 둘째 날 1차와 2차 선택의 선호 인원 변동은 다음과 같다.

- A 샘플 : 120명 → 142명, +22명
- B 샘플 : 129명 → 100명, −29명
- C 샘플 : 119명 → 116명, −3명
- D 샘플 : 94명 → 120명, +26명
- E 샘플 : 138명 → 122명, −16명

따라서 둘째 날 1차 선택 대비 2차 선택의 선호인원 증가 수가 가장 많은 샘플을 선정하는 경우에는 D 샘플이 선정 된다.

| 오답풀이 |

① 네 차례 선택의 총 선호 인원을 계산하면 다음과 같다.

- A 샘플 : 117+101+120+142=480(명)
- B 샘플 : 144+110+129+100=483(명)
- C 샘플 : 101+136+119+116=472(명)
- D 샘플 : 142+136+94+120=492(명)
- E 샘플 : 96+117+138+122=473(명)

따라서 총 선호인원으로 샘플을 선정하는 경우 D 샘플 이 선정된다.

② A ~ E 샘플의 둘째 날 2차 선택의 선호 인원은 각각 142명, 100명, 116명, 120명, 122명으로 A 샘플을 선 정해야 한다.

③ 변동폭이 작다는 것은 최대 선호 인원과 최소 선호 인원 의 수 차이가 가장 적은 것을 의미하므로 이를 샘플별로 확인해 보면 순서대로 각각 142−101=41(명), 144− 100=44(명), 136−101=35(명), 142−94=48(명), 138 −96=42(명)이 된다. 따라서 C 샘플의 변동폭이 가장 작으므로 C 샘플이 선정된다.

⑤ 첫째 날 1차 선택에서 E 샘플을 선택한 사람은 96명이 며, 둘째 날 1차 선택에서 D 샘플을 선택한 사람은 94 명이므로 D와 E 샘플을 제외해야 한다.

46 시간관리능력 근무 계획 수립하기

| 정답 | ②

| 해설 | 주어진 조건에 따라 7월의 CS1팀/2팀 근무자를 정 리하면 다음과 같다.

일	월	화	수	목	금	토
				1 조/홍	2 송/정	3 남/윤
4 김/임	5 이/권	6 최/박	7 조/서	8 송/홍	9 남/정	10 김/윤
11 이/임	12 최/권	13 조/박	14 송/서	15 남/홍	16 김/정	17 이/윤
18 최/임	19 조/권	20 송/박	21 남/서	공사일		24 김/홍
25 이/정	26 최/윤	27 조/임	28 송/권	29 남/박	30 김/서	31 이/홍

따라서 조 과장과 윤 사원은 7월에 함께 야간 프런트 근무를 서는 조가 아니다.

| 오답풀이 |

① 7월 6일 근무 조이다.

③ 7월 9일 근무 조이다.

④ 7월 20일 근무 조이다.

⑤ 7월 27일 근무 조이다.

47 시간관리능력 근무 계획 수립하기

| 정답 | ③

| 해설 | 46의 해설을 참고하면 7월 31일에는 이 과장과 홍 사원이 근무를 선다. 따라서 8월 1일은 최 사원과 정 사원이 근무를 서며, 이에 따라 8월의 근무자를 정리하면 다음과 같다.

일	월	화	수	목	금	토
1 최/정	2 조/윤	3 송/임	4 남/권	5 김/박	6 이/서	7 최/홍
8 조/정	공사일		11 송/윤	12 남/임	13 김/권	14 이/박
15 최/서	16 조/홍	17 송/정	18 남/윤	19 김/임	20 이/권	21 최/박
22 조/서	23 송/홍	24 남/정	25 김/윤	26 이/임	27 최/권	28 조/박
29 송/서	30 남/홍	31 김/정				

따라서 휴가철 마지막 날인 8월 31일에 야간 프런트 근무를 서는 사람은 김 대리와 정 사원이다.

48 시간관리능력 근무 계획 수립하기

| 정답 | ①

| 해설 | (라) 근무 기간 중 공사일은 총 4일이다. 따라서 내부 공사를 하지 않는다면 CS2팀의 마지막 날 근무자인 정 사원 이후 4명이 더 근무를 서게 되어 윤 사원, 임 대리, 권 대리, 박 과장의 근무 횟수가 1회씩 추가된다. 그러므로 서 대리의 근무 횟수에는 변동이 없다.

| 오답풀이 |

(가) 남 대리는 일요일에 근무를 한 번도 서지 않는다.

(나) 6명과 7명이 돌아가며 근무 조로 편성되므로 42일에 한 번씩 동일한 사람이 근무 조가 된다. 따라서 같은 달에는 동일한 두 사람이 다시 같은 조가 되어 근무를 서는 날이 없다.

(다) 7월과 8월 달력에서 확인한 바와 같이 CS2팀 7명은 모두 일주일 중 최대 3개 요일에 근무를 서게 되며, 4개 요일에 근무를 서는 사람은 없다.

49 정보처리능력 학번부여 방식 파악하기

| 정답 | ③

| 해설 | '2020년 신입생'은 2020로 시작하는 학번, '여학생'은 성별 코드 2이므로 20202로 시작하는 학생을 찾아야 한다. 따라서 2020년 신입생 중 여학생은 7, 17, 19, 28, 33, 35, 39, 49로 8명이다.

50 정보처리능력 학번부여 방식 파악하기

| 정답 | ③

| 해설 | '서울'은 출신지 코드 2, '상경대' 대학 코드는 76이다. 따라서 서울 출신 상경대 학생은 22, 46으로 2명이다.

51 정보처리능력 시스템 오류 이해하기

| 정답 | ②

| 해설 | 5는 12에 포함되지 않고 2는 20에 포함되며 7은 91에 포함되지 않으므로 error value는 각각 1, 2, 1이다. File system type이 COP이므로 FEV는 002이다. Label backup이 D이므로 Correcting value 802CT의 두 배인

1604CT를 Correcting value로 사용하고, 문자는 없는 것으로 취급한다. FEV 002가 1604CT에 일부 포함되므로 시스템 상태는 경계이다. 문자가 포함되지 않으므로 코드 cldn35를 입력한다.

52 정보처리능력 시스템 오류 이해하기

| 정답 | ②

| 해설 | 3은 3에 포함되고, 2는 22에 포함되며 7은 37에 포함되므로 error value는 각각 3, 2, 7이다. File system type이 ATO이므로 FEV는 012이다. Label backup이 Q이므로 Correcting value 851을 그대로 사용한다. FEV 012가 851에 일부 포함되므로 시스템 상태는 경계이다. 문자는 존재하지 않으므로 코드 cldn35를 입력한다.

53 정보처리능력 시스템 오류 이해하기

| 정답 | ④

| 해설 | 3은 13에 포함되고, 7은 29에 포함되지 않으며 5는 45에 포함되므로 error value는 각각 3, 1, 5이다. File system type이 ATO이므로 FEV는 009이다. Label backup이 D이므로 Correcting value 7412의 두 배인 14824를 Correcting value로 사용한다. FEV 009가 14824에 전혀 포함되지 않으므로 시스템 상태는 위험이다. 따라서 코드 shdnsys를 입력한다.

54 정보처리능력 시스템 오류 이해하기

| 정답 | ④

| 해설 | 27은 45에 포함되지 않고, 9는 28에 포함되지 않으며 4는 34에 포함되므로 error value는 각각 1, 1, 4이다. File system type이 ATO이므로 FEV는 006이다. Label backup이 D이므로 Correcting value 424GM의 두 배인 848GM을 Correcting value로 사용하고 문자는 없는 것으로 취급한다. FEV 006이 848에 포함되지 않으므로 시스템 상태는 위험이다. 따라서 코드 shdnsys를 입력한다.

55 정보처리능력 시스템 오류 이해하기

| 정답 | ①

| 해설 | 99는 23에 포함되지 않고 88의 8은 89에 포함되며 7은 25에 포함되지 않으므로 error value는 각각 1, 8, 1이다. File system type이 COP이므로 FEV는 008이다. Label backup이 Q이므로 Correcting value 1810Q를 그대로 사용한다. FEV 008이 1810Q에 모두 포함되므로 시스템 상태는 안전이다. 따라서 코드 resrv17을 입력한다.

56 컴퓨터활용능력 통합 기능 사용하기

| 정답 | ⑤

| 해설 | 데이터 통합 시 통합 결과가 표시되는 영역을 블록으로 지정한 후 [데이터]-[통합]을 선택해야 한다. [B11: D16] 영역이 이에 해당한다.

| 오답풀이 |

①, ② [통합] 대화상자에서 사용할 함수로 '합계'를 선택해야 한다.

③ 사용할 레이블에 모두 체크해야 한다.

57 기술선택능력 기계시설점검표 이해하기

| 정답 | ④

| 해설 | 9월 16일에는 총 점검항목이 8개이므로 9월의 모든 점검일의 최소 점검항목이 9개인 것은 아니다.

| 오답풀이 |

① 동일한 점검항목은 '균열 여부 파악'으로 이에 해당되는 구성성분은 펌프, 배수펌프, 물탱크, 건물 내부로 4개이다.

② 9월 4일에 점검을 실시한 점검항목은 저수조 누수상태 확인, 배수펌프 균열 여부 파악, 스트레이너 청소 상태, 유압장치 청결상태 확인, 유압 게이지 확인, 물탱크 소독약 투여, 건물 내부 균열 여부 파악, 건물 외부 보행자 도로 확보, 수목보호로 총 9개이다.

③ 스트레이너 청소 상태와 보행자 도로 확보는 매 4일마다 점검해야 하는 항목이다.

⑤ 펌프실에는 저수조 3개, 펌프 1개로 모두 4개의 점검항목이 있으며, 물탱크실 역시 4개의 점검항목이 있는 것을 알 수 있다.

58 기술선택능력 기계시설점검표 이해하기

| 정답 | ③

| 해설 | 유압장치 청결상태 확인은 9월 28일에 실시하며 12일 주기로 실시하므로 10월 6일의 점검항목이 아니다.

| 오답풀이 |

① 저수조 누수상태 확인 : 9월 28일에 실시하며 8일 주기이므로 10월 6일의 점검항목이다.

② 배수펌프 배관 부식 여부 파악 : 9월 24일에 실시하며 12일 주기이므로 10월 6일의 점검항목이다.

④ 건물 내부 비상출입문 확인 : 9월 24일에 실시하며 12일 주기이므로 10월 6일의 점검항목이다.

⑤ 건물 외부 수목보호 : 9월 28일에 실시하며 8일 주기이므로 10월 6일의 점검항목이다.

59 기술선택능력 기계시설점검표 이해하기

| 정답 | ⑤

| 해설 | 주어진 점검표를 9월 20일에 모든 항목을 점검하는 것으로 바꾸어 정리하면 다음과 같다.

구분		9~10월 점검일					점검항목
설비	구성 성분	9/20	9/24	9/28	10/2	10/6	
펌프 실	저수조	✔		✔		✔	누수상태 확인
		✔		✔		✔	윤활유 주입상태
		✔			✔		적정 저수량
	펌프	✔			✔		균열 여부 파악
공통구	배수 펌프	✔			✔		배관 부식 여부 파악
		✔			✔		균열 여부 파악
	스트 레이너	✔	✔	✔	✔	✔	스트레이너 청소 상태
유압 실	유압 장치				✔		온도센서 작동
					✔		청결상태 확인
		✔		✔		✔	유압 게이지 확인
물탱 크 실	물탱크					✔	자동제어 작동상태
		✔		✔			시건 장치
					✔		소독약 투여
		✔			✔		균열 여부 파악

토 목 시 설	건물 내부	✔			✔		비상출입문 확인
		✔		✔		✔	균열 여부 파악
		✔		✔		✔	지면 불균형 여부 파악
		✔			✔		난간 파손부위 확인
	건물 외부	✔	✔	✔	✔	✔	보행자 도로 확보
		✔		✔	✔		수목보호
		✔			✔		화단 지지목 설치

따라서 건물 내부 난간 파손부위 확인은 10월 6일에 점검하는 항목이 아니다.

60 기술이해능력 사용설명서 이해하기

| 정답 | ③

| 해설 | 아기 옷, 울/섬세, 란제리, 손세탁 4개는 탈수세기가 '섬세'로 자동 선택되며, '헹굼+탈수' 코스를 제외한 나머지는 모두 탈수세기 '강'이 자동 선택된다.

| 오답풀이 |

① 세탁온도는 냉수부터 90도까지, 헹굼횟수는 1~5회, 탈수세기는 '섬세'에서 '최강'까지 모두 5단계로 세분화되어 있다.

② 세탁이 완료되면 약 10초 후에 전원이 자동적으로 꺼지는 자동 꺼짐 기능이 있다.

④ 예약 버튼을 눌러 예약시간을 설정하면 현재 시간부터 설정된 시간 후에 세탁을 시작하게 된다.

⑤ 이불 코스에서도 버블 불림을 포함한 다른 부가기능 선택이 가능하며 세탁물 추가 역시 별도 제한이 없어 모든 세탁코스에서 가능하다.

61 기술선택능력 사용설명서 이해하기

| 정답 | ①

| 해설 | 표준, 절약삶음, 아기 옷은 물 온도 60도 선택이 가능한 세탁코스이다. 나머지 세탁코스는 60도를 선택할 수 없다고 설명되어 있다.

62 기술선택능력 사용설명서 이해하기

| 정답 | ②

| 해설 | 일시정지 버튼을 누르면 세탁이 멈추게 되며, 세탁 중 세탁을 종료하지 않고 세탁물을 추가하기 위해 문을 열려면 '세탁물 추가' 버튼을 눌러야 한다.

| 오답풀이 |

① 버블 불림 기능은 표준, 합섬, 이불, 강력, 아기 옷, 란제리, 헹굼＋탈수에서만 사용이 가능하다.

③ 일시정지를 한 후 10분 이내에 세탁기가 다시 작동하지 않으면 전원이 자동으로 꺼진다.

④ 전원 버튼을 누른 후 동작/일시정지 버튼을 누르면 표준 코스로 세탁이 진행된다.

⑤ '아기 옷'은 헹굼 4회 이상만 가능하며, '강력'은 헹굼 2회가 자동 선택된 후 모든 선택이 불가능하다. 나머지 코스는 헹굼횟수가 자동 선택되나 사용자가 변경할 수 없다는 제한은 없다.

63 기술선택능력 사용설명서 이해하기

| 정답 | ②

| 해설 | 합섬 코스는 물 온도 40도, 헹굼3, 탈수 강으로 자동 선택되나 추가 버튼 조작을 할 수 있으며, 버블 불림 기능도 사용할 수 있으므로 그림과 같은 버튼 조작이 가능하다.

| 오답풀이 |

① 아기 옷 코스는 헹굼횟수 4회 이상만 가능하다.

③, ⑤ 울/섬세, 손세탁 코스는 버블 불림 기능을 사용할 수 없다.

④ 강력 코스는 물 온도 40도, 헹굼2, 탈수 강, 버블 불림 옵션으로 자동 선택되며 모든 선택이 불가능하므로 탈수세기를 '중'으로 변경할 수 없다.

64 기술선택능력 사용설명서 이해하기

| 정답 | ①

| 해설 | 표준 코스는 물 온도 40도, 헹굼2, 탈수 강, 버블 불림 옵션으로 자동 선택되며, 별다른 제한 사항이 없으므로 주어진 그림과 같은 버튼 조작이 가능하다.

| 오답풀이 |

②, ③ 절약삶음, 울/섬세 코스는 버블 불림 기능을 사용할 수 없다.

④, ⑤ 이불, 란제리 코스의 물 온도는 냉수만 가능하다.

65 경영이해능력 매출액 지수 파악하기

| 정답 | ④

| 해설 | B 지역 편의점들의 기본 매출 지수 합의 가장 큰 값을 묻고 있으므로, A 지역의 세 편의점이 각각 문을 연 경우의 B 지역 세 편의점의 기본 매출액을 계산해 보면, 순서대로 각각 21＋31＋24＝76, 32＋20＋26＝78, 26＋28＋26＝80으로 A 지역의 K 편의점이 문을 열었을 때 B 지역 세 편의점의 기본 매출액이 80으로 가장 큰 것을 알 수 있다.

66 경영이해능력 매출액 지수 파악하기

| 정답 | ④

| 해설 | A 지역 편의점들이 신제품 홍보를 한 경우이므로 매출 증감 내역에 따라 15%, 20%, 15%씩 증가하면 다음과 같다.

		B지역		
		L편의점	C편의점	G편의점
A 지 역	S편의점 (15%)	(23.0, 21)	(36.8, 31)	(29.9, 24)
	T편의점 (20%)	(39.6, 32)	(21.6, 20)	(28.8, 26)
	K편의점 (15%)	(27.6, 26)	(34.5, 28)	(36.8, 26)

따라서 S 편의점과 L 편의점, T 편의점과 C 편의점, T 편의점과 G 편의점, K 편의점과 L 편의점이 문을 연 4가지 경우에 매출액 지수 차이가 3보다 작아지게 되는 것을 알 수 있다.

67 경영이해능력 매출액 지수 변화 파악하기

| 정답 | ③

| 해설 | 매장 청소와 직원 교체를 동시에 실시하면 증가와 감소가 동시에 일어날 수 있다. 그에 따라 A 지역 세 개

편의점은 순서대로 각각 5%, 5%, 25%의 매출 증가를 나타내게 된다. 이를 표로 정리하면 다음과 같다.

		B 지역		
		L 편의점	C 편의점	G 편의점
A 지역	S 편의점	(21, 21)	(33.6, 31)	(27.3, 24)
	T 편의점	(34.7, 32)	(18.9, 20)	(25.2, 26)
	K 편의점	(30, 26)	(37.5, 28)	(40, 26)

㉠ 문을 연 두 편의점의 매출 지수의 합이 가장 큰 경우는 T 편의점과 L 편의점이 문을 연 날로 66.7의 매출 지수를 나타낸다.

㉡ 문을 연 두 편의점의 매출 지수의 차이가 가장 큰 경우는 40−26=14의 차이를 나타내는 K 편의점과 G 편의점이 문을 연 날이다.

| 오답풀이 |

㉢ 문을 연 두 편의점의 매출 지수의 합이 가장 작은 경우는 T 편의점과 C 편의점이 문을 연 날의 38.9가 된다.

68 경영이해능력 조직개편 계획 이해하기

| 정답 | ⑤

| 해설 | (가) C 본부의 총 직원 수가 160명이면 기계분야 직원 수가 60명임을 의미한다. 이 경우 기계분야와 신호제어분야의 직원 1인당 평균 인건비는 각각 180÷60=3(백만 원), 300÷100=3(백만 원)으로 동일하다.

(나) 직원 1인당 인건비가 최소한이 되기 위해서는 직원 수가 최대가 되어야 한다. 따라서 B 본부 기계분야의 직원 수가 최대가 되려면 C 본부 기계분야의 직원 수가 최소 조건인 40명이어야 한다. 이 경우, K사의 전체 직원 수는 410명이 되어 B 본부 기계분야의 최대 직원 수는 90명이 된다. 따라서 250÷90≒2.8(백만 원)이 되어 B 본부 기계분야의 직원 1인당 인건비는 최소 2.5백만 원이 넘게 된다.

(다) B 본부와 C 본부의 총 직원 수 차이는 60명인 상태이며, 현재의 전체 K사 직원 수는 370명이다. 따라서 나머지 최대 130명의 직원 수 조정을 통해 두 본부의 직원 수가 동일해져야 한다. 그런데 C 본부의 기계분야 직원 수가 최소인 40명이 되어 본부 직원 수가 140명이 되어도 B 본부의 직원 수는 최대 90+40=130(명)으로 이를 넘을 수 없다. 따라서 결국 B 본부와 C 본부의 총 직원 수는 같아질 수 없다.

69 경영이해능력 인건비 최소 금액 구하기

| 정답 | ③

| 해설 | B, C 본부의 직원 수를 최소한으로 유지한다는 것은 빈칸의 직원 수가 모두 40명이 된다는 것을 의미한다. 이 경우의 직원 1인당 평균 인건비는 다음과 같다.

(단위 : 백만 원)

구분	A 본부	B 본부	C 본부	D 본부
기계분야	240÷80 =3	250÷40 =6.25	180÷40 =4.5	240÷60 =4
신호제어분야	160÷40 =4	160÷40 =4	300÷100 =3	200÷50 =4

따라서 이 경우 직원 1인당 평균 인건비는 A 본부의 기계분야와 C 본부의 신호제어분야가 동일하게 3백만 원으로 가장 적다.

70 경영이해능력 직원 수 구하기

| 정답 | ③

| 해설 | 본부별 평균 직원 수가 120명이 되기 위해서는 K사 전체 직원 수가 480명이 되어야 한다. 따라서 B 본부와 C 본부의 기계분야 직원 수의 합은 110명이 되어야 한다는 것을 알 수 있다. 주어진 선택지의 조합은 모두 110명이 되나, B 본부와 C 본부의 기계분야 직원 수가 각각 70명과 40명이 되면 B 본부와 D 본부의 직원 수가 110명으로 같아져 본부별 직원 수 순서가 맞지 않게 된다. 따라서 불가능한 조합은 ③이다.

71 체제이해능력 조직구조 이해하기

| 정답 | ⑤

| 해설 | 서울교통공사의 조직구조는 기획조정실, 경영지원실, 구매물류실, 안전관리본부, 차량본부 등 업무의 내용이 유사하고 관련성이 있는 것들을 결합한 기능적 조직구조 형태를 띤다고 할 수 있다.

한편 사업별 조직구조는 급변하는 환경변화에 효과적으로 대응하고 제품, 지역, 고객별 차이에 신속하게 적응하기 위하여 개별 제품, 서비스 또는 주요 프로젝트나 프로그램 등에 따라 조직화되어 분권화된 의사결정이 가능한 구조이다.

즉, 아래와 같이 제품에 따라 조직이 구성되고 각 사업별 구조 아래 생산, 판매, 회계 등의 역할이 이루어진다.

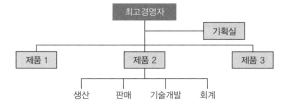

72 체제이해능력 심리적 계약 이해하기

| 정답 | ④

| 해설 | 심리적 계약이란 조직과 구성원 사이에 체결되는 일종의 묵시적인 계약으로, 계약 당사자들은 상호 의무와 권리를 가지게 된다. 심리적 계약에는 성질에 따라 거래적 계약과 관계적 계약으로 구분할 수 있다. 거래적 계약은 금전적인 요소가 중요한 매개물로 작용하는 것으로 짧은 기간 지속되고 구체적인 의무사항을 포함하고 있는 것이 특징이다. 반면 관계적 계약은 비금전적인 요소인 지원이나 협력, 신뢰를 바탕으로 이루어지고 오랫동안 지속되고 구체적인 의무사항이 포함되어 있지 않다.

회사와 조직 구성원 사이의 거래적 계약은 금전적인 요소를 통해 맺어진 심리적 계약이다.

73 공동체윤리 직장 내 예절 이해하기

| 정답 | ①

| 해설 | 2명 이상의 상사에게 지시를 받았다면 그때의 상황에 맞게 어떤 일을 먼저 해야 하는지 직속 상사나 선배에게 조언을 구하는 것이 바람직하다.

74 직업윤리 개인윤리와 직업윤리 이해하기

| 정답 | ②

| 해설 | 개인윤리가 보통 상황에서의 일반적 원리규범이라고 한다면, 직업윤리는 조금 더 구체적인 상황에 적용할 수 있는 실천규범에 가깝다. 따라서 직업윤리가 개인윤리에 포함되는 것이다.

75 근로윤리 성실한 자세 이해하기

| 정답 | ④

| 해설 | 업무를 단순 돈벌이의 수단으로 인식하고 있는 사람들은 불성실한 태도를 지니는 경향을 가진다.

76 직업윤리 직업의식 이해하기

| 정답 | ⑤

| 해설 | 포드사는 핀토가 사고 위험이 높다는 사실을 알았지만 핀토를 계속 판매하였고 많은 피해자가 발생하였다. 이는 기업의 이익만을 우선시하였기 때문에 일어난 사건으로 사회·윤리적 직업의식의 결여가 문제점이라고 볼 수 있다.

77 공동체윤리 직장에서의 소통의 법칙 알기

| 정답 | ③

| 해설 | 제시된 글에 나타난 법칙은 '상호성의 법칙'이다. 상호성의 법칙이란 내가 다른 사람에게 어떠한 호의를 베풀었을 때, 다시 나에게 그 호의가 돌아온다는 법칙이다.

| 오답풀이 |

① 호감의 법칙은 대다수의 사람들은 호감이 가는 사람에게 더 잘 설득된다는 법칙이다.

② 희귀성의 법칙은 품목이 희귀하거나 희귀해지고 있는 중이라면 그 품목의 가치가 더욱 높아진다는 법칙이다.

④ 일관성의 법칙은 자신이 한번 선택하면 끝까지 옳다고 합리화하는 사람들의 본능을 이용하는 법칙이다.

⑤ 사회적 증거의 법칙은 다수의 사람들이 하는 것이 좋아 보이고, 옳아 보여 자신도 모르게 그것을 하게 된다는 것이다.

78 근로윤리 비윤리적 행위의 종류 파악하기

| 정답 | ④

| 해설 | '사적 이해관계'란 개인적으로 맺고 있는 연고관계 (혈연, 지연, 학연, 직연, 그 밖에 이와 비슷한 정치적, 종교적,

사회적 유대관계 등) 및 사적 이익(공직자 및 그와 연고관계가 있는 자에게 귀속되는 금품 등)을 말한다. 이러한 사적 이해관계가 있는 자가 해당 직무를 수행하는 자의 직무관련자인 경우 신고의무가 발생한다.

| 오답풀이 |

⑤ 연고관계 이외의 직무상 이해관계에 있는 직무관련자와 사적으로 접촉하는 경우를 의미한다.

79 공동체윤리 휴대전화 예절 이해하기

| 정답 | ①

| 해설 | 상대방에게 통화를 강요하는 것은 예절에 어긋난다. 업무의 중요도나 긴급도를 고려하되, 상대방의 근무 시간 등을 고려하여 협조를 요청해야 바람직하다.

80 공동체윤리 성희롱 예방을 위한 태도 이해하기

| 정답 | ④

| 해설 | ④와 같은 의견은 성희롱을 예방하는 행동이라기보다 업무상 필요한 직접 대화마저 회피하게 되는 행동으로서, 현실성도 부족하고 건전한 직장 분위기 조성을 위해 바람직한 행동이 아니다.

보충 플러스+

성차별에 대한 개인과 직장 차원에서의 대응

- 개인적 대응
  - 직접적으로 거부의사를 밝히고 중지할 것을 항의한다.
  - 증거자료를 수집하고 공식적 처리를 준비한다.
  - 상사나 노동조합 등의 내부기관에 도움을 요청한다.
  - 외부단체 및 성폭력 상담기관 등에 도움을 요청한다.
- 직장의 대응
  - 회사 내부의 관련 직원이나 외부의 전문가를 초빙하여 공정하게 처리한다.
  - 사안에 대해 신속하게 조사하여 처리한다.
  - 개인 정보의 유출을 철저히 방지한다.
  - 가해자에 대해 납득할 정도의 조치를 취하고 결과를 피해자에게 통지한다.

2회 실전모의고사

문제 86쪽

01	④	02	②	03	②	04	③	05	①
06	①	07	①	08	③	09	②	10	⑤
11	①	12	⑤	13	②	14	③	15	③
16	④	17	③	18	③	19	④	20	③
21	③	22	⑤	23	④	24	②	25	⑤
26	③	27	⑤	28	④	29	⑤	30	⑤
31	③	32	④	33	②	34	④	35	②
36	⑤	37	①	38	③	39	⑤	40	⑤
41	④	42	①	43	②	44	②	45	③
46	③	47	①	48	②	49	⑤	50	③
51	④	52	④	53	③	54	③	55	④
56	②	57	②	58	④	59	④	60	③
61	③	62	⑤	63	④	64	③	65	①
66	④	67	⑤	68	④	69	①	70	②
71	③	72	⑤	73	④	74	②	75	①
76	②	77	③	78	②	79	⑤	80	④

01 도표분석능력 자료를 바탕으로 수치 계산하기

| 정답 | ④

| 해설 | '노선별 해당 범죄 발생건수÷전체 노선 해당 범죄 발생건수×100'에 대입해 보면, 2019년은 $\frac{271}{616} \times 100 ≒ 44.0(\%)$, 2020년은 $\frac{318}{669} \times 100 ≒ 47.5(\%)$이다.

02 도표분석능력 자료의 수치 분석하기

| 정답 | ②

| 해설 | 주어진 두 개의 자료를 통하여 다음과 같은 상세 자료를 도출할 수 있다.

(단위 : 건, %)

연도	노선	1호선	2호선	3호선	4호선	합
2019년	아동	37	159	11	2	209
	범죄율	17.7	76.1	5.3	1.0	
	비아동	187	112	71	37	407
	범죄율	45.9	27.5	17.4	9.1	
	전체	224	271	82	39	616
	전체 범죄율	36.4	44.0	13.3	6.3	
2020년	아동	63	166	4	5	238
	범죄율	26.5	69.7	1.7	2.1	
	비아동	189	152	34	56	431
	범죄율	43.9	35.3	7.9	13.0	
	전체	252	318	38	61	669
	전체 범죄율	37.7	47.5	5.7	9.1	

(나) 2020년의 전년 대비 아동 상대 범죄 발생건수의 증가폭은 238−209=29(건)이며, 비아동 상대 범죄 발생건수의 증가폭은 431−407=24(건)이다.

| 오답풀이 |

(가) 3호선의 2020년 비아동 상대 범죄 발생건수는 71건에서 34건으로 전년보다 감소하였다.

(다) 2020년의 노선별 전체 범죄율이 10% 이하인 노선은 5.7%인 3호선과 9.1%인 4호선으로 2개이다.

03 도표분석능력 자료의 수치 분석하기

| 정답 | ②

| 해설 | 20X4년 외국인 관광객 중 중국 국적의 외국인이 차지하는 비중은 $\frac{747,315}{1,230,604} \times 100 ≒ 60.7(\%)$로 70% 미만이다.

| 오답풀이 |

① 20X0 ~ 20X4년 내국인 관광객 수의 합은 $8,517,417 + 8,945,601 + 11,040,135 + 12,249,959 + 13,522,632 = 54,275,744$(명), 외국인 관광객 수의 합은 $2,333,848 + 3,328,316 + 2,624,260 + 3,603,021 + 1,230,604 = 13,120,049$(명)으로, 내국인 관광객 수의 합은 외국

인 관광객 수 합의 $\frac{54,275,744}{13,120,049} ≒ 4.1$(배)이다.

③ 20X1년 우리나라의 총 관광객 중 외국인의 비중은 $\frac{3,328,316}{12,273,917} \times 100 ≒ 27.1(\%)$이다.

④ 중국, 말레이시아, 싱가포르가 상위 3개 국적인 20X3년을 제외하고 나머지 연도는 모두 중국, 일본, 말레이시아이다.

04 도표작성능력 표를 그래프로 변환하기

| 정답 | ③

| 해설 |
• (가) : $\frac{11,040,135 - 8,945,601}{8,945,601} \times 100 ≒ 23.4(\%)$
• (나) : $\frac{1,230,604 - 3,603,021}{3,603,021} \times 100 ≒ -65.8(\%)$

05 도표작성능력 표를 그래프로 변환하기

| 정답 | ①

| 해설 | 주어진 수치는 내국인 관광객의 전년 대비 증가율이며, 총 관광객의 전년 대비 증가율은 다음과 같다.

20X1년	20X2년	20X3년	20X4년
13.1%	11.3%	16.0%	−6.9%

06 도표분석능력 자료를 바탕으로 수치 계산하기

| 정답 | ①

| 해설 | ㉠과 ㉡은 두 소계를 합한 총계를 의미하고, 소계는 '일반'과 '노약자'의 합이다. ㉠은 17,880+1,803+27,086 =46,769(천 명)이며, ㉡은 17,873+1,794+27,112=46,779 (천 명)이다. 따라서 ㉠+㉡=46,769+46,779=93,548이 된다.

07 도표분석능력 자료의 수치 분석하기

| 정답 | ①

| 해설 | (가) 2019년 12월의 60세 이상 승하차인원은 2,727

1회 2회 3회 4회 5회

천 명으로 60세 미만 승하차인원인 5,020천 명의 절반을 넘고 있다. 2020년 12월에도 60세 이상이 3,042천 명으로 60세 미만인 4,685천 명의 절반을 넘는다.

(다) 일반과 노약자 승하차인원은 두 해의 매달에 걸쳐 60세 미만이 60세 이상보다 더 많다.

| 오답풀이 |

(나) 2019년 12월의 승하차인원은 7,747천 명이며, 월 평균 승하차인원인 88,909÷12≒7,409(천 명)보다 많다. 그러나 2020년 12월의 경우 승하차인원 7,727천 명으로 월 평균 승하차인원인 93,548÷12≒7,796(천 명)보다 적은 것을 알 수 있다.

(라) 누계 자료를 보면, 60세 미만의 경우 28,915<28,946, 28,889<28,906으로 하차인원이 승차인원보다 더 많지만 60세 이상의 경우 15,630>15,418, 17,880>17,873으로 승차인원이 하차인원보다 더 많다. 그러나 이러한 현상은 12월 자료에서는 동일하게 나타나지 않고 있다.

08 도표작성능력 표를 그래프로 변환하기

| 정답 | ③

| 해설 | 2019년과 2020년의 연령대별 일반과 노약자 승하차인원의 구성비를 구하면 다음과 같다.

- 2019년 60세 미만
  - 일반 : $\frac{54,322}{57,861} \times 100 ≒ 93.9(\%)$
  - 노약자 : $\frac{3,539}{57,861} \times 100 ≒ 6.1(\%)$

- 2019년 60세 이상
  - 일반 : $\frac{29,236}{31,048} \times 100 ≒ 94.2(\%)$
  - 노약자 : $\frac{1,812}{31,048} \times 100 ≒ 5.8(\%)$

- 2020년 60세 미만
  - 일반 : $\frac{54,198}{57,795} \times 100 ≒ 93.8(\%)$
  - 노약자 : $\frac{3,597}{57,795} \times 100 ≒ 6.2(\%)$

- 2020년 60세 이상
  - 일반 : $\frac{33,624}{35,753} \times 100 ≒ 94.0(\%)$
  - 노약자 : $\frac{2,129}{35,753} \times 100 ≒ 6.0(\%)$

09 리더십능력 리더십의 유형 이해하기

| 정답 | ②

| 해설 | 비전형 리더십은 부하가 리더를 따라가고 싶게 만드는 리더십이다. 비전형 리더십을 가진 리더는 스스로의 생각을 먼저 말하고 부하에게 동기를 부여하면서 조직을 인솔하며, 명확하고 단정적인 판단을 내린다는 점에서 지시명령형 리더십과 비슷하지만 부하에게 조직이 나아갈 방향과 지향해야 할 비전을 확실히 제시한다는 점에서 지시명령형 리더십과 차이가 있다. 비전형 리더십의 단점은 ⓗ 이다.

| 오답풀이 |

- 관계중시형－㉠
- 집단운영형－㉡
- 지시명령형－㉢
- 규범형－㉣
- 육성형－㉤

10 리더십능력 상사로서 대응 방안 모색하기

| 정답 | ⑤

| 해설 | 어떤 관행적 선물이나 금품을 수수해서는 안 되고 티타임 정도로 업무를 진행하라는 지시가 내려졌으므로 지시에 맞춰 별도의 대접을 거절하고 회의를 진행하는 것이 가장 적절하다.

| 오답풀이 |

②, ④ 하달된 지시는 금품 수수 금지 및 티타임 규모의 업무 진행이므로 회의의 취소나 이메일 대체 같은 과잉 수행은 불필요하다.

11 갈등관리능력 부정적 성격의 원인 파악하기

| 정답 | ①

| 해설 | 김출세 씨는 전형적인 '자기애성 성격장애'의 사례

이다. 자기애성 성격장애는 이익, 출세, 지위 등에 대한 욕망이 지나치게 높아 그것을 성취하기 위하여 주변 사람들을 이용하고 착취하지만 죄책감을 느끼지 못한다. 또한 자신이 우수하고 특별하기 때문에 타인이 인정해 주기를 기대하는 반면에 타인의 요구나 필요에 대한 세심한 공감은 결여되어 있다. 이들은 오직 자신의 성공과 명성을 얻고 주목받기 위하여 살아간다.

12 팀워크능력 멤버십 유형 파악하기

| 정답 | ⑤

| 해설 | 김 대리는 조직이 자신을 인정해 주지 않고 적절한 보상이 없다고 여기며, 동료들은 김 대리가 일부러 반대의견을 내며 부정적이고 고집이 세다고 평가한다. 따라서 김대리의 멤버십 유형은 소외형이다.

| 오답풀이 |

① 주도형 : 자신의 역할을 적극적으로 실천하고 혁신적으로 사고하며 솔선수범하는 유형이다.

② 실무형 : 규정을 준수하며 운영방침에 민감한 유형이다.

③ 순응형 : 아이디어가 없고 조직을 위해 자신을 양보하며 기존의 질서를 따르는 유형이다.

④ 수동형 : 제 몫을 못하며 판단과 사고를 리더에 의존하는 유형이다.

13 협상능력 협상의 인식 차원 파악하기

| 정답 | ②

| 해설 | 김민철 대리는 대화를 통해서 갈등을 해결하고자 하는 상호작용 과정으로 협상을 인식하고 있다. 따라서 갈등해결 차원으로 협상을 인식하고 있음을 알 수 있다.

14 고객서비스능력 고객만족 측정 시 오류 파악하기

| 정답 | ③

| 해설 | ㄴ. 비전문가로부터 도움을 얻는 것은 고객만족 측정 시 발생하는 오류이다.

ㄷ. 적절한 측정 프로세스 없이 조사를 시작하는 것은 고객만족 측정 시 발생하는 오류이다.

ㄹ. 중요도 척도를 오용하는 것은 고객만족 측정 시 발생하는 오류이다.

| 오답풀이 |

ㄱ. 고객이 원하는 것에 대해 알고 있다고 생각하는 것이 고객만족 측정 시 발생하는 오류이다.

ㅁ. 모든 고객들이 동일한 수준의 서비스를 원한다고 가정하는 것이 고객만족 측정 시 발생하는 오류이다.

15 협상능력 설득전략 이해하기

| 정답 | ③

| 해설 | 어떤 과학적인 논리보다도 동료를 비롯한 사람들의 말과 행동으로 상대방을 설득하는 방법은 사회적 입증 전략에 해당한다. 무엇이 적합한 것인지 결정할 때 사회적으로 입증된 증거, 소위 입소문을 통해 좀 더 효과적으로 상대방을 설득할 수 있는데 그 이유는 많은 사람들이 선택했다는 사실 자체가 큰 설득력을 부여하기 때문이다.

| 오답풀이 |

① See-Feel-Change 전략 : 시각화하고 직접 보게 하여 이해시키고(See), 스스로 느끼게 하여 감동시키고(Feel), 변화시켜(Change) 설득에 성공한다.

② 헌신과 일관성 전략 : 일관성 있게 헌신적으로 부응한 경우 협상 가능성이 높아진다.

④ 연결 전략 : 갈등 문제와 갈등관리자가 아닌 갈등을 야기한 사람과 관리자를 연결하면 협상 가능성이 높아진다.

⑤ 상대방 이해 전략 : 상대방에 대한 이해가 선행되어 있으면 협상 가능성이 높아진다.

16 갈등관리능력 나-전달법 이해하기

| 정답 | ④

| 해설 | ⓐ는 약속 시간이 지나도 나타나지 않은 상대방의 행동을 관찰한 내용이고 ⓑ는 '네가 나를 무시하는 것 같아 화가 났다'라고 느낌을 표현한 부분이다. ⓒ는 '연락이라도 해 주길 바란다'는 자신의 욕구를 나타내었고, ⓓ에서 '다음에는 연락 없이 늦지 않겠다고 말해 달라'고 부탁하는 내용을 전달하고 있다. 따라서 ⓐ, ⓑ, ⓒ, ⓓ에 들어갈 내용은 차례대로 관찰, 느낌, 욕구, 부탁이다.

17 문서이해능력 관련 내용 파악하기

| 정답 | ③

| 해설 | '문서 보완기간'은 제시된 규정에서 언급되지 않은 부분이므로 이가 포함된 선택지 ①, ②, ⑤는 적절하지 않다. 제18조에서 보존기간은 비밀 보호기간 이상의 기간으로 책정한다고 하였으므로 선택지 ③과 같은 기간 책정이 적절하다.

18 문서이해능력 공고문 이해하기

| 정답 | ③

| 해설 | 을 : 이관부서에 대한 구체적인 설명은 제시되어 있지 않다.

병 : 제21조에 따라 보존기간이 길수록 마이크로필름에 보관하므로 적절하지 않다.

| 오답풀이 |

갑 : 제22조에 따라 기록물 공개 여부를 심의하므로 올바른 이해이다.

정 : 제20조에 따라 올해 처리된 서류는 그 다음 해가 보존기간 첫 해가 되므로 올바른 이해이다.

19 문서이해능력 관련 내용 파악하기

| 정답 | ④

| 해설 | (나) 동일한 단위과제에 해당하는 서류나, 필요한 경우 보존기간을 달리하기 위해 기록물 심의위원회에 관련 심의를 요청하였으므로 제20조 제2항에 따라 적절한 행위이다.

(다) 원본을 파기한 보존기간 30년 이상의 기록물이므로 마이크로필름으로 수록하여 두는 것이 제21조 제2항에 따라 적절한 행위이다.

| 오답풀이 |

(가) 기록물 이관절차의 문제점에 대한 논의가 기록물심의위원회의 심의 사항이라는 내용은 언급되어 있지 않다.

20 문서이해능력 관련 내용 이해하기

| 정답 | ③

| 해설 | 동점자 처리 규정은 제시되어 있지 않으므로, 제출한 아이디어의 수량에 의해 우선순위가 선정된다고 판단할 수 없다.

| 오답풀이 |

① 광고성 제안은 아이디어로 볼 수 없는 경우에 해당한다.

② 동일인이 여러 가지 아이디어를 제출한 경우에 대한 설명이 제시되어 있으므로 가능하다.

④ 1차 제안서 심사 통과 사실은 개별 통보된다고 설명되어 있다.

⑤ 2차 심사인 PT(프레젠테이션)는 '자유 형식'이라고 설명되어 있다.

21 문서이해능력 공고문 이해하기

| 정답 | ③

| 해설 | 응모 방법은 '공모 방법' 항목에 소개되어 있으며, 1차와 2차로 나누어 진행되는 것을 알 수 있다.

22 문서이해능력 세부 내용 이해하기

| 정답 | ⑤

| 해설 | 네 번째 문단에서 스마트그리드에 관한 다양한 비즈니스모델은 나오지 않았지만, 글의 마지막 부분에서 스마트그리드 촉진법이 국회를 통과했다는 내용이 제시되었으므로 그 법적 근거는 마련되었음을 확인할 수 있다.

| 오답풀이 |

① 첫 번째 문단을 통해 확인할 수 있다.

② 두 번째 문단을 통해 확인할 수 있다.

③ 세 번째 문단을 통해 확인할 수 있다.

④ 세, 네 번째 문단을 통해 확인할 수 있다.

23 문서이해능력 키워드 파악하기

| 정답 | ④

| 해설 | 제주 스마트그리드 실증단지는 사업 실패의 사례이다.

| 오답풀이 |

① 첫 번째 문단을 통해 확인할 수 있다.

②, ③ 세 번째 문단을 통해 확인할 수 있다.

⑤ 두 번째 문단을 통해 확인할 수 있다.

24 문서이해능력 추가 내용 추론하기

| 정답 | ②

| 해설 | 스마트그리드 시스템은 기존의 전기 생산시설을 최대한 효율적으로 사용하도록 고안된 것이다. '소비자는 전기요금이 쌀 때 사용할 수 있고 생산자는 전력공급량을 탄력적으로 조절할 수 있게 된다'는 내용과 '따라서 일 년에 두 번 정도 있는 피크를 대비하기 위해 수조 원의 투자가 필요한 발전소를 짓기보다는 스마트그리드 구현을 통해 전력수요와 공급을 조절하게 되면 불필요한 발전소 건설비용을 줄일 수 있다'는 내용을 토대로 추론할 수 있다.

25 근로윤리 정직과 신용 구축하기

| 정답 | ③

| 해설 | 타인이 정직하지 못한 행동을 했을 때 눈감아 주거나 묵인하지 않는 것이 정직과 신용을 구축하는 방법이다. 송 대리의 어려운 형편을 알고 있었다고 해도 이 과장이 정직과 신용을 구축하기 위해서는 송 대리의 잘못된 행동에 대한 지적 또는 보고를 해야 한다.

26 근로윤리 근로윤리에 대해 조언하기

| 정답 | ③

| 해설 | 갑은 업무상 작은 실수를 저질렀지만 솔직하게 밝히지 않고 누군가 이를 알아차릴까 전전긍긍하고 있다. 따라서 잘못된 것이 있다면 정직하게 밝히는 것이 근로윤리 중 정직과 신뢰를 쌓기 위해 중요하다는 조언을 해 줄 수 있다.

27 직업윤리 공정한 직무수행 자세 이해하기

| 정답 | ⑤

| 해설 | 직장 내 행동강령에 대한 내용으로 정해진 담당 상급자(행동강령책임관 또는 감사팀 등)에게 보고하는 것이 적절하며, 행동강령 위반에 관한 사항을 인사팀에 보고하는 것은 적절하다고 볼 수 없다.

28 공동체윤리 이메일 예절 이해하기

| 정답 | ④

| 해설 | 본문의 마지막 역시 처음과 마찬가지로 자신이 누구인지를 정확하게 밝히는 것이 중요하다. 긴급한 문제로 발신자에게 연락을 취해야 하는 경우를 대비하여 소속, 직책, 사내 전화번호, 휴대폰 번호 등을 서명에 넣어 삽입하는 것이 좋다.

| 오답풀이 |

① 참조는 메일 내용과 관련된 사람 혹은 내용을 참고해야 할 사람을 뜻하므로, 하나의 사안에 다수의 인원이 연관되어 있을 경우 가장 중심이 되는 사람을 받는 사람에, 나머지 인원을 참조에 넣게 된다.

② 업무시간 중 많은 이메일을 주고받기 때문에 전반적인 내용을 암시하는 제목이나 보내는 이의 목적이 드러난 제목이 바람직하다.

③ 자신이 누구인지를 간단하게 소개하는 것으로 본문을 시작하는 것이 기본이다.

⑤ 첨부 파일이 있다는 언급을 통해 업무 혼선을 방지할 수 있다.

29 공동체윤리 엘리베이터 예절 이해하기

| 정답 | ⑤

| 해설 | 엘리베이터를 탈 때 여러 사람을 안내하는 경우에는 가장 먼저 엘리베이터에 탄 뒤 열림 버튼을 눌러 중간에 문이 닫히는 일이 없도록 해야 한다. 이외에도 손님이나 상사만 엘리베이터를 탈 경우 문이 닫힐 때까지 배웅하는 것이 예의이다.

30 공동체윤리 조직에서의 예절 이해하기

|정답| ⑤

|해설| 마. 악수를 할 경우 상대방의 눈을 보며 밝은 표정을 짓는 것이 올바른 인사 예절이다.

31 직업윤리 근면 이해하기

|정답| ③

|해설| 회사 내 진급시험을 위해 외국어를 열심히 공부하는 일은 자진해서 하는 근면이다.

32 직업윤리 근면 이해하기

|정답| ④

|해설| 외부로부터 강요된 근면은 외부로부터의 압력이 사라져버리면 아무것도 남지 않게 된다. 리비아 정부는 한국 기술자들에게 업무를 맡기지 않을 것을 결정하였으므로 사실상 외부로부터의 압력이 사라졌다고 볼 수 있지만, 한국 기술자들은 그럼에도 불구하고 스스로 업무를 완수할 것을 결심했다. 따라서 이는 자진한 근면으로 볼 수 있다. 따라서 ④는 옳지 않다.

33 업무이해능력 업무처리절차 이해하기

|정답| ②

|해설| 〈회의록〉의 결정사항을 보면 '제철 음식재료 확보'가 금일부터 이루어져야 함을 알 수 있다. 즉 회의 후 가장 우선순위가 된다.

34 업무이해능력 결재 절차 이해하기

|정답| ④

|해설| 〈회의록〉의 회의내용 '3. 식자재 정리 및 재고 파악 방법(주 1회)'을 보면, 식재료 주문은 식재료 담당, 조리부 매니저, 총괄 매니저 순으로 서류 결재가 이루어진 후 식재료를 주문할 수 있다.

35 경영이해능력 영업이익 계산하기

|정답| ②

|해설| '영업이익＝영업이익률×매출액÷100'이므로 각 기업의 2020년 영업이익을 계산하면 다음과 같다.

(단위 : 억 원)

구분	A 기업	B 기업	C 기업	D 기업	E 기업
영업이익	0.11×44 ≒4.8	0.23×52 ≒12.0	0.11×40 ≒4.4	0.07×32 ≒2.2	0.122×28 ≒3.4

따라서 2020년 영업이익이 가장 큰 기업은 B 기업이며 B 기업의 2020년 자기자본비율은 78.0%이다.

36 경영이해능력 부채액 계산하기

|정답| ⑤

|해설| '부채＝부채비율÷100×자기자본'이므로 다음과 같이 계산할 수 있다.

• A 기업 : $30.0 \div 100 \times 3.5 = 1.05$(억 원)
• B 기업 : $30.0 \div 100 \times 3.9 = 1.17$(억 원)
• C 기업 : $110.0 \div 100 \times 2.8 = 3.08$(억 원)
• D 기업 : $70.0 \div 100 \times 4.4 = 3.08$(억 원)
• E 기업 : $78.0 \div 100 \times 4.0 = 3.12$(억 원)

따라서 부채가 가장 많은 기업은 E 기업이다.

37 경영이해능력 재무상황 분석하기

|정답| ①

|해설| '자기자본비율＝자기자본÷총자산×100'이므로 총자산이 동일할 경우 자기자본이 증가한 기업은 자기자본비율이 증가할 것이다. 자기자본비율이 증가한 기업은 A 기업, C 기업, E 기업이다. 이 중 A 기업과 C 기업은 부채비율도 증가하였으므로 부채도 증가한 것을 알 수 있다. E 기업은 부채비율이 하락하였으므로 부채가 증가하였음에도 자기자본이 더 크게 증가하였는지, 자기자본은 증가하였지만 부채는 감소하였는지를 알 수 없다. 따라서 자기자본과 부채가 모두 증가한 것으로 확신할 수 있는 기업은 A 기업과 C 기업이다.

38 체제이해능력 조직의 유형 이해하기

|정답| ③

|해설| ⓒ 비공식조직은 자연스러운 인간관계가 됨에 따라 일체감을 주고, 바람직한 가치체계나 행동유형 등이 공유되면서 하나의 조직문화를 형성해 공식조직의 기능을 보완해 주기도 한다.

보충 플러스+

비공식조직은 일반적으로 공식조직 내에서 공동의 관심, 취미를 가진 구성원들이 친밀한 인간관계를 유지하기 위해 자발적으로 형성한 조직이다(직장 내에 만들어진 동창회, 향우회, 동호회, 교내 동아리 등). 비공식조직은 공식조직 내부에 존재하면서 공식조직의 규정에 좌우되지 않는 가치와 행동유형을 지닌다. 비공식조직은 공식조직 구성원들 사이에 원초적 관계를 형성함으로써 친밀감과 만족감을 높여 공식조직에서의 긴장감을 줄이고, 공식 업무와 관련된 문제를 더 수월하게 해결하는 순기능을 할 수 있다. 또한 구성원들이 정보를 교환할 수 있는 장을 제공해 조직의 과업 능률을 향상시킬 수 있다. 즉, 비공식조직은 공식조직의 목표달성을 위하여 유익한 기능을 수행하기도 한다.

39 업무이해능력 근로기준법 파악하기

|정답| ⑤

|해설| 주중에 근무하여 법정근로시간을 채우고 토요일과 일요일에 합쳐서 연장근로시간인 12시간을 일했다면 휴일수당과 연장근로수당을 함께 받을 수 있다.

|오답풀이|

① 2018년 근로기준법에서는 휴일근로를 포함하였다고 하였으므로 적절하다.

② 1문단에서 '우리나라는 2000년대 초 ~ 명목상으로는 주52시간 근무를 법적으로 정의한 셈이다'라고 하였으므로 적절하다.

③ 2문단을 보면 기존 근로기준법에서는 연장근로와 휴일근로를 구분하여 계산하였기 때문에 최대 노동시간은 $52+16=68$(시간)이다.

④ 현행 근로기준법에서 최대 근로시간은 법정근로시간과 연장근로시간을 합한 52시간을 넘을 수 없다.

40 업무이해능력 근로기준법을 위반한 경우 파악하기

|정답| ⑤

|해설| 근로시간을 계산해 보면 다음과 같다.

① $6 \times 8 + 3 = 51$(시간)

② $5 \times 8.5 + 9.5 = 52$(시간)

③ $4 \times 11.5 = 46$(시간)

④ $(3 \times 9.5) + (2 \times 11.5) = 51.5$(시간)

⑤ $6 \times 8.5 + 9.5 = 60.5$(시간)

따라서 52시간 근무제를 위반한 경우는 ⑤이다.

41 정보처리능력 문서보존코드 확인하기

|정답| ④

|해설| 해당 문서는 2017년도에 4번째로 생성된 기획 관련 서류로서, 2019년도에 3번째로 공개 보존 처리되었다.

42 정보처리능력 문서보존코드 작성하기

|정답| ①

|해설| 2019년도에 20번째로 공개 보존 처리되는 영업 관련 서류로서 올바르게 코드가 부여되었다.

|오답풀이|

② 해당 코드는 기획 관련 서류이므로 E가 아니라 C가 와야 한다.

③ 해당 코드는 기획 관련 서류이므로 D가 아니라 C가 와야 한다.

④ 23번째로 비공개 보존 처리되는 서류이므로 CLS1923 B151이어야 한다.

⑤ 회계 관련 서류이므로 A가 아니라 B가 와야 하며, 두 번째로 생성된 회계 서류이므로 생성일련번호가 2여야 한다.

43 정보처리능력 문서보존코드 해석하기

|정답| ②

|해설| 2014년도 아니라 2018년도에 81번째로 공개 보존한 문서이다. 2014년도는 문서가 생성된 연도이다.

44 정보처리능력 문서보존코드 부여하기

|정답| ②

|해설| 생성된 수량이 적은 문서 분류부터 작업을 한다고 하였으므로 '법-무역-기획-회계-영업'의 순으로 보존 처리를 한다. 법에서부터 회계까지의 문서의 양을 모두 합하면 140개가 되므로 140번째 부여한 보존코드의 문서 분류는 회계이며, 141번째부터 마지막까지는 영업에 해당된다. 따라서 148번째로 부여한 보존코드의 문서 분류는 영업이므로 A이고, 영업 관련 문서의 시작인 141번째보다 8번 이후이므로 생성 일련 번호는 8이 된다.

45 컴퓨터활용능력 결과값 출력하기

|정답| ③

|해설| 변수의 초기값인 1을 조건문에 대입하면 3보다 작으므로 참에 해당한다. 따라서 아래의 명령들을 차례대로 수행하면 "Go"라는 결과값이 출력되고, 1을 오른쪽 숫자만큼 증가시키면 i=2가 된다. 반복하여 2를 조건문에 대입하면 참에 해당하므로 한번 더 "Go"라는 결과값이 출력되고, 2를 오른쪽 숫자만큼 증가시키면 i=3이 된다. 3을 조건문에 대입하면 참을 만족하지 않으므로 end while 아래의 명령을 수행하여 "Stop"이라는 결과값이 출력된다.
따라서 최종 출력되는 결과값은 Go Go Stop이다.

46 컴퓨터활용능력 결과값 출력하기

|정답| ③

|해설| 변수 i의 초기값 0을 조건문에 대입하면 4보다 작으므로 참에 해당한다. 따라서 아래의 명령들을 차례대로 수행하면 변수 j는 초기값 4를 1만큼 증가시켜 j=5가 되고, 변수 i도 1만큼 증가시켜 i=1이 된다. 이를 반복하여 1을 조건문에 대입하면 4보다 작아 참에 해당하므로 변수 j와 i를 1만큼 증가시켜 j=6, i=2가 된다. 다시 2를 조건문에 대입하면 참에 해당하므로 변수 j와 i를 1만큼 증가시켜 j=7, i=3이 된다. 3도 조건문에 대입하면 참에 해당하므로 변수 j와 i를 1만큼 증가시켜 j=8, i=4가 된다. 4를 조건문에 대입하면 참을 만족하지 않으므로 end while 아래의 명령을 수행하여 변수 j의 값인 8이 출력된다.
따라서 최종 출력되는 결과값은 8이다.

47 컴퓨터활용능력 결과값에 따른 조건문 설정하기

|정답| ①

|해설| 조건문 아래의 명령을 보면 ⊙을 만족하는 변수 i는 1씩 증가하며 변수의 값만큼 "@"가 도출된다. 변수의 초기값은 0이며 최종적으로 "@"가 총 10번 출력되었으므로 빈칸에 i<4가 들어가야 동일한 결과값이 도출된다.

48 컴퓨터활용능력 결과값에 따른 조건문 설정하기

|정답| ②

|해설| 결과값을 보면 "#"이 먼저 출력되었으므로 처음 변수들을 조건문에 대입하였을 때 참을 만족하지 않아야 한다. end while 아래의 명령에 따라 변수 i는 1만큼 증가한 상태에서 다시 조건문에 대입하였을 때 두 번째 결과값으로 "*"이 출력되었으므로 모든 조건을 만족한 것이 된다. 이때 변수 j는 초기값 그대로 0이고 i는 1만큼 증가한 상태였으므로 ⓑ는 j<i가 되고, 지금까지의 결과를 추측해 보았을 때 ⓐ에 해당하는 i의 초기값은 j와 같은 0이 됨을 짐작할 수 있다.
파악한 대로 두 번째 결과값까지 도출하였을 때 i=1, j=1이므로 이를 다시 조건문에 대입하면 첫 번째 조건은 만족하나 두 번째 조건은 만족하지 않으므로 결과값으로 "#"이 출력된다. 따라서 추측한 명령어가 맞는 것임을 확인할 수 있다. 그러므로 ⓐ는 Var i=0, ⓑ는 j<i가 된다.

49 물적자원관리능력 광고 전략 이해하기

|정답| ⑤

|해설| (다) 10대를 제외한 모든 연령층에서 15:00 이전과 이후의 광고 효율이 명확한 차이를 보이고 있다. 따라서 그 효율이 더 높은 15:00 이후에 광고를 하는 것이 유리하다.
(라) '좋아요' 댓글 수는 제품 단가, 월 광고시간, 광고비 등과 상관관계를 보이고 있지 않다.

|오답풀이|

(가) 브랜드가치 증대 효과는 예상 손익에만 영향을 미친다.
(나) 사무용품의 타겟 연령층은 30대이므로 30대의 인터넷 광고 효율이 가장 높은 21:00 이후 시간대에 광고를 하는 것이 가장 유리하다.

50 물적자원관리능력 예상 손익 계산하기

| 정답 | ③

| 해설 | 시간대별 광고 효율을 고려하지 않은 예상 손익을 정리하면 다음과 같다.

구분	예상 매출(원)	예상 손익(원)
문구류	$45 \times 0.2 \times 10,000 \times 12$ $=1,080,000$	$1,080,000 - 408,000$ $+100,000=772,000$
생활용품	$40 \times 0.2 \times 16,000 \times 20$ $=2,560,000$	$2,560,000 - 840,000$ $+120,000=1,840,000$
사무용품	$52 \times 0.2 \times 15,000 \times 16$ $=2,496,000$	$2,496,000 - 528,000$ $+60,000=2,028,000$
화장품	$38 \times 0.2 \times 18,000 \times 12$ $=1,641,600$	$1,641,600 - 696,000 +$ $120,000=1,065,600$
의류	$30 \times 0.2 \times 35,000 \times 22$ $=4,620,000$	$4,620,000 - 1,408,000$ $+120,000=3,332,000$

따라서 예상 손익이 두 번째로 큰 제품은 사무용품이다.

51 물적자원관리능력 전략 방향 수정하기

| 정답 | ④

| 해설 | 예상 손익이 가장 저조한 제품은 772,000원의 문구류이다. 이를 4위 제품인 화장품의 예상 손익보다 더 높게 만들기 위해서는 $1,065,600 - 772,000 = 293,600$(원)의 추가 손익을 내야 한다. 월 광고시간을 6시간 더 늘릴 경우, 예상 매출은 $45 \times 0.2 \times 10,000 \times 18 = 1,620,000$(원)이 되고, 예상 손익은 $1,620,000 - 612,000 + 100,000 = 1,108,000$(원)이 되어 화장품의 예상 손익보다 더 높아진다.

| 오답풀이 |

① 제품 단가를 2,000원 인상하면 예상 매출은 $45 \times 0.2 \times 12,000 \times 12 = 1,296,000$(원)이 되고, 예상 손익은 $1,296, 000 - 408,000 + 100,000 = 988,000$(원)이 된다.

② '좋아요' 댓글 수를 10개 더 받으면 예상 매출은 $55 \times 0.2 \times 10,000 \times 12 = 1,320,000$(원)이 되고, 예상 손익은 $1,320,000 - 408,000 + 100,000 = 1,012,000$(원)이 된다.

③ 시간당 광고비를 20,000원으로 낮추면 예상 매출은 $45 \times 0.2 \times 10,000 \times 12 = 1,080,000$(원)이 되고, 예상 손익은 $1,080,000 - 240,000 + 100,000 = 940,000$(원)이 된다.

⑤ 브랜드가치 효과를 기존의 3배까지 끌어올리면 예상 매출은 $45 \times 0.2 \times 10,000 \times 12 = 1,080,000$(원)이 되고, 예상 손익은 $1,080,000 - 408,000 + 300,000 = 972,000$(원)이 된다.

52 예산관리능력 실질 광고 시간 파악하기

| 정답 | ④

| 해설 | 각 제품의 실질 광고 시간을 정리하면 다음과 같다.

(단위 : 시간)

구분	09:00 ~ 12:00	12:00 ~ 15:00	15:00 ~ 18:00	18:00 ~ 21:00	21:00 ~	합계
문구류	0.7	3.6	0.8	6	–	11.1
생활용품	1.8	2.1	5	3.2	4.5	16.6
사무용품	2.4	2.8	2.4	1.8	3	12.4
화장품	1.4	–	2.4	2.7	4	10.5
의류	3.5	3	4.8	2	3.6	16.9

처음에 책정했던 광고 시간과 광고 효율에 따른 실질 광고 시간의 차이가 가장 큰 제품은 $22 - 16.9 = 5.1$(시간)의 차이가 나는 의류이다.

| 오답풀이 |

① 5개 제품 모두 실질 광고 시간이 20시간에 못 미친다.

② 광고 효율에 따른 광고 시간의 차이는 문구류가 $12 - 11.1 = 0.9$(시간)으로 가장 적다.

③ 문구류와 화장품의 실질 광고 시간은 각각 11.1시간과 10.5시간으로 동일하지 않다.

⑤ 광고 효율 적용 후의 실질 광고 시간은 모두 10시간이 넘는다.

53 예산관리능력 낭비된 광고비 계산하기

| 정답 | ③

| 해설 | 낭비된 광고비는 '(원래 책정되었던 시간 - 실질 광고 시간) × 시간당 광고비'로 계산할 수 있다. 이를 표로 정리하면 다음과 같다.

(단위 : 원, 시간)

구분	책정된 월 광고 시간	실질 광고 시간	차이	시간당 광고비	낭비된 광고비
문구류	12	11.1	0.9	34,000원	0.9×34,000 =30,600
생활용품	20	16.6	3.4	42,000원	3.4×42,000 =142,800
사무용품	16	12.4	3.6	33,000원	3.6×33,000 =118,800
화장품	12	10.5	1.5	58,000원	1.5×58,000 =87,000
의류	22	16.9	5.1	64,000원	5.1×64,000 =326,400
합계					705,600

따라서 5개 제품 전체의 낭비된 광고비 총액은 705,600원이다.

54 시간관리능력 연수 일정 수립하기

| 정답 | ③

| 해설 | 과정 1) → 과정 5) → 과정 4) → 과정 7) → 과정 6)의 일정을 수립할 경우, A조와 겹치는 프로그램이 없으며, 총 이수시간이 4+2+5+3+4=18(시간)이 되어 모든 준수사항에 부합한다.

| 오답풀이 |

① 셋째 날 오전의 과정 5)가 A조와 겹치게 된다.

② 과정 8) → 과정 7)은 전문가 특강 이수 순서에 부합하지 않는다.

④ 과정 7) → 과정 6) → 과정 8) → 과정 10) → 과정 9)의 일정을 수립할 경우, A조와 겹치는 프로그램은 없으나, 총 이수시간이 3+4+4+1+3=15(시간)이 되어 18시간보다 적다.

⑤ 셋째 날 오후의 과정 4)가 A조와 겹치게 된다.

55 시간관리능력 프로그램 일정 이해하기

| 정답 | ④

| 해설 | (가) 5시간짜리 프로그램은 2개이며, A조의 일정과 먼저 이수해야 하는 프로그램을 감안할 때 B조가 첫째 날 오후에 이수할 수 있는 5시간짜리 프로그램은 없다.

(다) 과정 8)의 소요시간이 4시간이므로 오후에만 이수 가능하다. 따라서 과정 7 ~ 9를 연속으로 이수하기 위해서는 오전-오후-오전의 일정이어야 하는데, 둘째 날 오전에 A조가 과정 7)을 이수하므로 불가능하다.

(라) A조의 마지막 일정은 5시간으로 가장 긴 시간이 소요되는 과정 4)이므로 B조가 더 늦게 종료될 수는 없다.

| 오답풀이 |

(나) 과정 5)와 과정 7) 모두를 이수하지 않을 경우, 과정 4)와 과정 8), 과정 9) 또한 이수할 수 없게 되며 A조 일정상 B조는 과정 2)를 이수할 수 없으므로 B조는 과정 1, 3, 6, 10만을 이수하게 되어 셋째 날까지 총 18시간을 이수할 수 없게 된다.

56 시간관리능력 대체 일정 확인하기

| 정답 | ②

| 해설 | 54에서 도출한 B조의 프로그램 일정은 '과정 1) → 과정 5) → 과정 4) → 과정 7) → 과정 6)'이다. 따라서 남는 과정 2), 과정 3), 과정 8), 과정 9), 과정 10) 중 과정 3)이 과정 1)이나 과정 6)이나 과정 7)을 대체할 수 있다.

| 오답풀이 |

① 과정 2)는 첫째 날만 이수가 가능하므로 A조의 일정에 따라 대체될 수 없다.

③ 과정 6)은 이미 일정에 포함되어 있으므로 대체 프로그램이 되지 않는다.

④ 과정 9)를 이수하기 위해서는 과정 8)을 반드시 이수해야 하므로 하나만이 아닌 전체 일정이 변경된다.

⑤ 과정 10)은 소요시간이 1시간이므로 소요시간이 가장 짧은 과정 5)를 대체하여도 이수시간이 17시간이 되어 최소 이수시간을 만족시킬 수 없다.

57 기술적용능력 수리요금 계산하기

|정답| ②

|해설| • RAM 8GB 교체

– 수량 : 15개(교체 12개, 추가설치 3개)

– 개당 교체, 설치비용 : $8,000+96,000=104,000$(원)

→ 총 $104,000×15=1,560,000$(원)

• SSD 250GB 추가설치

– 수량 : 5개

– 개당 설치비용 : $9,000+110,000=119,000$(원)

→ 총 $119,000×5=595,000$(원)

• 프로그램 설치

– 수량 : 3D 그래픽 프로그램 10개, 문서작성 프로그램 10개

– 문서작성 프로그램 개당 설치비용 : 6,000원

– 3D 그래픽 프로그램 개당 설치비용 : $6,000+1,000=7,000$(원)

→ 총 $(6,000×10)+(7,000×10)=130,000$(원)

따라서 선택지 ②가 적절하다.

58 기술적용능력 수리비용 계산하기

|정답| ④

|해설| • HDD 1TB 교체

– 개당 교체비용 : $8,000+50,000=58,000$(원)

– 개당 백업비용 : 100,000원

→ 총 $(100,000+58,000)×4=632,000$(원)

• HDD 포맷, 배드섹터 수리

– 개당 수리비용 : 10,000원

→ 총 $10,000×15=150,000$(원)

• 바이러스 치료 및 백신 설치

– 개당 치료 및 설치비용 : 10,000원

→ 총 $10,000×6=60,000$(원)

따라서 B 부서에 청구되어야 할 수리비용은 $632,000+150,000+60,000=842,000$(원)이다.

59 기술적용능력 수리 시간 산출하기

|정답| ④

|해설| • 진단 시간 : 2시간

• 데이터 복구 소요시간 : $270÷7.5=36$(시간)

따라서 데이터 복구까지 걸리는 총 시간은 $2+36=38$(시간)이므로 12일 오전 8시에 시작하면 13일 오후 10시에 완료된다. 오후에 데이터 복구가 완료되면 다음 날 오전에 직접 배송한다고 하였으므로 14일 오전에 배송하는 것이 가장 빠르다.

60 기술이해능력 품질보증 내용 이해하기

|정답| ②

|해설| 보증기간은 제품 구입일로부터 1년이므로 반드시 구입 날짜를 확인해 두는 것이 바람직하다.

|오답풀이|

① 보증기간 자체와 생산일자 간에는 관계가 없다.

③ 사용 용도가 부적절한 경우에는 보증기간이 절반으로 줄어든다.

④ 소비자의 과실에 의한 고장 횟수와 보증기간 간에는 관계가 없다.

⑤ 가정 이외의 장소에서 사용하는 모든 가전제품의 보증기간이 절반이 되는 것은 아니다.

61 기술적용능력 무상수리가 가능한 경우 파악하기

|정답| ③

|해설| 구입일이 생산일로부터 3개월이 경과하였으나, 구입일자를 알고 있는 경우이므로 이로부터 1년이 적용되어 2019년 10월까지가 보증기간이다. 하지만 사우나에서 가정용 세탁기를 사용할 경우 보증기간이 6개월로 줄어들게 된다. 따라서 2019년 4월까지가 무상수리 기간이므로 2019년 2월에 고장이 난 것은 무상수리가 가능하다.

|오답풀이|

① 2017년 7월에 구입하였으므로 2018년 7월까지가 보증기간이지만, 부적절한 사용에 의해 2018년 1월까지만 무상수리가 가능하다.

② 구입일자를 모르므로 생산일인 2018년 2월로부터 3개월이 지난 2018년 5월까지가 무상수리 기간이다.

④ 구입일로부터 1년이 지난 2019년 4월 이후에 고장이 발생한 경우이므로 무상수리가 불가능하다.

⑤ 구입일로부터 1년 3개월이 경과하였고, 편의점에서 사용한 전자레인지이므로 보증기간이 절반으로 줄어들어 무상수리가 불가능하다.

62 기술적용능력 무상수리가 가능한 경우 파악하기

|정답| ⑤

|해설| (나) 김치냉장고의 인버터 콤프레셔는 10년의 보증기간이 적용된다.

(다) 냉장고와 에어컨의 콤프레셔는 각각 3년과 4년의 보증기간이 적용된다.

(라) 세탁기의 일반 모터는 3년의 보증기간이 적용된다.

|오답풀이|

(가) 노트북의 메인보드는 무상수리 기간이 2년으로 설명되어 있으나, 노트북 LCD 패널은 제외된다.

63 기술이해능력 보증기간 이해하기

|정답| ④

|해설| 구입 후 1년에 유통기한 3개월을 추가하여 15개월까지는 무상수리를 받을 수 있다.

|오답풀이|

① 에어컨은 계절성 제품이므로 2년의 보증기간이 적용된다.

② 복사기는 6개월의 보증기간이 적용된다.

③ 기숙사에서 공동 사용하는 가전제품은 일반적이고 정상적인 사용 환경으로 볼 수 없으므로 보증기간이 6개월로 줄어든다.

⑤ 가전제품을 정해진 용도에 맞지 않는 장소에서 사용하면 보증기간이 줄어드는 것이다.

64 기술적용능력 규정에 부합하지 않는 응답 파악하기

|정답| ③

|해설| 드럼 세탁기의 모터는 핵심부품이며 보증기간이 10

년으로 설정되어 있다. 그러나 고시원에서 드럼 세탁기를 사용한 것은 일반 가정에서의 사용을 기준으로 한 보증기간 취지에 어긋나는 부적절한 사용으로 볼 수 있어 보증기간이 절반인 5년으로 줄어들게 된다. 따라서 6년이 지난 경우 무상수리를 받을 수 없다.

|오답풀이|

① 공사장은 정상적인 사용 환경이 아닌 곳으로 분류되어 있으므로 계절성 제품의 보증기간이 1년으로 줄어든다.

② 보증기간도 남아 있고, 첫 번째 수리 신청인 경우 소비자 과실여부도 무관하므로 출장비를 포함한 서비스 비용을 지불할 필요가 없다.

④ 구입 후 10개월이 지난 시점이므로 무상 보증기간에 해당되지만, 소비자의 과실에 의한 것이므로 1회만 무상수리가 가능하다.

⑤ 해당 제품의 판매사가 아닌 사설 서비스 업체에서 수리를 받은 적이 있는 제품은 무상수리가 불가능하다.

65 자기개발능력 자기개발능력의 개념 이해하기

|정답| ①

|해설| 자기개발은 자아인식, 자기관리, 경력개발로 이루어진다. 경력개발은 자신의 상황을 인식하고 경력과 관련된 목표를 설정하여 그 목표를 달성하기 위한 과정인 경력계획과, 경력계획을 준비하고 실행하며 피드백하는 경력관리로 구성된다.

66 자아인식능력 적성과 능력에 맞는 직업 선택하기

|정답| ④

|해설| 재무와 관련된 일을 하고 있기에 항상 신경이 예민하고 중압감을 느끼고 있으므로 억지로 같은 일을 계속 하면 업무의 효율이 떨어지는 것은 물론이고 직업 자체에 대한 회의가 점점 커질 것이다. 따라서 긍정적인 자기암시나 여가 및 취미생활 등의 간접적인 해결보다는 보다 먼 미래를 고려하여 자신의 적성과 능력에 맞는 다른 일을 진지하게 탐색해 보는 것이 필요하다.

67 자기관리능력 자기지시적 훈련 단계 이해하기

| 정답 | ⑤

| 해설 | '5단계 – 대응적 자기 말' 단계에서는 '나도 모르는 사이에 마음이 나태해져 다시 드라마를 많이 보기 시작했다. 다시 한번 마음을 굳게 먹고 자기개발에 집중해 보겠다' 등의 말을 하는 것이 알맞다.

68 자기관리능력 의사결정의 오류 이해하기

| 정답 | ④

| 해설 | '사회적 증거의 법칙'이란 서점에서 자신의 취향과 상관 없는 베스트셀러를 사는 것처럼 많은 사람들이 하는 것을 무의식적으로 따라 하는 것을 말한다. 과거의 행동이나 결정이 일치되도록 자신의 감정이나 행동들을 조작하는 것은 '일관성의 법칙'에 해당한다.

69 자기관리능력 PERMA의 5요소 이해하기

| 정답 | ①

| 해설 | PERMA의 5요소와 개념은 다음과 같다.

ㄱ. 긍정 정서(P) : (가) 행복을 가장 쉽게 느끼게 하는 기쁨, 희열, 따뜻함, 자신감, 낙관

ㄴ. 몰입(E) : (마) 시간 가는 줄 모르고 무언가에 빠져 있는 것

ㄷ. 관계(R) : (라) 타인과 함께 하는 것. 기뻤던 순간, 인생 최고의 순간은 대부분 타인과 함께 했을 때

ㄹ. 의미(M) : (나) 스스로 의미 있다고 생각하는 것에 소속되고 거기에 기여하고 있다고 느끼는 것

ㅁ. 성취(A) : (다) 남을 이기거나 금전적 목적이 아닌 성취 그 자체로서 좋은 것

70 자기개발능력 자기개발의 방해요인 이해하기

| 정답 | ②

| 해설 | A는 자신이 취업하지 못하고 있는 이유를 오롯이 지방대를 나왔기 때문이라고만 여기고 있다는 점에서 제한적 사고에 갇혀 있음을 알 수 있다. 제한적 사고는 자신의 장단점을 객관적으로 보는 데 방해 요인으로 작용하여 자기개발을 방해한다.

71 자아인식능력 직무 스트레스 해결하기

| 정답 | ③

| 해설 | 인내심을 키우기 위해서는 새로운 시각으로 상황을 분석해야 한다. 어떤 사물이나 현상을 바라보는 시각은 매우 다양하며, 다양한 시각을 가지게 되면 다른 사람이 하는 행동이나 현재 자신의 생각과 다르게 벌어지는 일에 대하여 참고 넘어갈 수 있게 된다.

72 자기관리능력 직무 스트레스 원인 분석하기

| 정답 | ④

| 해설 | 조사 결과 상사와의 관계(14.2%)보다 불확실한 비전(18.8%) 때문에 스트레스를 받는 직장인들이 더 많은 것을 알 수 있다.

73 문제처리능력 코로나19 규정사항 이해하기

| 정답 | ④

| 해설 | 제시된 자료에서는 확진환자 격리해제 요건으로 임상경과기준 또는 검사기준의 충족을 제시하였다. 검사기준에서는 증상이 있는 환자와 없는 환자 모두 'PCR 검사 결과 24시간 이상의 간격으로 2회 연속 음성이 확인되어야 합니다'라는 규정이 포함되어 있다.

| 오답풀이 |

① 확신환자와 접촉하지 않았다면 의사환자 대상에서 제외될 뿐, 코로나19 임상증상이 나타나면 관리대상자 중 조사대상 유증상자에 포함된다.

② 의사환자의 검사결과가 음성일 경우에는 14일의 격리기간 후 격리가 해제되는 것이지만, 조사대상 유증상자의 검사결과가 음성일 경우에는 보건교육과 격리가 함께 적용된다.

③ 생활치료센터에서 치료를 받는 확진자는 중등도 이상의 중증도를 경험하지 않은 사람(병원 치료가 필요하지 않다고 분류된 경우)뿐 아니라, 입원환자 중 임상증상이 호전된 사람도 포함한다.

⑤ 코로나19 병원체에 감염이 확인된 경우는 확진환자(확진자)를 의미하며, 이를 포함하여 의심환자 등의 진단 검사비도 국비로 지원된다.

74 문제처리능력 규정에 따라 시간 추론하기

| 정답 | ②

| 해설 | 휴일의 급전개시 시각은 1 ~ 4호선의 경우 첫 열차 운행시각 30분 전이며, 5 ~ 8호선의 경우 첫 영업열차 운행시각 30분 전이므로 호선별 순서대로 각각 04:41, 04:40, 04:39, 04:44, 05:00이 된다. 따라서 04:50은 휴일의 급전개시 시각이 될 수 없다.

75 문제처리능력 규정에 따라 시간 추론하기

| 정답 | ①

| 해설 | 1호선 열차의 급전시간은 첫 열차 운행시각 30분 전에서 20분 전까지의 10분간이므로 04:41 ~ 04:51까지가 된다. 따라서 04:45은 1호선 열차가 급전을 완료했어야 하는 시점이 아니다.

| 오답풀이 |

② 2호선과 3호선 열차는 04:40 ~ 04:50까지가 급전시간이므로 옳은 설명이다.

③ 5호선 열차는 첫 영업열차 운행시각 30분 전부터 10분간 급전이 개시되므로 05:00 ~ 05:10이 급전시간이다.

④ 4호선 열차는 첫 열차 운행시각이 05:14이므로 30분 전인 04:44부터 급전이 시작된다. 따라서 04:45은 급전 시작 후 1분이 경과한 시점이 된다.

⑤ 5호선 열차는 첫 영업열차 운행시각 30분 전인 05:00가 영업 준비 완료 시점이므로 15분이 남은 시점이 된다.

76 문제처리능력 환경 분석하기

| 정답 | ②

| 해설 | 영파 지역의 지원 정책과 낮은 물류비, 원활한 자재 공급 등으로 볼 때 지역적인 조건은 영파 지역이 창산 지역보다 더 나은 상황이었다고 판단할 수 있다.

| 오답풀이 |

① 일부 기존의 거래선이 이탈하여 신 사장과 거래를 지속 유지하였으므로 사업 초기 오더 리스크가 상당 부분 해소된 상황이었다.

③ 숙련공 조달이나 기타 소모품 공급에 있어 주변 지역 인프라가 다소 취약한 문제가 있었다.

④ 기존의 경험 있는 핵심 인력이 동시에 신 사장의 공장으로 이전해 왔으므로 인적 자원 확보에 필요한 시간이 절약될 수 있는 상황이었다.

⑤ 영파 지역은 항구에 더 가까우므로 물류비용 절감을 기대할 수 있는 상황이었다.

77 문제처리능력 원인 분석하기

| 정답 | ③

| 해설 | 신 사장이 경쟁력을 잃고 실패하게 된 이유는 영파 지역의 지원 정책에 있어 이점이 상실됐으며, 경쟁자가 난립하게 된 것이라고 볼 수 있다. 이는 창산 지역 공장의 경우와 대비하여 볼 때, 지속적인 변화와 발전을 꾀하지 못하고 사업 초기의 상황에만 안주하며 경쟁을 극복할 수 있는 방안을 모색하지 못한 것이 사업 실패의 근본 원인이라는 점을 시사한다.

78 문제처리능력 SWOT 분석 적용하기

| 정답 | ②

| 해설 | 강점(S)과 약점(W)은 경쟁자들과 비교했을 때 자신이 가진 내적인 요인을 말한다. 숙련공 조달의 어려움은 신 사장에게 불리한 요인이나 동일 지역 내 경쟁자들과 동등한 조건일 것이며, 자체적인 개선이나 노력으로 제거할 수 있는 요인이 아니므로 외부의 위협 요인(T)으로 보아야 한다.

| 오답풀이 |

① 신 사장만이 가진 강점이므로 S 요인에 해당한다.

③ 외적인 기회요인이므로 O 요인에 해당한다.

④ 자체적인 경쟁력 확보는 S 요인 강화라고 볼 수 있다.

⑤ 신 사장 내부의 약점이 아닌 외부 환경의 악영향이므로 T 요인에 해당한다.

79 문제처리능력 보험 상품 이해하기

| 정답 | ⑤

| 해설 | 동물등록증 인증 방식으로 가입된 경우가 아니라면, 동물병원 진료 당일 포함 3일 이내에 보험 가입된 반려견 또는 반려묘의 코 근접사진을 3장 촬영하여 GH 보험사에 제출하여야 한다.

| 오답풀이 |

① 최초 가입은 생후 91일 이후부터이므로 생후 3개월이 지난 시점부터 가입이 가능하다.

② 보험기간 종료 후에 대한 내용은 제시되어 있지 않다.

③ 월 납입액이 21,000원인 상품은 모든 수술에 대하여 보험금을 지급하므로 반려묘도 슬개골 및 고관절 관련 질환 수술비를 보장받을 수 있으나 1회 최대 지급액은 150만 원이다.

④ 배상 책임은 보험 상품에 가입한 반려견 및 반려묘가 다른 동물 및 사람의 신체에 손해를 끼쳤을 경우에 지급된다.

80 문제처리능력 보험금 산출하기

| 정답 | ④

| 해설 | • 고객 A는 3일간 통원치료로 매일 5만 원씩 지출하였고 이는 1일 10만 원 한도 범위 내에 해당된다. 이때 한도금액 내에서 실비 지급을 원칙으로 하므로 통원치료비에 해당되는 총 5×3=15(만 원)의 보험금 수령이 가능하다.

• 고객 B는 다른 반려견을 물어서 상해를 입혔으므로 1건당 800만 원 한도 내에서 보험금 수령이 가능하다. 이때 한도금액 내에서 실비 지급을 원칙으로 하므로 총 20+30=50(만 원)의 보험금 수령이 가능하다.

3회 실전모의고사

문제 148쪽

01	⑤	02	⑤	03	③	04	①	05	⑤
06	①	07	④	08	③	09	①	10	③
11	⑤	12	②	13	⑤	14	③	15	①
16	⑤	17	④	18	③	19	②	20	②
21	②	22	⑤	23	⑤	24	④	25	⑤
26	④	27	③	28	①	29	④	30	①
31	②	32	③	33	③	34	①	35	③
36	②	37	①	38	②	39	③	40	③
41	④	42	②	43	②	44	⑤	45	②
46	①	47	④	48	②	49	③	50	③
51	②	52	③	53	③	54	②	55	③
56	③	57	④	58	⑤	59	③	60	③
61	③	62	③	63	②	64	③	65	③
66	③	67	③	68	④	69	③	70	③
71	③	72	①	73	②	74	③	75	⑤
76	①	77	③	78	③	79	①	80	③

01 자기개발능력 자기개발의 특징 이해하기

| 정답 | ⑤

| 해설 | 갑 사원은 자신의 이해를 바탕으로 한 자기개발이 아니라 롤모델인 을 상사의 방식을 그대로 따라 하고 있다. 자기개발은 개별적인 과정으로서 사람마다 지향하는 바와 선호 방법이 다르다. 개인은 자신의 이해를 바탕으로 자신에게 앞으로 닥칠 환경 변화를 예측하여 자신에게 적합한 목표를 설정하고 이에 알맞은 자기개발 전략이나 방법을 선정하여야 한다. 따라서 을 상사는 갑 사원에게 해 줄 수 있는 조언으로 사람마다 알맞은 개발 방법이 있음을 알려 주는 것이 적절하다.

02 자아인식능력 올바른 자아 인식 효과 이해하기

| 정답 | ⑤

| 해설 | 올바른 자아인식을 통해 얻을 수 있는 효과는 자아정체감, 성장 욕구 증가, 자기 개발 방법 결정, 개인 · 팀 성과 향상 등 네 가지가 있다.

03 자기관리능력 업무 성과를 높이는 방법 이해하기

| 정답 | ③

| 해설 | 일의 우선순위를 정할 때 급히 처리해야 할 문제라고 하여 그 일을 우선으로 놓고 계획을 수립할 경우, 중요한 문제를 제때 처리하지 못하는 상황이 발생할 수 있다. 따라서 급히 해결해야 할 일과 중요한 일의 우선순위를 잘 결정하여 판단하는 것이 필요하다.

04 자아인식능력 성찰의 의미 파악하기

| 정답 | ①

| 해설 | 성찰은 다른 일을 하는 데 필요한 노하우를 축적하고, 지속적인 성장의 기회를 제공하며 신뢰감 형성을 바탕으로 창의적 사고 능력 개발의 기회를 제공하는 역할을 한다. 프로젝트를 진행하면서 발생한 실수나 마찰을 반성하여 다음 업무에 참고해야 하는 것이 맞지만 책임을 엄격히 따지는 것은 성찰의 의미에 부합하지 않는다.

05 경력개발능력 직무 몰입 이해하기

| 정답 | ⑤

| 해설 | [지문 A]에 따르면 직무에 몰입할수록 높은 성과를 창출하여 더 많은 보상을 받게 되며, 개인 시간을 더 많이 확보하여 일과 삶의 균형을 맞출 수 있다는 장점이 있다고 하였으므로 개인 시간 확보를 저해한다는 설명은 적절하지 않다.

06 경력개발능력 허즈버그의 2요인 이론 알기

| 정답 | ①

| 해설 | 회사 정책은 동기요인이 아닌 위생요인이다.

07 자기개발능력 매슬로우의 욕구 5단계 이해하기

| 정답 | ④

| 해설 | 타인으로부터 가치 있는 존재가 되고자 하는 것은 4단계인 존중의 욕구에 해당한다. 3단계인 애정과 소속의 욕구는 사회적인 상호작용을 통해 전반적으로 원활한 인간관계를 유지하고자 하는 욕구이다.

08 자아인식능력 세 가지 심리적 유형 이해하기

| 정답 | ③

| 해설 | ㄱ은 생존지향형, ㄴ은 내부지향형, ㄷ은 외부지향형의 사례이다. 살아가는 것이 힘들고 어려울 때 사람들은 생존하기 위해 발버둥을 친다. 생존의 문제가 어느 정도 해결되면 눈을 밖으로 돌려 이웃을 돌아보고, 봉사를 하고, 보람 있고 가치 있는 일을 추구한다. 이러한 삶이 더 발전하게 되면 내부지향적인 삶을 추구하게 되는데 외부적인 것보다는 내면의 아름다움을 추구하고 물질적인 것보다는 정신적인 것을 더 소중하게 생각하기 시작한다. 즉 사람들은 일반적으로 생존지향형(ㄱ) → 외부지향형(ㄷ) → 내부지향형(ㄴ) 순으로 삶을 추구한다고 볼 수 있다.

09 문제처리능력 철도 안전정책 이해하기

| 정답 | ①

| 해설 | 철도사업자에 대한 보안 감사 등의 실시와 관련한 안전정책은 언급되어 있지 않다.

| 오답풀이 |

② 역사 및 승강장 안전관리 강화 → CCTV 설치, 범죄사고 지원 대책 추진

③ 열차이용객 중심 안전 강화 → 객실 내 추가 CCTV 설치, 여객 탈출 교육 강화

④ 열차승무원 인적과실 예방대책추진 → 교육프로그램, 약물·음주 관리 등

⑤ 시설·차량의 안전성 향상 → 기관차 전면부 CCTV 설치, 열차 개별 보안설비 설치 등

10 문제처리능력 자료 읽고 추론하기

| 정답 | ③

| 해설 | 인원을 동원하여 시위를 벌이는 것은 그 특성상 특정 사안의 철회를 위하여 은밀하고 법률에 위배되는 방법

에 의한 청탁이 아닌 공개적인 방법일 것이므로 부정청탁 금지 사항에 해당되지 않는다.

| 오답풀이 |

① 유형 13에 해당한다.

② 유형 11에 해당한다.

④ 유형 8에 해당한다.

⑤ 유형 3에 해당한다.

11 문제처리능력 자료 읽고 추론하기

| 정답 | ⑤

| 해설 | 병역판정검사, 부대 배속, 보직 부여 등 병역 관련 업무에 관하여 법령을 위반하여 처리하도록 하는 행위는 공직자가 부정청탁에 따라 직무를 수행하는 것이므로 부정 청탁의 예외사유가 될 수 없다.

실제로 청탁금지법에서 주어진 선택지의 사유 이외에도 사 회 상규와 통념에 위배되지 않는 것으로 인정되는 행위를 부정청탁의 예외사유로 두고 있다.

12 문제처리능력 자료 분석하기

| 정답 | ②

| 해설 | 8점의 차이는 해당 항목의 환산 전 항목의 평가 점 수 차이이며, 이 차이는 환산점수에서 5분의 1로 줄어들게 된다.

| 오답풀이 |

① 1차와 2차 평가 항목에서는 책임건축사와 건축회사 모 두의 수행 경력을 평가기준으로 삼고 있다.

③ 협력회사의 평가 기준상 착수 ~ 고시완료까지의 실적을 인정하는 것으로 명시되어 있다.

④ 면적은 15점의 배점이 되어 있는 평가 항목이다.

⑤ 계약회사에 대한 평가 배점은 30점, 협력회사에 대한 평가 배점은 20점이므로 계약회사의 수행 실적과 경력 이 더 중요함을 알 수 있다.

13 문제처리능력 환산점수 계산하기

| 정답 | ⑤

| 해설 | 다음과 같이 항목별 점수를 계산할 수 있다.

(단위 : 점)

구분		A 업체	B 업체
책임 건축사	경력기간	16	12
	실적	25	30
계약 회사	건수	12	9
	면적	9	12
협력 회사	정비계획	10	8
	지하 공간	6	8
계		78	79

따라서 환산점수는 A 업체가 $78 \div 100 \times 20 = 15.6$(점)이며, B 업체가 $79 \div 100 \times 20 = 15.8$(점)이 된다.

14 문제처리능력 강의시간표 분석하기

| 정답 | ③

| 해설 | 〈5 ~ 6월 강좌 예상 일정〉의 개설 가능 시간에 따 라 문법반은 월, 화, 목요일에 강좌 개설이 가능하므로 월 요일에도 가능 표시가 되어야 한다.

15 문제처리능력 강의시간표 분석하기

| 정답 | ①

| 해설 | 비즈니스반은 밤 8시 이후 개설해야 하나 개설이 가 능한 요일은 월요일과 목요일이므로 수요일 밤 8시 이후 개 설 가능한 강좌가 아니다.

| 오답풀이 |

② 성조반은 수, 금요일에 개설이 가능하며 시간제한은 없다.

③ 한자반은 월, 수, 금요일에 개설이 가능하며 시간제한 은 없다.

④, ⑤ 독해반, 회화반 A는 매일 개설이 가능하며 시간제한 은 없다.

16 문제처리능력 강의시간표 분석하기

| 정답 | ⑤

| 해설 | 3 ~ 4월에 문법반은 중급이었으므로 5 ~ 6월에는 중급반보다 한 단계 높은 고급반으로 개설되어야 한다.

| 오답풀이 |

① 회화반 B는 화, 목, 금요일에 개설 가능하므로 변경할 필요가 없다.

② 3 ~ 4월에 독해반은 고급이었으므로 5 ~ 6월에는 입문반이 올바른 강좌이다.

③ 3 ~ 4월에 한자반은 초급이었으므로 5 ~ 6월에는 중급반이 적절하며 월, 수, 금에 개설 가능하다.

④ 비즈니스반은 월, 목요일에 개설 가능하며, 회화반 A는 매일 가능하므로 적절하다.

17 근로윤리 임직원의 윤리강령 이해하기

| 정답 | ④

| 해설 | 윤리강령 제9조 제2항에서 임직원은 공사와 개인 또는 부서 간의 이해가 상충될 경우에는 공사의 이익을 우선적으로 고려하여야 한다고 규정하고 있다. 따라서 자신의 부서의 이해에는 맞지 않더라도, 공사 전체의 이익을 우선적으로 고려한 배 팀장의 업무 처리는 옳다.

18 근로윤리 고객접점서비스 파악하기

| 정답 | ③

| 해설 | ㄴ. 고객접점에서 업무자의 용모와 복장은 첫인상을 좌우하는 첫 번째 요소이다.

ㄷ. 고객접점에서 가시적인 서비스도 중요하지만 경비, 주차, 운전사, 전화교환, 청소, 시설요원 등 비가시적인 서비스 요원들도 중요하다.

| 오답풀이 |

ㄱ. 고객접점서비스에는 곱셈법칙이 작용하며 고객이 여러 번의 결정적 순간 중 단 한 번 0점의 서비스를 받는다면 모든 서비스가 0이 되어 버린다.

ㄹ. 고객접점서비스는 15초라는 짧은 순간 동안에 이루어지는 서비스이다.

19 근로윤리 근면 파악하기

| 정답 | ②

| 해설 | ㄱ. 근면에는 외부로부터 강요당한 근면과 스스로 자진해서 하는 근면이 있는데, 스스로 자진해서 하는 근면은 자신의 것을 창조하며 조금씩 자신을 발전시켜 나가도록 한다.

ㄷ. 근면에 필요한 자세는 일에 능동적이고 적극적인 태도, 시간을 즐거운 마음으로 보내는 태도, 가장 기본적인 건강 등이 있다.

| 오답풀이 |

ㄴ. 외부로부터 강요당한 근면은 외부로부터의 압력이 사라져 버리면 아무것도 남지 않게 된다. 시간의 흐름에 따라 자아를 확립해 주는 것은 스스로 자진해서 하는 근면이다.

ㄹ. 근면은 성공의 기본 조건이지만 근면만으로 성공할 수 있는 것은 아니다.

20 공동체윤리 소개 예절 파악하기

| 정답 | ②

| 해설 | 소개받는 사람의 별칭이 비즈니스에서 사용되는 것이 아니라면 사용하지 않아야 한다.

21 근로윤리 직업윤리의 덕목 파악하기

| 정답 | ⑤

| 해설 | 전문가의식이란 자신의 일이 누구나 할 수 있는 것이 아니라 해당 분야의 지식과 교육을 밑바탕으로 성실히 수행해야만 가능한 것이라 믿고 수행하는 태도이다. 따라서 디자이너 A 씨의 사례에서는 전문가의식이 나타나 있지 않다.

| 오답풀이 |

① 소명의식은 자신이 맡은 일은 하늘에 의해 맡겨진 일이라 생각하는 태도이다.

② 직분의식은 자신이 하고 있는 일이 사회나 기업을 위해 중요한 역할을 하고 있다고 믿고 자신의 활동을 수행하는 태도이다.

③ 천직의식은 자신의 일이 자신의 능력과 적성에 꼭 맞는
다 여기고 그 일에 열성을 가지고 성실히 임하는 태도
이다.

④ 봉사의식은 직업 활동을 통해 다른 사람과 공동체에 대
하여 봉사하는 정신을 갖추고 실천하는 태도이다.

22 근로윤리 성희롱 예방지침 이해하기

| 정답 | ⑤

| 해설 | 제8조 제3항에 의하면 조사가 진행 중인 사안에 대
해 법령에 의해 국가인권위원회 등 다른 기관에서 조사 또
는 처리 중이거나 피해자가 조사에 협조하지 않은 때에는
조사를 중지할 수 있다.

| 오답풀이 |

① 제8조 제2항에서 언급된다.

② 제8조 제6항에서 언급된다.

③ 제6조 제3항에서 언급된다.

④ 제6조 제2항에서 언급된다.

23 직업윤리 청탁금지법 위반 여부 판단하기

| 정답 | ⑤

| 해설 | A 씨는 사기업 대표이사로서 20만 원 상당의 골프
접대를 받았을 뿐 '공직자'에 해당하는 학교법인 이사장으
로서의 직무와 관련하여 금품 등을 받은 것이 아니므로 청
탁금지법상 제재대상에 해당하지 않는다. 다만 금품 등이
100만 원을 초과할 경우, 공직자 등은 직무 관련 여부 및
기부·후원·증여 등 그 명목에 관계없이 금품 등을 받는
것이 금지된다.

24 공동체윤리 직장 예절 이해하기

| 정답 | ④

| 해설 | 직장에서 전화를 걸 때는 정상적인 업무가 이루어지
고 있는 근무 시간에 걸어야 한다.

25 기술이해능력 업무 매뉴얼 파악하기

| 정답 | ⑤

| 해설 | 〈홍보물 발간 과정 및 준수 사항〉의 '8. 의견 수렴
및 점검' 단계를 통해 일반인의 의견 수렴은 홍보팀에서,
한 해 동안의 홍보물 발간 비용 산출은 회계팀에서 진행한
다는 것을 알 수 있다.

26 기술이해능력 업무 매뉴얼 작성하기

| 정답 | ④

| 해설 | 공지는 한 해 동안 발간한 홍보물들을 평가하겠다는
내용을 담고 있다. 따라서 홍보물이 배포된 후 의견 수렴
및 점검 단계에 들어가는 것이 알맞다.

27 기술선택능력 매뉴얼 이해하기

| 정답 | ③

| 해설 | (가) 전날 강수량에 관계없이 정상 버튼에 해당하는
경고등 색은 녹색으로 동일하다.

(다) 조치사항 정도는 기준치와 PSD 수치의 크고 작음에
영향을 받는 것이며, 실내와 실외 온도가 높을수록 심
각한 조치사항이 취해지는 것은 아니다.

(라) 기준치는 온도에 영향을 받지 않는다고 하였으므로
수치의 합(주중)이 수치의 평균(토요일)보다 더 높게
된다.

| 오답풀이 |

(나) 계기판 B를 고려하지 않는 것은 PSD 값을 산정할 때
에만 해당되며, 기준치는 세 계기판의 표준 수치를 모
두 고려해야 한다.

28 기술선택능력 매뉴얼 적용하기

| 정답 | ①

| 해설 | 11월 주중이므로 기준치는 7+9+4=20이 된다.
실외 온도가 10도 이상이므로 계기판 B의 수치를 고려하지
않는다.

1회 2회 3회 4회 5회

실내 온도가 5도 미만이므로 Parallel Mode가 적용되어, PSD는 $(2+7)\div2=4.5$가 된다.

전날 강수량이 40mm 이상이므로 PSD는 4.5, 기준치가 20인 경우 'PSD≤기준치−2'에 해당되어 정상 버튼을 누르게 되며, 후속 조치는 '정상 가동'이 되는 것을 알 수 있다.

29 기술선택능력 매뉴얼 적용하기

|정답| ④

|해설| 7월 토요일이므로 기준치는 $(7+9+4)\div2=10$이 된다.

실외 온도가 28도 미만이므로 계기판 B의 수치도 고려해야 한다.

실내 온도가 13도 이상이며 전날은 맑은 날이므로 Serial Mode가 적용되어 PSD는 $5+5+8=18$이 된다.

전날 강수량이 40mm 미만이므로 PSD는 18, 기준치가 10인 경우 '기준치+6≤PSD'에 해당되어 비정상 버튼을 누르게 되며, 오렌지색 경고등이 들어오게 된다.

30 기술선택능력 매뉴얼 적용하기

|정답| ①

|해설| 5월 토요일이므로 기준치는 $(7+9+4)\div2=10$이 된다.

실외 온도가 28도 이상이므로 계기판 B의 수치는 고려하지 않는다.

실내 온도가 13도 미만이므로 Parallel Mode가 적용된다. 만일 검침일의 계기판 A, B, C의 수치가 각각 6, 8, 10인 경우 계기판 B의 수치인 8을 고려하지 않으므로 PSD는 $(6+10)\div2=8$이 된다. 전날 강수량이 40mm 미만이므로 PSD는 8, 기준치가 10인 경우 'PSD≤기준치−1'에 해당되어 정상 버튼을 누르게 되며, 녹색 경고등이 들어오게 된다.

|오답풀이|

②, ③, ④, ⑤ 계기판 B를 고려하지 않으므로 계기판 A, C 수치의 합이 18보다 클 경우 경계 또는 비정상 버튼을 누르게 되어 경고등의 색이 녹색과 달라진다. ① 이외의 선택지는 모두 '기준치−1 < PSD < 기준치+6'에 해당하여 분홍색 경고등이 들어온다.

31 기술선택능력 매뉴얼 적용하기

|정답| ②

|해설| 2월 주중이므로 기준치는 $7+9+4=20$이 된다.

실외 온도가 10도 미만이므로 계기판 B의 수치도 고려해야 한다.

실내 온도가 5도 이상이며 전날 강수량이 60mm 미만이므로 Serial Mode가 적용된다.

만일 검침일의 계기판 A, B, C의 수치가 각각 7, 8, 4인 경우 PSD는 $7+8+4=19$가 된다. 전날 강수량이 40mm 이상이므로 PSD는 19, 기준치가 20인 경우 '기준치−2 < PSD < 기준치+3'에 해당되어 경계 버튼을 누르게 되며, 노란색 경고등이 들어오게 된다.

|오답풀이|

①, ③, ④, ⑤ 모두 'PSD ≤ 기준치−2'에 해당하여 녹색 경고등이 들어온다.

32 기술적용능력 4차 산업혁명 이해하기

|정답| ③

|해설| (A)에 해당하는 사례에는 산업인터넷, 스마트공장이 있다.

구분	유형 Ⅰ	유형 Ⅱ
혁신의 성격	존속성	파괴적 혹은 보완적
혁신의 주도	기존 업체(제조업체)	외부의 ICT 기업과 스타트업
주요 사례	산업인터넷, 스마트공장	• 파괴적 : 자율주행차, O2O, 핀테크 • 보완적 : 디지털 헬스케어, 스마트 에너지, 리걸테크
혁신의 주안점	하드웨어 장비 제조역량과 소프트웨어의 결합	주로 소프트웨어적 혁신

|오답풀이|

①, ②는 (B)에 해당하고 ④, ⑤는 (C)에 해당하는 사례이다.

33 도표작성능력 | 그래프 작성하기

| 정답 | ③

| 해설 | 호선별 일평균 승차인원과 전체 승차인원 중 호선별 일평균 승차인원이 차지하는 비중의 대소관계는 동일하다. 즉 호선별 일평균 승차인원이 많으면 그 비중도 크다. 3 ～ 5호선의 승차인원의 크기는 5호선>4호선>3호선이므로 이와 대소관계가 다른 ④를 먼저 제외한다. 다음으로 2호선의 비중을 계산하면 $\frac{15,224}{47,989} \times 100 ≒ 31.72(\%)$이므로 ①, ②를 제외한다. 남은 ③, ⑤ 중 1호선의 비중을 비교해 보면 $\frac{2,809}{47,989} \times 100 ≒ 5.85(\%)$이므로 적절한 그래프는 ③이다.

34 도표분석능력 | 자료의 수치 분석하기

| 정답 | ①

| 해설 | 전체 일평균 환승유입인원은 24,733백 명이므로 이의 15%는 24,733×0.15≒3,710(백 명)이다. 따라서 15% 이상인 호선은 2호선 1개뿐이다.

| 오답풀이 |

② 1 ～ 5위 순서는 승차, 하차, 환승유입인원 항목이 모두 동일하지 않으나, 상위 5개에 포함되는 호선은 2, 3, 4, 5, 7호선으로 모두 동일하다.

③ 상위 3개 역의 승차인원은 $\frac{1,007+890+786}{47,989} \times 100 ≒$ 5.6(%), 상위 3개 역의 하차인원은 $\frac{1,015+840+833}{47,932} \times 100 ≒ 5.6(\%)$, 상위 3개 역의 환승유입인원은 $\frac{486+404+362}{24,733} \times 100 ≒ 5.1(\%)$이므로 모두 5% 이상이다.

④ 상위 5개 역의 승차인원은 1,007+890+786+706+625=4,014(백 명)이며, 상위 5개 역의 하차인원은 1,015+840+833+691+625=4,004(백 명)이므로 올바른 설명이다.

⑤ 강남, 잠실, 홍대입구, 신림, 구로, 신도림, 고속터미널, 서울역 8개가 3개 지표의 10위권에 모두 포함된다.

35 기초연산능력 | 분수식 계산하기

| 정답 | ⑤

| 해설 | $\frac{2}{1 \times 3} + \frac{2}{2 \times 4} + \frac{2}{3 \times 5} + \frac{2}{4 \times 6} +$
$\cdots + \frac{2}{12 \times 14} + \frac{2}{13 \times 15}$
$= \left(\frac{1}{1} - \frac{1}{3}\right) + \left(\frac{1}{2} - \frac{1}{4}\right) + \left(\frac{1}{3} - \frac{1}{5}\right) + \left(\frac{1}{4} - \frac{1}{6}\right) +$
$\cdots + \left(\frac{1}{12} - \frac{1}{14}\right) + \left(\frac{1}{13} - \frac{1}{15}\right)$
$= \left(\frac{1}{1} + \frac{1}{2} + \frac{1}{3} + \frac{1}{4} + \cdots + \frac{1}{12} + \frac{1}{13}\right) -$
$\left(\frac{1}{3} + \frac{1}{4} + \frac{1}{5} + \frac{1}{6} \cdots + \frac{1}{14} + \frac{1}{15}\right)$
$= \frac{1}{1} + \frac{1}{2} - \frac{1}{14} - \frac{1}{15} = \frac{143}{105}$

36 기초연산능력 | 전기요금계 계산하기

| 정답 | ②

| 해설 | • 기본요금 : 1,600원
• 전력량 요금 : (200×93.3)+(120×187.9)=41,208(원)
• 대가족 할인 30%(월 16,000원 한도) : (1,600+41,208) ×0.3=12,842.4(원)
따라서 전기요금계는 42,808-12,842.4=29,965.6≒29,966 (원)이다.

37 기초연산능력 | 전기요금계 계산하기

| 정답 | ①

| 해설 | **36**의 해설을 참고하면 대가족 할인 30%는 12,842.4 원이 감액되므로 장애인 할인 16,000원을 적용해야 한다. 따라서 전기요금계는 42,808-16,000=26,808(원)이다.

38 도표분석능력 | 자료의 수치 분석하기

| 정답 | ②

| 해설 | 한국과 중국은 주어진 시기에 매년 A 산업 부가가

치가 증가하는 추이를 보이며, 나머지 국가 중 매년 동일한 증감 추이를 보이는 곳은 없다.

39 도표분석능력 자료의 수치 분석하기

| 정답 | ③

| 해설 | A 산업 부가가치와 이 중 B 업종의 비중이 주어져 있으므로 'A 산업 부가가치×B 업종 비중'으로 B 업종 부가가치를 산출할 수 있으며, 이를 정리하면 다음과 같다.

- 한국 : $541 \times 0.301 ≒ 163$(억 원)
- 미국 : $4,311 \times 0.202 ≒ 871$(억 원)
- 일본 : $1,020 \times 0.0 = 0$(억 원)
- 독일 : $609 \times 0.158 ≒ 96$(억 원)
- 프랑스 : $557 \times 0.769 ≒ 428$(억 원)
- 영국 : $332 \times 0.166 ≒ 55$(억 원)
- 중국 : $5,567 \times 0.024 ≒ 134$(억 원)

따라서 미국(1위), 프랑스(2위), 한국(3위)이 상위 3개국이 된다.

40 도표분석능력 자료의 수치 분석하기

| 정답 | ③

| 해설 | (가) 중국은 $5,567 - 3,288 = 2,279$(억 원)로 주요국 중 A 산업 부가가치 변동이 가장 크다.

(나) 미국은 $\dfrac{4,311 - 4,324}{4,324} \times 100 ≒ -0.3$(%)로 주요국 중 가장 작은 증감률을 보이고 있다.

(다) **39**의 해설에 따르면 주요국 중 2019년 B 업종 부가가치 상위 3개국은 미국, 프랑스, 한국이며, 주요국의 A 산업 부가가치 중 B 업종 비중 상위 3개국 역시 프랑스(76.9%), 한국(30.1%), 미국(20.2%)이 포함된다.

| 오답풀이 |

(라) 스웨덴과 핀란드는 자국의 A 산업 부가가치 중 B 업종의 비중이 한국보다 크지만, 자국 A 산업 부가가치를 알 수 없으므로 B 업종 부가가치 자체가 한국보다 많다고 할 수는 없다.

41 업무이해능력 부서의 업무 파악하기

| 정답 | ④

| 해설 | 강 사원은 총무부와 법무팀을 경유하여 다음 업무를 처리하여야 한다.

- 총무부 : 항공 스케줄 등 출장과 관련한 업무, 바이어 전송을 위한 배차 업무
- 법무팀 : 계약서 검토 관련 업무

42 업무이해능력 부서의 업무 파악하기

| 정답 | ②

| 해설 | 오 대리는 인사부, 총무부, 회계부를 경유하여 다음 업무를 처리하여야 한다.

- 인사부 : 퇴직금 정산 등 퇴사 관련 제반 업무
- 총무부 : 현지에서 제공되던 차량 및 주택 임대료 보조금 관련 정산 업무 등 해외 주재원 파견 부대 업무
- 회계부 : 주재원상해보험 해지 관련 업무

43 체제이해능력 육아휴직제도 파악하기

| 정답 | ②

| 해설 | '육아휴직급여 지급대상'을 보면 '같은 자녀에 대해서 피보험자인 배우자가 동시에 육아휴직(30일 미만은 제외) 중인 경우 중복된 기간에 대하여는 1명만 지급'한다고 명시되어 있으므로, T 씨가 사용하고자 하는 육아휴직 기간 25일에 대해서도 육아휴직급여가 지급된다.

| 오답풀이 |

① 8세 이하 자녀, 9년의 근무기간 등은 육아휴직 자격에 부합하며, 두 번째 대화 내용에서도 월 통상임금이 많으면 육아휴직급여액(월 통상임금의 100분의 40)이 많아질 뿐 아니라, 회사에서 지급받는 금품의 액수도 더 많아질 수 있으므로 안내문에 부합한다.

③ 동일 자녀에 대해 부모가 함께 육아휴직을 쓸 수 있다는 것과 그 경우 육아휴직급여는 중복 지급되지 않는다는 판단을 하고 있으므로 안내문에 부합한다.

④ 회사에서 지급되는 금품의 액수가 일정 수준을 넘게 되면 육아휴직 급여액에서 차감될 수 있으므로 적절한 판단이다.

⑤ 육아휴직급여의 신청은 적치 신청 방식이 가능하나, 육아휴직 자체는 매월 1회 신청을 해야 하는 것으로 규정하고 있으므로 적절한 판단이다.

조가 수직적이지 않고 원형체계로 순환하는 조직이다. 따라서 순환 조직은 기업의 주요한 의사결정위원회가 각각 원탁에 앉은 것처럼 배치되어 소통하는 조직이다.

44 체제이해능력 육아휴직제도 파악하기

| 정답 | ⑤

| 해설 | (다) 특별 육아비를 제외하면 안내문에 따라 다음과 같이 계산할 수 있다. 월 통상임금의 100분의 40이 육아휴직급여액이며, 육아휴직급여액의 100분의 25가 직장복귀 6개월 후 지급되므로 K 씨는 $200 \times 0.4 \times 0.25 \times 3$(개월)$=60$(만 원), M 씨는 $180 \times 0.4 \times 0.25 \times 6$(개월)$=108$(만 원)을 지급받아 합산 금액은 168만 원이 된다.

(라) 육아휴직 중 실제 지급액은 K 씨는 $200 \times 0.4 \times 0.75 = 60$(만 원), M 씨는 $180 \times 0.4 \times 0.75 = 54$(만 원)이다. K 씨는 육아휴직급여액의 100분의 75인 60만 원과 특별 육아비 150만 원의 합산 금액이 월 통상임금인 200만 원을 초과하므로 초과한 10만 원은 실제 지급액 60만 원에서 차감되어 실제 지급액은 50만 원이다. 또한 M 씨는 육아휴직급여액의 100분의 75인 54만 원과 특별 육아비 100만 원의 합산 금액이 월 통상임금인 180만 원을 초과하지 않으므로 차감 없이 실제 지급액은 54만 원이 된다.

| 오답풀이 |

(가) 4 ~ 6월은 K 씨와 M 씨의 육아휴직 기간이 중복되는 시기이며, 30일을 초과하고 있으므로 육아휴직급여는 한 사람에게만 지급된다.

(나) 특별 육아비를 제외할 경우, K 씨의 육아휴직급여액은 $200 \times 0.4 = 80$(만 원)이며, M 씨의 육아휴직급여액은 $180 \times 0.4 = 72$(만 원)으로 합산 금액은 152만 원이 된다.

45 조직이해능력 순환 조직 이해하기

| 정답 | ②

| 해설 | 윗글에서 볼 수 있는 순환 조직의 특징은 사냥이나 전술의 계획을 다함께 궁리할 때 화롯불을 가운데 두고 빙빙 원을 돌거나 원탁에 둘러앉았던 것처럼 의사소통의 구

46 업무이해능력 평가 결과표 파악하기

| 정답 | ①

| 해설 | 합계와 평균을 이용하여 빈칸을 채우면 다음과 같다.

(단위 : 점)

분야 응시자	어학	컴퓨터	실무	NCS	면접	평균
A	16	14	13	15	( )	( )
B	12	14	10	10	14	12.0
C	10	12	9	10	18	11.8
D	14	14	20	17	( )	( )
E	18	20	19	17	19	18.6
F	10	13	16	15	16	14.0
계	80	87	87	84	( )	( )
평균	13.3	14.5	14.5	14.0	( )	( )

따라서 응시자 A와 D의 면접 점수와 평균 점수를 알 수 없다.

47 업무이해능력 평가 결과표 파악하기

| 정답 | ④

| 해설 | 최하점이 1점이므로 A와 D의 면접 점수가 1점이라고 가정하면, D의 평균 점수는 최소 13.2점, A의 평균 점수는 최소 11.8점이 된다. 따라서 A는 면접에서 어떤 점수를 받아도 최소한 C와 동일한 평균 점수를 얻게 되어 C보다 작을 수 없으므로 ④는 적절하지 않다.

48 체제이해능력 최종 채용자 변경조건 파악하기

| 정답 | ②

| 해설 | 46의 해설에서 점수를 알 수 없는 두 응시자는 A와 D이다. 6명의 면접 평균 점수가 17.5점이며 A와 D의 면접 점수가 동일하므로 x점으로 두면

$14+18+19+16+2x=17.5\times6=105$

$\therefore x=19(점)$

이를 통해 〈평가 결과표〉를 정리하면 다음과 같다.

(단위 : 점)

응사자 \ 분야	어학	컴퓨터	실무	NCS	면접	평균
A	16	14	13	15	19	15.4
B	12	14	10	10	14	12.0
C	10	12	9	10	18	11.8
D	14	14	20	17	19	16.8
E	18	20	19	17	19	18.6
F	10	13	16	15	16	14.0
계	80	87	87	84	105	88.6
평균	13.3	14.5	14.5	14.0	17.5	14.8

따라서 2명의 최종 채용자는 D, E이다. 이때 A의 실무 점수가 최고점, D의 실무 점수가 13점일 경우에는 A와 D의 평균 점수가 각각 16.8점과 15.4점이 되어 최종 채용자가 A, E로 바뀐다.

| 오답풀이 |

① E의 평균 점수가 5÷5=1(점) 낮아져도 채용자는 동일하다.

③ F의 점수가 10점 오르므로 평균 점수는 10÷5=2(점) 올라 16점이 되어 채용자는 동일하다.

④ B의 점수가 20점 오르므로 평균 점수는 20÷5=4(점) 올라 16점이 되어 채용자는 동일하다.

⑤ C의 점수가 11점 오르므로 평균 점수는 11÷5=2.2(점) 올라 14점이 되어 채용자는 동일하다.

49 팀워크능력 멤버십 유형 이해하기

| 정답 | ④

| 해설 | 최 대리는 ④와 같은 직무 상황에서 볼 수 있는 수동형 멤버십에 해당한다. 수동형 멤버는 판단과 사고를 리더에 의존하고, 지시가 있어야 행동한다.

| 오답풀이 |

① 순응형 멤버십에 대한 설명이다.
② 실무형 멤버십에 대한 설명이다.
③ 소외형 멤버십에 대한 설명이다.
⑤ 모범형 멤버십에 대한 설명이다.

50 팀워크능력 팀워크의 의미 이해하기

| 정답 | ③

| 해설 | 팀워크는 단순히 모이는 것을 말하는 것이 아니라 목표달성의 의지를 가지고 성과를 내는 것이다.

51 리더십능력 리더와 관리자의 차이 파악하기

| 정답 | ②

| 해설 | 조직구조 속에서 리더와 관리자의 역할은 다르므로 좋은 관리자라고 해서 좋은 리더라고 할 수는 없다.

보충 플러스+

리더와 관리자
리더와 관리자는 다른 개념으로, 가장 큰 차이는 비전이 있고 없음에 있다. 관리자의 역할이 자원을 관리·분배하고 당면한 문제를 해결하는 것이라면 리더의 역할은 비전을 선명하게 구축하고 그 비전이 팀 구성원의 협력 아래 실현되도록 환경을 만들어 주는 것이다.

리더	관리자
- 새로운 상황 창조자	- 상황에 수동적
- 혁신 지향적	- 유지 지향적
- 내일에 초점	- 오늘에 초점
- 동기 부여	- 사람을 관리
- 사람을 중시	- 체제나 기구를 중시
- 정신적	- 기계적
- 계산된 위험(risk)을 취함.	- 위험(risk)을 회피함.
- '무엇을 할까'를 생각함.	- '어떻게 할까'를 생각함.

52 대인관계능력 대인관계능력 이해하기

| 정답 | ④

| 해설 | ㉠은 대인관계능력에 해당한다. 대인관계능력은 조직구성원 간의 생각이나 감정을 잘 이해하여 협조적인 관계를 유지하고 도움을 줄 수 있으며 조직 내부 및 외부의 갈등을 원만히 해결하고 고객의 요구를 충족시켜줄 수 있는 능력을 의미한다.

53 리더십능력 코칭의 기본 원칙 이해하기

| 정답 | ③

| 해설 | ㉠에 들어갈 말은 코칭으로, 조직의 지속적인 성장

과 성공을 만들어내는 리더의 능력을 말한다. 코치인 리더는 지식이나 정보를 하달하기보다 직원에게 프로젝트를 부여한 뒤 업무를 수행하는 동안 모든 결정을 스스로 하도록 권한을 위임해야 한다. 성공적인 코칭을 받은 직원들은 문제를 스스로 해결하려고 노력하는 적극성을 보이게 된다.

54 협상능력 협상의 의미 이해하기

| 정답 | ②

| 해설 | 협상은 서로의 이해가 상충될 때 당사자들이 공통된 협의안을 도출할 수 있게끔 두 사람 또는 그 이상의 사람들이 벌이게 되는 의견교환 과정이다. 이 과정에서 이해당사자들은 대화(A)와 논쟁(B)을 통해서 서로를 설득(C)하여 문제를 해결하고자 한다.

55 리더십능력 리더십 이해하기

| 정답 | ③

| 해설 | 4차 산업혁명 시대에 수직적인 리더십은 더 이상 유효하지 않으며 조직구성원들과 소통하는 수평적인 리더십이 적절하다. 따라서 조직의 미션과 비전도 조직구성원들과 적극 공유할 필요가 있으므로 C의 발언은 적절하지 않다.

56 리더십능력 윤리적 리더십 이해하기

| 정답 | ②

| 해설 | 윤리적 리더십에 대한 설명이다. 윤리적 리더십은 타인을 존중하는 마음, 타인을 위한 봉사, 공정함 및 정직함, 공동의 이익 추구, 조직원들의 동의와 수용 중시 등의 특성을 갖는다.

| 오답풀이 |

① 지시적 리더십 : 부하들에게 규정을 준수할 것을 요구하고 구체적인 지시를 통해 그들이 해야 할 일이 무엇인지를 명확히 설정해 주는 리더십이다.

③ 거래적 리더십 : 리더가 조직구성원들과 맺은 거래적 계약관계에 기반을 두고 영향력을 발휘하는 리더십이다.

④ 변혁적 리더십 : 조직구성원들로 하여금 리더에 대한 신뢰를 갖게 하는 카리스마는 물론, 조직변화의 필요성을

감지하고 그러한 변화를 이끌어 낼 수 있는 새로운 비전을 제시할 수 있는 능력이 요구되는 리더십이다.

⑤ 서번트 리더십 : 부하에게 목표를 공유하고 부하들의 성장을 도모하면서, 리더와 부하 간의 신뢰를 형성시켜 궁극적으로 조직성과를 달성하게 하는 리더십이다.

57 문서이해능력 세부 내용 이해하기

| 정답 | ④

| 해설 | 제○○조 제2호에서는 간이운전대 자체에 잠금장치가 되어 있어야 한다고 규정하고 있다. 따라서 간이운전대가 아닌 출입문에 잠금장치를 강화한 것은 도시철도운영자의 적절한 의무 사항 이행이라고 볼 수 없다.

| 오답풀이 |

① 시험운전을 위한 부득이한 상황이므로 운전 진로를 달리할 수 있다.

② 호기심에 의한 행위이므로 정당한 사유로 볼 수 없어 승객에게 금지행위임을 주지시킨 것은 당연한 의무 사항이다.

③ 운행 중 객실 내에서 테러가 발생할 경우는 '그 밖에 승객의 안전에 위험한 상황이 발생하는 경우'라고 볼 수 있으므로 행동매뉴얼을 준비한 것은 적절한 행동이다.

⑤ 안전요원은 '필요한 경우'에 배치하도록 규정하고 있으므로, 추가적인 조치가 필요 없다는 판단하에 안전요원을 배치하지 않은 것은 적절한 행동이다.

58 문서이해능력 세부 내용 이해하기

| 정답 | ⑤

| 해설 | 정당한 사유가 있는 경우, 비상상황 등에는 비상정지버튼을 누르거나 승강용 출입문을 열 수 있다.

| 오답풀이 |

① 제△△조 제2항에서 규정한 때에도 좌측으로 운행할 수 있다.

② 무인운전 모드가 종료되어 있어야 한다는 규정은 언급되어 있지 않으며, '운전 모드 전환을 안전하게 하기 위한 규정'을 마련해 놓도록 되어 있다.

1회 2회 3회 4회 5회

③ 여객출입 금지 장소가 기관실로 한정된 것은 아니므로 규정된 다른 지역까지 출입 금지되어 있다.

④ 흡연 행위와 음주 행위 모두 금지되어 있다.

59 문서작성능력 적절한 제목 작성하기

|정답| ①

|해설| • (가) : 제○○조는 무인운전으로 운행하려는 경우 열차와 승객의 안전을 위해 도시철도운영자가 준수해야 할 사항을 열거한 내용이므로 '무인운전 시의 안전 확보'가 적절하다.

• (나) : 제△△조에서는 예외 조항과 함께 열차의 운전 진로를 우측으로 규정한 내용이므로 '운전 진로'가 적절하다.

60 문서이해능력 중심 내용 이해하기

|정답| ②

|해설| 지구온난화로 인한 가뭄 때문에 생활용수 부족 현상이 발생하고 있으며, 해수면 상승으로 인해 투발루인들이 아침 주식으로 먹는 식물이 죽고 있다. 따라서 그들의 식생활을 바꾼 것은 해수면 상승이다.

61 문서작성능력 보충자료 파악하기

|정답| ③

|해설| 제시된 글은 지구온난화의 심각성을 제시하며 경각심을 일깨워 주고자 하는 내용이다. ③은 기후변화를 과거부터 있던 자연스러운 현상으로 보고 있으므로 지구온난화의 피해의 보충자료로 볼 수 없다.

62 문서작성능력 적절한 제목 작성하기

|정답| ③

|해설| 제시된 글의 전반부에서는 스마트워크의 의미를 소개하고 있으며, 후반부에서는 이러한 스마트워크가 세종시 이전에 따라 더욱 활성화되고 있음을 언급하고 있다. 따라서 이를 포괄하는 '스마트워크의 의미와 활용 현황'이 제목으로 적절하다.

63 문서이해능력 세부 내용 이해하기

|정답| ②

|해설| 스마트워크를 통해 사무실 근무를 떠남으로써 강압적이고 통제적인 분위기가 없어지게 될 것이며, 그에 따라 근무의 자율성이 보장되므로 창의성 발휘가 더욱 용이해질 것이다. 따라서 위계질서 붕괴에 따른 창의력 감소는 적절한 추론이 아니다.

|오답풀이|

④ 컴퓨터 이용이 가능한 곳이라면 어디든 근무지가 될 수 있어 근로자들은 항상 근무대기 상태에 놓인다는 단점이 생길 수 있다.

64 문서이해능력 문장의 관련성 이해하기

|정답| ③

|해설| 제시된 글의 전체적인 내용은 스마트워크의 의미와 활용 현황이다. 각 문장의 내용을 정리하면 다음과 같다.

㉠ 스마트워크에 함축된 개념

㉡ 스마트워크의 실현을 돕는 클라우드 컴퓨팅

㉢ 클라우드 기술이 인기 있는 이유

㉣ 스마트워크센터의 정의

㉤ 행자부의 스마트워크센터 이용 증가 계획

따라서 글의 전체적인 내용과 가장 어울리지 않는 문장은 ㉢이다.

65 정보처리능력 출력값 구하기

|정답| ③

|해설| 명령어를 순서대로 해석하면 다음과 같다.

1. x 집합 내에서 "인공"이라는 단어가 포함된 개체는 (i) 명령을 따르고, 그렇지 않은 개체는 (ii) 명령을 따름.

2. (i) 명령을 따르는 단어는 '구축'을 덧붙인 후 (AI4431)에 분류 : 인공신경망 구축, 인공생명체 구축

3. (ii) 명령을 따르는 단어는 '개발'을 덧붙인 후 (AI4432)에 분류 : 기계학습시스템 개발, 자연언어처리 개발

4. (AI4431) 내 항목 출력

따라서 인공신경망 구축, 인공생명체 구축이 최종 출력된다.

66 정보처리능력 | 출력값 구하기

|정답| ③

|해설| 출력값을 토대로 반대로 해석하면 다음과 같다.

1. (THGJ1002) 내 항목 출력 : 초음파 센서 개발, 위치정보시스템 개발

2. (ⅱ) 명령을 따르는 단어는 '개발'을 덧붙인 후 (THGJ1002)에 분류

   ∴ 이전 값 : 초음파 센서, 위치정보시스템

3. x 집합 내에서 "(?)"라는 단어가 포함되지 않은 개체는 (ⅱ) 명령을 따름.

즉, '초음파 센서, 위치정보시스템'에는 (?) 단어가 포함되지 않아야 하므로, 선택지 중 두 단어 모두에 들어가지 않는 단어는 '지'이다.

67 정보처리능력 | 직원 관리번호 이해하기

|정답| ④

|해설| 구민우와 유세린은 7번째 코드가 S이므로 서울지사, 감은솔은 J이므로 제주지사에 근무한다.

68 정보처리능력 | 직원 관리번호 이해하기

|정답| ④

|해설| 선택지에 주어진 사람들의 근무 지사와 근무 부서를 비교해 보면 다음과 같다.

① 강근수, 송희섭 : KMA(경기지사 관리부), DSA(대구지사 영업부)

② 감은솔, 장기혁 : JSA(제주지사 영업부), ZMA(기타지역 관리부)

③ 윤성민, 안희승 : KMA(경기지사 관리부), JMA(제주지사 관리부)

④ 유세린, 구민우 : SMA(서울지사 관리부), SMA(서울지사 관리부)

⑤ 심혜승, 이원진 : WRE(원주지사 연구부), KSA(경기지사 영업부)

따라서 정답은 ④이다.

69 정보처리능력 | 직원 관리번호 이해하기

|정답| ③

|해설| 강근수(2011AMKMA12)는 2011년에 입사해 경기지사에서 근무하고 있다. 입사연도 코드가 2011이고 근무지사 코드가 K인 사람은 강근수를 제외하면 임진명(2011AMKSE12), 방태준(2011BMKMA12) 2명이다.

70 정보처리능력 | 직원 관리번호 이해하기

|정답| ②

|해설| 특별관리 대상 명단에서 고용형태 코드가 C인 사람은 예슬비(2014CFSXX11) 1명이다.

71 정보처리능력 | 직원 관리번호 이해하기

|정답| ③

|해설| 특별관리 대상 명단에서 직급 코드가 11(사원)이나 12(대리)인 사람은 구민우, 강근수, 방태준, 송희섭, 안희승, 예슬비, 유세린, 윤성민, 은승현, 임진명으로 총 10명이다.

72 정보능력 | 정보통신기술 이해하기

|정답| ①

|해설| 정보기기를 운영하는 기술과 이 기술들을 활용하여 정보를 통합 관리하는 것을 아우르는 단어로 가장 적절한 것은 정보통신기술(ICT)이다. 빅데이터, 사물인터넷기술(IoT), 증강현실(AR), 인공지능(AI)도 정보통신기술에 포함된다.

73 자원관리능력 | 자원낭비요인 파악하기

|정답| ②

|해설| 우천 시 일회용 우산 비닐 커버를 제공하는 것은 일회용품을 사용하여 자원을 활용하는 데 있어서 편한 방향으로 활용하고자 하는 것이다.

74 자원관리능력 기준에 맞는 원단 고르기

| 정답 | ③

| 해설 | 각 선택지의 구성에 따른 가방 1개의 원단 가격을 살펴보면 다음과 같다.

① P 가죽, 합성 스웨이드 : $(15,000 \times 6) + (3,000 \times 2) = 96,000$(원)

② P 가죽, 인조 스웨이드 : $(15,000 \times 6) + (3,000 \times 2) = 96,000$(원)

③ S 가죽, 합성 스웨이드 : $(17,000 \times 6) + (3,000 \times 2) = 108,000$(원)

④ S 가죽, 천연 스웨이드 : $(17,000 \times 6) + (4,000 \times 2) = 110,000$(원)

⑤ L 가죽, 인조 스웨이드 : $(17,500 \times 6) + (3,000 \times 2) = 111,000$(원)

가장 저렴한 금액인 ①과 ② 중 '중-상'의 내구성을 가진 ①이 우선 선택 대상이 된다. 이때 20% 이내의 금액 차이를 고려하여 $96,000 \times 1.2 = 115,200$(원) 이내에서 내구성이 더 우수한 것이 있는지를 살펴보아야 한다. ③의 원단 가격이 108,000원이면서 내구성이 '상-상'이므로 최종적으로 우선 구입 대상이 된다.

75 예산관리능력 외주비용 최소화하기

| 정답 | ⑤

| 해설 | 모든 공장에서 생산은 7월 3일부터 시작되며, 공장의 생산수량을 반영하면 A ~ D 공장에서 생산에 필요한 일수는 순서대로 각각 10일, 12일, 9일, 10일이 된다. 각 공장의 휴무일을 고려하여 생산 완료일을 따져보면 순서대로 각각 13일, 16일, 15일, 14일이 되며, 이에 따라 납품일까지 각 공장의 창고를 사용해야 하는 일수는 순서대로 각각 4일, 1일, 2일, 3일이 된다. 이에 따른 공장별 비용을 계산해 보면 다음과 같다.

A 공장 : $(20,000 \times 500) + (4 \times 500,000) = 12,000,000$(원)

B 공장 : $(23,000 \times 500) + (1 \times 200,000) = 11,700,000$(원)

C 공장 : $(22,000 \times 500) + (2 \times 250,000) = 11,500,000$(원)

D 공장 : $(21,000 \times 500) + (3 \times 350,000) = 11,550,000$(원)

따라서 비용이 가장 저렴한 외주업체는 C 공장이며, 총 지불비용은 1,150만 원이다.

76 예산관리능력 판매가 정하기

| 정답 | ①

| 해설 | 74, 75에서 선정한 원단 가격은 108,000원이며, 외주업체는 C 공장이므로 창고비용을 포함한 500개의 총 원가는 $(108,000 + 22,000) \times 500 + (2 \times 250,000) = 65,500,000$(원)이 된다. 따라서 1개당 생산원가는 $65,500,000 \div 500 = 131,000$(원)이고, 여기에 20%의 마진을 더하면 $131,000 \times 1.2 = 157,200$(원)의 판매가가 산출된다.

77 물질자원관리능력 납품 이동경로 파악하기

| 정답 | ④

| 해설 | 본사에서 바로 매장 A에 갔다가 다른 경로로 본사에 돌아오기 위해서는 매장 A에서 창고 a로 가는 고가도로 혹은 매장 C에서 매장 B로 가는 고가도로를 거쳐야 한다.

| 오답풀이 |

① 본사에서 창고 e까지는 매장 E를 거치는 경로로 최소 13분이 걸린다.

② 창고 d에서 매장 D까지는 본사를 거치지 않고 바로 이동할 수 있다.

③ 창고 b→ 매장 A→ 본사→ 매장 E→ 창고 c→ 매장 B의 경로를 통해 도로요금을 내지 않고 이동할 수 있다.

⑤ 매장 C에서 매장 B를 거쳐 매장 E로 가는 데에는 교량과 고가도로를 모두 거쳐야 한다.

78 시간관리능력 최단 소요시간 구하기

| 정답 | ③

| 해설 | 본사에서 출발하여 매장 C에 물건을 납품한 후 본사로 돌아올 때의 최단 경로는 '본사→ 매장 E→ 창고 c(상차)→ 매장 B→ 매장 C(하차)→ 매장 B→ 매장 E→ 본사'이다. 이때 이동시간은 32분이며, 여기에 상·하차 시간 각각 15분을 더하면 총 62분이 소요된다.

79 예산관리능력 최저 비용 경로 파악하기

| 정답 | ①

| 해설 | 한 번 지난 길을 다시 지나지 않으면서 최저 비용의 경로를 이용하기 위해서는 유료도로를 최대한 이용하지 않는 경로를 찾고, 만일 유료도로를 이용해야 한다면 교량보다 고가도로를 이용해야 한다. 본사→매장 E→창고 e→창고 d(상차)→매장 D(하차)→창고 a→(고가도로)→매장 A→본사의 경로로 이동하면 고가도로 한 번(1,000원)만을 거쳐 이동할 수 있다.

80 시간관리능력 납품에 걸리는 시간 계산하기

| 정답 | ③

| 해설 | 본사 → 매장 E → 창고 e(상차) → 매장 E(하차) → 본사 → 매장 A → 창고 b(상차) → 매장 C → 매장 B (하차) → 매장 E → 본사의 이동경로에 따른 이동시간은 총 63분이고, 상·하차 시간 15×4=60(분)을 포함하여 총 123분이 소요된다. 따라서 10시에 출발하여 다시 본사로 돌아왔을 때의 시각은 12시 3분이다.

4회 실전모의고사

문제 208쪽

01	④	02	①	03	⑤	04	③	05	①
06	④	07	②	08	③	09	①	10	③
11	③	12	③	13	⑤	14	⑤	15	②
16	⑤	17	③	18	⑤	19	③	20	④
21	④	22	③	23	②	24	②	25	②
26	①	27	⑤	28	②	29	⑤	30	②
31	②	32	②	33	④	34	②	35	④
36	⑤	37	④	38	②	39	②	40	④
41	②	42	②	43	④	44	⑤	45	②
46	④	47	③	48	①	49	③	50	②
51	②	52	③	53	⑤	54	③	55	①
56	④	57	②	58	②	59	⑤	60	②
61	③	62	⑤	63	③	64	④	65	⑤
66	②	67	③	68	③	69	④	70	④
71	⑤	72	②	73	②	74	③	75	②
76	④	77	③	78	①	79	④	80	⑤

01 사고력 조건에 따라 지명할 선수 추론하기

| 정답 | ④

| 해설 | 1라운드에서 지명 1순위는 정 또는 갑이 될 수 있으므로 두 경우를 나누어 생각한다.

i) 1라운드 : 정−갑−병−을, 2라운드 : 을−병−정−갑 순서로 지명하는 경우

구분	갑	을	병	정
1라운드	B	D	C	A
2라운드	G	E	F	H

ii) 1라운드 : 갑−정−병−을, 2라운드 : 을−병−정−갑 순서로 지명하는 경우

구분	갑	을	병	정
1라운드	B	D	C	A
2라운드	G	E	F	H

따라서 두 경우 모두 병 구단은 2라운드에서 F 선수를 지명하게 된다.

1회 2회 3회 4회 5회

02 | 문제처리능력 | 자료에 대한 반응 추론하기

| 정답 | ①

| 해설 | 대륙철도 연결은 남북통일 후의 우리나라의 영토 확장을 목표로 하는 것이 아닌, 경제적인 이익을 창출하고자 하는 것으로 반드시 남북통일을 염두에 두었다고 판단하는 것은 적절하지 않다.

| 오답풀이 |

② '북한의 노동·토지 요소와 남한의 자본·철도기술 요소가 결합된다면 남한 사업비의 $\frac{1}{4}$로도 건설 및 보수 작업이 가능하다'고 언급되어 있다.

③ 남과 북의 철도 레일 간격은 1,435mm인데 반해 러시아 철도의 레일 간격은 1,520mm라고 밝히고 있다.

④ 남과 북의 상이한 국가규격을 일시에 통합하는 것은 무리이나 대륙철도 연결을 위한 선결과제임을 주장하고 있다.

⑤ '통관 시스템의 비표준화'를 해결 과제로 언급하고 있으며, 이것은 물리적인 기술 문제뿐 아니라 제도적인 뒷받침도 필요하다는 것을 설명한다.

03 | 사고력 | 위치 추론하여 내용 판단하기

| 정답 | ⑤

| 해설 | 각 팀별 요청 사항 중 확정된 조건은 인사팀 1층, 사장실 4층의 두 가지이다. 나머지 조건들을 동시에 고려하여 판단하면, 우선 영업2팀과 회계팀이 한 개 층을 함께 사용하여야 하므로 영업2팀과 회계팀은 2층 또는 3층이 된다. 그런데 총무팀과 홍보팀, 기획팀의 조건을 만족하기 위해서는 영업2팀과 회계팀이 함께 2층에 위치하는 것은 적절하지 않다. 따라서 이 두 팀은 3층에 위치하여야 한다. 이 경우, 총무팀은 1층에도, 2층에도 배치가 가능하며, 기획팀은 총무팀과 연이은 층이 아니어야 한다는 조건을 만족하기 위해 총무팀의 배치와 관계없이 사장실과 함께 4층에 배치되는 방법만 가능하다. 따라서 지금까지의 조건을 모두 만족하며 8개 부서를 배치할 수 있는 방법은 다음과 같은 세 가지가 된다.

4층	사장실, 기획팀				
3층	회계팀, 영업2팀				
2층	홍보팀 총무팀	or	홍보팀 영업1팀	or	총무팀 영업1팀
1층	인사팀 영업1팀	or	인사팀 총무팀	or	인사팀 홍보팀

따라서 E 사원이 말한 '영업1, 2팀은 어차피 2, 3층에 배치될 수밖에 없다.'는 의견은 영업1팀이 1층에 배치될 수도 있으므로 적절하지 않다.

04 | 사고력 | 현황 이해하여 내용 판단하기

| 정답 | ③

| 해설 | 다음 표와 같이 각 부서별 파티션 수급 현황을 정리하여 볼 수 있다.

수요 \ 잔여	총무팀	인사팀	홍보팀	기획팀	합계
총무팀	–	5	5	4	14
인사팀	2	–	2	5	9
홍보팀	3	3	–	2	8
기획팀	4	2	1	–	7
합계	9	10	8	11	38

(나) 홍보팀은 8개의 파티션을 반납하며, 다른 형태의 파티션 8개를 수요하므로 두 수량이 동일하다.

(다) 총 잔여 또는 수요 파티션의 수량은 38개이므로 '팀별 평균 파티션 교체 수량'은 38÷4=9.5(개)가 되어 10개에 조금 못 미친다.

| 오답풀이 |

(가) 반납하는 파티션이 가장 많은 부서는 14개인 총무팀이며, 총무팀의 신규 수요 파티션 수는 9개로 가장 많지 않다.

(라) '인사팀이 반납한 파티션을 가장 많이 필요로 하는 팀'은 9개 중 5개를 필요로 하는 기획팀이며, 기획팀이 반납한 7개의 파티션을 가장 많이 필요로 하는 팀은 4개를 필요로 하는 총무팀이다.

05 문제처리능력 자료 이해하기

| 정답 | ①

| 해설 | (가) 수강 시작 전에는 수강료가 전액 환급된다.

(나) 수강료 징수기간이 3개월이고 절반을 수강하였다면 첫째, 둘째 달에 대한 수강료는 환급이 안 되며, 마지막 달의 수강료가 환급된다.

| 오답풀이 |

(다) 센터의 사유로 인해 수강이 중단된 경우에는 중단일 이후 잔여기간에 대한 수강료가 환급된다.

(라) 주 4회 강좌를 2회 수강한 것이므로 잔여일수 기준이 아닌 '반환사유가 발생한 날까지 경과된 수강시간을 기준'으로 한다는 규정에 의해 $\frac{1}{2}$ 이 경과한 것으로 간주된다.

06 문제처리능력 조건에 따라 금액 추론하기

| 정답 | ④

| 해설 | 월 평균금액이 8만 원이며 둘째 달의 $\frac{1}{2}$ 을 수강한 것이 된다. 따라서 둘째 달까지 수강을 완료한 것으로 간주되며, 나머지 두 달의 수강료인 16만 원이 환급된다.

| 오답풀이 |

① 수강료 징수기간이 1개월을 초과하는 경우이므로 마지막 달의 수강료 5만 원이 환급된다.

② 수강료 징수기간이 1개월을 초과하는 경우이므로 마지막 달의 수강료인 약 7만 원이 환급된다.

③ 첫째와 둘째 달의 수강료는 환급이 안 되며, 셋째 달은 총 수강시간의 $\frac{1}{3}$ 경과 전이므로 월 금액의 $\frac{2}{3}$ 가 환급된다. 따라서 월 평균금액인 9만 원의 $\frac{2}{3}$ 인 6만 원이 환급된다.

⑤ 총 수강시간의 $\frac{1}{3}$ 경과 전이므로 수강료의 $\frac{2}{3}$ 인 14만 원이 환급된다.

07 문제처리능력 자료 이해하기

| 정답 | ②

| 해설 | 차량의 앞과 뒤 칸의 개방된 유리창은 유리창을 통해 차량이 달려가는 터널 내부를 볼 수 있어 승객들에게 이채로운 광경을 제공하는 역할인 것이며, 무인운전 시스템에 필수적으로 요구되는 장치는 아니다.

08 문제처리능력 자료 이해하기

| 정답 | ③

| 해설 | ③은 열차 무인운전 시스템을 통한 기대효과로 볼 근거가 없다. 기계 장비의 고장이나 오작동, 보안 실패에 따른 방화벽 붕괴 등의 문제와 그 경우 인력으로의 대체가 가능한 상황인가 하는 문제는 첨단화된 기계장치로 운영되는 열차 운영 시스템에서 나타날 수 있는 단점이 될 것이다. 무인운전 시스템에는 장애물 감지에 따른 자동신호제어 장치와 열차 간 간격을 유지하기 위한 자동속도조절 장치 등이 필수적으로 갖춰져야 하므로 무인운전 시스템이 가진 단점이 될 수는 없다.

09 공동체윤리 명함 교환 예절 알기

| 정답 | ①

| 해설 | 명함은 손아랫 사람이 먼저 꺼내는 것이 예의이다.

10 근로윤리 성실의 의미 이해하기

| 정답 | ③

| 해설 | '천재는 1퍼센트의 영감과 99퍼센트의 노력으로 만들어진다'는 말이 있듯이 성실한 사람은 사회생활을 하는 데 있어서 긍정적인 인상을 심어 주고 성공적인 결실을 맺을 수 있다. 따라서 ③의 설명은 적절하지 않다.

11 근로윤리 식사자리 상석 이해하기

| 정답 | ③

| 해설 | 출입문을 기준으로 가장 가까운 자리가 말석, 가장

멀거나 중간 자리가 상석이다. 한편 자동차에서는 운전석 옆자리가 말석, 말석의 뒷자리가 상석, 상석의 옆자리가 차석이다.

12 직업윤리 한국인의 직업윤리 파악하기

| 정답 | ③

| 해설 | 한국인들이 일반적으로 직업인으로서 갖추어야 할 중요한 직업윤리의 덕목으로는 책임감, 성실함, 신뢰성, 창의성, 협조성, 청렴함이 있다. C 과장은 창의성에 반하는 행동을 하고 있으므로 적절한 사례라고 볼 수 없다.

13 근로윤리 정직 이해하기

| 정답 | ⑤

| 해설 | 사람은 사회적인 동물이므로 다른 사람들과의 관계가 매우 중요하다. 이러한 관계를 유지하기 위해서는 다른 사람이 전하는 말이나 행동이 사실과 부합한다는 신뢰가 있어야 한다.

14 공동체윤리 악수 예절 이해하기

| 정답 | ⑤

| 해설 | 이성 간에 악수를 할 때에는 여자가 먼저 청하고 남자가 응하는 것이 예절이다. 또한, 선배가 후배에게, 연장자가 연소자에게, 기혼자가 미혼자에게, 높은 지위자가 낮은 지위자에게 악수를 청한다.

15 근로윤리 직업윤리의 기본원칙 이해하기

| 정답 | ②

| 해설 | 제시된 사례에서는 고객에 대해 적절하지 않은 대응을 하는 직원들의 모습을 확인할 수 있다. 따라서 지켜지지 않은 직업윤리의 원칙은 고객봉사를 최우선으로 하며 현장중심, 실천중심을 내세우는 '고객중심의 원칙'이다.

| 오답풀이 |
① 전문성의 원칙은 전문가로서 능력과 의식을 가지고 책임을 다해야 한다는 원칙이다. 자기개발이 이에 속한다.
③ 객관성의 원칙은 업무의 공공성을 바탕으로 공사를 구분하고 투명하게 업무를 처리해야 한다는 원칙이다.
④ 공정경쟁의 원칙은 법규를 준수하고 경쟁원리에 따라 공정하게 행동해야 한다는 원칙이다.
⑤ 정직과 신용의 원칙은 업무와 관련된 모든 것을 정직하게 수행하며 본분과 약속을 지켜 신뢰를 유지해야 한다는 원칙이다.

16 직업윤리 직업윤리의 기본원칙 이해하기

| 정답 | ⑤

| 해설 | 만일 A의 말이 사실이라면 C 계열사 대표와의 사돈 관계를 이유로 C 계열사에게 특혜가 제공되고 있다는 것을 추측할 수 있다. 이는 직업윤리의 기본원칙 중 공사 구분을 명확히 하고 투명하게 처리하는 객관성의 원칙에 위배된다.

| 오답풀이 |
① 공정 경쟁의 원칙
② 고객 중심의 원칙
③ 전문성의 원칙
④ 정직과 신용의 원칙

17 정보능력 진수 변환하기

| 정답 | ③

| 해설 | 2진수 '110001'을 각 표현법으로 나타낸 것은 다음과 같다.

3진수 '1211'	4진수 '301'
5진수 '144'	6진수 '121'
7진수 '100'	8진수 '61'
9진수 '54'	10진수 '49'

따라서 세 자리의 수로 나타낼 수 있는 표현법은 총 4가지이다.

18 컴퓨터활용능력 엑셀 수식 함수 파악하기

| 정답 | ⑤

| 해설 | 순위를 구하는 함수는 RANK로, 함수식은 'RANK(순위를 구하고자 하는 셀, 범위, 0 또는 1)'이다. 0은 내림차순으로 나타내고, 1은 오름차순으로 나타낸다. 성적 등수는 내림차순으로 나타내야 하므로 합계를 이용해서 C의 등수를 구하는 수식은 =RANK(F5,F3:F8,0)이다.

19 정보처리능력 재고상품 코드번호 이해하기

| 정답 | ③

| 해설 | 2015년 9월에 서울 제2공장에서 생산된 가공식품을 보관하는 물류 창고 책임자의 코드번호는 '15091B02-'로 시작되며 김철수, 장동건, 이천수 총 3명이다.

20 정보처리능력 재고상품 코드번호 이해하기

| 정답 | ④

| 해설 | 상품코드 중 1603은 2016년 3월 상품임을 뜻하고 6M은 경상남도 제2공장을 뜻하며 02005는 가공식품 중 음료를 뜻한다.
따라서 알맞은 상품코드는 16036M0200507892이다.

21 정보처리능력 재고상품 코드번호 이해하기

| 정답 | ④

| 해설 | 김준수와 신민아는 2016년 3월에 생산되고 47,570번째로 생산된 재고물품을 담당하는 책임자이다.

22 정보처리능력 재고상품 코드번호 이해하기

| 정답 | ③

| 해설 | 제3공장(E, P, U)에서 생산된 침구(05015)를 보관하고 있는 물류 창고의 책임자는 김우빈, 남주혁, 최성종 총 3명이다.

23 정보처리능력 재고상품 코드번호 이해하기

| 정답 | ②

| 해설 | 2015년도에 생산된 침실가구와 수납가구를 보관하고 있는 물류 창고 책임자의 코드번호는 '15****05013-'과 '15****05014-'이므로 최성국, 박시연, 허민용 총 3명이다.

24 컴퓨터활용능력 찾기 기능 활용하기

| 정답 | ②

| 해설 | 쉼표(,)나 세미콜론(;)을 구분자로 하여 여러 단어를 찾을 수 있다.

25 자기개발능력 자기개발 방해요인 파악하기

| 정답 | ②

| 해설 | 우리는 가정환경, 사회환경, 직장환경 등 많은 환경에 둘러싸여 그 속에서 우리의 행동을 규정하는 문화를 형성하고 있다. 문화란 어떤 것은 옳고 그르며 선호하고 선호하지 않는 가치체계로, 법률, 규칙, 도덕, 습관 등의 틀로 이루어진다. 우리는 현재 익숙해 있는 문화의 틀 안에서 행동하려는 습성이 있어 새로운 자기개발의 한계에 직면하게 된다. 따라서 제시된 사례의 오 대리는 자기개발 방해요인으로 문화적인 장애에 부딪혀 있다.

26 자기개발능력 자기개발 설계 전략 이해하기

| 정답 | ①

| 해설 | 자기개발 설계 전략을 수립할 때 단기목표는 1 ~ 3년 정도, 장기목표는 5 ~ 20년 정도를 설계해야 한다. 또, 우리는 다양한 인간관계를 맺고 있으므로 이를 고려해야 하며 현재의 직무와 자신의 수준, 적성이 맞는지도 고려해야 한다. 더불어 애매하게 계획할 경우 자신의 노력을 낭비할 수 있으므로 효율성을 높이기 위해 구체적인 방법을 계획해야 한다.

| 오답풀이 |

ㄷ. 자기개발 계획을 수립한다고 해서 모든 목표를 달성할 수 있는 것은 아니다.

ㄹ. 인간관계를 쌓는 것도 자기개발에 도움이 되며 다른 사람과의 관계를 발전시키는 것 자체가 하나의 자기개발 목표가 될 수 있다.

ㅁ. 과거가 아닌 현재의 직무상황과 이에 대한 만족도가 자기개발 계획을 수립하는 데 중요한 역할을 한다.

27 자기관리능력 자기 브랜드화 이해하기

|정답| ⑤

|해설| 1인 미디어, SNS 등이 발달함에 따라 인플루언서 마케팅이 등장할 정도로 과거에 비해 개인의 영향력이 미치는 범위가 확장되었다. 따라서 자기 브랜드화의 효과가 더욱더 커진 상황이다.

28 경력개발능력 안드라고지 이해하기

|정답| ③

|해설| 안드라고지는 성인교육학의 필요성과 아동교육과의 차별성을 강조한다.

29 자아인식능력 홀랜드의 진로탐색검사 파악하기

|정답| ⑤

|해설| 관습형에 속하는 사람들은 인내심, 책임감이 있고 빈틈이 없고 질서정연하며 변화를 좋아하지 않고 계획성이 있다.

30 자기개발능력 자기개발의 이유 알기

|정답| ②

|해설| 자기개발은 일과 관련하여 이루어지는 활동으로, 직장생활에서의 자기개발은 효과적으로 업무를 처리하기 위하여 이루어진다. 따라서 꾸준한 자기개발을 통하여 동일한 업무의 목표에 대해 높은 성과를 가져올 수 있다.

31 경력개발능력 진로탄력성의 구성요인 구분하기

|정답| ②

|해설| 진로탄력성을 구성하는 요인은 다음과 같다.
• 자기이해 : 자기이해, 자기효능감(ㄱ)
• 긍정적 태도 : 미래지향(ㄴ), 감사하기(ㅋ)
• 자기조절 : 진로자립(ㅂ), 정서조절(ㅊ)
• 적응성 : 변화수용(ㄷ), 도전정신(ㅅ), 진로유연성(ㅇ)
• 대인 · 정보 관계 : 공감능력(ㄹ), 협력(ㅁ), 연결성(ㅈ)

32 경력개발능력 경력개발단계 수립하기

|정답| ②

|해설| 경력개발은 직무정보 탐색(1단계) - 자신과 환경 이해(2단계) - 경력목표 설정(3단계) - 경력개발 전략수립(4단계) - 실행 및 평가(5단계)로 이루어진다. 그중 자신과 환경을 이해하는 과정(2단계)에서는 경력목표를 설정하는 데 도움이 될 수 있도록 자신의 능력, 흥미, 적성, 가치관 등을 파악하고, 직무와 관련된 주변 환경의 기회와 방해요인에 대하여 정확하게 분석한다. 단계별 목표를 설정하는 것은 3단계에 해당하는 설명이다.

33 팀워크능력 멤버십 유형 파악하기

|정답| ④

|해설| 기쁜 마음으로 과업을 수행하고 조직이나 리더를 믿고 헌신하며 팀플레이를 즐기는 자아상을 가진 멤버십 유형은 순응형이다. 이들의 타아상은 아이디어가 없고 인기 없는 일은 하지 않으며 조직을 위해 자신과 가족의 요구를 양보하는 사람이다.

34 리더십능력 변혁적 리더십 유형 이해하기

|정답| ②

|해설| 변혁적 유형의 리더십을 가진 사람은 개개인과 팀이 유지해 온 이전의 업무 수행 상태를 뛰어넘고자 한다. 전체 조직과 팀원 분위기에 획기적인 변화가 요구될 때 필요한 리더십으로, 카리스마와 자기 확신, 존경심과 충성심 그리고 풍부한 칭찬을 기반으로 조직의 변화를 꾀한다.

| 오답풀이 |

ⓛ 독재자 유형에 대한 설명이다.

ⓒ 파트너십 유형에 대한 설명이다.

보충 플러스+

리더십 유형

구분	특징
독재자 유형	• 정책 의사결정과 대부분의 핵심 정보를 혼자 소유하려는 경향 • 질문 금지, 모든 정보를 독점. 실수를 용납하지 않음.
파트너십 유형	• 리더와 집단 구성원 사이의 명확한 구분이 없어 리더가 조직에서 한 구성원이 되기도 함. • 평등. 집단의 비전 책임을 공유
변혁적 유형	• 개개인과 팀이 유지해 온 이전의 업무 수행 상태를 뛰어넘고자 함. • 조직과 팀원에게 변화를 가져오는 원동력이 됨. • 카리스마, 자기 확신, 존경심과 충성심, 풍부한 칭찬, 감화
민주주의에 근접한 유형	• 정보를 전달하고, 구성원 모두 목표에 참여하게 하여 확신을 심어 주려함. • 참여, 토론의 장려, 거부권

35 고객서비스능력 **고객 유형별 응대 방법 파악하기**

| 정답 | ④

| 해설 | 빈정거리는 고객은 상대에 대해서 빈정거리거나 또는 무엇이든 반대하는, 열등감 또는 허영심이 강하고 자부심이 강한 사람이다. 이 같은 유형의 고객은 정중하면서도 의연하게 대처하는 것이 좋다. 하지만 상황에 따라서는 고객들의 행동을 우회하여 지적해 주거나 가벼운 농담 형식으로 응답하는 노련함이 효과적일 수 있다.

자아가 강하면서 끈질긴 성격을 지닌 고객 유형은 '동일한 말을 되풀이하는 고객'이다.

| 오답풀이 |

① 우유부단한 고객의 경우 스스로 의사결정을 내리지 못하고 타인이 의사결정을 내려 주길 기다리는 경향이 있다. 이 같은 유형의 고객에게는 몇 가지 질문을 통해 자기 스스로의 생각을 솔직하게 드러낼 수 있도록 도와주어야 한다.

② 저돌적인 고객은 본인이 생각한 한 가지 방법밖에 없다고 믿기 때문에 타인이 하는 피드백을 받아들이지 않고 고집을 부린다. 침착성을 유지하면서도 고객의 친밀감을 이끌어 내고 자신감이 있는 자세로 고객을 정중하게 맞이하도록 한다.

③ 전문가형 고객은 본인이 모든 것을 다 알고 있다는 점을 보여 주고 싶어하는 고객으로 자신을 과시하고 전문가처럼 행동하려는 경향이 짙다. 이런 고객의 경우는 고객 자신이 주장하는 내용의 문제점을 스스로 느끼게끔 대안 및 개선 방안을 제시하여야 한다.

⑤ 호의적인 고객은 모든 면에서 사교적, 협조적, 합리적이고 동시에 진지함도 가지고 있다. 본인이 하고 싶지 않거나 할 수 없는 일에도 약속을 하여 상대방을 실망시키는 경우가 간혹 발생한다. 이런 고객의 경우 상대방의 의도에 말려들거나 기분에 사로잡히지 않도록 해야 하며, 말을 절제하고 고객에게 말할 기회를 많이 주어 결론을 도출해야 한다.

보충 플러스+

고객 유형별 특성과 응대 기술

구분	특징
동일한 말을 되풀이하는 고객	• 자아가 강하고 끈질긴 성격임. • 고객의 말에 지나치게 동조하지 말고 항의 내용을 확인한 다음 문제를 충분히 이해하였다는 점을 알림.
과장하거나 가정해서 말하는 고객	• 콤플렉스를 가진 고객일 가능성이 큼. • 상대의 진의를 파악하여 말로 설득하려 하지 말고 객관적인 자료로 응대하는 것이 좋음.
불평불만을 늘어놓는 고객	• 사사건건 트집과 불평을 늘어놓는 고객 • 고객의 입장을 인정한 다음 차근차근 설명하여 이해시킴.

36 갈등관리능력 **갈등의 단서 파악하기**

| 정답 | ⑤

| 해설 | 갈등을 파악하는 데 도움이 되는 단서로는 다음과 같은 것들이 있다.

• 지나치게 감정적으로 논평을 하며 서로에게 제안을 한다.

• 타인의 의견에 대한 발표가 끝나기도 전에 타인의 의견에 대해 공격부터 한다.

• 서로의 입장에 대한 핵심을 이해하지 못했음을 이유로 서로를 비난한다.

• 편을 가르고 다른 편과 타협하기를 거부한다.

• 개인적인 수준에서 미묘한 방식으로 서로를 공격한다.

따라서 갈등을 파악할 수 있는 단서는 ⑤이다.

37 협상능력 협상에서의 실수와 대처방안 파악하기

| 정답 | ④

| 해설 | 종결에 초점을 맞추지 못하는 실수에 대한 대처방안은 협상의 모든 단계에서 항상 종결을 염두에 두는 것이다. 한계를 설정하고 고수하는 것은 통제권을 잃을까 두려워하는 실수에 대한 대처방안에 속한다.

38 고객서비스능력 고객만족도조사 방법 파악하기

| 정답 | ②

| 해설 | • 설문조사법 : 설문지를 통하여 응답자들의 인식을 조사하는 방법으로(㉠), 비교적 빠른 시간 내에 결과를 통계적으로 처리할 수 있다(㉢). 또한 응답자들이 쉽게 알아들을 수 있는 말로 질문을 구성해야 한다는 특징이 있다(㉣).

• 심층면접법 : 일대일 대면 접촉으로 잠재된 동기, 신념, 태도 등을 발견하는 데 사용하는 방법이다(㉤). 비교적 긴 시간이 소요되며 심층적인 정보를 얻을 수 있지만(㉡), 조사자가 인터뷰 결과를 사실과 다르게 해석할 수 있다는 단점이 있다(㉥).

• 표적집단심층면접법 : 7 ~ 8명의 참석자를 대상으로 비구조화된 설문 가이드라인을 가지고 참석자들 간의 상호작용과 자유로운 대화 분위기에서 무의식적인 표현 방법을 통해 폭 넓고 심층적인 정보를 수집하는 방법이다(㉦). 이를 통해서는 분산성을 파악할 수 있다(㉧).

39 팀워크능력 팀워크 저해 행동 파악하기

| 정답 | ②

| 해설 | 자신과 다른 의견에 대해 반박하는 입장을 제시하는 것은 팀워크를 해치는 행동이 아니다. 여러 가지 입장을 한

곳에 모으고 적절한 타협안을 모색하는 것도 팀워크를 위해 필요한 요소들 중 하나이다.

| 오답풀이 |

① 자의식 과잉에 해당한다.

③ 질투나 시기로 인한 파벌주의에 해당한다.

④ 사고방식의 차이에 대한 무시에 해당한다.

⑤ 자기중심적인 이기주의에 해당한다.

40 팀워크능력 팀워크와 응집력 구분하기

| 정답 | ④

| 해설 | 사업의 특성에 따라 일관성 및 조직 전체 차원의 조망이 중요한 경우에는 통제적 팀워크가 가장 적합할 수 있다. 따라서 통제적 팀워크는 무조건 부정적이라는 의견은 옳지 않다.

41 기초연산능력 총 거리와 소요시간 계산하기

| 정답 | ②

| 해설 | 30km/h의 속력으로 A의 집에서 B의 집으로 이동하면 20분이 소요된다고 했으므로 A와 B 사이의 거리는 $30(\text{km/h}) \times \dfrac{20}{60}(\text{h}) = 10(\text{km})$, 20km/h의 속력으로 E의 집에서 B의 집으로 이동하면 30분이 소요된다고 했으므로 E와 B 사이의 거리는 $20(\text{km/h}) \times \dfrac{30}{60}(\text{h}) = 10(\text{km})$이다. 사각형 EBCD는 정사각형이므로 E와 D 사이의 거리는 10km, B와 D 사이의 거리는 $10\sqrt{2}$ km, B와 F 사이의 거리는 $5\sqrt{2}$ km이다. 정리하면 다음 그림과 같다.

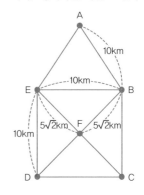

따라서 총 이동거리는 $5\sqrt{2}+5\sqrt{2}+10=10\sqrt{2}+10=$

$10\times1.4+10=24(\text{km})$, 소요시간은 $\dfrac{24}{10}+\dfrac{10}{60}$(F의 집에

머문 시간)$+\dfrac{10}{60}$(B의 집에 머문 시간)$=2+\dfrac{44}{60}$(h), 즉

2시간 44분이다.

42 　도표분석능력　자료의 수치 분석하기

|정답| ②

|해설| 20X3 ~ 20X5년 동안 승용차는 도심 연비가 14.19
→14.41→14.42km/ℓ 로 증가하지만, 복합 연비는 16.63
→16.83→16.80km/ℓ 로 증가 후 감소하는 추이를 보이
고 있다.

43 　도표분석능력　자료의 수치 분석하기

|정답| ④

|해설| (가) 20X2년까지는 국산차의 연비가 더 높으나,
　　　 20X3년 이후부터 도심과 복합 연비 모두 수입차가 국
　　　 산차보다 더 높다.
　　 (다) 20X3 ~ 20X5년 동안 국산차와 수입차 모두 도심 연
　　　 비가 복합 연비보다 낮다.
　　 (라) 주어진 기간 동안 승합차와 화물차의 연비는 평균 연
　　　 비보다 낮다.

|오답풀이|

(나) 일반형과 다목적 승용차는 도심 연비와 복합 연비 모
두 평균보다 높다.

44 　도표작성능력　그래프 작성하기

|정답| ⑤

|해설| 〈자동차 판매자별 평균 연비 추이〉에 나타난 지표
들의 대소 비교와 항목들이 모두 올바른 것은 ⑤이다.

|오답풀이|

① 도심 연비와 복합 연비의 자료가 뒤바뀌어 있다.
② 국산자동차와 수입자동차의 자료가 뒤바뀌어 있다.
③ 20X3년과 20X4년의 자료가 뒤바뀌어 있다.
④ '전체'의 수치가 올바르지 않다.

45 　기초연산능력　지하철 운임 계산하기

|정답| ④

|해설| 〈조건〉을 바탕으로 역 사이의 거리를 구하면 다음
과 같다.

• A 역 → B역(13km) : 1,250+100=1,350(원)
• B 역 → C역(4km) : 1,250원
• C 역 → D역(35km) : 1,250+500=1,750(원)

따라서 지하철 운임은 총 1,350+1,250+1,750=4,350
(원)이다.

46 　도표분석능력　자료의 수치 분석하기

|정답| ④

|해설| 기업체 수, 종사자 수, 매출액 3개 지표에 있어 육
상운송업과 항공운송업은 증가한 수치를 보이고 있으나,
수상운송업의 경우 종사자 수와 매출액은 전년보다 증가한
반면 기업체 수는 154개에서 151개로 3개 감소한 것을 알
수 있다.

|오답풀이|

① 20X8년 수상운송업 기업체 수는 전년 대비 감소하였다.
② 20X8년 수상운송업 종사자 수는 전년 대비 증가하였다.
③ 20X8년 항공운송업 기업체 수는 전년 대비 증가하였다.
⑤ 20X8년은 39,846÷41=971.9(명)으로 20X7년의 38,440
　÷38=1,011.6(명)보다 감소하였다.

47 　도표분석능력　자료의 수치 분석하기

|정답| ③

|해설| 20X7의 구성비 $\dfrac{29}{38}$ 와 20X8년의 구성비 $\dfrac{30}{41}$ 을 비

교하면 된다. 10% 가까이 증가한 분모에 비해 분자는 5%
에도 못 미치게 증가했으므로 구성비는 작아졌다는 것을
계산을 통해 확인하면 다음과 같다.

$\dfrac{29}{38}\times100≒76.3(\%)>\dfrac{30}{41}\times100≒73.1(\%)$

| 오답풀이 |

① $\dfrac{1,488-1,052}{1,052}\times100≒41.4(\%)<\dfrac{309-205}{205}\times100$
$≒50.7(\%)$

② $\dfrac{300}{606}\times100=49.5(\%)>\dfrac{284}{583}\times100=48.7(\%)$

④ $\dfrac{30-29}{29}\times100≒3.4(\%)<\dfrac{11-9}{9}\times100≒22.2(\%)$

⑤ $\dfrac{41-38}{38}\times100≒7.9(\%)>\dfrac{39,846-38,440}{38,440}\times100≒$
$3.7(\%)$

48 도표분석능력 자료의 수치 분석하기

| 정답 | ①

| 해설 | 20X8년 기타운송의 1개 기업체당 평균 종사자 수는 1,488÷202≒7.4(명)으로 20X7년의 1,052÷197≒5.3(명)보다 증가하였다.

| 오답풀이 |

② 외항운송의 기업체 수는 152개에서 148개로 감소했으나, 매출액은 25,375십억 원에서 26,467십억 원으로 증가하였으므로 1개 기업체당 평균 매출액은 증가하였다.

③ 철도운송, 도로화물, 기타운송은 모두 종사자 수와 매출액이 전년보다 증가하였으나, 육상여객은 매출액만 증가하였고 종사자 수는 감소하였다.

④ 20X7년은 8,828÷18≒490(십억 원)이며, 20X8년은 9,032÷18≒502(십억 원)이므로 약 120억 원이 증가하였다.

⑤ 철도운송의 기업체 수는 동일하며 종사자 수와 매출액은 모두 전년보다 증가하였으므로 1개 기업체당 평균 종사자 수와 매출액은 모두 전년보다 증가하였다.

49 체제이해능력 결재 순서 파악하기

| 정답 | ③

| 해설 | L은 해외출장비로 400만 원을 배정받았으나 출장 중 300만 원이 더 필요하여 총 700만 원을 사용했으므로

'출장비'에서 '선정범위 외 지출'에 해당하며 총 500만 원 이상을 사용한 것이 된다. 따라서 검토자는 '부문장, 본부장, 사장'이 되고 회장의 결재를 받아야 한다. 그러나 L은 영업부문장이므로 검토 및 결재자는 '상급자만이 검토 및 결재한다.'라는 조항에 따라 '본부장, 사장, 회장'이 된다. 그리고 협의는 '재무팀장'이 해야 하며 회람은 '기획팀장', 시행자는 '기획담당, 재무담당, 사업관리담당' 모두이다.

50 체제이해능력 결재 보고서 작성하기

| 정답 | ②

| 해설 | 세 번째 개정 내용을 보면 '기획담당과 사업관리담당으로 분리된 기획팀 업무담당 직책을 기획담당으로 통일하고, 이를 결재문서 작성 시 시행란에 적용하도록 개정'한다고 하였으므로 기획담당자가 시행자로 등록될 수 있는 문서는 '지출 및 환불 보고', '프로젝트 종료 보고', '최종 지출 결과 보고'이다.

| 오답풀이 |

① 개정 내용 두 번째를 보면 '프로젝트 종료 결재 시 사장 전결이 아닌 경우 사장을 회람 지정하도록 개정'한다고 하였으므로 적절하지 않다.

③ 개정 내용 첫 번째를 보면 2천만 원 미만의 소프트웨어 컨설팅 계약은 특수계약에 해당하고 이것의 매출보고는 사장의 전결사항이다.

④ 개정 내용 다섯 번째를 보면 '최종지출결과보고의 건에서 산정범위 외 지출 시 결재란 작성 기준을 '지출액 총액'에서 '사전비용 산정내역 대비 초과금액'으로 변경하도록 개정'한다고 하였는데 추가로 100만 원을 사용하였으므로 사장 전결사항이 된다.

⑤ 개정 내용 마지막을 보면 프로젝트 외 사전비용 산출 시 300만 원 이상의 기안은 사장의 전결사항이다.

51 업무이해능력 업무 계획 수립하기

| 정답 | ②

| 해설 | 각 업체별로 홍보물 제작 비용은 다음 표와 같이 정리할 수 있다.

구분	현수막	Y형 배너	유포지
A 업체	395,000원	280,000원	138,000원
B 업체	380,000원	250,000원	159,000원
C 업체	395,000원	240,000원	158,000원

따라서 현수막은 B 업체, Y형 배너는 C 업체, 유포지는 A 업체가 가장 저렴한 업체이다.

52 업무이해능력 업무 계획 수립하기

| 정답 | ③

| 해설 | 51의 해설에 따르면 유포지의 제작은 A 업체로 선정하였다. A 업체는 3회 이상의 수정에 대해서 회당 5,000원씩 추가되므로 10,000원, 회사 로고와 지도 합성으로 각각 5,000원이 추가되어 10,000원의 추가 요금이 발생한다. 따라서 총 추가 금액은 20,000원이다.

53 업무이해능력 업무 계획 수립하기

| 정답 | ⑤

| 해설 | 각 업체의 Y형 배너의 50장 제작금액은 A 업체가 470,000원으로 가장 저렴하다. 이 금액은 고객 선호도가 가장 낮은 현수막 천에 해당하는 금액으로 가장 높은 재질인 포토 천으로 바꿀 경우 20%의 금액이 추가되어 $470,000 \times 1.2 = 564,000$(원)이 된다. 따라서 견적가가 240,000원에서 564,000원으로 증가했으므로 증가율은 $\dfrac{564,000 - 240,000}{240,000} \times 100 = 135$(%)이다.

54 업무이해능력 업무 규정 이해하기

| 정답 | ③

| 해설 | 12월은 동계 기준을 적용하며, 시간대별 A 터미널의 인원 현황을 정리하면 다음과 같다.

(단위 : 원)

구분	입국장	출국장	합계	경보 단계
06~07	2,950	2,820	5,770	최적
07~08	3,110	2,980	6,090	안전
08~09	3,220	3,390	6,610	조정
09~10	3,880	3,620	7,500	위험
10~11	3,250	3,020	6,270	안전

따라서 경보 단계 순서를 나열하면 최적-안전-조정-위험-안전이 된다.

55 업무이해능력 업무 규정 이해하기

| 정답 | ①

| 해설 | 11시 입출국 항공편에 따른 증감 인원은 11~12시 인원에 반영되고, 12시 입출국 항공편은 12~13시 인원에 반영된다. 〈시간대별 입출국 항공편 현황〉의 각주를 보면 A, B 터미널의 11~12시 인원은 입국장이 각각 1,050명 증가, 출국장이 각각 750명 감소하였다. 12~13시는 입국장 증가 인원이 $300 \times 3 = 900$(명)이므로 각 터미널에 450명씩 증가하고, 출국장 감소 인원은 $300 \times 8 = 2,400$(명)이므로 각 터미널에 1,200명씩 감소한다. 이를 정리하면 다음과 같다.

(단위 : 명)

구분		11~12	12~13
A 터미널	입국장	3,250+1,050=4,300	4,300+450=4,750
	출국장	3,020-750=2,270	2,270-1,200=1,070
	합계	6,570(안전)	5,820(최적)
B 터미널	입국장	3,440+1,050=4,490	4,490+450=4,940
	출국장	3,510-750=2,760	2,760-1,200=1,560
	합계	7,250(위험)	6,500(안전)

따라서 합계 기준으로 A 터미널은 최적, B 터미널은 안전 단계이다.

56 업무이해능력 업무 규정 이해하기

| 정답 | ④

| 해설 | 11시 입국 항공편이 1대 줄어들었으므로 11~12시 A, B 터미널의 입국장 증가 인원은 각각 150명씩 적어진다. 55의 해설을 참고하여 이를 정리하면 다음과 같다.

(단위 : 명)

구분		11~12	12~13
A 터미널	입국장	4,300−150=4,150	4,750−150=4,600
	출국장	2,270	1,070
	합계	6,420(안전)	5,670(최적)
B 터미널	입국장	4,490−150=4,340	4,940−150=4,790
	출국장	2,760	1,560
	합계	7,100(조정)	6,350(안전)

따라서 B 터미널의 11~12시 경보 단계만 위험에서 조정으로 변경된다.

57 예산관리능력 매출액 계산하기

|정답| ②

|해설| '매출액=판매가×수량'이므로 각 디자인을 1,500개 생산했을 경우의 매출액은 다음과 같다.

• A 디자인 : 1.2×1,500=1,800(만 원)
• B 디자인 : 2×1,500=3,000(만 원)
• C 디자인 : 1×1,500=1,500(만 원)
• D 디자인 : 1.8×1,500=2,700(만 원)

매출액이 2,500만 원을 넘지 않는 디자인은 A 디자인과 C 디자인이다. 평균 선호도는 A 디자인이 $\frac{3.9+4.1+4.2+4.3}{4}$ =4.125(점), C 디자인이 $\frac{3.7+4.0+3.7+4.7}{4}$ =4.025(점)이므로 A 디자인을 생산해야 하며, 이때 예상되는 매출액은 1,800만 원이다.

58 시간관리능력 공급 소요시간 파악하기

|정답| ②

|해설| 발주일은 4일, 공급일은 22일이므로 공장별 생산 가능일수와 작업량을 계산하면 다음과 같다.

• 갑 : 15(일)×80(개)=1,200(개)
• 을 : 18(일)×90(개)=1,620(개)
• 병 : 17(일)×85(개)=1,445(개)
• 정 : 17(일)×90(개)=1,530(개)

따라서 기한 내에 생산해야 할 수량은 1,500개이므로 기한 내 공급이 가능한 공장은 을, 정이다.

59 예산관리능력 수익 계산하기

|정답| ⑤

|해설| 평균 선호도는 B 디자인이 $\frac{4.4+3.8+3.5+3.2}{4}$ =3.725(점), D 디자인이 $\frac{3.4+4.8+4.1+3.5}{4}$ =3.95(점)이고, 57의 해설을 참고할 때 A, C 디자인은 4점 이상이므로 평균 선호도가 가장 낮은 디자인은 B 디자인이다. 1개당 수익을 묻고 있으므로 모든 지표를 1개당 수치로 환산하여 계산하면 다음과 같다.

• 1개당 판매가 : 20,000원
• 1개당 재료단가 : 4,000원
• 1개당 생산비용 : 72,000÷100=720(원)

따라서 B 디자인 1개를 판매하여 얻을 수 있는 예상 수익은 20,000−4,000−720=15,280(원)이다.

60 예산관리능력 수익 계산하기

|정답| ②

|해설| 제품 1개당 수익을 구하여 제품 수량을 곱하여 공장별 수익을 계산하면 다음과 같다.

(단위 : 원)

구분	제품 1개당 수익	수익
갑	12,000−3,300−(50,000÷100) =8,200	8,200×400 =3,280,000
을	20,000−4,000−(74,000÷100) =15,260	15,260×300 =4,578,000
병	10,000−2,900−(62,000÷100) =6,480	6,480×400 =2,592,000
정	18,000−3,700−(72,000÷100) =13,580	13,580×400 =5,432,000

따라서 총 수익은 3,280,000+4,578,000+2,592,000+5,432,000=15,882,000(원)이다.

61 시간관리능력 발주 날짜 계산하기

| 정답 | ③

| 해설 | N사의 수익 금액이 극대화되기 위해서는 판매가가 크고 자재단가와 생산비가 적어야 한다. 판매가에서 자재단가를 뺀 가격은 A ~ D 디자인이 각각 8,700원, 16,000원, 7,100원, 14,300원이므로 B 디자인으로 생산비가 가장 낮은 갑 공장에 발주해야 한다.

갑 공장은 하루에 80개를 생산할 수 있으므로 1,500개를 생산하기 위해서는 $1,500 \div 80 = 18.75$(일), 즉 19일의 생산기간이 필요하다. 따라서 22일이 공급일인 것을 감안할 때, 19일의 생산기간을 달력에 표시해 보면 다음과 같다.

일	월	화	수	목	금	토
		4/28	4/29	4/30	1	2 휴무
3 휴무	4	5	6	7	8	9 휴무
10 휴무	11	12	13	14	15	16 휴무
17 휴무	18	19	20	21	22 공급일	23
24/ 31	25	26	27	28	29	30

따라서 아무리 늦어도 4월 28일에는 발주를 해야 한다.

62 물적자원관리능력 후보지 선정 결과 추론하기

| 정답 | ⑤

| 해설 | 시민 대표의 선호 순위를 1순위 4점, 2순위 3점, 3순위 2점, 4순위 1점으로 치환해 계산하면 다음과 같다.

구분	A 지역	B 지역	C 지역	D 지역
점수	4+3+4 =11(점)	1+4+2 =7(점)	2+2+1 =5(점)	3+1+3 =7(점)

이를 통해 나머지 하나의 1차 후보지로 각각의 지역이 선정되었을 경우를 정리하면 다음과 같다.

• A 지역 : 11점과 7점으로 A 지역이 최종 후보지로 선정된다.

• C 지역 : 5점과 7점으로 B 지역이 최종 후보지로 선정된다.

• D 지역 : 7점과 7점으로 두 지역의 선호도가 같아진다.

따라서 B 지역이 최종 후보지로 선정되는 경우는 한 가지밖에 없다.

63 물적자원관리능력 후보지 선정 결과 추론하기

| 정답 | ③

| 해설 | 62의 해설을 참조하여 나머지 하나의 1차 후보지로 각각의 지역이 선정되었을 경우를 정리하면 다음과 같다.

• A 지역 : 11점과 7점으로 A 지역이 최종 후보지로 선정된다.

• B 지역 : 7점과 7점으로 재투표를 실시한다.

• C 지역 : 5점과 7점으로 D 지역이 최종 후보지로 선정된다.

따라서 B 지역이 나머지 하나의 후보지일 경우, 재투표를 실시하게 된다.

| 오답풀이 |

④ 만약 B 지역과의 재투표 실시 결과에서 D 지역이 더 많은 표를 얻는다면 최종 후보지가 될 수 있다.

64 물적자원관리능력 후보지 선정 결과 추론하기

| 정답 | ④

| 해설 | (가) 만약 정◇◇의 1순위가 C 지역이고 4순위가 A 지역이라고 해도 A 지역이 12점, C 지역이 9점으로 A 지역이 선정된다.

(다) 정◇◇의 1순위 후보지가 C 지역인 경우, C 지역의 점수는 9점이 된다. 이때 B 지역과 재투표를 하는 경우는 B 지역이 3순위로 선정되는 경우이다. 이를 정리하면 다음과 같다.

1순위	2순위	3순위	4순위
C 지역	A 지역	B 지역	D 지역
C 지역	D 지역	B 지역	A 지역

따라서 경우의 수는 2가지이다.

(라) 정◇◇의 1순위가 B 지역이면 B 지역의 점수는 11점이다. 이때 A가 4순위를 받아도 11점보다 높은 점수를 기록하므로 재투표는 실시할 수 없다.

| 오답풀이 |

(나) 투표에서 A 지역이 선정되고 다른 1차 후보지로 B 지역 또는 D 지역이 선정되는 경우, 정◇◇의 1순위가 B 지역 또는 D 지역이고 4순위가 A 지역이라고 해도 A 지역이 12점, C 또는 D 지역이 11점으로 A 지역이 선정된다.

65 | 기술이해능력 | 벤치마킹 유형 파악하기

| 정답 | ⑤

| 해설 | 글로벌 벤치마킹은 프로세스에 있어 최고로 우수한 성과를 보유한 동일업종의 비경쟁적 기업을 대상으로 한다. 접근 및 자료 수집이 용이하고 비교 가능한 기술 습득이 상대적으로 용이하지만 문화 및 제도적인 차이를 적절하게 고려하지 못할 경우, 잘못된 분석 결과가 나타날 위험이 있다.

| 오답풀이 |

① 비경쟁적 벤치마킹에 대한 설명이다.

② 내부 벤치마킹에 대한 설명이다.

③, ④ 경쟁적 벤치마킹에 대한 설명이다.

66 | 기술선택능력 | 산업재해 파악하기

| 정답 | ②

| 해설 | 산업재해의 직접적 원인이 되는 불안전한 상태는 시설물 자체의 결함, 안전 보호 장치의 결함 등으로, 이를 제거하기 위해서는 각종 기계나 설비 등의 안전성을 보장하도록 제작하고, 그 유지 관리를 철저히 하는 등의 사전적 예방조치를 요구한다. 현장 담당자를 처벌하는 징벌적 조치는 불안전한 상태를 제거하는 직접적인 방법이 될 수 없다.

67 | 기술선택능력 | 매뉴얼 활용하기

| 정답 | ③

| 해설 | 공기청정 운전은 에어컨 내부의 습기와 곰팡이를 제거하기 위한 방법이며 전기요금을 줄이는 것과는 무관하다.

68 | 기술선택능력 | 매뉴얼 활용하기

| 정답 | ③

| 해설 | 〈A/S 신청 전 확인 사항〉을 보면 실내기에서 물이 넘치는 것은 무거운 물건이 호스를 누르고 있거나 배수호스 끝에 물받이 연결부보다 높게 설치되어 있을 경우 나타날 수 있는 문제이다. 따라서 배수호스 끝과 물받이 연결부의 위치를 확인하여 배수호스를 물받이 연결부보다 낮게 설치하여 물이 잘 빠지도록 해야 한다.

69 | 기술선택능력 | 매뉴얼 활용하기

| 정답 | ④

| 해설 | 〈A/S 신청 전 확인 사항〉을 보면 찬바람이 연속으로 나오지 않는 경우는 실외기의 압축기 보호 장치가 동작하였기 때문일 수 있으므로 곧바로 서비스 센터에 연락하기보다 약 3분간 기다렸다가 찬바람이 나오는 것을 확인해야 하며, 이후 필요시 추가 조치를 취하면 된다.

| 오답풀이 |

① 정격 전압 220V보다 낮으면 에어컨이 운전하지 않는다.

② 정상보다 시원하지 않은 증상의 원인은 제습이나 공기청정 단독 운전일 수 있으며 이 경우 냉방운전을 선택하여 시원한 상태를 유지할 수 있다.

③ 블라인드로 햇빛을 차단하면 실내온도가 약 2도 떨어지게 되어 약 27도가 될 것이며, 에어컨의 희망 온도는 실내온도보다 낮게 맞추어야 하므로 25도로 설정하는 것은 적절하다.

⑤ 에어컨에서 이상한 소리가 나는 경우 중 하나로 전원코드를 연결하거나 주전원 스위치를 올렸을 경우가 있으므로 장기 휴가 시 전원 플러그를 뽑았다가 복귀 후 다시 연결하면 전원이 들어온 후 초기화 구동을 하며 이상한 소리가 날 수 있다.

70 | 기술선택능력 | 매뉴얼 활용하기

| 정답 | ④

| 해설 | 물걸레 브러시의 걸레는 빨랫비누를 이용해서 가볍게 손으로 빨고, 열이나 섬유 유연제 등에 노출될 경우 형태가 변형되어 성능이 저하될 수 있으니 삶는 것은 좋지 않다.

| 오답풀이 |

① 브러시는 물로 세척할 경우 부품 변형이나 고장이 발생할 수 있으므로 물 세척을 하면 안 된다.

② 배터리의 잔량이 부족한 상태로 장기간 보관하면 배터리의 성능이 떨어지는 원인이 될 수 있다. 따라서 배터리 잔량이 부족하면 미리 충전하여 보관하는 것이 좋다.

③ 브러시는 무리한 힘이 가해지거나 회전솔에 이물질이 끼면 모터와 제품을 보호하기 위해 브러시가 작동하지 않을 수 있다. 따라서 서비스센터에 연락하기보다 이물질을 제거한 후 전원을 껐다가 다시 켜 봐야 한다.

⑤ 기기 사용 중 습도와 온도 및 바닥 재질 등 사용 환경에

따라 정전기가 발생할 수 있다. 이때 정전기가 계속 발생하면 서비스센터로 문의해야 한다.

71 | 기술선택능력 | 매뉴얼 활용하기

| 정답 | ⑤

| 해설 | 제품 배기구에서 냄새가 날 경우에는 다단식 연장관을 손질하는 것이 아니라 먼지통이 가득 차지 않도록 비우고, 필터류를 자주 손질해야 한다.

72 | 기술선택능력 | 매뉴얼 활용하기

| 정답 | ②

| 해설 | $100 \sim 240V/50 \sim 60Hz$ 전원에 연결한 것은 적정한 전압을 사용한 것이나, 충전 거치대를 청소할 때에는 반드시 전원 플러그를 빼라고 안내되어 있으므로 사용설명서의 내용을 준수하지 않은 경우가 되어 무상 서비스를 받을수 없다.

| 오답풀이 |

① 걸레를 부착하지 않고 물걸레 브러시를 사용하다가 고장이 난 경우에 무상 서비스가 불가하므로 언급된 경우는 무상 서비스가 가능하다.

③, ④ 모두 사용설명서에 언급된 사항을 어긴 경우가 아니므로 무상 서비스가 가능한 경우가 된다.

⑤ 제품을 오랫동안 사용하지 않다가 배터리를 충전하여 사용하려 한 것은 사용설명서의 안내를 따르지 않은 것은 아니므로 무상 서비스를 받을 수 없는 경우가 아니다.

73 | 문서이해능력 | 빈칸에 들어갈 내용 찾기

| 정답 | ②

| 해설 | (가) 이후로 전기자동차의 배터리 성능과 운용기술이 크게 향상되어 주행거리가 늘었다는 내용이 등장하고 있다. 따라서 이러한 발전 이전에는 배터리 기술의 한계로 주행 거리가 짧았다는 단점이 있었음을 유추해 볼 수 있다.

74 | 문서이해능력 | 글의 내용과 일치여부 파악하기

| 정답 | ③

| 해설 | 4문단에 따르면 '구글카'는 캘리포니아가 아닌 네바다 주에서 처음으로 자율주행 허가를 받게 되었다.

75 | 문서이해능력 | 규정 내용 이해하기

| 정답 | ②

| 해설 | 풍속이 매초 15m 이상일 경우는 운행관제사가 역장, 전기사업소장, 승무사업소장에게 연락하여 필요한 조치를 취하도록 해야 하며, 열차 운행의 속도는 풍속이 매초 20m 이상일 경우부터 감속한다.

| 오답풀이 |

① 제○○조 제1항에 언급되어 있는 내용이다.

③ 풍속이 매초 25m 이상 30m 미만일 경우 정차지시 또는 출발 보류가 가능하며, 30m 이상일 경우 운전 중지가 가능하므로 올바른 설명이 된다.

④ 안전한 장소에 정차할 수 있으므로 이는 반드시 이전 역 또는 다음 역만을 의미하지는 않는다.

⑤ 제□□조 제3항에서의 규정은 레일면의 침수 수위에 따라 다르게 적용되어 있다.

76 | 문서이해능력 | 규정에 따라 행위 구분하기

| 정답 | ④

| 해설 | (가) 목측으로 확인한 결과 침수수위가 레일면보다 낮아 15km 이하 속도로 통과한 점은 규정에 부합하는 행위이다.

(나) 제◇◇조 제1항에서 규정하고 있는 내용이다.

(라) 침수지점을 발견했을 경우, 하차하여 침수수위를 목측으로 파악하도록 규정하고 있으므로 별도 측정 장비 없이 눈으로 파악한 것은 규정에 부합하는 행위이다.

| 오답풀이 |

(다) 풍속이 심한 장소에 진입한 경우 열차속도에 급격한 변화를 피해야 하며, 급제동을 걸지 않아야 한다고 규정하고 있다. 따라서 (다)는 운전취급규정에 부합하는 행위가 아니다.

77 | 문서이해능력 | 의무사항 이해하기

| 정답 | ③

| 해설 | 제△△조 '폭풍우 시 기관사의 조치'에 따르면 열차 운전이 위험하다고 판단될 때 안전한 장소 또는 최근 역에

열차를 정차시키는 것은 운행관제사가 아닌 기관사의 의무 사항으로 규정되어 있다.

| 오답풀이 |

① 제◇◇조 제1항에서 언급된 운행관제사의 의무사항 이다.

② 제◇◇조 제1항 제3호에서는 풍속이 매초 30m 이상일 때 언급된 바와 같은 조치를 취해야 한다고 규정하고 있다.

④ 제□□조 제1항 제2호에서 언급된 운행관제사의 의무 사항이다.

⑤ 제□□조 제3항 제2호에서는 레일면 위까지 침수되어 운전이 중지된 경우, 역장 또는 기관사는 이를 운행관 제사에게 급보한 다음 운행관제사의 지시에 의하여야 한다고 규정하고 있다. 따라서 중지된 열차의 재운행 여부를 판단하여 지시하는 것은 운행관제사의 의무사항 이라고 볼 수 있다.

78 문서이해능력 청탁금지법 이해하기

| 정답 | ①

| 해설 | 공직자 등은 직무와 관련 있는 경우, 관련 없는 경 우에 따라 적용되는 금품 수수의 범위와 액수가 규정되어 있으나, 공직자 등의 배우자는 제8조 제4항에서 '공직자 등 의 직무와 관련하여'라는 제한을 두고 있으므로 직무와 관 련 없는 경우 해당 법률에 위배되는 것이 아니다.

| 오답풀이 |

② 외부강의 등 제8조 제3항에서 언급된 것 역시 일정한 규정을 준수할 경우 공직자 등이 금품을 수수할 수 있는 합법적인 방법이 된다.

③ 제8조 제3항 제6호에서는 직무 관련 공식 행사에서 통 상적인 범위에서 일률적으로 제공하는 교통, 숙박, 음 식물 등의 금품 등은 금품 수수 금지의 예외를 적용하고 있다.

④ 제10조 제5항에서는 초과된 사례금을 신고 후 즉시 반 환해야 한다고 규정하고 있다.

⑤ 지방자치단체로부터 요청받은 강의이므로 소속기관장 에게 서면 신고의 의무가 없다.

79 문서이해능력 공무수행사인 이해하기

| 정답 | ④

| 해설 | 제11조에서 규정된 '공무수행사인'은 모두 '직간접적 으로 공무를 수행하는 비공직자'로 볼 수 있으며, 그 당사 자로 제한하고 있다. 따라서 공기관의 입찰심사위원회 민 간 심사위원은 공무수행사인으로 볼 수 있으나, 당사자의 배우자는 공무수행사인이 되지 않는다.

| 오답풀이 |

① 제11조 제2호에 해당하는 공무수행사인이다.

② 제11조 제3호에 해당하는 공무수행사인이다.

③ '공무상 심의·평가'에 해당하므로 제11조 제4호에 해당 하는 공무수행사인이다.

⑤ 제11조 제1호에 해당하는 공무수행사인이다.

80 문서이해능력 청탁금지법 위배 사항 파악하기

| 정답 | ⑤

| 해설 | (가) 제11조에 따르면 공기관의 업무 협조를 위해 파 견 나온 민간업체 직원은 공무수행사인이 된다. 따라 서 공무수행사인은 '공무 수행에 관하여는 제5조부터 제9조까지를 준용한다'는 규정에 따라 공직자 등과 동 일한 제한 사항이 적용된다. 제8조 제2항에서는 '공직 자 등은 직무와 관련하여 대가성 여부를 불문하고 제1 항에서 정한 금액 이하의 금품 등을 받거나 요구 또는 약속해서는 아니 된다'고 규정하고 있으므로 대가성이 없는 50만 원이라도 공무수행사인이 수수한 것은 청 탁금지법 위반에 해당한다.

(나) 제8조 제4항에 위배되는 경우이다.

(라) 제8조 제5항에 위배된다.

| 오답풀이 |

(다) 외부강의나 기고 등은 일정 요건을 갖추면 규정에 위 배되는 행위가 아니며, 금품 등의 수수 금지 조항에서 도 예외를 적용하고 있다. 또한 회계연도 300만 원의 제한은 외부강의 등을 제외한 일반적인 금품 수수에 관한 규정이므로 잦은 외부강의와 기고로 받은 사례금 이 300만 원을 넘는다는 것만으로 청탁금지법 위반이 라고는 볼 수 없다.

5회 실전모의고사

문제 | 266쪽

01	②	02	②	03	④	04	④	05	②
06	①	07	③	08	②	09	②	10	④
11	④	12	②	13	②	14	①	15	②
16	④	17	②	18	⑤	19	⑤	20	①
21	③	22	①	23	②	24	④	25	④
26	②	27	④	28	①	29	③	30	⑤
31	③	32	③	33	⑤	34	③	35	②
36	③	37	④	38	②	39	①	40	⑤
41	③	42	④	43	④	44	⑤	45	①
46	③	47	③	48	①	49	④	50	④
51	④	52	⑤	53	①	54	④	55	③
56	③	57	③	58	④	59	⑤	60	③
61	④	62	④	63	①	64	②	65	④
66	④	67	④	68	②	69	④	70	②
71	②	72	④	73	⑤	74	④	75	③
76	①	77	②	78	④	79	③	80	④

01 정보이해능력 IoT 기술 이해하기

| 정답 | ②

| 해설 | IoT 기술은 인간의 도움 없이도 서로 알아서 정보를 주고받으며 대화를 나눌 수 있어야 한다. 블루투스 이어폰은 귀에 착용할 시 블루투스를 이용해 정보를 주고받지만 이어폰을 착용하고 작동시키는 데까지 인간의 개입이 필요하므로 IoT 기술이라 보기 어렵다.

02 컴퓨터활용능력 워드프로세서로 문서 출력하기

| 정답 | ②

| 해설 | 특정 page만 출력하고자 할 경우 출력 시작 page의 번호를 입력하고 〈return〉을 쳐야 하므로 '3 〈return〉'을 입력해야 한다.

03 컴퓨터활용능력 워드프로세서로 문서 출력하기

| 정답 | ④

| 해설 | 1 page가 아닌 다른 page부터 출력하고자 할 때는 출력 시작 page의 번호를 입력 후 〈return〉을 치고 출력이 끝나는 page의 번호를 입력하고 〈return〉을 친다고 하였으므로 '2 〈return〉 6 〈return〉'을 입력해야 한다.

04 컴퓨터활용능력 한글 단축키 이해하기

| 정답 | ④

| 해설 | 문자표를 입력하려면 'Ctrl+F10'을 동시에 눌러야 한다.

| 오답풀이 |

① Ctrl+F3 : 상용구 내용 보기

② Ctrl+F4 : 문서 닫기

③ Ctrl+F9 : 한자 부수/총획수로 입력

③ Ctrl+Z : 되돌리기

05 컴퓨터활용능력 ASCII 코드 확인하기

| 정답 | ②

| 해설 | 알파벳이 아닌 문자 코드는 다음과 같다.

1110010	1101111	1110011	1100101	000111	0100001	1110100	1100101
1010011	1011100	1000001	1011001	1000001	1001100	1001001	1010000
1101000	1100001	1101110	1100100	1001101	1000001	1011011	0000101
1010010	1100101	1100001	1100100	1101100	1101001	1100110	1100101

참고로 밑줄 친 코드는 다음 문자에 대응된다.

0100001 → !

1011100 → ₩

1011011 → [

0000101 → ENQ(응답요구)

06 컴퓨터활용능력 ASCII 코드 변환하기

| 정답 | ①

| 해설 | 각 문자에 대응되는 코드로 바꾸면 ①과 같다.

| 오답풀이 |

각 코드가 나타내는 문장은 다음과 같다.

② do not use mine

③ do nou use MINE

④ Do nou use mine

⑤ do not use MINE

07 컴퓨터활용능력 패리티 비트 파악하기

| 정답 | ③

| 해설 | 패리티 비트를 포함한 각 8비트에서 1의 개수가 홀수인 것은 오류가 발생했다고 판단하므로 재전송이 필요한 정보는 다음 밑줄 친 부분이다.

10101111 11001011 01000001 11000011 11100100 11001010 01000000 11000011
11011000 11011000 01000000 10011111 10011101 10001010 01000001 11101000
                              11001010 11000010 11011010

따라서 재전송을 요구해야 하는 정보는 최소 56비트이다.

08 컴퓨터활용능력 패리티 비트 확인하기

| 정답 | ②

| 해설 | 'M7wj'를 패리티 비트를 포함하여 ASCII 코드로 나타내면 다음과 같다.

100<u>1</u>1010 0<u>1</u>10<u>1</u>111 1110<u>1</u>11<u>0</u> 110<u>1</u>0100

따라서 수신받은 정보 중 10비트에서 오류가 발생하였으므로 원래 보내고자 했던 문자가 될 수 없다.

| 오답풀이 |

각 문자를 패리티 비트를 포함한 ASCII 코드로 나타내어 오류가 발생한 위치를 표시하면 다음과 같다.

① 10001101 01<u>1</u>01100 1<u>0</u>101111 11010<u>1</u>11

③ 10001101 <u>1</u>011<u>0</u>100 110<u>0</u>1111 11000101

④ 10001101 <u>1</u>010<u>1</u>100 11100<u>1</u>11 10<u>0</u>10101

⑤ 10001101 <u>1</u>011<u>0</u>100 1<u>0</u>101111 11010100

따라서 송신 과정에서 24비트 중 4비트에 오류가 발생했음을 알 수 있다.

09 문서이해능력 세부 내용 이해하기

| 정답 | ②

| 해설 | 보안검색대의 내용과 상관없이 3명 이상의 보안검색요원이 특정 승객에게 수상한 낌새가 느껴진다고 동의하면 폭발물 흔적탐지기(ETD) 검색 및 소지품 정밀 검사를 요청할 수 있다.

| 오답풀이 |

① 손을 들기 어려운 승객(노인, 장애인, 유아 등)은 검색대에 들어가지 않고 별도로 검사한다.

③ 3명 이상의 보안검색 요원이 특정 승객에게 수상한 낌새가 느껴진다고 동의해야 한다.

④ 전자발찌를 한 경우 별도의 출국금지 요청이 없더라도 해당 기관과 연결 후 통과시킨다.

⑤ 해당 사항에 관련된 내용은 지침에 언급되지 않았다.

10 문서이해능력 세부 내용 이해하기

| 정답 | ④

| 해설 | 제23조 제3호에서는 레일에 특별한 경우 외에는 열을 가할 수 없다고 규정하고 있으며, 제27조 제3항에서는 곡선에 부설된 레일 중 마모가 심하게 발생하는 개소에 열처리 레일 설치가 가능하다고 규정하고 있으므로 이를 종합하면 곡선이 아닌 직선에 부설된 레일은 어떠한 경우에도 열처리가 허용되지 않는다고 판단할 수 있다.

| 오답풀이 |

① 모든 경우에 본부장의 승인을 받는 것이 아니며, '차륜도유기를 설치한 차량이 운행하는 구간에 레일 도유기를 설치하지 아니할 경우와 레일 도유기를 설치(이설) 또는 철거하고자 할 경우'에만 본부장의 승인을 받는 것으로 규정하고 있다.

② 현접법과 지접법은 레일 이음부의 침목 배치 방법이며, 레일의 이음방법에는 상대식과 상호식이 있다.

③ 제26조 제2항은 터널 내 레일의 간격 정정작업은 봄이나 가을에 시행해야 한다는 원칙에 구애받지 않는다는 것이지 여름과 겨울에 시행해야 한다는 의미는 아니다.

⑤ 레일은 직선과 곡선궤도와 관계없이 '반드시 직각되게 수직으로 절단'해야 한다고 규정하고 있다.

11 문서이해능력 규정 적용하기

| 정답 | ④

| 해설 | 재사용이 가능한 중고품으로 60kg을 초과하는 경우이며, 직선 레일에 사용하는 것이므로 곡선용에서만 사용 가능한 열처리 레일은 제외된다. 따라서 보통 레일에 해당하는 노란색으로 단면을 도색해야 한다.

| 오답풀이 |

나머지 단면도색은 모두 주어진 도표에 부합하는 색깔을 사용한 경우이다.

12 문서이해능력 개정안 이해하기

| 정답 | ②

| 해설 | '의료급여법 일부 개정법률안'의 주요 내용은 다음과 같이 크게 5가지로 요약할 수 있다.

1) 종이 의료급여증 발급 선택

2) 의료급여 자격 양도·대여 시 부당이득금 징수

3) 현금으로 입금되는 의료급여에 대한 압류방지 전용통장 도입

4) 시·도지사의 보고 및 질문, 자료의 요청 권한 명시

5) 속임수·부당한 방법으로 급여를 받은 사람에 대한 신고포상금 지급 근거 신설

따라서 현금으로 입금 가능한 의료급여 전용통장을 지정하는 것이 아닌, 압류방지 전용통장이 지정된다는 것이다.

13 문서이해능력 글을 바탕으로 추론하기

| 정답 | ②

| 해설 | 의료급여 수급권자는 지정된 계좌로 요양비를 이체받게 되나, 계좌가 개설된 은행의 불가피한 사정이 있을 경우에는 현금으로도 지급받을 수 있다고 설명되어 있다.

| 오답풀이 |

① 종이 의료급여증 의무 발급이 없어지므로 불필요한 행정비용이 절약될 수 있다.

③ 신고포상금 제도 운영에 따라 부당한 급여 청구 행위를 줄일 수 있다.

④ 시·도지사의 권한 강화로 인해 의료기관에 대한 과징금 징수 업무가 보다 원활해질 수 있다.

⑤ 본문의 가장 마지막 부분에서 기관·단체 또는 개인은 통합입법예고시스템이나 우편, 팩스 등을 통해 의견을 제출할 수 있다고 안내되어 있다.

14 문서이해능력 문맥적 의미 파악하기

| 정답 | ①

| 해설 | ⊙의 죽음은 개인으로 하여금 '흉측한 것'으로 인식되어진 죽음이다. 하지만 나머지 다른 죽음은 삶보다 더한 양지를 누린, 영·육의 이원법에서 절대적 지배권을 향유한 것인 죽음이다. 따라서 문맥적 의미가 다른 하나는 ⊙이다.

15 문서이해능력 세부 내용 이해하기

| 정답 | ②

| 해설 | 두 번째 문단을 보면 죽음은 삶보다 더한 양지를 누려왔으며 인간 구원이 영혼의 몫이 되고 덩달아서 죽음의 몫이 되었으며 영·육의 이원법에서 절대적 지배권을 향유한 것은 죽음이지 삶이 아니었다고 하였으므로 적절하다.

16 문서작성능력 이어질 내용 추론하기

| 정답 | ④

| 해설 | 마지막 문단을 보면 죽음이 망각되어 가고 있는 현실에 대해 우려하고 있는 것을 알 수 있으며 현재 군중 사회에서 죽음은 가고 죽음이란 말만이 황당하게 남아 있다는 것이 문제점이라고 언급하고 있다. 따라서 다음으로 이어질 내용은 '죽음을 기억해야 할 이유와 필요성'이 적절하다.

17 갈등관리능력 심리적 방어기제 이해하기

| 정답 | ②

| 해설 | Displacement란 치환(置換) 또는 전위(轉位)를 의미하며 특정 대상에 대한 자신의 감정을 다른 대상에게 돌리는 행위를 뜻한다. 공 대리는 자신보다 강한 대상(박 과장)에게 혼이 나서 그것에 대한 분노를 자신보다 약한 대상(진 사원)에게 표출하고 있으므로 치환의 방어기제를 사용하고 있다.

| 오답풀이 |

① 수동 공격(Passive Aggression) : 상대를 방해하거나 기분을 거슬리게 하는 등의 방식으로 분노를 표현하는 것

③ 내적 투사(Introjection) : 다른 사람의 태도, 가치 혹은 행동을 마치 자기 자신의 것처럼 동화시키는 무의식적 과정

④ 승화(Sublimation) : 욕구불만으로 인해 생겨나는 충동과 갈등을 사회적으로 인정되는 형태와 방법을 통해 발산하는 것

⑤ 용서(Forgiveness) : 상대방의 허물이나 과실을 눈감아 주거나 그 책임을 면제해 주거나 관계를 회복시켜 주는 것

---

18 고객서비스능력 고객의 특성 이해하기

| 정답 | ⑤

| 해설 | 고객의 욕구는 연령, 경험, 사회, 문화 등에 따라 변화한다. 제시된 자료에서는 고객을 단순히 상품을 구매하는 존재가 아닌 지속적인 동반자로 인지함으로써 시간이 지남에 따라 변화한 고객의 욕구에 민감하게 반응했음을 알 수 있다.

---

19 팀워크능력 효과적인 팀의 특징 알기

| 정답 | ⑤

| 해설 | 팀 내 구성원 간의 의견 불일치가 발생하지 않는 팀은 없다. 다만 효과적인 팀에서의 분쟁은 파괴적이지 않다. 효과적인 팀은 A 부서장의 부서원들과 같이 갈등의 존재를 인정하고 서로 직접적이고 솔직하게 대화함으로써 이를 개방적으로 다루며, 상호신뢰를 바탕으로 솔직한 토의를 통해 의견의 불일치를 건설적으로 해결한다.

---

20 협상능력 협상에서의 실수와 대처방안 파악하기

| 정답 | ①

| 해설 | A 사원은 업무를 잘 모르는 사람과 협상을 하는 실수를 저지르고 있다. 상급자일지라도 협상의 세부사항을 잘 모르는 사람일 수 있으므로 이에 대한 대처방안으로는 상대가 타결권한을 가지고 있는 사람인지 확인하는 것이 적절하다.

---

21 리더십능력 임파워먼트 이해하기

| 정답 | ③

| 해설 | 임파워먼트란 조직 현장의 구성원에게 업무 재량을 위임함으로써 자주적이고 주체적인 체제 속에서 사람이나 조직의 의욕과 성과를 이끌어 내는 권한부여 방식이다. ㉠은 지도자가 권력을 행사하거나 칭송받는 것이 아니라 백성들이 지도자의 존재만 인식하고 있다는 내용이므로, 리더가 구성원들에게 권한을 부여하였다고 해석할 수 있다.

---

22 팀워크능력 멤버십의 유형 이해하기

| 정답 | ①

| 해설 | ㉠은 소외형, ㉡은 순응형, ㉢은 실무형, ㉣은 수동형에 해당한다.

---

23 리더십능력 성공하는 리더들의 습관 이해하기

| 정답 | ②

| 해설 | '(나) - 끝을 생각하며 시작하라'가 적절하다.

보충 플러스+

스티븐 코비의 성공한 사람들의 7가지 공통 습관
1. 자신의 삶을 주도하라.
2. 끝을 생각하며 시작하라.
3. 소중한 것을 먼저 하라.
4. 윈-윈(Win-Win)을 생각하라.
5. 내가 먼저 이해한 다음에 이해시켜라.
6. 시너지 효과를 내라.
7. 끊임없이 쇄신하라.

24 협상능력 적절한 협상전략 파악하기

| 정답 | ④

| 해설 | ㉡, ㉢ 거란과 외교 관계를 맺지 못하는 까닭은 여진이 막고 있기 때문이므로, 거란으로 가는 길목인 압록강 유역을 돌려달라고 요청해 서로가 만족할 만한 새로운 대안을 제시했다.

㉢ 거란의 의도가 전쟁이 아니라 고려와 국교를 맺는 것임을 알아챘다.

25 사고력 배정받은 팀 추론하기

| 정답 | ④

| 해설 | 제시된 조건은 모두 거짓이므로 각 신입사원이 배정받은 팀이 아닌 곳을 표에 정리하면 다음과 같다.

구분	영업팀	홍보팀	재무팀	개발팀	설계팀
김정식			×		
김병연	×	×			×
허초희		×			×
백기행	×		×	×	×
정지용	×		×		

따라서 배정받은 팀을 정확하게 알 수 있는 신입직원은 백기행이다.

26 사고력 진위 추론하기

| 정답 | ②

| 해설 | 주어진 명제만으로 추론할 수 없다.

| 오답풀이 |

① 첫 번째 명제의 대우에 해당하므로 참이다.

③ 두 번째 명제의 대우에 해당하므로 참이다.

④ 두 번째, 세 번째, 첫 번째 명제의 삼단논법에 의해 참이다.

⑤ 세 번째, 첫 번째 명제에 의해 참이다.

27 문제처리능력 자료 이해하기

| 정답 | ④

| 해설 | 경제활동인구는 전체 인구가 아닌, 만 15세 이상의 노동가능인구 중 취업자와 구직활동을 한 실업자를 더한 숫자이다.

| 오답풀이 |

① 일시적인 휴직 상태이므로 실업자가 아닌 취업자로 분류한다.

② 비경제활동인구란 취업도 실업도 아닌 상태에 있는 사람 즉, 주부, 학생, 진학 준비자, 취업 준비생, 연로자, 심신 장애자, 구직 포기자 등을 말한다.

③ 일정 기간 구직활동을 한 사람은 취업 의사가 있는 것으로 간주되어 실업자로 분류된다.

⑤ 노동가능인구는 경제활동인구와 비경제활동인구를 합한 것이며, 노동가능인구에 속하지 않는 군인, 재소자, 전투경찰까지 포함하면 15세 이상 인구가 되는 것이다.

28 문제처리능력 조건을 바탕으로 변화 파악하기

| 정답 | ①

| 해설 | 위의 자료에 따르면 구직 포기자는 비경제활동인구에 포함된다. 이를 실업자로 간주하게 되면, 기존의 고용 관련 지표에 비해 경제활동인구와 실업자 수가 늘어나지만 취업자 수는 변함이 없다. 따라서 '실업률=(실업자÷경제활동인구)×100', '고용률=(취업자÷15세 이상 인구)×100'에 의해 실업률은 상승하지만 고용률은 변하지 않는다.

29 문제처리능력 자료를 바탕으로 변화 파악하기

| 정답 | ③

| 해설 | 2015년에는 경제활동인구 $1,000 \times \dfrac{50}{100} = 500$(명),

취업자 $500 \times \dfrac{95}{100} = 475$(명), 실업자 $500 - 475 = 25$(명)

이고, 2020년에는 경제활동인구 $1,000 \times \dfrac{40}{100} = 400$(명),

취업자 $400 \times \dfrac{96}{100} = 384$(명), 실업자 $400 - 384 = 16$(명)

이다. 따라서 고용률은 47.5%에서 38.4%로 하락했고 실업자 수와 취업자 수도 감소한 것을 알 수 있다.

30 사고력 최단거리의 이동시간 구하기

|정답| ⑤

|해설| 역 간 거리가 동일하므로 최단거리는 역 수가 가장 적은 경로인 'a-A-B-C-e'의 경로로 이동해야 한다. 따라서 이동 시간만 2분 20초, 2분 20초, 2분, 2분, 2분 20초, 2분 20초, 2분 20초로 총 15분 40초이다. A, B역에서 환승을 하며 C역은 환승역이지만 호선을 갈아타는 것이 아니므로 환승에 필요한 시간은 7(분)×2(회)=14(분)이다. 따라서 이동에 걸리는 시간은 29분 40초가 된다.

31 사고력 최단거리와 총 이동거리 구하기

|정답| ③

|해설| 역 수가 적고 환승역이 적은 경로를 선택해야 한다. B역에서 p역까지 가는 경로는 다음 두 가지를 생각할 수 있으며, 각각의 경로에 따르는 거리는 다음과 같다.

- B-C-D-F-o-p : 2.5+2.5+2.5+2.5+2= 12(km)
- B-g-h-E-F-o-p : 2.5+2+2.5+2.5+2.5+2= 14(km)

따라서 최단거리는 12km이다.

32 사고력 가장 적절한 출발시간 구하기

|정답| ③

|해설| g역에서 H역까지 가기 위해 E역에서 환승하여 D역 방향으로 가는 방법과 G역까지 가서 환승하는 두 가지 방법이 있다. 두 경우 모두 환승을 한 번만 하므로 역 수가 적은 첫 번째 방법을 이용하는 것이 이동 시간이 더 적다. 따라서 'g-h-E-D-j-k-l-m-n-H'로 이동할 경우, 2분+2분 20초+7분+2분 20초+2분 20초+2분+2분+2분+2분 20초=26분 20초가 걸린다. 따라서 늦어도 오후 3시 33분 40초에는 출발해야 늦지 않게 목적지에 도착할 수 있다.

33 기술적용능력 기술적용 시 고려해야 할 사항 파악하기

|정답| ⑤

|해설| 경영진의 호불호나 세계적 사용 현황 등은 일반적인 업무 사안을 판단하는 기준일 수는 있으나 기술적용 시 고려해야 할 사항이라고 볼 수는 없다.

보충 플러스+

기술적용 시 고려해야 할 사항
1. 기술 적용에 따른 비용이 많이 드는가
2. 기술의 수명 주기는 어떻게 되는가
3. 기술의 전략적 중요도는 어떻게 되는가
4. 잠재적으로 응용 가능성이 있는가

34 기술이해능력 단계별 자율 주행 기술 파악하기

|정답| ③

|해설| 각 사례에 해당하는 자율 주행 기술의 단계는 다음과 같다.

㉠-1단계　　　㉡-5단계　　　㉢-3단계
㉣-2단계　　　㉤-4단계

35 기술선택능력 적절한 응답 내용 파악하기

|정답| ②

|해설| 스캔 크기, 출력 유형, 스캔 해상도 또는 파일 유형 등을 조절하려는 경우 프린터 소프트웨어에서 조절할 수 있다고 안내되어 있으며, 전원 버튼 표시등이 빠르게 깜빡거린다면 잉크 카트리지 액세스 덮개가 열려 있는 것이 원인일 수 있으므로 이를 확인해 보라고 하는 것은 적절한 응답 내용이다.

36 기술선택능력 복합기 조작부 명세 파악하기

|정답| ③

|해설| '다시시작' 버튼은 프린터의 오류로 인해 중단 상태가 되었던 작업을 오류 점검 후 다시 시작하기 위해 누르는 버튼이므로, 스캔 작업 중 다른 일을 처리하고 다시 재개할 때 사용하기 위한 버튼은 아니다.

| 오답풀이 |

① 잉크 카트리지에 문제는 디스플레이 화면(1번)과 잉크 카트리지 경고 표시등(11번)을 통해 알 수 있다.

② 8번 버튼을 누르면 네트워크 구성 페이지가 인쇄되며, 3번 버튼과 8번 버튼을 함께 누르거나 4번 버튼과 8번 버튼을 함께 누르면 이 버튼들과 관련된 도움말이 인쇄된다. 또한 9번 버튼을 누르면 프린터 정보 페이지가 인쇄되므로 복합기 조작과 관련한 정보를 인쇄할 수 있는 버튼은 조작부 명세 3, 4, 8, 9번 버튼이다.

④ 5번은 컬러 복사를, 7번은 흑백 복사를 의미하므로 둘 중 하나의 버튼은 선택해야 한다.

⑤ 디스플레이 화면에는 복사 매수, 잉크 카트리지 상태, 용지 오류 및 잉크 카트리지 문제가 나타나므로 복사 상황 및 오류 상태 등이 표시되는 것이다.

37 기술선택능력 복합기 사용설명서 이해하기

| 정답 | ④

| 해설 | 여러 페이지 스캔 시 프린터 소프트웨어에서 해상도를 300dpi 이하로 설정하라고 안내되어 있으므로 해상도를 높게 유지하는 것은 바람직하지 않다.

| 오답풀이 |

① 유리 위와 덮개 안쪽에 붙은 이물질은 모두 스캔되므로 제거해야 한다.

② 작은 원본에 대한 확대 복사본을 만들려면, 원본을 컴퓨터로 스캔하여 스캔 소프트웨어에서 이미지 크기를 조정한 다음, 확대된 이미지의 복사본을 인쇄하면 된다.

③ '프린터가 인쇄하는 동안에는 용지를 넣지 마세요.'라고 안내되어 있다.

⑤ Wi-Fi Direct 표시등이 3초 동안 깜빡인 다음 계속 켜져 있다면, 프린터가 이미 최대 Wi-Fi Direct 연결 개수에 도달했음을 나타내는 것이며, Wi-Fi Direct가 비활성화되었을 경우에는 Wi-Fi Direct 표시등이 3초 동안 빠르게 깜빡인 다음 꺼진다.

38 기술선택능력 사용설명서로 복합기 상태 파악하기

| 정답 | ②

| 해설 | 잉크 카트리지 액세스 덮개가 닫혀 있고 표시등이 빠르게 깜빡이지만, 컴퓨터 화면에 별다른 오류 메시지가 표시되지 않는 경우 역시 오류 상태에 있는 것이며, 오류 메시지는 문서를 인쇄하면 나타난다고 안내되어 있다.

| 오답풀이 |

① 소프트웨어에서 밝기를 적절히 설정하지 않으면 텍스트가 누락되거나 잘못 스캔될 수 있으나, 이는 고장 또는 오류 상태가 아니다.

③ Wi-Fi 보호 설치(WPS) 푸시 모드 상태에서 프린터를 모바일 장치에 연결 중인 것으로, 고장 또는 오류 상태가 아니다.

④ 프린터가 절전 모드에 들어가면 2시간이 지난 후 자동으로 전원이 꺼지므로 1시간 반이 지나도 전원이 꺼지지 않는 경우는 고장 또는 오류 상태가 아니다.

⑤ 전원 버튼 표시등이 깜빡이는 경우는 프린터에서 작업이 진행 중인 것을 나타내므로 고장 또는 오류 상태가 아니다.

39 기술선택능력 사용자의 의도 파악하기

| 정답 | ①

| 해설 | 조작부 명세의 6번 버튼, 4번+8번 버튼, 5번 버튼을 순서대로 누른 것은 전원 버튼을 누른 후, Wi-Fi Direct 버튼과 무선정보 버튼을 함께 누른 것이므로 이는 무선 연결과 관련된 정보를 인쇄하기 위한 버튼 조작이다. 이후 5번 버튼을 누른 것은 컬러 복사(또는 스캔)를 하고자 한 것이므로 선택지 ①과 같은 명령을 내린 것이 된다.

40 기술적용능력 기술경영자의 능력 파악하기

| 정답 | ⑤

| 해설 | AMD 부사장 리사 수는 기존의 기술인 CPU와 GPU에만 집중하지 않고 새로운 기술이지만 효과적으로 활용되지 못했던 APU를 적절하게 활용하였다. 따라서 김 사원은 리사 수의 사례에서 '새로운 기술을 빠르고 효과적으로 습득하고 기존의 기술에서 탈피하는 능력'을 배울 수 있다.

41 경영이해능력 경영의 구성요소 파악하기

|정답| ③

|해설| 철도안전법 제1조는 철도안전을 확보하기 위하여 필요한 사항을 규정하고 철도안전 관리체계를 확립함으로써 공공복리의 증진에 이바지함을 목적으로 한다고 하여, 철도안전법의 목적을 규정하고 있다. 따라서 경영의 4가지 구성요소 중 조직의 목적을 어떤 과정과 방법을 택하여 수행할 것인가를 구체적으로 제시해 주는 경영목적과 관련된다고 할 수 있다.

42 경영이해능력 조직 운영 이해하기

|정답| ④

|해설| 급변하는 행정환경에 대응하기 위해 조직을 분석 및 진단하여 기능과 인력을 재배치하고 성과평가 강화, 행정기관 정비 등을 진행하여 경쟁력 있는 조직이 되고자 한다는 것을 알 수 있다.

43 경영이해능력 추진방향과 추진과제 이해하기

|정답| ④

|해설| 조직 및 정원 관리를 위해 감사를 계획하고 있으나 외부의 전문 감사기관에 의뢰하는 것인지는 알 수 없다.

44 업무이해능력 규정 이해하기

|정답| ⑤

|해설| F-5 자격을 가진 미성년자는 법정대리인이 신청을 대행할 수 있을 뿐, 반드시 법정대리인 또는 보호자와 함께 신청해야 하는 것은 아니다.

|오답풀이|

① 결혼이민자(F-6)에 해당한다.

② 재외국민(국적자)에 해당한다.

③ 외국국적동포(F-4)는 신고 거소지 관할 읍·면·동, 한국영주권자(F-5)는 체류지 관할 읍·면·동에 신청해야 한다.

④ 장애인등록 신청을 대행하는 사람은 거소신고와 가족관계를 명확하게 해야만 대행할 수 있다.

45 업무이해능력 규정에 따라 업무 진행하기

|정답| ①

|해설| 국민 배우자에 해당되므로 주민등록지 관할 읍·면·동이 아닌 체류지 관할 읍·면·동에서 장애인등록을 해야 한다.

|오답풀이|

② 난민인정자는 난민인정증명서와 사증이 확인서류이므로 외국인등록증을 확인할 필요는 없다.

③ F-4 자격 보유자는 외국국적동포이므로 신고 거소지 관할 읍·면·동에서 장애인등록을 한다.

④ 장애인보호시설에 등록되어 있으므로 거소신고가 되어 있는 것이며, 이 경우 보호시설의 장은 혈연관계와 무관하게 대리 신청이 가능하다고 명시되어 있다.

⑤ 결혼이민자는 혼인관계에 있는 것뿐만 아니라 과거 혼인한 적이 있는 경우도 포함하므로 장애인등록 신청이 가능하다.

46 업무이해능력 규정 이해하기

|정답| ③

|해설| • A 씨 : F-5 자격자이므로 외국인등록증과 사증이 필요하며 체류지 관할 읍·면·동에서 신청할 수 있다.

• B 씨 : F-4 자격자이므로 국내거소신고증과 사증이 필요하며 신고 거소지 관할 읍·면·동에서 신청할 수 있다.

• D 씨 : 재외국민이므로 재외국민등록부등본과 주민등록증장애인이 필요하며 주민등록지 관할 읍·면·동에서 신청할 수 있다.

|오답풀이|

• C 씨 : 대한민국 국민과 혼인한 경우이므로 F-6의 자격을 보유하였다. 따라서 확인서류로 외국인등록증, 사증, 혼인증빙서류가 필요하며 주민등록지 관할 읍·면·동이 아닌 체류지 관할 읍·면·동에서 신청을 해야 한다.

47 경영이해능력 효용 추론하기

|정답| ③

|해설| 2) A가 일반석 표를 30,000원에 예매한 것으로부터 '㉠≥30,000원'인 것을 알 수 있다.

3) A가 독주회를 가면 ㉠의 효용을 얻고 B와의 약속을 지키면 ㉡과 환불금액 25,000원을 얻는데 A는 후자를 택했으므로 '㉠≤㉡+25,000원'이 되어 '㉡≥㉠-25,000원'이 성립한다.

48 경영이해능력 효용 이해하기

| 정답 | ①

| 해설 | A가 B와의 약속을 지킬 경우 얻는 효용은 ㉡인데 A는 이를 포기하고 로열석에서 독주회를 보기로 했으므로 그 선택의 효용은 ㉡ 이상이라고 말할 수 있다.

| 오답풀이 |

②, ③ 주어진 자료만으로는 올바른 설명인지를 판단할 수 있는 근거가 없다.

④ (가)에서는 B와의 약속을 지키기로 한 선택이 더 큰 효용을 가져온다고 판단하였으나, (나)에서 이보다 로열석에서 독주회를 보는 것이 더 큰 효용을 가져온다고 판단한 것이므로 그에 따른 A의 행동을 합리적이지 않다고 말할 수는 없다.

⑤ 30,000원 중 25,000원은 환불이 가능하므로 30,000원은 매몰비용이 아니다. 따라서 이는 B와의 약속을 지킬지를 결정할 때 고려할 필요가 있는 요소이다.

49 기초연산능력 최대 일수 구하기

| 정답 | ④

| 해설 | 현금 20만 원 중 198,000원으로 지역화폐 1만 원권 22장을 구입하면, 지역화폐 22만 원과 현금 2,000원을 사용할 수 있게 된다. 매일 한 번씩 8천 원짜리 백반을 사먹으면 2,000원의 현금 거스름돈을 받게 되므로 22일 동안 지역화폐를 사용하여 백반을 사 먹고 받은 현금 거스름돈은 2,000×22=44,000(원)이다. 여기에 처음에 남은 2,000원을 더하면 46,000원인데, 이 중 45,000원으로 다시 지역화폐 1만 원권 5장을 구입하면 지역화폐 5만 원과 현금 1,000원을 사용할 수 있게 된다. 이렇게 또 5일 동안 지역화폐를 사용하여 백반을 사 먹고 2,000×5=10,000(원)의 거스름돈을 받아 1일 더 백반을 사 먹으면 최대 22+5+1=28(일) 동안 백반을 사 먹을 수 있게 된다.

50 도표분석능력 조사 결과 분석하기

| 정답 | ④

| 해설 | 2학년 여자의 수는 380−104−91−89=96(명)이므로 학년별 수영 수업을 듣는 학생 수를 구하면 다음과 같다.

- 1학년 : (127+104)×0.2≒46(명)
- 2학년 : (104+96)×0.15=30(명)
- 3학년 : (79+91)×0.4=68(명)
- 4학년 : (80+89)×0.1≒17(명)

따라서 수영 수업을 듣는 학생 수가 가장 많은 학년은 3학년이다.

| 오답풀이 |

①, ② 연도별 학생 수는 제시되어 있지 않으므로 알 수 없다.

③ 4학년 중 골프 수업을 듣는 학생 수는 (80+89)×0.2≒34(명)이다.

⑤ 3학년과 4학년의 경우 여학생 수가 남학생 수보다 많다.

51 도표분석능력 자료를 바탕으로 수치 계산하기

| 정답 | ④

| 해설 | 1, 2학년 여학생 수는 104+96=200(명), 3, 4학년 남학생 수는 79+80=159(명)이다. 따라서 1, 2학년 여학생 수는 3, 4학년 남학생 수에 비해 $\frac{200-159}{159}×100≒$ 26(%) 더 많다.

52 도표분석능력 자료 이해하기

| 정답 | ⑤

| 해설 | 2020년은 수요량이 2019년의 236(1억 인km)에서 252(1억 인km)로 증가하지만 적용단가는 2019년의 112.0원/인km에서 110.8원/인km로 감소하였다. 이와 같은 변화는 2020년이 유일하다.

| 오답풀이 |

① 2017년은 −1,451억 원의 변동이 있었고, 2016년은 3,111억 원의 변동이 있었으므로 2016년이 총괄원가가 가장 크게 변동된 해이다.

② 2015년과 2020년에는 감가상각비가 기타 경비 중 가장 적은 비용을 차지한다.

③ 인건비만 매년 증가하였으며, 판매비 및 일반관리비는 2019년에, 기타 경비는 2017년과 2019년에 각각 감소하였다.

④ 운임기저가 증가 또는 감소한 해에는 적정투자보수율도 증가 또는 감소하였다는 것은 두 항목이 비례 관계를 나타낸다는 것을 의미하므로, 적절하지 않은 설명이다. 2017년 운임기저는 전년에 비해 증가하였으나, 적정투자보수율은 감소하였다.

53 도표작성능력 자료의 수치 기입하기

| 정답 | ①

| 해설 | (가) 2018년의 영업비용에서 기타경비가 차지하는 비중을 의미하므로 다음과 같이 산출할 수 있다.

$$\frac{14,745}{23,998} \times 100 ≒ 61.4(\%)$$

(나) 2019년의 영업비용에서 인건비가 차지하는 비중을 의미하므로 다음과 같이 산출할 수 있다.

$$\frac{9,607}{24,538} \times 100 ≒ 39.2(\%)$$

54 도표분석능력 도표 이해하기

| 정답 | ④

| 해설 | ㉠ 역사 정비는 $\frac{4.29 - 2.44}{2.44} \times 100 ≒ 75.8(\%)$로 증가율이 50% 이상인 유일한 지표이다.

㉡ 2018년에는 행정인력과 엔지니어가 각각 11,958－11,120=838(명)과 12,790－11,856=934(명) 증가하여 가장 크게 증가하였다.

㉢ 역사 정비와 전동차 정비의 규모 차이는 연도별로 1.03조 원, 1.19조 원, 1.62조 원, 1.77조 원, 2.01조 원, 2.88조 원으로 매년 증가하였다.

| 오답풀이 |

㉣ 2020년 철도산업의 엔지니어는 13,564명으로 전체 철도산업 인력의 $\frac{13,564}{12,782 + 13,564} \times 100 ≒ 51.5(\%)$ 수준이므로 60%를 넘지 않는다.

55 도표분석능력 자료값 계산하기

| 정답 | ③

| 해설 | 선택지에 주어진 5개 연도의 인력 증가분은 다음과 같다.

- 2016년 : 22,101－21,034=1,067(명)
- 2017년 : 22,976－22,101=875(명)
- 2018년 : 24,748－22,976=1,772(명)
- 2019년 : 24,978－24,748=230(명)
- 2020년 : 26,346－24,978=1,368(명)

따라서 엔지니어와 행정인력의 합이 가장 크게 증가한 해는 2018년이다.

56 도표작성능력 제시된 자료로 그래프 그리기

| 정답 | ③

| 해설 | 그래프에 연도별 수치가 주어져 있지 않으므로 각 연도의 구성비 대소를 비교하여 올바른 그래프를 찾을 수 있다. 각 연도별 철도부품의 규모가 차지하는 비중은 다음과 같다.

2015년	2016년	2017년	2018년	2019년	2020년
40.24%	40.20%	41.63%	42.21%	42.17%	42.57%

따라서 ③이 올바른 그래프이다.

57 자기개발능력 자기개발의 방법과 특징 알기

| 정답 | ③

| 해설 | 자기개발은 평생에 걸쳐서 이루어지는 과정이다. 사람들은 흔히 자기개발을 학교단계에서 이루어지는 교육이라고 생각하거나 어떤 특정한 사건이나 요구가 있을 때에 일시적으로 이루어지는 과정이라고 생각하기도 한다. 그러나 우리의 직장생활을 둘러싸고 있는 환경은 끊임없이 변화하고 있으며 지속적으로 학습할 것을 요구한다. 우리는 날마다 조금씩은 다른 상황에 처하게 되며 학교 교육에서는 원리, 원칙에 대한 교육이 이루어질 뿐이므로 실생활에서 적응하기 위해서는 지속적인 자기개발이 필요하다.

58 자아인식능력 자아 인식 방법 파악하기

| 정답 | ④

| 해설 | 자아를 인식하는 방법에는 자신에 대한 물음 던지기, 다른 사람과의 커뮤니케이션 활용, 자아에 대해 확인해 보는 검사 도구 이용하기 등이 있다. 다른 사람과의 대화를 통해 자아에 대해 보다 객관적으로 알아보는 것은 '다른 사람과의 커뮤니케이션 활용'에 속하는 자아 인식 방법이다.

59 자아인식능력 흥미와 적성의 개발 방법 이해하기

| 정답 | ⑤

| 해설 | 흥미나 적성검사를 통해 자신에게 알맞은 직업을 도출할 수 있지만 이러한 결과가 그 직업에서의 성공을 보장해 주는 것은 아니다. 직장에는 직장문화, 풍토 등이 있어서 아무리 자신에게 맞는 직업을 선택했다고 하더라도 이러한 외부적인 요인에 의해 적응을 하지 못하는 경우가 발생할 수 있다.

60 자기개발능력 자기개발 설계 전략 이해하기

| 정답 | ③

| 해설 | 장·단기를 구분하는 기준은 개인에 따라 중요한 생애전환기(결혼, 취직, 이직 등)를 기준으로 바뀔 수도 있으나 보통 장기목표는 5 ~ 20년 뒤를 설계하며, 단기목표는 1 ~ 3년 정도의 목표를 의미한다. 장기목표는 자신의 욕구, 가치, 흥미, 적성 및 기대를 고려하여 수립하며 자신의 직장에서의 일과 관련하여 직무의 특성, 타인과의 관계 등을 고려해야 한다. 단기목표는 장기목표를 이룩하기 위한 기본단계가 되며 이를 위해 필요한 실무관련 경험, 개발해야 될 능력 혹은 자격증, 쌓아 두어야 할 인간관계 등을 고려하여 수립한다.

61 자기개발능력 자기 브랜드 PR하기

| 정답 | ④

| 해설 | 자기개발을 통해 능력을 향상시키고 다른 사람과 차별성을 가지더라도 이에 대한 PR을 하지 않으면 다른 사람들은 나의 브랜드를 알지 못할 수 있다.

62 경력개발능력 경력개발의 문제점 이해하기

| 정답 | ④

| 해설 | 경력개발의 첫 단계는 '직무 정보 탐색'이다. 자신이 관심을 갖는 직무에서 요구하는 능력 사항이 무엇인지를 탐색하고 직무 만족도, 고용이나 승진 전망 등을 확인하는 일이 직무 정보 탐색이다. A 씨의 경우 자신의 환경을 이해하고 비교적 긴 시간의 장단기 목표를 수립하여 수행했다고 볼 수는 있지만, 호텔과는 전혀 다른 숙박업계의 경험을 쌓는 동안 외국어 구사 능력이나 호텔 경영/서비스와 관련된 지식 습득 등 직무에서 요구하는 실질적인 능력을 배양하는 일에는 소홀했다고 보는 것이 합리적이다.

63 자기개발능력 매슬로우의 욕구 이론 이해하기

| 정답 | ①

| 해설 | 안전의 욕구는 안전·보호·공포와 혼란 및 불안으로부터의 해방 등을 추구하는 인간의 기본 욕구를 의미한다. 이것은 외부 환경으로부터의 보호 및 장래에 대한 보장과 관련된 인간의 기본 욕구 가운데 하나이다.

보충 플러스+

매슬로우의 욕구 5단계
- 1단계 : 생리적 욕구
- 2단계 : 안전의 욕구
- 3단계 : 사회적 욕구
- 4단계 : 존경의 욕구
- 5단계 : 자아실현의 욕구

64 자아인식능력 조해리의 창 이해하기

| 정답 | ②

| 해설 | (가)는 눈먼 자아, (나)는 공개된 자아, (다)는 숨겨진 자아, (라)는 아무도 모르는 자아에 대한 설명이다.

65 근로윤리 적절한 행동 방안 찾기

| 정답 | ④

| 해설 | 고객에게 판매가 중단될 것이라는 사실과 이후에 수리를 맡길 때 부품이 없을 가능성에 대해서 정직하게 안내를 해야 한다.

66 직업윤리 윤리 덕목의 의미 이해하기

| 정답 | ④

| 해설 | 근면 · 정직 · 성실 등은 개인윤리, 봉사 · 책임 · 준법 · 예절 등은 공동체윤리에서 강조되는 윤리의 덕목이라고 볼 수 있다. 제시된 윤리 덕목들은 다음과 같다.

㉠ 근면 : 본성에서 나오는 것이라기보다 습관화되어 있는 경우가 많으며, 어렸을 때의 가정환경이나 가정교육 · 학교교육도 근면의 형성에 커다란 영향력을 미친다.

㉡ 준법 : 민주 시민으로서 기본적으로 지켜야 할 의무이자 생활 자세를 말한다.

㉢ 정직 : 신뢰를 형성하고 유지하는 데 가장 기본적이고 필수적인 규범으로, 사람과 사람 사이에 함께 살아가는 사회시스템이 유지되려면 정직에 기반을 둔 신뢰가 있어야 가능하다.

㉣ 예절 : 일정한 생활문화권에서 오랜 생활습관을 통해 정립되어 관습적으로 행해지는 사회계약적인 생활규범을 말한다.

67 공동체윤리 남녀고용평등법 개정의 방향 이해하기

| 정답 | ④

| 해설 | 성희롱의 원인으로 작용할 만한 행위 및 관습의 규제 강화는 성희롱 예방의 근본적인 대책으로 보기 어렵다. 성희롱은 외적인 원인 제공에 의해 벌어지는 행태가 아닌 근본적인 성에 대한 인식의 변화가 필요한 문제라는 점에서 '원인이 없으면 결과도 없다'는 논리가 성립되는 문제가 아니다.

성희롱 방지를 위해서는 그 밖에도 가해자에 대한 처벌 강화, 직장 내 성희롱 사례 안내, 교육 강화 등의 제도적 장치가 마련될 필요가 있다.

68 직업윤리 한국인의 직업윤리 특성 파악하기

| 정답 | ②

| 해설 | 한국인이 일반적으로 갖추어야 한다고 강조되는 직업윤리로는 책임감, 성실함, 정직함, 신뢰성, 창의성, 협조성, 청렴함이 있다.

㉠ 책임감 : 맡아서 해야 할 업무에 대해 중요하게 여기며 책임을 지고자 하는 태도

㉢ 창의성 : 전통적인 사고방식으로부터 탈피해 새롭고 독창적이며 유용한 것을 생각하고 만들어 내는 능력과 태도

㉣ 협조성 : 단체나 조직에 협조적으로 응하며 함께 어우러질 수 있는 능력치

| 오답풀이 |

㉡ 정직함 : 직장에서 발생하는 모든 일에 대해 거짓이나 꾸밈이 없이 바르고 올곧은 태도

㉤ 청렴함 : 성품이나 행실이 높고 맑으며 탐욕을 부리지 않는 태도

69 공동체윤리 식사 예절 이해하기

| 정답 | ④

| 해설 | 숟가락과 젓가락은 한 손에 쥐어서 사용하지 않으며, 젓가락을 사용할 때 숟가락은 상 위에 놓아야 한다.

70 직업윤리 직업의 의미 이해하기

| 정답 | ②

| 해설 | 일은 경제적 욕구의 충족뿐만 아니라 자기 실현을 위한 수단이기도 하며, 인간은 일을 통해 자신을 규정하고 삶의 의미를 실현한다.

| 오답풀이 |

① 봉사 활동과 취미 생활은 경제적 보상과 지속성을 만족시키지 못하므로 직업이 아니다.

③ 직업의 성격에 따라 다양한 직업윤리가 존재한다.

④ 과거 우리나라에서는 인격과 능력을 쌓아 사회에서 중요한 역할을 하고 존경을 받는 입신양명(立身揚名)을 중시하였으나, 이것이 현대로 오면서 출세에 비중을 둔 입신출세(立身出世)로 변질되었다.

⑤ 직업은 경제적 보상이 있고 자발적 의사에 의한 것이어야 하며 장기적으로 일하는 지속성이 있어야 한다.

71 공동체윤리 이메일 예절 이해하기

| 정답 | ②

| 해설 | 1, 4번은 옳은 내용이며 2, 3, 5, 6, 7번을 수정하면 다음과 같다.

2. 참조(CC)는 수신자가 볼 수 있으며, 숨은참조(Bcc)의 경우 수신자가 확인할 수 없다.

3. 일반적인 경우 문서에 비밀번호를 걸지 않는다.

5. 메일에는 발신자의 이름, 소속, 연락처 등을 첨부해야 한다.

6. 첨부파일은 꼭 필요한 내용만 정리하고, 용량이 큰 경우 압축하여 첨부한다.

7. 비즈니스 메일에도 첫인사와 마무리인사를 해야 한다.

문제번호 이름	1	2	3	4	5	6	7	틀린 개수
김○○	○	○	○	○	×	×	×	2개
박○○	○	×	×	○	○	×	×	1개
성○○	○	○	×	○	×	×	○	2개
이○○	×	×	○	×	○	○	×	5개
최○○	○	×	○	○	×	×	×	1개
황○○	×	○	○	○	×	○	×	4개

따라서 업무 교육을 받을 직원은 이○○, 황○○ 2명이다.

72 공동체윤리 | 직장 예절 이해하기

| 정답 | ④

| 해설 | ⓒ 인사는 타인과의 관계에 있어서 가장 기본적인 예절로, 예의 바르고 정중한 태도로 해야 하며, 상대방에 따라 인사법을 다르게 하기보다는 일관된 태도로 임하는 것이 바람직하다.
ⓑ 전화를 받아야 하는 당사자의 부재를 전할 때 필요 없는 부연 설명은 하지 않는 것이 좋다.

73 인적자원관리능력 | 4차 산업혁명과 일자리 변화 파악하기

| 정답 | ⑤

| 해설 | 4차 산업혁명으로 인해 창의적이고 융합적인 교육으로의 전환이 필요하고, 인간과 인공지능 간의 협업을 제한하는 제도나 인프라의 변화가 필요하다는 점에서 비용이 발생할 것임은 맞지만, 이 때문에 4차 산업혁명으로 인한 일자리 변화를 억제해야 하는 것은 아니다. 오히려 비용을 최소화하고 변화에 적응하려는 노력이 필요하다.

74 인적자원관리능력 | 인적자원의 관리 방법 알기

| 정답 | ④

| 해설 | 제시된 사례의 학생은 다른 사람들에게 보여주기 위한 봉사가 아닌 자신의 가치관에 따라 한 행위를 우연히 인사팀장이 보게 되어 채용된 경우이다. 해당 사례 이후 청소 봉사활동을 하는 학생들은 채용을 위한 행위이므로 채용이 되지 않았다. 따라서 누가 보고 안 보고를 떠나 올바른 삶을 살아가는 태도가 필요하다는 것을 알 수 있다.

75 인적자원관리능력 | 인적자원의 관리 방법 알기

| 정답 | ③

| 해설 | 해당 사례는 유능한 인적 자원 확보에 대한 내용을 제시하고 있으며, 기업에게 인적자원은 회사 성장의 발판이 되는 중요한 자원이다. 따라서 인적자원관리에 대한 지나친 집중은 예산 낭비로 이어진다는 설명은 적절하지 않다.

76 예산관리능력 | 매출액 구하기

| 정답 | ①

| 해설 | 1구역은 의류 매장, 2구역과 3구역은 화장품 매장이다. 인접한 1−2구역과 2−3구역의 시너지 효과를 감안한 매출액을 계산하면 다음과 같다.
• 1−2구역 매장 : $(80+100) \times 1.2 = 216$(십만 원)
• 2−3구역 매장 : $(100+100) \times 0.9 = 180$(십만 원)

따라서 1 ~ 3구역 매장의 합계 매출액은 $216+180=396$(십만 원)이다.

77 예산관리능력 | 매출액 구하기

| 정답 | ②

| 해설 | 5 ~ 7구역은 식품 매장, 8구역은 의류 매장이다. 인접한 매장끼리의 시너지 효과를 감안한 매출액을 계산하면 다음과 같다.
• 5−6구역 매장 : $(120+120) \times 0.9 = 216$(십만 원)
• 6−7구역 매장 : $(120+120) \times 0.9 = 216$(십만 원)
• 7−8구역 매장 : $(120+80) \times 1.1 = 220$(십만 원)

따라서 5～8구역 매장의 합계 매출액은 216＋216＋220 ＝652(십만 원)이다.

78 예산관리능력 매출액 구하기

|정답| ④

|해설| **77**에서 변경 전 5～8구역 매장의 합계 매출액은 652십만 원인 것을 확인하였으므로 변경 후 G～J구역 매장의 합계 매출액을 계산하여 차액을 알아보면 된다.

G구역은 식품 매장, H구역은 의류 매장, I～J구역은 화장품 매장이며, 인접한 매장끼리의 시너지 효과를 감안한 매출액을 계산하면 다음과 같다.

- G－H구역 매장 : (120＋80)×1.1＝220(십만 원)
- H－J구역 매장 : (80＋100)×1.2＝216(십만 원)
- I－J구역 매장 : (100＋100)×0.9＝180(십만 원)

따라서 변경 후 G～J구역 매장의 합계 매출액은 220＋216＋180＝616(십만 원)이며, 652－616＝36(십만 원)의 매출액 감소가 발생한다.

79 예산관리능력 매출액 구하기

|정답| ③

|해설| 각각 인접한 매장끼리의 시너지 효과를 감안한 합계 매출액을 계산하면 다음과 같다.

- D～F구역 매장 : (120＋80)×1.1＋(80＋120)×1.1 ＝220＋220＝440(십만 원)
- I～K구역 매장 : (100＋100)×0.9＋(100＋80)×1.2 ＝180＋216＝396(십만 원)

80 예산관리능력 매출에 따른 매장 구성하기

|정답| ④

|해설| 우선 변경 후의 A～E구역 매장의 시너지 효과를 감안한 매출액을 계산하면 다음과 같다.

- A－B구역 매장 : (80＋100)×1.2＝216(십만 원)
- A－C구역 매장 : (80＋100)×1.2＝216(십만 원)
- C－D구역 매장 : (100＋120)×1.5＝330(십만 원)

- D－E구역 매장 : (120＋80)×1.1＝220(십만 원)

따라서 A～E구역 매장의 합계 매출액은 216＋216＋330＋220＝982(십만 원)이므로 1,050십만 원 이상이 되기 위해서는 68십만 원 이상의 추가 매출액이 필요하다.

E구역 매장을 화장품 매장으로 바꿀 경우, 나머지 매장의 매출액은 동일하나 D－E구역 매장의 매출액은 (120＋100)×1.5＝330(십만 원)으로 110십만 원만큼 매출액이 증가하게 되므로 A～E구역 매장의 합계 매출액은 1,092십만 원이 된다.

|오답풀이|

① B구역 매장을 식품 매장으로 바꾸면, A－B구역 매장의 매출액이 (80＋120)×1.1＝220(십만 원)이 되어 합계 매출액은 4만큼 증가한 986십만 원이 된다.

② A구역 매장을 화장품 매장으로 바꾸면, A－B구역 매장과 A－C구역 매장의 시너지 효과에 따른 합계 매출액은 180＋180＝360(십만 원)이 되어 매출액이 더 감소한다.

③ C구역 매장을 식품 매장으로 바꾸면, A－C구역 매장의 매출액은 216십만 원에서 220십만 원으로 증가하나 C－D구역 매장의 매출액은 330십만 원에서 216십만 원이 되어 매출액이 더 감소한다.

⑤ D구역 매장을 의류 매장으로 바꾸면, C－D구역 매장의 매출액은 330십만 원에서 216십만 원으로 감소하며 D－E구역 매장의 매출액 역시 동일 매장이 인접하게 되어 220십만 원에서 144십만 원으로 감소한다.